Andrzej J. Kamiński

Konzentrationslager
1896 bis heute

Eine Analyse

Verlag W. Kohlhammer
Stuttgart Berlin Köln Mainz

Diese Arbeit widme ich
den Deutschen, Juden, Polen, Russen, Tschechen, Ukrainern
und Weißruthenen
die in nationalsozialistischen und sowjetischen Konzentrationslagern
den Tod fanden

Pracę tę poświęcam
Białorusinom, Czechom, Niemcom, Polakom, Rosjanom, Ukraińcom
i Żydom
którzy zginęli
w hitlerowskich i sowieckich obozach koncentracyjnych

CIP-Kurztitelaufnahme der Deutschen Bibliothek

Kamiński, Andrzej J.:
Konzentrationslager 1896 [achtzehnhundertsechsundneunzig] bis heute:
e Analyse / Andrzej J. Kamiński.
– Stuttgart; Berlin; Köln; Mainz: Kohlhammer, 1982.
ISBN 3-17-007252-8

Verlagsort: Stuttgart
Umschlag: hace
Gesamtherstellung:
W. Kohlhammer Druckerei GmbH + Co. Stuttgart
Printed in Germany

Inhaltsübersicht

Statt eines Vorwortes

Wenn wir die Entwicklung des Rechts im westlichen Kulturkreis in den letzten drei Jahrhunderten gewissermaßen aus der Vogelperspektive betrachten und fragen: was ist im großen und ganzen ihre Bewegungsrichtung, worauf verweisen die rechtspolitischen Gründe als ihr letztes Prinzip?, so ist es der Grundsatz: *Jeder Mensch hat gleichen Anspruch auf Freiheit und Würde.*
(Martin Kriele)

Ein Gespenst geht um in der Welt – das Gespenst der Sklaverei.
(Manifest des freigewerkschaftlichen Komitees der American Federation of Labor, 1947)

Man has made a hell of this world and has set up gods of pain to rule it.
(Der Mensch hat eine Hölle aus dieser Welt gemacht und hat Götter der Qual berufen, sie zu regieren.)
(Aldous Huxley)

. . . Nadzieja w zwatpieniu o złości złych.
(Hoffnung, die im Zweifel wurzelt, daß die Bösen böse sind.)
(Cyprian Kamil Norwid)

Ein Regime, das weder auf die politische Unterstützung der breiten Massen noch auf die Erfüllung ihrer materiellen Bedürfnisse fundiert, muß zwangsläufig den Terror zur wichtigsten politischen Einrichtung des Staates erheben.
(Ernest Mandel, »Archipel GULAG« oder die unbewältigte Vergangenheit des Stalinismus, 1975)

Il s'agit de poursuivre l'offensive et de détruire l'institution concentrationnaire. (Es geht darum, die Offensive fortzusetzen und die institution concentrationnaire zu vernichten.)
(David Rousset, 1959)

. . . Tout doit être fait pour mettre les camps de concentration hors la loi . . . ces camps sont l'entreprise la pire contre l'homme . . . (Alles muß getan werden, um die Konzentrationslager in Acht zu erklären . . ., diese Lager sind das schlimmste Unterfangen gegen den Menschen.)
(Paul Barton, 1959)

7

Wir sind der Meinung, daß der Historiker in jeder Lage seinen Weg zu gehen und die gesellschaftlichen Aufgaben seines Berufs zu erfüllen hat. Er darf den in der Politik unerläßlichen Weg der Kompromisse nicht beschreiten.
(Vilém Prečan, 1969)

Ich bin mir dessen bewußt, daß mein Bericht von denen angegriffen wird, deren Beruf es ist, das System der totalitären Lüge zu verteidigen. Ich weiß, daß ich selbst, wie bisher alle anderen, die aufstanden und gegen sie sprachen, der Gegenstand ihrer Verleumdungen sein werde. Ich kann mich dagegen nicht wehren.
(Alexander Weissberg-Cybulski, 1951)

Die Formen des Despotismus werden immer widerlicher und arten in ein Auschwitz aus. Man sieht hierin einen Regreß, das »Ende der Welt«, in Wirklichkeit ist das aber ein Beweis des Gegenteils. Der Despotismus hört auf, die Norm für menschliche Beziehungen zu sein, und muß immer neue Anstrengungen unternehmen, um an der Oberfläche zu bleiben.
(Walentyn Moros, Bericht aus dem Berija-Reservat; geschrieben 1967 in einem sowjetischen Konzentrationslager in Mordowien)

Das eben ist der Fluch der bösen Tat,
Daß sie, fortzeugend, immer Böses muß gebären.
(Friedrich Schiller)

Abkürzungen im Text

AL –	Arbeitslager
FHQ –	Führerhauptquartier (im Zweiten Weltkrieg)
Gestapo –	Geheime Staatspolizei, NS-Terrorpolizei
GPU –	Gossudarstwjennoje Polititscheskoje Uprawlenije (Staatliche Politische Verwaltung), Name der sowj. Terrorpolizei 1922 bis 1923 (s. OGPU)
KGB –	Komitjet Gossudarstwjennoj Bjesopasnosti (Komitee für Staatliche Sicherheit), jetziger Name der sowj. Terrorpolizei ab 1954
KL –	Konzentrationslager, offizielle NS-Abkürzung
Konzlager –	Konzentrationslager, offizielle sowj. Abkürzung
Konz.-Lager –	Konzentrationslager, eine interne SS-Abkürzung
KZ –	Konzentrationslager, geläufige deutsche Abkürzung
NKWD –	Narodnyi Komissariat Wnutrjennych Djel (Volkskommissariat für Innere Angelegenheiten), seit 1934 auch Name der sowj. Terrorpolizei
NS –	nationalsozialistisch, Nationalsozialismus
OGPU –	Objedinjennoje Gossudarstwjennoje Polititscheskoje Uprawlenije (Vereinigte Staatliche Politische Verwaltung), Name der sowj. Terrorpolizei 1923–1934 (s. GPU)
sowj. –	sowjetisch
StGB –	Strafgesetzbuch
SU –	Sowjetunion
Tscheka –	(Wsjerossijskaja) Tschereswytschajnaja Komissija (po borbje s kontrrewoluzijej i sabotashom), (Allrussische Außerordentliche Kommission zur Bekämpfung der Konterrevolution und der Sabotage), erster Name der sowj. Terrorpolizei 1917–22
UdSSR –	Union der Sozialistischen Sowjetrepubliken
VL –	Vernichtungslager
ZK –	Zentralkomitee (einer kommunistischen Partei)

I. Zur Einführung

Geboren an der Schwelle des zwanzigsten Jahrhunderts, ist das Konzentrationslager zu dem größten Schandmal dieses zivilisierten Jahrhunderts geworden und zu einer der grausamsten Selbstgeißeln der Menschheit unserer Zeit.

Das Grauen ohne Ende der Konzentrationslager wird in alle menschliche Zukunft nichts als Abscheu, Entsetzen und Verdammung hervorrufen. Vielleicht wird es sich, wenn es endlich aufhört, für die Nachwelt in der grauen Ferne der barbarischen Vergangenheit verlieren. Unser stolzes Jahrhundert jedoch, das die Landung der Menschen auf dem Mond erlebte, hat für alle Zeiten das Brandmal der Buchstaben »KZ« zu tragen. Und so würde es scheinen, daß es auch die Pflicht hätte, alles über diese so tödliche und so schändliche Menschengeißel zu *wissen*.

Und das nicht nur im Sinne der Registrierung und Beschreibung aller Leiden und aller Schandtaten − aus Ehrfurcht vor den Opfern, zu Verurteilung der Schergen −, sondern auch im Sinne der Erforschung der genauen Entwicklung der entfesselten Menschengeißel, deren Ziele und Zwecke, deren Urheber und Nutznießer. All das, um für die Zukunft derartiges Unheil einzudämmen und ihm schließlich vorbeugen zu können.

Und doch erscheint unser Wissen um die Konzentrationslager beim näheren Zusehen recht karg, fragmentarisch, irgendwie nur am Rande verzeichnet*[1].

In der gesamten wissenschaftlichen Literatur der Welt gibt es kein Werk über Konzentrationlager überhaupt, von Anfang bis zum heutigen Tag, in allen politischen Systemen wo KZs auftraten, und in allen Weltteilen; über Ursprünge und Geschichte dieser Einrichtung, über die Entwicklung verschiedener Typen von Lagern, sowie über die Ziele, denen sie dienen sollten und sollen.

Wohl verfügen wir über eine riesige, kaum übersehbare Erinnerungsliteratur sowohl aus den nationalsozialistischen als auch aus den sowjetischen Konzentrationslagern[2], sowie über zwei Monographien über die letzteren[3], zu denen in den letzten Jahren das dreibändige Werk Alexander Solschenizyns gekommen ist. Über die NS-KZs gibt es nur eine längst veraltete Monographie − das verdienstvolle Werk Eugen Kogons, 1946 erschienen, das seitdem unzählige Neuauflagen erlebt hat. Außerdem existieren wertvolle Teilmonographien[4].

Bereits bei dem vorletzten angeführten Werk fällt auf, daß hier »Konzentrationslager« als Synonym für NS-KZs genannt werden − als ob es nie andere KZs gegeben hätte oder gäbe.

11

Dieser Eindruck könnte übrigens z. T. auch dadurch hervorgerufen werden, daß es Literatur über andere KZs und KZ-Systeme als das sowjetische und das nationalsozialistische praktisch kaum gibt. Diese kleine Studie erhebt selbstverständlich keinerlei Anspruch darauf, alle jene für das menschliche Wissen unentbehrlichen und doch fehlenden Forschungswerke zu ersetzen. Ich will hier auch nicht unternehmen, eine vollständige und erschöpfende Geschichte aller Konzentrationslager in allen Ländern zu schildern, wo sie bestanden, bestehen – oder entstehen. Ich möchte dagegen über die ziemlich gut beschriebene und äußerlich bekannte Einrichtung Konzentrationslager hinaus den Sinn und Zweck des Phänomens Konzentrationslager suchen und untersuchen; nach Möglichkeit auch dessen Ursprünge – und tiefere Wurzeln.

Ich würde mich glücklich schätzen, wenn es mir gelingen sollte, die wichtigsten Begriffe zu klären und zu ordnen, einige Aufgaben der Forschung auf diesem Gebiet aufzuzeigen – kurz, einen bescheidenen Wegweiser aufzustellen, der vielleicht bei der Vermeidung gewisser bisherigen Irrwege sich als nützlich erweisen könnte.

Dieser Wegweiser könnte – und sollte vielleicht – sich der Wissenschaft nicht nur für das engere Thema Konzentrationslager als dienlich erweisen. Das werde ich am Schluß zu begründen versuchen.

Die größte, dem Thema Konzentrationslager innewohnende Schwierigkeit – die so gut wie unüberwindlich wird, sobald man von reiner Beschreibung zu Analyse übergehen will – besteht darin, daß dieses Thema seiner Natur nach ein ausgesprochenes Teilproblem ist und eine schwer mögliche Abgrenzung von verwandten und benachbarten Erscheinungen und Problemen erfordert. Man muß die eigentlichen Konzentrationslager von anderen Typen von Lagern unterscheiden, deren Insassen auf verschiedene Weise und aus verschiedenen Gründen ihrer Freiheit beraubt werden – etwa von Internierungslagern, die noch vor nicht allzu langer Zeit »Konzentrationslager« genannt wurden [5] – sowie von anderen, nicht lagerartigen Einrichtungen, deren Insassen willkürlich und widerrechtlich inhaftiert sind, was nach meiner Meinung den Kern der Definition des Konzentrationslagers bildet.

Noch wichtiger ist die Abgrenzung von größeren bzw. benachbarten und sich weitgehend überschneidenden Problemkreisen. Jede mit den KZs zusammenhängende Frage ist nämlich eine Teilfrage. Die KZs selbst sind ein Teil der großen Problemkreise Kommunismus, Nationalsozialismus u. a. m. – hier müßte man jedes politische System und jedes Regime nennen, das sich des Mittels KZ bedient hat oder bedient. Innerhalb eines jeden solchen Systems und Regimes, ganz besonders innerhalb der beiden genannten mit ihren riesigen KZ-Systemen, sind die KZs vor allem ein anderer Aspekt der Allmacht dessen, was man oft »Geheimpolizei« nennt und das eigentlich »Terrorpolizei« ist und auch so genannt werden muß (vgl. u., S.219). Die Geschichte und Analyse

der betreffenden Terrorpolizei – besonders der gewesenen nationalsozialistischen und der weiterhin wirkenden sowjetischen – überschnei-
den sich mit der Geschichte und Analyse der betreffenden KZs; ja, sie
bilden eigentlich je einen Teil voneinander.

Ich befasse mich hier an sich nur mit dem Teilaspekt KZ, und muß auf
verschiedene Beschreibungen und Geschichten der Tscheka-GPU-
NKWD-KGB sowie der SS und Gestapo verweisen, die übrigens diesen
Teilaspekt in der Regel mehr oder weniger außer acht lassen.

Innerhalb eines jeden polizeistaatlichen Systems, das sich des Mittels
KZ bedient – und wieder ganz besonders innerhalb des nationalsozialistischen wie des sowjetkommunistischen Systems – waren bzw. sind die
KZs jeweils ein Teil der Problemkreise Freiheitsberaubung, Willkür,
Terror, Grausamkeiten und Greuel, Verschleppung, Zwangs- und Skla-
venarbeit, Ausbeutung, Massen- und Völkermord. Mit anderen Wor-
ten: Es gibt in diesen Regimen Zwangsarbeit, Massenmord usw. inner-
halb wie außerhalb des Stacheldrahtes der KZs; und die Teilung dieser
Verbrechen in KZ-mäßige und nicht KZ-mäßige wirkt manchmal recht
formalistisch. Andererseits, wie etwa der Fall Ernst Thälmann zeigt (u.,
S. 83 f.), kann mancher innerhalb eines KZs begangene Mord gar nicht
»KZ-mäßig« sein.

Dieser Teil-Charakter der KZs, wieder besonders ausgeprägt und sichtbar in den beiden genannten politischen Regimen, die die größten Systeme von KZs errichtet und unterhalten haben bzw. unterhalten; die
Verflechtung des jeweiligen KZ-Systems mit dem gesamten politischen
und gesellschaftlichen Leben unter dem betreffenden Regime; die riesige Rolle, die die KZs in der sowjetischen wie in der nationalsozialistischen (und auch der maoistischen) Wirtschaft gespielt haben, bzw. noch
spielen; schließlich die eigentümliche, vielseitige Erscheinung, die ich
die »Lagerisierung« des gesamten Lebens nennen möchte (u., S. 258 ff.)
– all das müßte scheinbar einem Forscher verbieten, den Nationalsozialismus wie den Kommunismus unter Außerachtlassung der KZs zu untersuchen und zu betrachten.

Und doch gibt es eine Unzahl von Werken über Hitler, den Nationalsozialismus und das Dritte Reich – und ebenfalls über den Kommunismus
und Sowjetrußland sowie Mao-China –, die die betreffenden KZs
manchmal nur beiläufig und oft gar nicht erwähnen. Es sei hier vorerst
nur bemerkt, daß dies zu einem falschen Bild jener Staatssysteme und
Ideologien führen muß – und zwar nicht nur in der Untersuchung und
Beurteilung eines jeden Staats- und Ideologiesystems an sich, sondern
auch und vor allem in der Untersuchung und Beurteilung der Gesamt-
heit jener KZ-Staatssysteme. Am Schluß komme ich darauf zurück.

Ich denke selbstverständlich nicht daran, hier gegen die Meineidshelfer der nationalsozialistischen wie gegen diejenigen der sowjetischen
KZ-Verbrecher anzurennen. Es ist nur zu bekannt, daß weder die einen

noch die anderen irgendwie zu überzeugen sind, wenn es auch unter ihnen Unterschiede gibt. Leider ist es nämlich so, daß als Apologeten oder Leugner (leugnen und lügen sind bekanntlich etymologisch nahe verwandt) der NS-KZs zwar Personen und Veröffentlichungen auftreten, die keines zweiten Blickes würdig sind. Dagegen wird jedoch dieselbe Rolle für die sowjetischen KZs nur allzu oft von solchen Persönlichkeiten gespielt, daß sich der Blick bestürzt und schmerzhaft abwenden muß. Ich habe auch nicht vor, die Äußerungen und Ausführungen der einen wie der anderen hier etwa anzuführen. Den Leugnern der sowjetischen KZs hat bereits vor dreißig Jahren Bertrand Russell eine Abfuhr erteilt, als er im Vorwort zu den Erinnerungen von Gustaw Herling-Grudziński aus sowjetischen KZs schrieb: »Das Buch endet mit Briefen von hervorragenden Kommunisten, die sagen, daß derartige Lager nicht existieren. Die Schreiber dieser Briefe[6] und jene Mitläufer, die es fertigbringen, ihnen zu glauben, sind mitverantwortlich für die fast unglaublichen Greuel, die Millionen von unglücklichen Männern und Frauen angetan werden, die durch harte Arbeit und Hunger in der arktischen Kälte langsam zu Tode gequält werden. Mitläufer, die dem Beweismaterial solcher Bücher wie dieses von Herrn Herling nicht glauben wollen, müssen Menschen ohne Menschlichkeit sein, denn wenn sie nur ein wenig Menschlichkeit besäßen, würden sie das Beweismaterial nicht einfach beseite schieben, sondern sich einige Mühe geben, es zu prüfen«[7].
Die bisher vorherrschende, sozusagen absondernde Betrachtung der KZs in der Wissenschaft liegt vielleicht daran, daß man die betreffenden politisch-ideologischen Systeme konventionell untersucht und die KZs als eine Erscheinung und Einrichtung außerhalb des Rahmens der historischen und politikwissenschaftlichen Betrachtung angesehen hat. In Wirklichkeit sind sie eine hochwichtige, ja wesentliche Begleiterscheinung des Totalitarismus, d. h. eines Strebens nach einer totalitären, von einem totalitären Staat beherrschten Gesellschaft. Ich kann nur Helmut Gollwitzer beipflichten, den seine Erfahrungen mit dem Nationalsozialismus und mit dem Sowjetkommunismus bereits vor dreißig Jahren zu folgenden tiefen und klugen Bemerkungen geführt haben[8]: »Wer bewahrt die Welt vor dieser Weltgefahr Nr. 1: den Intellektuellen, die ihre Theorien entwerfen, das Bestehende verlästern, die Massen mit Utopien bezaubern und den Machthabern die moralischen Hemmungen wegeskamotieren – ohne die Kosten und Kehrseiten zu bedenken, ohne die Kosten am eigenen Leib tragen zu wollen? Sie konnten sich nicht genug tun, von links und von rechts ihre antibürgerliche Romantik zu kultivieren, sie priesen die totale Gesellschaft oder den totalen Staat – und schreckten (wieviele faschistische oder kommunistische Intellektuelle wären als Exempel zu nennen!) mit erstaunten Kinderaugen naiv auf, wenn der entfesselte Felsblock der Macht nicht

nur anderen, nicht den ›Bürgern‹, sondern ihnen selbst auf den Kopf fiel und ihr Leben zerquetschte«.

Ich will hier eben die jeweiligen KZs nach ihrem Umfang be- und verurteilen, nach ihrer Grausamkeit und Tödlichkeit, nach ihrer wirklichen Rolle in der betreffenden Zeit für das betreffende politisch-ideologische Regime – und nicht nach ihren äußeren »ideologischen« oder sonstigen Begründungen. Nicht die KZs, nicht Terror und Massenmord, nicht Antisemitismus und jede andere Abart von Unterdrückung, Verfolgung und Vernichtung Andersrassiger, Fremdvölkischer, Andersgläubiger und Andersdenkender sowie jede andere Art von Unmenschlichkeit sind für mich danach zu werten, wer sie betreibt und unter welchen unaufrichtigen Parolen und Verheißungen – sondern politische Systeme danach, ob und in welchem Ausmaß sie diese Geißel über die Menschen bringen, als eigenartige Erfüllung ihrer doppelzüngigen Versprechen.

Es braucht kaum gesagt zu werden, daß es die für die NS-KZs verantwortlichen Massenmörder in keiner Weise entschuldigt oder entlastet, daß die kommunistischen Massenmörder schon viel früher ganz ähnliche KZs eingerichtet hatten. Es wird ja schließlich kaum als mildernder Umstand für einen Verbrecher angesehen, daß er einen anderen Verbrecher nachgeahmt hat.

Daß die sowjetischen Behörden unzählige Untertanen Sowjetrußlands innerhalb und außerhalb ihrer KZs unmenschlich behandelt bzw. hingemordet haben, entlastet in keiner Weise die NS-Behörden, die mit den Untertanen des Dritten Reiches und dann u. a. mit unzähligen, nicht selten denselben sowjetischen Menschen dasselbe getan haben, wie das wieder jene vorangegangenen sowjetischen Verbrechen nicht im geringsten entschuldigen kann. Die Nazis haben die ihnen von den Sowjets ausgelieferten Deutschen und Juden in ihre KZs gesteckt und z. T. direkt ermordet; die Sowjets, die vor den Nazis geflohenen, manchmal gar aus den NS-KZs entlassenen Juden, dann die aus den NS-KZs befreiten Russen, Ukrainer u. a. in den ihrigen eingesperrt und oft dort ermordet. Es belastet beide Seiten nur desto schwerer.

Diejenigen, die Auschwitz oder Flossenbürg eine »Lüge« nennen, haben kein moralisches Recht, wegen Kolyma oder Workuta Anklage zu erheben – *und umgekehrt.*

Vor einigen Jahren stellte Rolf W. Schloss eine Dokumentation über die Verfolgung der sowjetischen Juden zusammen. Er erinnerte in diesem Zusammenhang an die hilf- und ergebnislosen Versuche, die vom Nationalsozialismus bedrohten Juden zu retten – und fragte:

»Was wußten sie alle [Menschen außerhalb des damaligen NS-Machtbereichs] von der inneren Not der Verfolgten und den wahren Absichten der Verfolger? Hätte die zivilisierte Welt sich damals den Grundsatz ›Wehret den Anfängen!‹ zu eigen gemacht und danach gehandelt, hätten sich damals Leute gefunden, die in Wort, Schrift und

Bild unermüdlich die Welt informieren, alarmieren und damit die eigenen Regierungen wie auch das Hitlerregime unter moralischen Druck setzen, vielleicht wären Millionen Menschen gerettet worden!«[7a]. Müssen wirklich solche Feststellungen immer nur nachträglich getroffen werden? Ich bin der Meinung, daß dem ganzen Thema unvergleichlich mehr Aufmerksamkeit geschenkt werden müßte. Es wäre natürlich naiv und utopisch, ein UNESCO-Studienzentrum für Fragen der menschlichen Unfreiheit zu fordern – ein großes Forschungszentrum für die gesamte Geschichte und Problematik der Sklaverei, der Gefangenschaft, der Leibeigenschaft, der Zwangsarbeit und der Konzentrationslager. Wo wir nicht einmal eine vollständige Bibliographie zum Thema KZ haben! Es könnte aber in dieser Richtung, ohne gleich in Utopismus und Gigantomanie zu verfallen, von vielen Instituten und Seminaren, von vielen Doktorvätern und Doktoranden recht viel getan werden.

Es scheint mir meine Pflicht dem Leser gegenüber zu sein, mich über meine Quellenbasis sowie über meine eigene Person auszuweisen. Die Quellenlage für einzelne KZ-Systeme ist sehr verschieden. Am besten ist sie für die NS-KZs. Dem Forscher steht zur Verfügung die riesige Nürnberger Dokumentation (worunter nicht nur diejenigen Dokumente zu verstehen sind, die in den bekannten vierzig blauen Bänden veröffentlicht wurden) und eine Unmenge sonstiger Dokumente. Wir verfügen praktisch über die gesamte erhaltene NS-Dokumentation und sie ist noch lange nicht voll verwertet.

Dazu kommt eine kaum übersehbare Erinnerungsliteratur in vielen Sprachen und eine ebenso vielsprachige Fachliteratur. Es ist zu erwähnen, daß in den ersten Jahren des Bestehens der NS-KZs – eine der Analogien zu den sowjetischen KZs – deren Existenz ein offizielles Faktum war und in der NS-Presse vielfach besprochen wurde. Es gibt sogar ein ganzes Buch über eines der ersten der NS-KZs.

Zu der Erinnerungsliteratur der ersten Zeit – der dreißiger Jahre – muß man übrigens einige Flüchtlingsberichte aus den Lagern rechnen, die besonders für die Geschichte der Reaktion der öffentlichen Meinung der Welt auf die NS-KZs bedeutend sind.

Der größte Unterschied der Quellenlage zur Frage der sowjetischen KZs liegt darin, daß hier offizielle Dokumente aus verständlichen Gründen selten sind und nur eine sekundäre Rolle spielen können, wenn sie auch äußerst wertvoll sind – seien es interne Anordnungen, seien es persönliche Berichte der in den Westen übergelaufenen Beamten der sowjetischen Terrorpolizei bzw. des Organisationsapparates der sowjetischen KZs. Bereits 1931 veröffentlichte die britische Herzogin of Atholl in ihrer wertvollen Studie über »Zwangsaushebung eines Volkes« den Befehl Nr. 1 vom 1. Okt. 1929 der Sonderabteilung der OGPU an die Verwaltung der Solowezker Lager zur besonderen Verwendung (USLON)[8a].

Das Dokument ist u. a. deshalb wichtig, weil es durch seinen wirtschaftlichen Inhalt (Erhöhung des Planes der Holzförderung um mehr als 300 % – dreihundert Prozent) den Übergang der sowjetischen KZs von reinen Terror- zu Sklavenarbeitslagern signalisiert (s. weiter unten).

Sonst jedoch spielen bei den sowjetischen KZs die persönlichen Erinnerungen und Berichte der entflohenen bzw. entlassenen Häftlinge die wichtigste Rolle. Die Zahl der Flüchtlingsberichte war bereits vor dem Zweiten Weltkrieg ziemlich beträchtlich. Die überwiegende Mehrheit der Entflohenen – ich meine, der erfolgreich Entflohenen, denn höchstwahrscheinlich wurden die meisten Flüchtlinge gefaßt und umgelegt oder kamen um auf der Flucht durch unwegsame, unbewohnte Gebiete – gelangte nach Finnland. Die finnische Grenze verlief verhältnismäßig nahe an den Lagern des sowjetischen Nordwestens, besonders auch an dem Bau des Weißmeer-Ostsee-Kanals, bei dem Hunderttausende von Häftlingen eingesetzt waren. Die Grenze war damals noch ziemlich schlecht bewacht und Finnland ein vollkommen unabhängiger Staat.

Eine Unmenge des Quellenmaterials, die sowjetischen KZs betreffend, ist unveröffentlicht und so den allermeisten Forschern (darunter auch mir selbst) unzugänglich. So etwa hatte die Internationale Kommission gegen das Konzentrationäre System (Commission Internationale contre le Régime Concentrationnaire, CICRC) bei ihrer öffentlichen Session über die sowjetischen KZs in Brüssel im Mai 1951, außer verschiedenen anderen Zeugnissen und Berichten, 18 303 schriftliche Berichte von Polen zur Verfügung, die in den Jahren 1939–42 in sowjetischen KZs inhaftiert bzw. sonst ins Innere Sowjetrußlands deportiert waren[9].

Jene Zehntausende von polnischen Menschen berichteten stellvertretend für die beinahe zwei Millionen damals nach Sowjetrußland deportierten polnischen Staatsbürger. Diese Berichte stammten nicht mehr von sorgfältig geführten, bewirteten (und bewachten) Touristen, sondern von verschleppten Beutesklaven (vgl. u., S. 39 f.), denen gegenüber die sowjetische Seite alle Rücksichten und alle gewöhnlichen Verschleierungen hatte fallen lassen. Kein Mensch, einschließlich des damaligen eifrigen und treuen Verbündeten Hitlers, Josef Stalin, ahnte, daß nach knapp zwei Jahren diese Menschen aus den sowjetischen KZs, aus der sibirischen Verbannung und dann überhaupt aus dem sowjetischen Machtbereich entlassen werden sollten (was etwa bereits bei den späteren deutschen Kriegsgefangenen immerhin in Rechnung gestellt werden mußte). So wurden diese Polen so behandelt, wie qder Sowjetstaat seine eigenen Bürger behandelte – und sie konnten darüber Zeugnis ablegen.

Diese Zeugnisse werden bis heute der Forschung und der öffentlichen

Meinung der Welt vorenthalten. Es sind von polnischer Seite selbst in 36 Jahren zwei Auswahlen veröffentlicht worden – eine in englischer, eine andere in polnischer und in französischer Sprache –, die mitsamt jener Sammlung von Zehntausenden von Augenzeugenberichten und Zeugnissen längst vergessen sind[10].

Außerdem wurden – in der polnischen Sprache und in Übersetzungen in verschiedene westliche Sprachen einschließlich der deutschen, oder direkt in einer westlichen Sprache – viele persönliche Berichte von ehemaligen polnischen Häftlingen der sowjetischen KZs veröffentlicht. Dasselbe haben zahlreiche Deutsche getan – eigentliche Häftlinge in sowjetischen KZs bzw. Kriegsgefangene, deren Schicksal und Behandlung kaum unterschiedlich waren. Es gibt schließlich veröffentlichte persönliche Berichte von Häftlingen sowjetischer KZs verschiedener Nationalitäten, bis zu einem nach dem Zweiten Weltkrieg in Moskau von den Sowjets gekidnappten amerikanischen Diplomaten, Alexander Dolgun. Wie ich schon erwähnte, haben wir zwei umfangreiche Monographien über das sowjetische KZ-System. Dafür aber kaum sonstige Sekundärliteratur, Beschreibungen einzelner Lager (außer in persönlichen Erlebnisberichten) u. dgl., was durch den Charakter des vorhandenen Materials leicht erklärbar ist. Viele solche Lücken wurden von dem großen Werk Solschenizyns geschlossen; kürzlich erschien eine Studie von Robert Conquest über Kolyma.

Über die heutigen Zustände in den sowjetischen KZs informieren vielseitig zwei Dokumentationen über »Politische Gefangene in der Sowjetunion« bzw. ».. in der UdSSR« (die letztere stammt von Amnesty International), sowie der bewundernswerte »UdSSR Reiseführer durch Gefängnisse und Konzentrationslager in der Sowjetunion« von Avraham Shifrin[11].

Als Quelle – und gleichzeitig als Anzeichen des Widerhalls des ganzen Problems in breitesten Kreisen – müssen wir auch Erzählungen und Romane, also die Belletristik, zum Thema KZ betrachten. Bei den NS-KZs hat sie eine verhältnismäßig geringe Bedeutung gegenüber den Erlebnisberichten; übrigens muß man hier größte Vorsicht walten lassen, weil neben Tatsachenliteratur bereits eine Unmenge sensationshaschender Phantastereien erschienen sind (bis hin zu einem Kriminalroman, in dem die eintätowierte Häftlingsnummer aus Buchenwald einen Norweger als Mörder entlarvt: Äußerst geschmackvoll und außerdem unsinnig, da Häftlingsnummern nur in Auschwitz eintätowiert wurden). Dagegen spielt die Belletristik bei den sowjetischen KZs eine ganz besondere Rolle. Die kurzlebige sowjetische Literatur zum Thema sowjetische KZs besteht fast ausschließlich aus Erzählungen und Romanen. Unter »kurzlebig« verstehe ich, daß auch diese Literatur nur sehr kurze Zeit zu Anfang der sechziger Jahre in Sowjetrußland erscheinen durfte. Diesen kurzen Durchbruch leitete bekanntlich die berühmte Erzählung Solschenizyns »Ein Tag im Leben des Iwan Denissowitsch« ein, im November 1962 in der Moskauer Zeitschrift Nowyj Mir (Neue Welt) und dann 1963 als Buch erschienen.

Max Hayward und Leopold Łabędź schrieben Anfang 1963 in der Einführung zu der amerikanischen Ausgabe: »Solschenizyn hat für alle Zeit das Lügengespinst zerrissen, das die sowjetischen Konzentrationslager mehr als drei Jahrzehnte umgab – ganz zu schweigen von den Mythen, die die selbsternannten ›Freunde der Sowjetunion‹ gegen allen Augenschein mit so viel Zuversicht und Arroganz in Umlauf setzten. Als entlarvte Verräter stehen sie nun vor dem wahren Rußland und vor der ganzen Menschheit da. Mögen sie es mit ihrem Gewissen abmachen«.

Diese Beurteilung war insofern richtig, als mit dem Erscheinen der Erzählung Solschenizyns in Sowjetrußland jenes »Lügengespinst« tatsächlich als solches gebrandmarkt und die gesamte kommunistische sowie prokommunistische Propaganda im Laufe von über vierzig Jahren als wahrheitswidrig und unglaubwürdig entlarvt war. Das längst überfällige Studium darüber wird hoffentlich eines Tages nicht mehr verhindert werden können. Andererseits jedoch war die zitierte Beurteilung viel zu verfrüht optimistisch. Nicht einmal das nach zehn Jahren folgende monumentale Werk Solschenizyns »Der Archipel GULAG« war imstande, das kommunistische und prokommunistische Lügengespinst zu zerreißen. Trotzdem darf man feststellen, daß »Der Archipel GULAG« zu einem so festen Begriff geworden ist wie Auschwitz[12]. Inzwischen sind auch solche Begriffe geprägt worden wie »Der Gulag-Sozialismus« und »Gulag-Marxismus als totalitäre Ideologie und Praxis«[13].

Leider sind andererseits schon Fälle aus den letzten Jahren bekannt, wo in Sowjetrußland Menschen für den Besitz jener Erzählung Solschenizyns verhaftet wurden – aus begreiflichen Gründen kann ich keine Einzelheiten angeben.

Es wird vielleicht den Leser erstaunen, daß die – besonders im Verhältnis zu den Ausmaßen und der langen Geschichte der sowjetischen KZs – außerordentlich karge sowjetische Literatur noch als reichlich anzusprechen ist im Vergleich zu der sowjetischen Literatur über die nationalsozialistischen Konzentrationslager. Die gibt es so gut wie nicht[14].

Ich kann nicht sagen, welche der beiden offenbaren Ursachen hier stärker gewirkt hat: Der Unwille der sowjetischen Behörden, Dinge veröffentlichen zu lassen, die nur allzu offensichtliche Analogien aufdrängen müßten – oder die Tatsache, daß die aus den NS-KZs befreiten Sowjetbürger fast durchweg in sowjetische KZs verschickt wurden. Auf jeden Fall sind sowjetische Erlebnisberichte aus den NS-KZs, in denen Sowjetbürger eine der zahlreichsten Gruppen bildeten, an den Fingern abzuzählen. Wir konnten kein einziges Buch finden, das in Moskau in einem der erstrangigen sowjetischen Verlage erschienen wäre. Dem entspricht die manchmal schier unglaubliche Darstellung in der sowjetischen vermeintlichen wissenschaftlichen Literatur (vgl. u., S. 110, Anm. 72). Es gibt übrigens sowjetische Erlebnisberichte aus NS-KZs, die nur im Westen, nicht aber in Sowjetrußland selbst veröffentlicht worden sind. Dafür besitzt die sowjetische Literatur das wohl merkwürdigste Berichtepaar des gesamten Schrifttums auf diesem Gebiet. Und zwar die Erinnerungen von Jurij J. Piljar aus den NS-KZs, erschienen in Moskau im Nowyj Mir 1955 – in polnischer Übersetzung 1958 – und seine Erinnerungen aus sowjetischen KZs, erschienen in Moskau in der Zeitschrift Junostj (Jugend) 1964 (in polnischer Übersetzung *nicht* veröffentlicht)[15]. Bezüglich ihres Inhalts lassen sich diese Berichte nur mit dem weltbekannten Erlebnisbericht von Margarete Buber-Neumann, Als Gefangene bei Stalin und Hitler, vergleichen, bezüglich ihres Schicksals mit nichts auf der Welt. Die Schicksale der beiden Autoren genügen bereits, um meine Ansicht zu belegen, daß die Geschichte der sowjetischen von derjenigen der nationalsozialistischen Konzentrationslager nicht zu trennen ist – wenn auch Einzelschicksale nur eine von vielen Begründungen dafür bilden.

Um jeglichen Mißverständnissen bei dieser im Westen totgeschwiegenen bzw. bewußt vernebelten Frage[16] vorzubeugen: Margarete Buber-Neumann gehörte zu den bereits erwähnten deutschen Kommunisten, die in der Sowjetunion Zuflucht suchten, dort verhaftet und in sowjetische KZs verschickt, und dann den Nazis im Winter 1939/40 ausgeliefert wurden; sie wurde von den Nazis über fünf Jahre im KZ Ravensbrück inhaftiert. Jurij J. Piljar war dagegen einer von den zahllosen sowjetischen Bürgern, die aus den NS-KZs befreit, in die sowjetischen KZs verschickt wurden[17].

Quellen über andere KZs sind mehr als dürftig. Es gibt keine einzige wissenschaftliche Bearbeitung, ja nicht einmal eine Beschreibung der ersten Konzentrationslager, nämlich der spanischen auf Kuba 1896, oder der amerikanischen auf den Philippinen bzw. der britischen in Südafrika in den ersten Jahren unseres Jahrhunderts. Ich bin auch nie z. B. auf einen Erlebnisbericht oder gar eine Bearbeitung der österreichischen Konzentrationslager bis 1938 gestoßen, was vielleicht meine Unfähigkeit beweist, sie zu finden, aber auch, daß sie nicht leicht zu finden sind.

Einen besonderen Fall bildet das dritte größte (womöglich das allergrößte) KZ-System – das maoistisch-kommunistische. Das von der oben erwähnten Internationalen Kommission gegen das Konzentrationäre System (CICRC) 1951 veröffentliche Weißbuch über die Zwangsarbeit in der Volksrepublik China[18] war mir leider nicht zugänglich – es ist über die Fernleihe in den Bibliotheken der Bundesrepublik Deutschland nicht erhältlich[19]. So verfüge ich über den einzigen persönlichen Erlebnisbericht von Jean Pasqualini (Bao Ruo-wang) aus sieben Jahren in maoistischen Gefängnissen und KZs. Er ist äußerst aufschlußreich, aber als Quellenbasis mehr als dürftig.

Diese Dürftigkeit der Quellenbasis ist übrigens erklärlich. Der »Bambusvorhang« hat sich in der Praxis als noch viel undurchlässiger erwie-

20

sen als der Eiserne Vorhang. Wer aus einem Mao-KZ entlassen wird, hat kaum eine Chance, aus Mao-China je herauszukommen, und zwar aus sehr einleuchtenden Gründen: In den sowjetischen KZs bildeten eigene sowjetische Bürger die überwiegende Mehrzahl (die heute an die Ausschließlichkeit grenzt); die Zahl der Ausländer jedoch, die in verschiedenen Zeiten ins Ausland entlassen wurden, war ziemlich hoch. In Mao-KZs waren und sind Nicht-Chinesen eine verschwindende Minderheit, wenn sie überhaupt dorthin verschickt werden – Bao Ruowang hat in all den Jahren keinen einzigen getroffen. Er selbst, der Abstammung nach Halbchinese, wurde als Chinese behandelt, war aber französischer Staatsbürger; und eben nur fremde Staatsbürger haben eine Chance, in die *äußere* Welt hinauszugelangen. Heute verfügen wir über den neuesten Bericht von Amnesty International über China.

Die Insassen der NS-KZs wurden im Frühjahr 1945 sämtlich befreit und gelangten auch – mit Ausnahme der großen Mehrheit der Sowjetbürger – in die Freiheit, oder zumindest, wie etwa die Polen und Tschechen, in die relative Freiheit der kommunistisch beherrschten Länder Ostmitteleuropas, wo sie über dieses Thema fast alles veröffentlichen durften.

Die nationale Vielfalt der Autoren der Erlebnisberichte sowohl aus den sowjetischen als auch aus den NS-KZs hat einen großen Vorteil: Einerseits war die Sicht einer russischen oder finnischen Kommunistin natürlicherweise anders als diejenige von Nichtkommunisten, ob Französin, ob Pole, ob Russe; andererseits interessierte sich jeder Autor, wenn auch nicht ausschließlich, so doch vorrangig für die eigenen Landsleute. So erfahren wir von den Schicksalen von Deutschen, Finnen, Polen oder Spaniern in den einen wie den anderen Lagern.

Wie bereits aus den hier gebrauchten Bezeichnungen ersichtlich, widersetze ich mich ganz entschieden den nationalistisch gefärbten Bezeichnungen »deutsche« bzw. »russische Konzentrationslager«. Diese beiden Systeme der KZs wurden nicht von »Deutschen« bzw. »Russen« errichtet, sondern von Nationalsozialisten bzw. von Sowjetkommunisten im Rahmen des betreffenden, »ideologisch« verbrämten, unmenschlichen totalitären Terrorsystems. Und zwar in beiden Fällen zuerst, dann im ersteren Fall auch, im letzteren überwiegend und heute wieder fast ausschließlich für die eigenen Bürger, also eben *für* Deutsche bzw. Russen und sonstige Sowjetbürger.

Dasselbe gilt auch für die maoistisch-kommunistischen (und nicht etwa »chinesischen«) KZs. Die Bezeichnung »maoistisch« gebrauche ich in Ermangelung einer besseren zur Unterscheidung von »sowjetkommunistisch«. Der heutige chinesische Kommunismus bleibt übrigens in seinem Wesen genauso maoistisch, wie der Sowjetkommunismus leninistisch-stalinistisch bleibt. Als Prüfstein dienen das terrorpolizeiliche System und die KZs, nicht die augenblickliche Einstellung zu Mao oder Stalin, die nur taktisch bedingt sind.

Gerade als Nichtdeutscher darf ich vielleicht meine Verwerfung der insbesondere in Deutschland ziemlich verbreiteten Bezeichnung »deutsche Konzentrationslager« etwas näher erörtern. »Ein Mord, von einem polnischen Banditen begangen«, schrieb ich darüber in meinem ersten, 1964 in Polen erschienenen Werk über die NS-KZs, »ist ein Banditenverbrechen und kein ›polnisches ‹« [20].

In meinem zweiten Werk zu diesem Thema, das der kommunistischen Zensur in Polen zum Opfer fiel [21], schrieb ich: »Eine andere internationale Erscheinung in den Berichten über die Konzentrationslager ist die Benutzung der hier jeder klaren Bedeutung ermangelnden Bezeichnung ›die Deutschen‹. Wenn wir lesen: ›Die Berichte der Häftlinge sind eine Wahrheit, die urbi et orbi verkündet, daß die Deutschen keine Menschen sind. . . . Der Charakter der Deutschen ändert sich nicht. Grausamkeit und Hochmut sind ihnen angeboren‹ [22] – oder: ›Die Lager zeigten klar, wie die Einstellung der Deutschen zu den Polen war. Sie blieben ewige [23] Feinde Polens‹ [24] – dann drängt sich sofort die Frage auf, von welchen Deutschen hier die Rede ist. Denn Deutsche waren ebenso die SS-Männer wie die Vertreter der Verwaltungs- und Militärbehörden, die mit den Lagern zu tun hatten, Ingenieure, Meister, Zivilarbeiter, die die Arbeit beaufsichtigten oder selbst auf dem Lagergelände arbeiteten, und Häftlingsverbrecher [25], Capos, Blockälteste u. dgl., die Häftlinge mißhandelten und sie manchmal zu Hunderten mordeten (und es gab ja solche auch unter den Polen und den anderen Nationalitäten! [vgl. hier u., S. 237 f.]) – und schließlich Häftlingsbrüder, die damals und heute Schulter an Schulter mit uns kämpften. Selbst wenn wir den ideologischen Charakter einer solchen nationalistischen Verallgemeinerung und deren moralische Unzulässigkeit beiseite lassen, bleibt noch deren erkenntnismäßige Unzulässigkeit. Wie aus der oben angeführten Zusammenstellung zu ersehen ist, bedeutet ›die Deutschen‹ in bezug auf die Konzentrationslager überhaupt nichts. Und wenn eine derartige Umkehrung der Nazi-Theorien, ›daß die Polen eigentlich keine Menschen seien‹ [26], unmittelbar nach der Zeit ihrer Praktizierung noch begreiflich sein konnte, so läßt sich durch nichts mehr rechtfertigen, wenn in einem 1962 erschienenen Buch über Auschwitz von der ›Perfidie der Deutschen‹ die Rede ist. Wir haben den Faschismus bekämpft, um ihm unsere Freiheit zu entreißen, und nicht seine Ansichten unseren nationalen Pseudobedürfnissen gemäß umgewandelt« [27].

Unter den zahllosen gegenseitigen »nationalen« Anklagen und Gegenanklagen der ehemaligen Häftlinge der NS-KZs (es ist zu bemerken, daß solche »nationalen« Vorwürfe in den Erlebnisberichten der ehemaligen Häftlinge der sowjetischen KZs kaum zu finden sind, obwohl dort auch von Reibungen zwischen nationalen Gruppen die Rede ist) wäre an dieser Stelle noch die vielleicht originellste anzuführen. Der Franzose Louis Maury, ehemaliger Häftling des KZ Neuengamme, warf 1955 den deutschen politischen Mithäftlingen vor, daß sie »kein Gefühl für nationale Mitverantwortung [. . .] hatten. [. . .] Auf der Ebene der nationalen Gemeinschaft waren sie sich keiner Schuld für die Greuel der Konzentrationslager bewußt«[28]. Mit anderen Worten, die deutschen Demokraten und Kommunisten sollten sich für die Konzentrationslager verantwortlich fühlen, die von den Nazis eben für sie geschaffen worden waren – elf Jahre, bevor Maury nach Neuengamme verschickt wurde.

Eine besonders heikle Frage sind für die immer noch bestehenden Empfindungen und Empfindlichkeiten die nationalsozialistischen und die im Dritten Reich veröffentlichten Berichte über sowjetische KZs. Die Fragestellung ist zwar an sich wissenschaftlich etwas zweifelhaft. Selbstverständlich müssen alle Quellen und Berichte, von wem und woher sie auch stammen, kritisch beurteilt und bewertet werden. Selbstverständlich muß alles, was von den Nazis – und den Kommunisten – veröffentlicht wurde bzw. wird, ganz besonders kritisch untersucht werden, da die totalitäre Propaganda jeder Couleur nachweislich ein recht eigentümliches Verhältnis zur Wahrheit hat. Das bedeutet jedoch kaum, daß alles was im Dritten Reich, in Sowjetrußland oder in einem anderen faschistischen bzw. kommunistischen Land veröffentlicht wurde oder wird, an sich keinen Erkenntniswert besäße.

Bereits Dallin und Nicolaevsky[29] haben eine eingehende Bewertung der gesamten damals vor über 30 Jahren, vorhandenen Literatur über die sowjetischen KZs vorgenommen. Dabei stellten sie fest, daß nach 1932 in Deutschland zahlreiche Bücher über sowjetische KZs erschienen waren: »Viele von diesen Veröffentlichungen sind wertlos und nur primitiven Propagandazwecken dienend. Die sowjetischen Arbeitslager (labour camps) werden nicht angegriffen, weil sie Konzentrationslager sind, sondern aus rassischen Gründen; die Verwaltung und die Regierung werden als jüdische Institutionen beschrieben, die sich der Arbeitslager bedienen, um eine Unzahl russischer Menschen zu unterdrücken und zu vernichten. Tatsachen werden oft verdreht, um den erwünschten Eindruck zu erreichen«.

Zu dieser Kategorie ist etwa das Buch von Richard *Krawtschenko*, Ich war Stalins Gefangener, zu zählen. Aus einem angeblich englischen Original ins Deutsche übersetzt, hatte es 1941 eine Auflage von ca. 200 000 Exemplaren. Einige Jahre später, als das weltbekannte Buch von Victor *Kravchenko* erschien[30], brachte die kommunistische Presse sowie die kommunistischen Advokaten[31] im Laufe des Prozesses Kravchenkos gegen Les Lettres Françaises[32] die beiden Bücher und deren Autoren in eine aus der Luft gegriffene Verbindung. Ohne deutlich zu behaupten zu wagen, daß die beiden Krawtschenkos identisch seien, versuchte man das auf sehr bezeichnende Art anzudeuten[33].

Die oben zitierte Charakteristik der NS-Propagandaerzeugnisse ist sehr aufschlußreich. Wir haben es hier mit derselben Erscheinung in umgekehrter Richtung zu tun, wie wir sie bei der sowjetischen Literatur über NS-KZs beobachtet haben. Weil man selbst in einem Glashaus – und die Häftlinge der KZs hinter Stacheldraht saßen, konnte man schlecht gegen die KZs als solche mit Steinen werfen. So galten auf der einen Seite die KZs nur deshalb als schlecht, weil sie »faschistisch«, auf der anderen, weil sie »jüdisch« seien. Wieviele Juden in sowjetischen KZs leiden und sterben mußten, haben die Nazis tunlichst verschwiegen – wie auch dann die Sowjets das Leiden und Sterben der Juden in NS-KZs und Vernichtungslagern verschweigen sollten (s. u., S 195 ff. u. 110, Anm. 72).

Von dieser rein nationalsozialistischen Propagandaliteratur muß man die im Dritten Reich nur übersetzten, aber nicht aus der NS-Propagandawerkstatt stammenden Bücher unterscheiden. Hier ist vor allem das glänzend geschriebene und in mancher Hinsicht äußerst wertvolle Werk von Iwan L. Solonjewitsch zu nennen. Es ist wieder sehr bezeichnend für das braune Glashaus, daß das Buch im Dritten Reich nicht unter dem Originaltitel »Rossija w konzlagere« (Rußland im Konzentrationslager) erscheinen durfte, sondern unter dem erfundenen Titel »Die Verlorenen«, wobei der erste Teil in der deutschen Ausgabe den Untertitel »Rußland im Zwangsarbeitslager« (sic!) bekommen hat. Der Bericht, zu dem wir noch zurückkehren, endet mit der Ankunft des Autors, seines Sohnes und seines Bruders in Finnland nach einer tollkühnen Flucht aus den Lagern des Weißmeer-Ostsee-Kanals. Das Dritte Reich und der Nationalsozialismus sind in ihm überhaupt nicht erwähnt. Als letzter schlüssiger Beweis nicht-nationalsozialistischer Gesinnung ist der absolute Mangel an antisemitischen Tönen anzusehen. Ganz im Gegenteil, Solonjewitsch beschreibt auch das Unrecht an den Juden in den sowjetischen Lagern.

Daß Iwan S. und sein Sohn[34] nach Enttäuschungen und Streitigkeiten mit anderen russischen Emigranten auf Hitlers Seite übergingen und ihn während des Zweiten Weltkriegs unterstützten, ist natürlich aus der historischen Perspektive zu verurteilen. Der Wert des früher entstandenen Berichts wird dadurch jedoch genausowenig gemindert, wie derjenige der Berichte von Kommunisten aus nationalsozialistischen Lagern dadurch, daß die Autoren vor und nach der Haft den anderen größten Menschheitsverbrecher (und seinerseits Unterstützer Hitlers), Josef Stalin, unterstützten.

Ein nicht geringes Problem bei der wissenschaftlichen Verwertung der Berichte über sowjetische KZs bildet sowohl die Übersetzung als auch die Transkription russischer Begriffe und Bezeichnungen. Sie wird nicht dadurch erleichtert, daß bei Übersetzungen, sagen wir, aus dem Französischen ins Deutsche, oft die französische phonetische Transkription des Russischen literal übernommen wird, was zu Mißverständnissen führen muß. (Der Name Solschenizyn wird französisch »Soljénitsyne« geschrieben, der Name Schdanow – »Jdanov«, woraus in einigen deutschen Übersetzungen »Idanow« geworden ist, u. a. m.) Bei der Transkription der russischen und überhaupt sowjetischen Eigennamen habe ich mich nicht für die konventionelle Transliteration, sondern für die phonetische deutsche Transkription entschieden, die dem deutschen Leser die Originallaute näher – aber auch nur näher bringt. Es gibt nämlich im Russischen Laute, die sich im Deutschen kaum oder überhaupt nicht wiedergeben lassen – und dabei Eigentümlichkeiten der Aussprache, für die es keine Lösung gibt. Manchmal ist der Weg zu einer solchen Lösung durch bereits bestehenden und eingebürgerten Brauch verbaut. Es genügt, darauf hinzuweisen, daß die in Deutschland aus der Geschichte des letzten Krieges ziemlich bekannte Stadt »Orel« sich im Russischen ungefähr so schreibt, in der Aussprache aber ungefähr »Arjóu« heißt. Das ins Russische übernommene deutsche Wort »Lager« wird etwa »uagjer« ausgesprochen; und so heißt »GULAG« eigentlich »GU-UAG»[35].

Als Beispiel für sachliche Fragen möchte ich das bei der Beurteilung der Lagerernährung nicht unwichtige Pfund nennen. Das deutsche Pfund hat nämlich 500 g, das englische 453,6 g, das russische 409,9 g. Trotzdem wird in der Übersetzung Pfund mit Pfund wiedergegeben, wo doch der Unterschied von hundert Gramm Brot für den Häftling immer lebenswichtig war – und bleibt.

Wie bereits erwähnt, habe ich in polnischer Sprache zwei Studien über die Fragen der NS-KZs verfaßt. Das vorliegende Werk ist weder eine Übersetzung, noch eine Überarbeitung jener polnisch verfaßten Texte; es ist in jeder Hinsicht eine völlig neue Arbeit. Einige Angaben in dieser Arbeit stützen sich auf eigene Beobachtungen; sie sind als »Eig. Beob.« vermerkt.

Von der NS-Terrorpolizei im März 1944 in Starachowice im nazibesetzten Mittelpolen verhaftet, war ich vom 21. März 1944 bis zum 9. Februar 1945 im KZ Groß-Rosen (Schutzhaftlager) in Schlesien (vom 7. August bis zum 10. Oktober 1944 im Arbeitslager – d. h. Außenlager, s. weiter unten, S. 51 – Brieg a. d. Oder), dann vom 13. Februar bis Ende April 1945 in Leitmeritz (Litoměřice) a. d. Elbe, einem Arbeitslager des KZs Flossenbürg, inhaftiert. (Lagernummern: Groß Rosen – Schutzhäftling Pole Nr. 23351; Flossenbürg – Nr. 87499).

Da ich nach Groß-Rosen in einer Zeit gebracht wurde, als das wachsende Lager großen Bedarf an qualifizierten Kräften für die Häftlingsschreibstube hatte (die Evakuierung von Majdanek, Auschwitz und Plaszow b. Krakau stand bevor), hatte ich das unglaubliche Glück, bereits nach wenigen Tagen in die Häftlingsschreibstube als Schreiber und Dolmetscher (deutsch–polnisch–französisch) aufgenommen zu werden. So hatte ich offenen Zugang zu allen Karteien und Verzeichnissen der Häftlinge, sowie heimlichen Zugang zu einigen anderen Akten – wie auch weitgehend Einblick in die Funktionsweise des NS-KZ-Systems.

Meine Beobachtungen habe ich gleich nach der Befreiung in einem unveröffentlichten Manuskript von etwa 90 Seiten niedergelegt (das in Polen bei einem Wettbewerb 1945 den 1. Preis bekam), auf das ich mich auch stützen kann.

Außerdem zitiere ich hier in beschränktem Maße persönliche Berichte anderer Personen aus dem Bereich verschiedener Unterdrückungssysteme – zit. »Pers.Ber.« – deren Namen ich aus verschiedenen Gründen nicht nennen darf, da sie selbst oder ihre Angehörigen im Machtbereich von Unterdrückungssystemen leben und mit diesem Buch nicht in Verbindung gebracht werden sollen.

Anmerkungen

I. Zur Einführung

* Ich bringe in d. Anmerkungen nur Kurzangaben über zitierte Quellen. Volle bibliogr. Angaben, Entwicklung der Abkürzungen usw. sind im Quellen- und Literaturverzeichnis zu finden.
1 Vgl. etwa zu den nationalsozialistischen Konzentrationslagern die Meinungen von H. G. Adler, Selbstverwaltung und Widerstand ..., VfZ 1960, S. 221; sowie E. Kolb, Bergen-Belsen, S. 10. In den Jahren 1950–1977 wurden an amerikanischen Hochschulen 1238 Doktorarbeiten über russische u. sowjetische Fragen angenommen. Es gab darunter keine einzige über die Problematik der sowjetischen Konzentrationslager; eine (1973) über die Gründung der sowj. Terrorpolizei; zwei (1972 u. 1974) über politische Opposition und Repression in Sowjetrußland; eine (1958) über die sowj. Nationalitätenpolitik in d. Ukraine nach d. Zweiten Weltkrieg u. eine (1964) über Weißruthenien unter sowj. Herrschaft, die beide hoffentlich die Fragen der KZs und d. Massendeportationen berühren. Sonst gab es zwei (1967, 1968) verschiedene Arbeiten über ein und dasselbe Thema: Die russische orthodoxe Kirche unter deutscher Besatzung, über eine Episode also (dagegen keine einzige Arbeit über Kirchen und Religion unter sowj. Herrschaft); schließlich zwei Arbeiten (1973, 1975) über rein literarische Probleme in Solschenizyns Werken. Vgl. Doctoral Dissertations on Russia ...
2 Weiter im Text abgekürzt KZs (Die offizielle nationalsozialistische Abkürzung war »KL«, das sowjetische Kurzwort – »Konzlager«).
3 D. J. Dallin, B. I. Nicolaevsky, Forced Labour in Soviet Russia; P. Barton, L'institution concentrationnaire en Russie (1930–1957). Vgl. auch: Livre blanc sur les camps de concentration soviétiques; Sklavenarbeit in Rußland.
4 Neben Bearbeitungen einzelner Lager vgl. bes. M. Broszat, NS-Konzentrationslager 1933–1945 i. d. Sammelwerk Anatomie des SS-Staates, Bd. II; [Sammelwerk] Studien zur Gesch. d. [NS] Konzentrationslager. Eine gute, kurze Übersicht: G. Kimmel, Zum Beispiel: Tötungsverbrechen ..., in: A. Rückerl (Hrsg.), NS-Prozesse.

5 In dem klassischen franz. Wörterbuch und Handlexikon Nouveau Petit Larousse Illustré, Ausg. 1949 (sic!), lesen wir auf S. 159, Stichwort »Camp«: »Camp de concentration, lieu où l'on rassemble en temps de guerre les ressortissants civils des pays ennemis« – »Konzentrationslager, Stätte, wo man in Kriegszeiten zivile Staatsangehörige der feindlichen Länder versammelt«, also genau Internierungslager. Vgl. u., S. 38. Als im Dezember 1981 eine kommunistische Militärjunta in Polen Konzentrationslager für zehntausende polnischer Gewerkschaftler, Intellektuellen und Studenten einrichtete, nannte sie diese wieder »Internierungslager«, was auch von den meisten im Westen eifrig nachgeplappert wurde.

6 Es waren: Der berüchtigte »Rekordarbeiter« und »Normenbrecher«, Einpeitscher der sowjetischen Arbeiter, Alexej G. Stachanow, sowie der Jurist Aron N. Trajnin, 1947–49 Vizepräsident der »Internationalen Vereinigung Demokratischer Juristen«.

7 Die engl. Ausgabe von Herlings Buch, die das Orig. d. Vorwortes v. Bertrand Russell enthält, war mir nicht zugänglich. D. Übers. i. d. dt. Ausgabe: G. Herling, Welt ohne Erbarmen (1953) erwies sich als unbrauchbar. Ich benutze hier die Übersetzung in R. Conquest, Am Anfang starb Genosse Kirow, S. 404, die ich an einigen Stellen anhand des Orig. (R. C., The Great Terror, S. 333) geändert habe.

8 H. Gollwitzer, … und führen wohin du nicht willst, S. 56.

7a R. W. Schloß, Laß mein Volk ziehen, S. 10f. Vgl. u., S. 91f.

8a Atholl, The Conscription of a People, facsimile gegenüber S. 67, engl. Übers. S. 195–97.

9 Livre blanc …, S. 193. Die CICRC war eine unabhängige Organisation ehem. Häftlinge der nationalsozialistischen KZs die, durch die Initiative David Roussets entstanden, in den Jahren 1948–58 tätig war.

10 The Dark Side of the Moon; S. Mora, P. Zwierniak, La justice soviétique. Dallin/Nicolaevsky, Forced Labor …, S. 311 u. 313, bezeichnen die erstere Veröff. als »eines der wichtigsten Bücher unserer Zeit«, die letztere als »eines der wichtigsten Bücher über die russischen Haftlager (prison camps), die je erschienen sind«.

11 Es ist eine Veröffentlichung des israelischen »Forschungszentrums für Gefängnisse, Psychgefängnisse und Zwangsarbeits-Konzentrationslager der UdSSR« (Research Centre for Prisons, Psychprisons and Forced-Labor Concentrations Camps of the USSR).

12 Der Verleger des Werkes von R. Conquest, Kolyma (1978) schreibt im Klappentext: »Kolyma verdient es, genauso ein Alltagswort zu sein, wie Auschwitz«. Vgl. u., S. 91.

13 P. Daix, Marxismus, Die Doktrin des Terrors, Überschrift des 2. Teils; Der Spiegel, H. 23/78, S. 150.

14 Ich möchte an dieser Stelle meiner Frau danken, die mich als erste darauf aufmerksam machte. Es ist immer am schwersten zu bemerken, was *nicht* da ist.

15 J. Piljar, Wsjo eto bylo! [All das ist dagewesen!, russ.]; J. Pilar, Ludzie w pasiakach [Menschen in gestreiften Kleidern, poln.]; J. Piljar, Ljudi ostajutsja ljudmi [Menschen bleiben Menschen, russ.]

16 Der Erlebnisbericht von Margarete Buber-Neumann wird in der Literatur der Bundesrepublik grundsätzlich nur in seinem Ravensbrücker Teil zitiert; manchmal, unter Mißachtung der Grundregeln der wissenschaftlichen Quellenangabe, auf solche Art und Weise, daß der volle Namen der Autorin und der Titel des Werkes verborgen werden.

17 Über das Schicksal der sowj. Häftlinge des KZs Mauthausen in sowj. KZs vgl. P. Daix, Was ich über Solschenizyn weiß, S. 11. Daix war selbst Häftling von Mauthausen als franz. Kommunist. Er gehörte lange Zeit zu denen, die

an die kommunistische Propagandaversion über sowj. »Erziehungslager« glaubten und von dieser Position etwa David Rousset angriffen.
18 Livre blanc sur le travail forcé dans la République Populaire de Chine.
19 Genausowenig wie die Veröffentlichungen von ¹Guy Vinatrel, L'U.R.S.S. concentrationnaire [Die konzentrationäre UdSSR, franz.], Paris 1949, und B. Yakovlew, Konzentrazionnyje lagerja SSSR, München 1955 (sic). So kann ich nicht sagen, ob es sich dabei um persönliche Erlebnisberichte oder um zwei weitere Monographien handelt.
20 A. J. Kamiński, Hitlerowskie obozy koncentracyjne ... (1964), S. 17.
21 Vgl. das Verzeichnis der Veröffentlichungen des Autors am Schluß dieses Buches. Es war das erste von fünf meiner Bücher, die 1968–1973 im kommunistisch beherrschten Polen nicht erscheinen durften.
22 L. Rajewski, Oświęcim w systemie RSHA [Auschwitz im System des Reichssicherheitshauptamtes, poln.], 1946.
23 Das polnische »odwieczny« stammt von »od wieków«, »seit Jahrhunderten«, übertragen »seit ewigen Zeiten«. Die hier ausgedrückte Überzeugung von einer angeblichen »Erbfeindschaft« zwischen den Deutschen und den Polen ist eine seit der zweiten Hälfte des 19. Jahrhunderts auf beiden Seiten entstandene, im Lichte der einfachen historischen Wahrheit besonders üble Geschichtsklitterung. Den Gipfel erreichte sie in den Titeln zweier Werke: Franz Lüdtke, Ein Jahrtausend Krieg zwischen Deutschland und Polen, Robert Lutz Nachfolger, Inh. Rudolf Weisert, Stuttgart (1941), Geschichtsfibeln für Wehrmacht und Volk, Bd. 3; Zygmunt Wojciechowski, Polska-Niemcy, Dziesięć wieków zmagania [Polen-Deutschland, Zehn Jahrhunderte des Ringens, poln.], Wyd. Instytutu Zachodniego, Poznań 1945 (1., konspirative Aufl. 1943).
24 L. Bujacz, Obóz koncentracyjny w Dachau (1946), S. 40.
25 »Ich lasse hier die formelle NS-Teilung in ›Politische‹ (›Rote‹) und ›Kriminelle‹ (›Grüne‹) außer acht; die wirklichen Teilungslinien verliefen anders ...« (Anm. d. poln. Orig.) S. weiter u., S. 206 f.
26 So Dr. med Gräfe, Assistent von Prof. Dr. med. Eugen Hagen, Ordinarius für Hygiene an der »Reichsuniversität« Straßburg, im Mai 1943. Zit. bei A. Mitscherlich, F. Mielke, Medizin ohne Menschlichkeit (viele Aufl. seit 1949; 1978), S. 122.
27 A. J. Kamiński, Dookoła kolczastych drutów [Um den Stacheldraht herum, poln.], (nicht erschienen 1967–68, zit. nach einem Korrekturexemplar), S. 297 f.
28 L. Maury, Aperçus sur la psychologie et le comportement des ressortissants des diverses nationalités de déportés au camp de concentration de Neuengamme, Revue d'Histoire de la Deuxième Guerre Mondiale, 1955, Nr. 17, S. 53 [Bemerkungen über die Psychologie und das Benehmen von Vertretern verschiedener Nationalitäten unter den Häftlingen des Konzentrationslagers Neuengamme, franz., in der Zeitschrift für Geschichte des Zweiten Weltkrieges]. Bereits die Fragestellung muß größte Bedenken wecken.
29 D. J. Dallin, B. I. Nicolaevsky, Forced Labor ..., S. 309–319.
30 V. Kravchenko, I chose Freedom (1947); dt. Ausg. Ich wählte die Freiheit.
31 Ce Soir, Paris, 20.1.1949; Literaturnaja Gaseta, Moskau, 13.4.1949. Rechtsanwalt Joë Nordmann in seinem Plädoyer vom 22.3.1949. Vgl. V. Kravchenko, I chose Justice S. 344, 387 f.; (V. Kravchenko), Le Procès Kravchenko, Bd. 2, S. 579.
32 Der Prozeß in Paris, Ende Januar–Anfang April 1949, endete mit einer Verurteilung der kommunistischen Zeitschrift wegen Verleumdung und Beleidigung Victor Kravchenkos.
33 Der Name bedeutet ukrainisch ungefähr »Schneiderlein« und ist ungefähr so häufig, wie der Name Schneider in Deutschland. Dabei ist es merkwür-

dig, daß der angebliche Engländer Richard *Krawtschenko* seinen Namen auf deutsche Weise transkribierte. Victor *Kravchenko,* der in Amerika »die Freiheit wählte« (d. h. als sowjetischer technischer Handelsbeamter um Asyl bat), transkribierte natürlich seinen Namen auf englische Weise; daher die verschiedene Schreibweise des gleichen ukrainischen Namens.

34 Doch nicht sein Bruder Boris, wie Dallin/Nicolaevsky, Forced Labor ... S. 311 f. behaupten. Vgl. das., S. 106 f. Das Buch Solonjewitschs wird von den beiden Autoren als »wichtige Informationsquelle« eingestuft.

35 Das russische »L« wird nur vor aufgeweichten Konsonanten — »ja«, »je«, »ju« — wie das deutsche »L«, sonst wie das englische »W« ausgesprochen; wie etwa im Deutschen das »u« in »Mauer«.

II. Vor-, Frühgeschichte und Typologie der Lager

Mit dem Begriff »Konzentrationslager« verbindet sich für alle Menschen der Gedanke an die zwei schrecklichsten Dinge, die es gibt: an gewaltsamen Tod und an Sklaverei. Dabei steht gewöhnlich der Gedanke an den Tod im Vordergrund. Man bezeichnet oft die KZs als »Vernichtungs-« oder »Todeslager«. Ernst Wiechert hat das Lager Buchenwald »Der Totenwald« genannt. Für diese Sicht ist auch die Studie eines Autors aus der nächsten Generation typisch: Der 1940 geborene amerikanische Literaturforscher Terrence des Pres betitelte sein interessantes Buch »Der Überlebende, Eine Anatomie des Lebens in den Todeslagern«. Er befaßt sich übrigens gleichermaßen mit den nationalsozialistischen und den sowjetischen »Todeslagern«.

Diese Faszination mit dem gewaltsamen Tod von Hunderttausenden und Millionen ist vollkommen verständlich – und es stimmt ja auch, daß für die Opfer der KZs das Überleben, also die äußerste Alternative »Tod oder Leben«, die Aufgabe, das Leben zu bewahren und dem Tode zu entgehen, im Mittelpunkt aller Bestrebungen stehen muß – mindestens so lange, wie eine Hoffnung darauf besteht, die Befreiung zu erleben. Nicht wenig hat zu dieser Fixierung auf den KZ-Tod auch der nach der Niederlage des Nationalsozialismus vorherrschende Gesichtspunkt der Strafjustiz beigetragen, für die natürlicherweise nicht abstrakte Analysen und Klassifizierungen, sondern die an Tatbeständen orientierte Wahrheitsfindung entscheidend war. Unter diesen Tatbeständen stand Mord an erster, ja fast an einziger Stelle. Der menschlich kaum erträgliche Druck der plötzlich aufgedeckten Millionen Morde bewirkte, daß die Sklaverei und die damit verbundenen Mißhandlungen und Erniedrigungen der Opfer ohne tödlichen Ausgang in die geringschätzig betrachtete Kategorie der »kleineren Maulschellenfälle« (minor slapping cases) abgeschoben wurden.

Außerdem stellten sich unbestreitbare, direkte Morde vor die Folgen der Sklaverei: Vor die nicht direkt von bestimmten Tätern bewirkten, von Hunger, Erschöpfung und Lagerkrankheiten verursachten zahllosen Sterbefälle. Auch hier sah man vor allem die Folgen und fragte weniger nach den komplizierten Ursachen.

Ich halte diese Herausstellung des Todes in seiner Ausschließlichkeit für die wissenschaftliche Erforschung der KZs weder für richtig noch für genügend, letztlich in eine Sackgasse führend. Im Gegenteil, die wichtigste Unterscheidung, die die Forschung im Bereich der KZ-Problematik erkennen muß, ist diejenige zwischen der Sklaverei, also der geistigen und leiblichen Versklavung der Menschen, nebst den bereits genannten tödlichen Folgen für zahllose Häftlingssklaven, und den Völker-, Massen- oder auch Einzelmorden, die alleiniger Zweck und nicht die Folgeerscheinung einer eigentlich beabsichtigten Versklavung sind. Diese Unterscheidung ist erkenntnismäßig um so wichtiger, als sie sich nur für den Bereich des Nationalsozialismus durchführen läßt, sodaß es bei der Gegenüberstellung mit dem Sowjetkommunismus leicht zu einer − nur zu oft bewußt herbeigeführten − Begriffsverwirrung kommen kann.

Die grundsätzliche Erkenntnis ist hier, daß Tod und Sklaverei sich zwar nicht gegenseitig ausschließen (man kann einen Sklaven töten oder ihn sterben lassen, und man tut es nur zu oft), aber auch nicht gleichzusetzen sind (man kann einen Toten nicht versklaven). Diese scheinbare Binsenweisheit wird dort vergessen, wo man eben keine Grenzen zieht zwischen direkt beabsichtigten Massenmorden an Menschen, die die Mörder tot wollten und sonst nichts − und den Absichten gegenüber den Menschen, die man als lebendige Sklaven ausbeuten will. »Lebendige Sklaven« ist übrigens eine − hier bewußt gebrauchte − pleonastische Bezeichnung. »Viertausend schwarze, freie Leichen« − so beschrieb ein junger polnischer Dichter die von Römern gekreuzigten Genossen von Spartakus. Die mir nicht aus der Theorie bekannte Frage, ob es nicht besser sei, als Freier zu sterben, denn als Sklave zu leben, lasse ich hier bewußt beiseite − ich befasse mich hier mit Erkenntnissen und nicht mit Ansichten.

Die genannte Grenze verläuft mitten durch die KZ-Problematik und sie ist nicht leicht zu ziehen. Wie wir noch sehen werden, sind bereits in der Vorgeschichte der Konzentrationslager in Deutschland diese mit dem Gedanken des Völkermordes eng verbunden. Die Grenze verläuft auch mitten durch die »Endlösung der Judenfrage«: Die Juden wurden von den Nazis, entgegen der verbreiteten Meinung, nicht samt und sonders »in den Konzentrationslagern« ermordet. Denn einerseits wurde eine Unzahl von ihnen völlig außerhalb des KZ-Bereiches, in Ghettos oder an improvisierten Massenmordstätten zu Tode gebracht; und andererseits wurde außer dem beabsichtigten, direkten Massenmord in Gaskammern auch Versklavung von arbeitsfähigen Juden beiderlei Geschlechts in eigentlichen KZs betrieben.

Hier muß nämlich eine wichtige Unterscheidung getroffen werden, die manchem Leser befremdend erscheinen mag, da sie ihn zwingt, vertraute und geläufige Vorstellungen aufzugeben: Entgegen verbreiteter Ansicht waren nämlich die nationalsozialistischen Einrichtungen, die ausschließlich der Massenvernichtung von Menschen dienten, jene nicht unzutreffend so genannten »Todesfabriken«, keine Konzentrationslager im eigentlichen Sinne. Die Unterscheidung wird uns bereits von den Nazis selbst, genauer von der SS, aufgenötigt: Wir kennen eine Unzahl von Dokumenten verschiedener Art, etwa zentrale Befehle an KZ-

Kommandanten, die alle die im betreffenden Augenblick bestehenden KZs aufzählen, dabei jedoch nie Bełżec, Chełmno am Ner (im NS-Deutsch »Kulmhof«), Sobibór oder Treblinka erwähnen.

Dies ist aber natürlich weder das Einzige noch das Entscheidende; denn bereits auf den ersten unvoreingenommenen Blick erscheinen uns die Vernichtungslager als etwas wesentlich anderes als die KZs. Ein in ein NS-KZ eingelieferter Mensch war ein Häftling, der vorher (individuell oder im Rahmen einer Massenrazzia) verhaftet worden war. Bei der Einlieferung ins KZ wurde er registriert, mit einer Nummer versehen, umgekleidet und einem »Block«, d. h. einer Organisationseinheit des Lagers zugeordnet, die ihm seinen Schlafplatz und einen Teil seiner Verpflegung zuwies. Dann wurde er einem »Arbeitskommando«, einer anderen Organisationseinheit, zugeordnet, die ihm seinen Arbeitsplatz und den anderen Teil seiner Verpflegung zuwies. In diesem Rahmen sollte er nunmehr leben und arbeiten; oder, noch klarer gesagt, arbeiten, *also* leben. Es passierte in einer Unzahl von Fällen, daß diese registrierten, numerierten und immer wieder gezählten Häftlinge, sagen wir, zu leben aufhörten, und zwar infolge einer der zahllosen, dem KZ eigenen Ursachen. Dies war aber, wie wir noch sehen, nicht der Zweck der KZ-Einrichtung, ganz besonders nicht in der Zeit, als neben den NS-KZs bereits die Vernichtungslager bestanden und als nach deren Muster in den KZs selbst ausgesondert und getötet wurde, wer nicht arbeitsfähig und somit nicht lebenswürdig war. Diese eine Todesursache war damals dem eigentlichen Zweck der KZ-Einrichtung – der produktiven Sklavenarbeit der Häftlinge – entsprechend und gemäß.

Die in ein Vernichtungslager geschleppten Menschen hingegen waren nicht verhaftet, sondern in einem Ghetto zusammengetrieben oder aus einem Ghetto zum Transport befohlen worden, und zwar nach dem Grundprinzip »soundsoviele«, nicht nach demjenigen »die und die« – also rein zahlenmäßig, nicht individuell. Sie wurden weder bei der Abfahrt noch bei der Ankunft irgendwie registriert. Entweder direkt vom Transportzug oder in kürzestmöglicher Zeit nach der Ankunft am letzten Bestimmungsort wurden sie entkleidet, in Gaskammern gelockt, die meistens als Duschräume getarnt waren, und vergast. Ihre Leichen wurden in ein Krematorium gebracht und verbrannt. Die technische Seite konnte dabei manche Abweichungen aufweisen, die jedoch an dem allen Vernichtungslagern gemeinsamen Merkmal nichts ändern: daß Töten deren einziger Zweck war.

Die verbreitete Gleichsetzung von Konzentrations- und Vernichtungslagern erklärt sich vor allem dadurch, daß die SS in den zwei bekanntesten Fällen – Auschwitz und Majdanek/Lublin – große Konzentrationslager mit großen Vernichtungslagern gekoppelt hat, abgesehen davon, daß viele Menschen, an sich nicht ohne Grund, KZs, die viele Opfer gefordert haben, als »Vernichtungslager« empfinden. Und doch weist gerade der Fall Auschwitz bei näherem Zusehen ganz eindeutig auf die Verschiedenheit der beiden Einrichtungen, und zwar durch die allgemein bekannte Praxis der »Selektionen« auf der berüchtigten Auschwitzer Rampe. Die »Selektion« bestand darin, daß die für das KZ Auschwitz bestimmten, arbeitsfähigen Juden von den nichtarbeitsfähigen (bzw. -geeigneten), d. h. von Alten, Kranken und Gebrechlichen, von Kindern und Müttern mit Kleinkindern, getrennt wurden, die zum sofortigen Tod im VL Auschwitz-Birkenau bestimmt waren. Die ersteren wurden in das eigentliche KZ eingeliefert, registriert usw. – siehe oben –, die letzteren direkt in die Gaskammern geschickt.

Ich glaube, daß diese knappe Schilderung der jedem Sachkenner bekannten und durch zahllose Dokumente und Berichte belegten Vorgänge vollkommen genügen dürfte, um die erwähnte Unterscheidung zu belegen und zu begründen[1]. Um jeglichen Mißdeutungen vorzubeugen: Sie soll auf keinen Fall besagen, Massenvergasungen von Juden und Zigeunern in den Konzentrationslagern hätten gar nicht stattgefunden, wie neonazistische Publikationen nur allzu gerne bereit wären, meine Ausführungen zu »zitieren«. Sie soll nur verdeutlichen, daß die Massenvergasungen von Juden und Zigeunern nicht in Konzentrationslagern stattfanden, sondern in andersartigen, in zwei Fällen mit großen Konzentrationslagern gekoppelten Einrichtungen der SS, die von der Forschung als Vernichtungslager bezeichnet werden. Es handelt sich um ein anderes Verbrechen, das gesondert betrachtet werden muß – und zwar als ein Teil der Massenvernichtung von Juden und Zigeunern durch die Nationalsozialisten – und nur partiell in den Rahmen einer Analyse der eigentlichen Konzentrationslager gehört.

Ich sollte noch sagen, daß die Verwechslung einen weiteren Grund hat. Nicht nur, daß die Namen der einzelnen VL kaum je erwähnt wurden; die Vernichtungslager hatten auch alle zusammen keinen offiziellen Namen, nicht einmal einen Tarnnamen in der NS- und der SS-Sprache. Sie waren offiziell, im Gegensatz zu den eigentlichen KZs, im Dritten Reich überhaupt nicht vorhanden.

A. Rückerl stellt fest, daß lange Jahre, nachdem bereits alle Welt von den eigentlichen KZs sprach, »die Existenz von Belzec, Sobibor, Treblinka und Chelmno und das, was dort geschehen war, weitgehend im dunkeln blieb«[2].

Ihrem Charakter entsprechend bildeten die VL – wieder im Gegensatz zu den eigentlichen KZs – kein organisatorisches System; sie waren untereinander nicht verbunden, nur natürlich in der SS-Organisation eingebettet. Zwischen den KZs herrschte z. B. ein reger Verkehr von »Überstellungen« großer Transporte und einzelner Häftlinge von einem Lager ins andere; doch jedes VL war für die dorthin verschickten Menschen eine Endstation.

All das bedeutet wieder nicht, daß die eigentlichen NS-Konzentrationslager keinen Anteil an der NS-Judenvernichtung hatten. Ich werde noch auf das Schicksal der jüdischen Häftlinge der NS-KZs zurückkommen (Kap. V). Unter »KZ-Häftlingen« soll man jedoch nur Insassen eines KZs verstehen und nicht die gewissermaßen namenlosen, nie namentlich erfaßten Opfer des Gastodes in den Vernichtungslagern. Wenn wir schon bei der Klärung der Begriffe sind, möchte ich, bevor ich diesen Gegenstand verlasse, auf ein besonders krasses Beispiel der in diesen Fragen herrschenden Begriffsverwirrungen hinweisen. Und zwar auf den in mancher Veröffentlichung geisternden Begriff »Gasöfen« (bei englisch-schreibenden Autoren »gas ovens«). Es handelt sich natürlich um eine Verwechslung der Gaskammern, in denen Menschen mit *Giftgas* ermordet wurden, mit den Krematorien-Öfen, in denen die Leichen der Ermordeten nachher (*nicht* mittels Brenngas) verbrannt wurden.

Auch nach dieser begrifflichen Abgrenzung im Bereich der NS-Lager bleibt der Begriff »Konzentrationslager« mehrdeutig, da er im Laufe der Jahrzehnte zur Bezeichnung sehr verschiedener Einrichtungen gebraucht wurde. Dabei wurden die ersten sogenannten Konzentrationslager, wenn auch grausam genug, von ihren späteren, andersgearteten Namensgenossen völlig in den Schatten gestellt.
Jene ersten waren Konzentrationslager kolonialen, oder besser eines Kolonialkriegstypus, wobei die allerersten, entgegen einer verbreiteten Meinung[3], nicht von Briten in Südafrika, sondern einige Jahre früher von einem spanischen General »preußischer Abstammung«[4] erfunden wurden.
Als der General Valeriano Weyler y Nicolau zum Gouverneur der damals bereits seit einem Jahr aufständischen Insel Kuba ernannt wurde und am 10. Februar 1896 in Habana landete, hatte er bereits ein ganz besonderes System scharfer Maßnahmen zur Unterdrückung des Aufstandes gegen die spanische Kolonialherrschaft durchdacht. Er ordnete u. a. an, daß »in der unüberschreitbaren Frist von acht Tagen sämtliche Bauern, die nicht als Aufständische behandelt werden möchten, sich in befestigten Lagern konzentrieren sollten«[5].
Ein anderer spanischer Historiker spricht zwar nur von der »Konzentration der Bevölkerung in bestimmten Zonen«; dagegen nennen die Autoren der »Neuen Geschichte Spaniens« die von Weyler geschaffenen »Konzentrationslager« (campos de concentración) beim Namen[6].
Es waren etwa 400 000 Greise, Frauen und Kinder, die von Weyler so »rekonzentriert« (»reconcentrados«) wurden; die Zahl der tödlichen Opfer ist nicht bekannt[7].
Weyler wurde im Spätherbst 1897 durch das neue liberale spanische Kabinett abberufen. Der Erfinder der Konzentrationslager, in den Jahren 1901–1907 dreimal Kriegsminister, machte weiter eine steile Karriere und starb 92-jährig als duque (Herzog) de Rubí, Grande von Spanien, 1930 – in der Zeit der stürmischen Entwicklung der sowjetischen KZs, keine zweieinhalb Jahre vor der Entstehung der nationalsozialistischen.

Nicht lange, nachdem Weyler von Kuba weg war, kopierten die Amerikaner, bei denen er als »The Butcher« (Der Metzger) verschrien war, seine Methoden; und zwar in einer gewissen Fortsetzung ihres Krieges von 1898 gegen die spanische Kolonialmacht. Auf den von den Amerikanern den Spaniern entrissenen Philippinen war nämlich unter der Führung von Emilio Aguinaldo ein Aufstand gegen die neuen Unterdrücker ausgebrochen. 1900 waren die Aufständischen geschlagen, und sie begannen einen Guerillakrieg, der die amerikanische Besatzungsmacht dazu bewog, auf der Insel Mindanao Konzentrationslager »zum Schutz der nichtkämpfenden Zivilisten« einzurichten[8].

Weder das spanische Original noch die amerikanische Nachahmung erreichten die traurige Berühmtheit der britischen Nachahmung, die sehr oft für das Original und das Vorbild gehalten wird. Nachdem die Mitte 1900 im regulären Krieg besiegten Buren der südafrikanischen Republiken, besonders des Oranje-Freistaats, zu einem Guerillakrieg übergegangen waren – wodurch einige von ihnen früher geleistete Neutralitätseide brachen –, begannen die britischen Truppen eine Taktik der verbrannten Erde anzuwenden. Zahlreiche Burenfarmen wurden zerstört und in Brand gesteckt, die obdachlosen Burenfrauen und -kinder in schnell errichtete »concentration camps«, in Zelt- und Barackenlager eingewiesen. »Gänzlich unzureichende sanitäre Anlagen, fehlende medizinische Versorgung, mangelhafte Ernährung und Kleidung und die Unbilden der Witterung forderten unter den zusammengepferchten Frauen, Kindern und Greisen eine erschreckend hohe Zahl von Todesopfern. Von insgesamt 120 bis 160 000 Lagerinsassen starben über 20 000. Der Höhepunkt des Massensterbens lag im Sommer und Herbst 1901, also im südafrikanischen Winter. Diese tragischen Folgen organisatorischer Versäumnisse belasten das britische Schuldkonto schwer. Beinahe noch fataler für Großbritannien war jedoch, daß die kämpfenden Buren und große Teile der europäischen Öffentlichkeit unter dem Eindruck einer konsequenten Ausrottungspolitik standen. Die verantwortlichen britischen Behörden (Chamberlain und Milner an der Spitze[9]) haben aber, nachdem der Augenzeugenbericht der englischen Philanthropin Emily Hobhouse für ein heilsames Erwachen gesorgt hatte, die Verhältnisse in den Lagern grundlegend zu sanieren begonnen; mit Beginn des Jahres 1902 trat eine deutliche Besserung ein«[10].

Dieses Urteil eines deutschen Sachkenners ist insofern zu günstig für die britischen Behörden, als Miss Hobhouse ihre Reise nach Südafrika bereits in der ersten Hälfte des Jahres 1901 unternommen hatte – zugegeben, mit voller Unterstützung Sir Alfred Milners. Hätte man also gleich auf die beherzte Frau gehört, dann hätte sich jenes große Sterben im Sommer und Herbst 1901 mindestens zum Teil vermeiden lassen.

»Ich nenne dieses Lagersystem eine Grausamkeit im Großen«, notierte Miss Hobhouse gleich am Anfang ihrer Reise, am 26. Januar 1901 im

Lager von Bloemfontein. »Nie, nie kann es aus dem Gedächtnis der Leute ausgelöscht werden. Die Kinder werden am härtesten davon betroffen. Sie welken in der furchtbaren Hitze, und infolge der ungenügenden ungeeigneten Nahrung dahin . . . Wenn das englische Volk doch nur einmal versuchen wollte, sich die ganze trostlose Lage vorzustellen! . . . Diese Art von Lager aufrechtzuerhalten, ist nichts anderes als Kindermord«[11].

Die Gerechtigkeit erfordert die Feststellung, daß die Wellen des Protestes in England sehr hoch gingen, daß man für die Opfer der britischen KZs einen Hilfsfonds organisierte und daß der Druck der öffentlichen Meinung die Behörden zwang, von Repressalien dieser Art in Transvaal abzusehen. Bereits im Juni 1900 haben die liberalen Führer, die späteren Ministerpräsidenten Campbell-Bannermann und Lloyd George, die Methoden der britischen Armee in Südafrika als »barbarisch« gebrandmarkt[12].

Die Gerechtigkeit gebietet jedoch auch, zu erwähnen, daß die späteren britischen Generationen keinen Übereifer an den Tag legen, in dieser ihrerzeit so berüchtigten Frage Selbstkritik zu üben. Die Encyclopaedia Britannica vom Jahre 1947 – also gerade nach der Zeit der NS-KZs – brachte es gar fertig zu behaupten, daß die Verschleppung der Burenfamilien in die Lager der Buren nur Erleichterung brachte, da sie dadurch der Sorge um ihre Angehörigen ledig wurden (!) – die Opfer wurden mit keiner Silbe erwähnt[13]. Und David Thomson etwa beschränkt sich in seiner Geschichte Englands im neunzehnten Jahrhundert auf die Feststellung, die Buren hätten die britische Armee zur Anwendung von Maßnahmen gezwungen, die im Inland wie im Ausland unpopulär waren[14].

In der New Encyclopaedia Britannica (15. Ausg. v. 1976) werden die britischen Konzentrationlager kurz, aber sachlich besprochen; es fehlen hier jedoch sowohl die amerikanischen als auch die spanischen, wie übrigens alle drei in den meisten großen Enzyklopädien gänzlich vergessen sind[15].

Von der Zurückhaltung der Spanier bei diesem Thema habe ich bereits gesprochen. Und so bleibt die angesichts gewisser forcierter Meinungen einigermaßen überraschende Feststellung, daß Deutschland das einzige Land der Welt ist, das, nachdem es große Konzentrationlager eingerichtet und unterhalten hatte, diesen üblen Teil seiner Vergangenheit zumindest durch umfangreiche Forschung und entsprechende wissenschaftliche Veröffentlichungen sowie durch breite Aufklärung bewältigt hat. Die immer noch vorhandenen Lücken dieser Forschung ändern nichts an der grundsätzlichen Bedeutung der obigen Feststellung auf der moralischen Ebene.

Der Vollständigkeit des Bildes halber muß noch gesagt werden, daß die britischen KZs von einer Seite immer wieder in Erinnerung gebracht wurden und werden: von den Nazis und nunmehr von den Neonazis.

Hitler selbst hat sich in zwei großen Reden – am 30. Januar 1940 und 1941 – darauf berufen, um die NS-KZs zu rechtfertigen. Bereits 1940 war im »Zentralverlag der NSDAP« das Buch von Fritz Spiesser, Das Konzentrationslager, erschienen, das sich mit den britischen KZs befaßte[16]. 1941 kam in die deutschen Kinos der berüchtigte antibritische Film »Ohm Krüger«, in dem u. a. der junge Winston Churchill unhistorisch und verleumderisch als ein brutaler KZ-Kommandant dargestellt wurde. In seiner Rede im UFA-Palast in Berlin im Oktober 1941 unterstrich Goebbels – der Mitautor des Drehbuches und Mitschöpfer des Films war –, daß es sich um einen der im amtlichen Auftrag produzierten Filme handelte[17]. Der Film wurde dabei nicht nur als eine indirekte, sozusagen menschlich harmlose Kriegspropaganda verwendet. Während des Frankfurter Prozesses der SS-Männer und Häftlingsfunktionäre aus Auschwitz meldete sich der ehemalige SS-Blockführer Baretzki spontan zu Wort und erklärte: »Damals wurden uns Hetzfilme gezeigt wie ›Jud Süß‹ und ›Ohm Krüger‹. An diese beiden Titel kann ich mich noch erinnern. Und was für Folgen das für die Häftlinge hatte! Die Filme wurden der Mannschaft gezeigt – und wie haben die Häftlinge am nächsten Tag ausgesehen!«[18].

Man kann natürlich kaum diese SS-Logik ergründen, nach der man die Leiden der Burenfrauen und -kinder an anderen KZ-Häftlingen rächen mußte, die zur Zeit des Burenkrieges meistens noch nicht geboren und keine Briten waren. Diese Logik ist übrigens noch nicht ausgestorben; es gibt Menschen, die immer noch die NS-KZs mit dem Hinweis auf die britischen entschuldigen. So etwa hat der ehemalige »Reichsarbeitsführer« Konstantin Hierl in einem der drei Bücher, die er nach dem Zweiten Weltkrieg veröffentlichte, die NS-KZs mit der Behauptung verteidigt: »Diese Einrichtung ist bekanntlich keine deutsche, sondern eine britische Erfindung aus der Zeit des Burenkrieges«[19]. Ähnliche Äußerungen bei verschiedenen Anlässen und in neonazistischen Veröffentlichungen sind zu zahlreich, um sie alle anzuführen – im übrigen kann es nicht meine Absicht sein, hier eine neonazistische Bibliographie zusammenzustellen.

Bei der hartnäckigen Wiederholung der unrichtigen Meinung, daß die KZs eben eine britische Erfindung wären, wird tunlichst die Tatsache übersehen, daß die NS-KZs mit den britischen (und auch mit der spanisch-kolonialistischen Erfindung General Weylers) eigentlich nichts mehr gemein hatten als den Namen und die harte Unmenschlichkeit. Jene ersten »Konzentrationslager« wurden in Kolonialkriegen, und zwar nicht direkt gegen kämpfende Gegner, sondern gegen deren Angehörige verwendet; man müßte sie eigentlich als »Geisellager« bezeichnen. Die NS-KZs dagegen wurden mitten im Frieden im eigenen Land, und zwar direkt für politische Gegner eingerichtet. Insassen, Zweck und Charakter der ganzen Einrichtung waren vollkommen un-

terschiedlich. Man kann sich kaum des Gedankens erwehren, daß dieses beharrliche Zeigen auf die Briten als die Erfinder und das vermeintliche Vorbild sogar weniger dem Zweck dienen sollte und soll, die britischen Kriegsgegner schlecht zu machen, als dem Ablenken von dem wirklichen, sowjetischen Vorbild. Auf dasselbe würde die Terminologie der NS-Veröffentlichungen in bezug auf die sowjetischen KZs weisen, solange man von ihnen gesprochen hat. Denn auch das ist bezeichnend, daß in den Kriegsjahren, in der seit dem 22. Juni 1941 wieder so intensiven antisowjetischen und antikommunistischen Propaganda, die sowjetischen KZs kaum eine Rolle spielten; das braune Stacheldraht-Glashaus muß zu groß gewesen sein. In dem ziemlich repräsentativen Sammelwerk: Und Du Siehst die Sowjets Richtig wird zwar in dem betreffenden, anonym verfaßten Kapitel »Zwangsarbeit in der UdSSR« mehrmals die Bezeichnung »Konzentrationslager« gebraucht (und auch das Kurzwort »Konz-Lager« genannt), daneben jedoch spricht man von »Strafkolonien«, »Strafarbeitskolonien«, »Strafarbeiterkolonien«, »Strafarbeiterlagern« und »Zwangsarbeitslagern«. Das ebenfalls 1936 erschienene Buch von Othmar Krainz, Wir schreien und man hört uns nicht, Rußland ohne Maske – eine übliche Mischung von Tatsachen über Sowjetrußland mit krasser antisemitischer Hetzerei – schreibt von »Strafkolonien«, »Strafarbeiterkolonien«, »Verbanntenlagern« und »Teufelsinseln«, vermeidet aber die Bezeichnung »Konzentrationslager« in bezug auf die sowjetischen KZs noch peinlicher, als die heutigen westdeutschen und sonstigen westlichen Autoren. Das Bemühen, vom sowjetischen Vorbild für die NS-KZs abzulenken, stellen wir auch auf sowjetischer Seite fest. Der sowjetische Jurist P. S. Romaschkin, Direktor des Instituts für Staat und Recht, unterstrich z. B. eifrigst in seinem Buch »Kriegsverbrechen des Imperialismus«[20], daß die britischen KZs »die Prototypen der nationalsozialistischen Todeslager« gewesen seien. Er behauptet dabei wahrheitswidrig, daß in jenen Lagern »ein unerhört grausames Regime«, voll »Mißhandlungen und Gewalt« eingeführt wurde – und daß Miss Hobhouse nur ein einziges Lager in Irena besuchen durfte. Über die erwähnten Proteste der britischen öffentlichen Meinung und der politischen Kreise nebst ihren positiven Folgen schrieb er kein Wort.
Mit der Auflösung der britischen KZs in Südafrika endet die Geschichte jenes Kolonialkriegstypus der Einrichtung – und die Geschichte der Einrichtung überhaupt erfährt eine Unterbrechung von etlichen zehn Jahren. Zwar kommt der unheilsverkündende Name in dieser Zeit ab und zu zum Vorschein – meistens jedoch sind es Internierungslager, die so genannt werden, also eine ganz andere Art von Einrichtungen, was man auch von deren Beschaffenheit und dem Schicksal ihrer Insassen sagen könnte[21].
Erst 1981 beginnt die neuere, immer noch andauernde Geschichte der Konzentrationslager der beiden anderen Typen, die in ihren Ausma-

ßen, der Grausamkeit und Dauerhaftigkeit jenen Kolonialkriegstypus in allen drei Formen als eine Episode erscheinen lassen: die politischen Terrorlager und die Sklavenarbeitslager.

Kriegsgefangene, Sklaven, Sträflinge, Häftlinge, sind Menschenkategorien, die uns in der ältesten Menschheitsgeschichte begegnen – die Geschichte der Menschheit ist bekanntlich diejenige der Unmenschlichkeit. Jahrtausende hindurch waren die Grenzen zwischen den genannten Kategorien völlig unscharf, wobei es besonders den heute geltenden Begriff des Kriegsgefangenen gar nicht gab: Die im Kriege Gefangenen wurden dadurch zu Sklaven. »Sobald man den Gegner nicht mehr tötete«, schreibt darüber E. J. Görlich[22], »hielt man ihn über die Zeit der Kampfhandlungen fest und verwendete ihn als Arbeitskraft. Bei Eroberungskriegen versklavte man nicht nur den feindlichen Krieger, sondern auch dessen Frauen und Kinder. So gerieten die überlebenden Einwohner ganzer Städte in Knechtschaft.

Kaum zu trennen von den im Krieg gefangenen Sklaven sind die geraubten. In jenen früheren Zeiten ist eine genaue Unterscheidung zwischen Kriegs- und Raubzügen nicht immer möglich. Trafen z. B. Händler, die in die Fremde zogen, ein Volk, das begehrte Waren besaß, stark genug, um sich zur Wehr zu setzen, so trieben sie mit ihm friedlich Handel. Erschien es ihnen schwach, so nahmen sie ihm die Waren mit Gewalt und versklavten die Landesbewohner«. Dazu kamen noch reine Raubkriegszüge, also kriegerische Unternehmen, die nicht zum Raub von Waren *und* Menschen, sondern eben zur Jagd auf Sklaven unternommen wurden.

Wenn auch Sklavinnen ganz besondere Bestimmungen hatten – »Mädchen, die während der Eroberung der Stadt nicht vergewaltigt worden waren, hatten auf dem Weg zum Sklavenmarkt nichts zu befürchten, da eine Jungfrau auf dem Markt einen höheren Preis erzielte«, schreibt Görlich –, konnten wir bereits oben die seit immer bestehende Verbindung zwischen Sklaverei und Arbeit bemerken. Dies führte schon in den letzten Jahrhunderten v. Chr. im Mittelmeerraum zu Selektionen Auschwitzer Art: »Alte Leute und Kinder, die den Strapazen des Marsches in die Gefangenschaft nicht gewachsen waren, wurden auf der Stelle getötet« (a. a. O., S. 55).

Jahrtausende später, bei der Verladung der Transporte von Negersklaven auf Schiffe, die sie aus ihrer afrikanischen Heimat nach Amerika bringen sollten, wurden Kleinkinder den Müttern entrissen und über Bord geworfen. Oft sprangen die Mütter hinterher[23]. Jene Verbindung zwischen Sklaverei und Arbeit führte auch bereits im Altertum zu Problemen, wie wir ihnen noch im 20. Jahrhundert begegnen werden (vgl. unten, S. 234 ff.): »Dadurch, daß Sklaven alle Arbeiten, vor allem die körperlichen, verrichteten, sank das Ansehen der Arbeit beträchtlich. Sie galt als eines Freien unwürdig«[24]. Denn selbstverständlich fabrizierten sich die Sklavenhaltersysteme zweckdienliche Moralphilosophien, die Sklaven zu Unter- und Unmenschen erklärten – die Worte waren noch nicht vorhanden, wohl aber die Begriffe! – und die unmenschliche Behandlung von Mitmenschen rechtfertigen sollten: »Nach altindischer, aber auch nach buddhistischer Auffassung waren die Sklaven für ihr unfreies Dasein selbst verantwortlich, da man glaubte, daß sie in ihrem früheren Leben gesündigt hatten und zur Strafe bei der Wiedergeburt in ihre verachtete soziale Lage versetzt worden waren« (a. a. O., S. 39). Auch die großen hellenischen Philosophen und Gesetzgeber haben sich in dieser Hinsicht manches geleistet, was nur traurig machen kann – und was auf schwer erklärbare Weise bis in unsere Zeiten nachzuwirken scheint.

Ich kann hier natürlich nicht die gesamte Geschichte der Unfreiheit beschreiben, auch wenn ich es vermöchte – für unser Thema ist von Wichtigkeit nur die Feststellung, daß die Abschaffung der Sklaverei, die rechtliche Festlegung des Sonderstatus eines kriegsgefangenen Soldaten, die genaue Abgrenzung jener Kategorien, die ich oben aufgezählt habe, eigentlich nicht nur Meilensteine, sondern einfache Anfänge moderner humaner Zivilisation sind.

Bekanntlich wurden (und werden) die Bestimmungen über die Behandlung der Kriegsgefangenen im 20. Jahrhundert bei weitem nicht immer und überall beachtet. Das furchtbare Schicksal der sowjetischen Kriegsgefangenen in NS-Gefangenschaft ist ziemlich (wenn auch viel zu wenig) bekannt; aber auch gegenüber anderen Kriegsgefangenen wurden von NS-Seite Verbrechen begangen. Die sowjetischen Kriegsgefangenenlager während und nach dem Krieg (wobei der Krieg für Sowjetrußland in Wirklichkeit am 17. September 1939, mit dem Überfall auf Polen, begann und mit dem Überfall auf Finnland im November forgesetzt wurde) unterschieden sich oft kaum von den sowjetischen KZs; und der Name Katyn hat fast symbolische Bedeutung erlangt. Aber bereits die deutschen und russischen Kriegsgefangenenlager im Ersten Weltkrieg waren in manchem Vorläufer der späteren KZs, was die Behandlung und die sklavenartige Arbeit der Gefangenen betrifft. Bei den deutschen Lagern wurde das in den Nachkriegsprozessen vor dem Reichsgericht in Leipzig festgestellt und bestraft[25]; was die russischen Lager betrifft, ist die leuchtende Gestalt von Elsa Brandström, dem »Engel von Sibirien«, bekannt, die sich der Milderung ihrer Schrecken gewidmet hat[26].

Als Anfänge der modernen humanen Zivilisation muß man auch die Rechtsgarantien gegen willkürliche Freiheitsberaubung und Einkerkerung ansehen, die zwar in ihren Anfängen ziemlich alt sind – in Polen für Adlige in der ersten Hälte des 15. Jahrhunderts, in England Ende des 17. Jahrhunderts –, die in den meisten Staaten dieser Welt jedoch entweder noch nie gültig waren oder nicht mehr in Kraft sind, oder, wie in Deutschland 1933–1945, aufgehoben und dann nur in einem Teil des Landes wiederhergestellt wurden. Hier sind die näheren Wurzeln der beiden erwähnten Typen von Konzentrationslagern zu suchen, wobei wir auf die Tatsache stoßen, daß die willkürliche, polizeiliche, »administrative« Freiheitsberaubung und die Verwendung der Freiheitsberaubten als Arbeitskraft – zwei Erscheinungen, die bis in die ältesten Zeiten der Sklaverei reichen, die ja eigentlich ihr Wesen, ihren Sinn und Zweck darstellen – unzertrennbar miteinander verflochten sind, in verschiedensten Kombinationen auftreten, die letztere noch öfter als die erstere.

Es hätte nicht viel Sinn, allzu tief in die neuere Geschichte zu greifen, um nach wirklichen oder vermeintlichen Vorbildern für die modernen KZs zu suchen. Es ist nur zu bekannt, daß die Anfänge der Industrialisierung, indem sie die noch bestehende Leibeigenschaft vorfanden, schreckliche Verhältnisse herbeigeführt haben. »... Nur der Staat und, wenn er sich auf ein industrielles Unternehmen einließ, der reiche Großgrundbesitzer verfügen über Bauern, die sie zur Arbeit kommandieren konnten. Zwangsarbeit unter unvorstellbar harten Bedingungen[27] war der Normalfall. Daß man im südlichen Ural auch die Baschkiren zur Industriearbeit preßte, hatte verzweifelte Aufstände zur Folge«. Das schreibt ein deutscher Historiker über das Rußland Peters des Großen[28], es ließe sich jedoch mehr oder weniger über alle europäischen Staaten des 18. Jahrhunderts sagen – wenn auch die Behandlung der Bauern in Rußland noch viel härter war, als anderswo.

Näher liegt, daß im 19. Jahrhundert in vielen Ländern Sträflinge für geringes Entgelt an private Unternehmer vermietet wurden. Das war besonders auch in Deutschland üblich. Am 1. August 1848 protestierte der Königsberger Arbeiterverein in einer längeren Erklärung dagegen[29], wobei er behauptete, die Konkurrenz dieser für die Unternehmer äußerst billigen Arbeitskräfte müsse die freien Arbeiter um Lohn und Brot bringen. Während des deutsch-französischen Krieges, am 26. November 1870, stand auf der Tagesordnung einer von Sozialdemokraten in Elberfeld einberufenen Volksversammlung als Punkt I: »Die Concurenz der Französichen Gefangenen dem deutschen freien Arbeiter gegenüber«. Nach dem Polizeibericht wurde in der Volksversammlung gesagt: »Dadurch, daß die Gefangenen für einen billigen Lohn, für den freien Arbeiter nicht zu arbeiten im Stande wären, den Arbeitgebern überlassen wurden, seien viele freie Arbeiter arbeitslos geworden...«[30].

In einer Versammlung der Weber des Bergischen Landes am 1. November 1885 stand wieder auf der Tagesordnung der Punkt b., »Abschaffung der Zuchthaus- und Gefangenen-Arbeit«, zu dem eine Petition angenommen wurde[31].

Mitte Februar 1895 erregte die Frage ein internationales Aufsehen, als Howard Vincent, Vorkämpfer von Schutzzöllen für das britische Imperium, im Unterhaus ausführte, daß 44 000 deutsche Sträflinge in 16

Produktionszweigen mit England konkurrieren – und entsprechende Maßnahmen forderte. Es entfesselte eine englisch-deutsche Pressepolemik im Laufe des Jahres 1895. Schon vorher war die Produktionsarbeit in deutschen Strafanstalten Gegenstand diplomatischer Korrespondenz zwischen dem Foreign Office und dem Auswärtigen Amt[32]. Alle diese Klagen und Proteste – die interessant genug wären, zusammengestellt zu werden!￼ – waren natürlich übertrieben, denn weder Sträflinge noch Kriegsgefangene konnten in der Wirtschaft eine wirklich beträchtliche Rolle spielen und für die freien Arbeiter eine empfindliche Konkurrenz darstellen. Die letzteren waren nur vorübergehend da; die Zahl der ersteren konnte nur sehr beschränkt sein, da sie für konkrete strafbare Taten von im Rahmen der Gesetze wirkenden Gerichten abgeurteilt wurden. Auch wenn man in Betracht zieht, daß die Gesetze im Deutschland der zweiten Hälfte des 19. Jahrhunderts bis zum Ersten Weltkrieg recht scharf gehandhabt wurden, daß es manchen »Gummiparagraphen« gegeben hat, daß 1878–1890 die politische Klassen-Sondergesetzgebung des »Sozialistengesetz« in Kraft war – all das hat nie zu Massenverhaftungen geführt. In Rußland wirkten Ende des 19. Jahrhunderts die Gerichte ebenfalls im Rahmen von Gesetzen, und der Willkür der Geheimpolizei und der politischen Gendarmerie waren – besonders in ruhigen Zeiten – Schranken gesetzt, vor allem wenn man das mit der allmächtigen Polizeiwillkür der totalitären Staaten des 20. Jahrhunderts vergleicht.

Der Gedanke, Massenverhaftungen nur zu dem Zweck durchzuführen, um Zwangsarbeiter zu gewinnen, war noch nicht geboren – obwohl er in einigen Köpfen Gestalt anzunehmen begann. Bereits 1876 dozierte Heinrich v. Treitschke[33]: »Man denke noch so hoch von der möglichen Vervollkommnung des Maschinenwesens, es wird doch ewig dabei bleiben, daß Millionen mit Schmutz und Unrat, mit häßlicher und eintöniger Arbeit sich befassen müssen. Keine Kultur ohne Dienstboten, das folgt notwendig aus dem Gesetze der Arbeitsteilung«. Abgesehen davon, daß der große Lehrmeister der preußisch-deutschen Oberschicht im Laufe einer ganzen Generation nicht imstande war, Industriearbeiter von »Dienstboten« zu unterscheiden, haben wir hier einen Versuch der Neuauflage jener antiken Philosophien, die die Sklaverei als gottgewollt darstellten. Bei Treitschke gehen der zitierten Stelle längere Ausführungen über die natürliche Ungleichheit der Menschen voran. Dreißig Jahre später wurde die entsprechende Philosophie von einem anderen Professor in wohldurchdachter Form präsentiert – und zwar von dem Leipziger Professor der Statistik, Ernst Hasse, dem Vorsitzenden des Alldeutschen Verbandes. Im ersten Teil seines nicht mehr vollendeten Werkes »Deutsche Politik« schrieb er[34]: »Will man das Deutsche Reich zu einem *Nationalstaate* ausgestalten, so muß man sich darüber klar werden, daß dies den *Bruch mit dem Prinzip der Parität* bedingt ... Eine gewisse Geistesbildung verträgt sich eben nicht mit der ausschließlichen Beschäftigung mit einer geistestötenden, mechanischen, schweren und schmutzigen Arbeit ...

Wer soll also in Zukunft die schweren und schmutzigen Arbeiten verrichten, die die auf Arbeitsteilung beruhende Volkswirtschaft doch noch einmal braucht? Wir sind in Deutschland bisher gedankenlos an dieser Frage vorübergegangen. Man muß sich endlich darüber klar werden, daß sie nur eine ganz bestimmte Anzahl von Möglichkeiten der Lösung zuläßt.

Entweder wir *halten* einen bestimmten Teil unseres *eigenen Volkes* auf dieser *niedersten* Stufe der Arbeitsorganisation der Gesellschaft, dann aber auch der Kultur *fest,* und wir verzichten dann auf die Grausamkeit, diesen Teil des Volkes duch eine hohe Volksschulbildung mit den Ansprüchen auf eine höhere Lebensgestaltung auszustatten. Diese Art der Lösung in einem Staate, dessen Grenzen gegen die Einwanderung abgeschlossen ist [sic], wäre die wünschenswerteste vom Rassestandpunkte aus betrachtet. Aber wird sich ein Teil unseres deutschen Volkes eine solche Helotenstellung *gefallen lassen*? Hat er durch Abstammung und Geschichte nicht denselben *Anspruch* auf Zugehörigkeit zu dem deutschen *Herrenvolke*? Man wird also wohl auf diese Form der Lösung verzichten müssen, obgleich sie mit Hinblick auf den großen Geburtenüberschuß des deutschen Volkes volkswirtschaftlich möglich wäre. Die zweite Form der Lösung besteht darin, daß wir die unter uns lebenden und etwa hinzuwandernde anderweite [sic] Europäer *fremden* Stammes, also die Polen, Tschechen, Juden, Italiener usw. zu dieser *Helotenstellung verurteilen.* Das kann man ja machen, wenn es gelingt, die Individuen und die Generationen in der Helotenstellung *dauernd* festzuhalten. Aber dann muß man auch *konsequent* sein und diesen *Volksfremden nicht dieselben politischen* und *wirtschaftlichen Rechte einräumen,* wie den *Deutschen.* Aber vor allem darf man sie nicht dazu zwingen, sich durch die *deutsche Schule* die deutsche Sprache und die deutsche Kultur anzueignen und sich mit den Ansprüchen auf höhere Lebenshaltung und höhere Rechte auszurüsten. Aber auch, wenn man so verfährt und dieses Verfahren gelingt, so bleibt immer die Unbilligkeit bestehen, daß die niedrigste Schicht des deutschen Volkes, nur vermindert um diesen Bruchteil der Fremden, tatsächlich zu dem Verharren auf der untersten Arbeitsstufe verurteilt bleibt und damit zu der *Unzufriedenheit,* die sich aus dem *Unterschiede* zwischen Kulturstellung und Arbeitsbetätigung mit Notwendigkeit ergibt. Noch bedenklicher sind aber zwei andere Folgen dieser Form der Lösung des Problems, die wir täglich vor Augen sehen, aber bisher nicht genügend beachtet haben. Der schwächere Teil jener Fremden *verschmilzt* mit dem deutschen Volkstum, und da es eben der schwächere ist, *verdirbt er die deutsche Rasse* ...«

»Eine dritte Lösung«, die damals von verschiedenen Seiten – etwa von dem bei Hasse angeführten Anthropologen und Sozialdarwinisten Otto Ammon – empfohlen wurde, sollte in der Einführung von außereuropäischen »Kulis« bestehen: »Ob diese Kulis schwarz, gelb oder braun sind, wäre dabei gleichgültig, praktisch würden wohl allein *Chinesen* in Frage kommen«, schreibt Hasse, der diese »dritte Lösung« entschieden verwirft.

Ich habe an anderer Stelle Ernst Hasse aufgrund dieser Ausführungen als chauvinistisch-deutschfeindlichen Professor bezeichnet – »ist der nicht deutschfeindlich, der einen großen Teil der Deutschen am liebsten in Heloten verwandeln möchte?«[35]. Man könnte Hasse auch als eine Art Super-Spartiaten bezeichnen: Nicht einmal die Spartiaten haben daran gedacht, einen Teil des eigenen Volkes in Heloten, d. h. in Staatssklaven zu verwandeln; dieses Schicksal haben sie der ursprünglichen Bevölkerung des von ihnen eroberten Gebietes vorbehalten. Es springt ja in die Augen, daß Hasse jene »erste Lösung« am liebsten wäre und daß er nur deshalb mit einem schweren Seufzer darauf zu verzichten empfiehlt, weil die deutschen arbeitenden Klassen des Jahres 1905 (mit der Russischen Revolution vor Augen!) sich so etwas nicht hätten »gefallen lassen«.

Somit aber stand Professor Ernst Hasse – und die Kreise des deutschen Großkapitals, deren Anliegen und Bestrebungen er hier vertrat – vor der folgenden scheinbaren Quadratur des Zirkels: Gesucht wurden, um zu einer Helotenstellung innerhalb Deutschlands verurteilt zu werden, »anderweitige« Europäer fremden Stammes in einer so großen Zahl, daß die gesamte niedrigste Schicht des deutschen Volkes von der untersten Arbeitsstufe befreit würde. Diese Volksfremden durften jedoch nicht mit dem deutschen Volkstum verschmelzen und so die deutsche Rasse (was das auch bedeuten mag) verderben – sie mußten also nicht nur aller Rechte beraubt, damit sie voll und ganz ausgebeutet werden konnten, sondern auch so gehalten werden, daß sie keinen Kontakt zur deutschen Bevölkerung pflegen konnten. Das NS-KZ in der Gestalt, die sich offiziell seit 1942 zu entwickeln begann, stellte eine perfekte »zweite Form der Lösung« nach der Klassifizerung Hasses dar. Wir werden es noch sehen, und auch, wie auf dem Wege dorthin die Hasse'schen Gedanken bei den Nazis weiterwirkten.

Hasse war übrigens mit seinen Gedanken keineswegs allein. In demselben Jahr veröffentlichte das Mitglied der Hauptleitung des Alldeutschen Verbandes, General Eduard von Liebert, eine Broschüre, in der er unter anderem forderte: »Aufhebung des Schulzwanges für nur polnisch sprechende Kinder und Aufhebung der Wehrpflicht gegen Auferlegung eines Wehrgeldes. Werden den Polen die beiden Wohltaten der deutschen Schul- und Heereserziehung entzogen, so sinken sie in den Helotenstand zurück, aus dem die Fürsorge der preußischen Könige sie langsam emporgehoben hat«[36]. Immer in demselben Jahre 1905 publizierte Josef Ludwig Reimer einen stattlichen Band, den ein polnischer Autor gar zur »Quelle der nationalsozialistischen Doktrin« proklamiert hat[37]. »Der feste Boden, von dem ich ausging«, erklärte Reimer, »ist der Begriff: *Rasse*«. Auf diesem Boden stehend, forderte er, »einem gewissen nicht allzugroßen Prozentsatz von Agermanen (zu) erlauben«, sich unter den Deutschen als »agermanische Arbeiterkolonisten« niederzulassen, mit »beschränkter Staatsbürgerschaft«, mit den »zur persönlichen Freiheit nötigen gesellschaftlichen und sozialen Rechten (commercium), aber Ausschluß zu der Zeugungsgemeinschaft (extra connubium) verbunden von Fall zu Fall mit dem Verbot der Kinderzeugung überhaupt (exstirpatio)... Damit sind wir zu jener Frage gelangt, deren ideale Lösung uns zu einer Maßregel drängen muß, die direkt zum Eingreifen in das Geschlechtsleben der Nichtbürger führte. Das ist die Forderung der Kinderlosigkeit!... Es wäre entschieden am einfachsten, wenn auf reichsterritorialem Boden der Vermehrung (Expansion) der Germanen ein Erlöschen (Extinktion) der Agermanen gegenüberstünde[38].

Das alles klingt vielleicht nicht so phantastisch und irrelevant, wenn man bedenkt, daß Dr. Mengele, der in Auschwitz nach Wegen zur Vermehrung (Expansion) der Germanen suchen sollte, sechs Jahre später geboren wurde, und Dr. Clauberg, der dortselbst mit Mitteln zum Erlöschen (Extinktion) der Agermanen experimentieren sollte, bereits sieben Jahre alt war. So könnte Stojanowski doch in einigen Punkten recht gehabt haben, wenn es auch kein einzelnes Buch gab, das »Die Quelle der NS-Doktrin« gewesen wäre.

Auch damals waren jene Ausführungen nicht einfach aus der Luft gegriffen; ich darf daran erinnern, daß Hasse Professor für Statistik war und die bei ihm vorkommende Reihenfolge der zu helotisierenden Völker nicht zufällig war: Polen, Tschechen, Italiener nahmen die ersten Stellen unter den im Reich beschäftigten Fremdarbeitern ein, deren Zahl eine Million überstieg[39]. Es waren überwiegend landwirtschaftliche Wanderarbeiter (»Schnitter«), und deren Behandlung ließ, gelinde gesagt, sehr viel zu wünschen übrig.

»Über die Behandlung der ausländischen Wanderarbeiter auf den deutschen Gütern ist viel geschrieben worden«, stellte der deutsche Historiker aus der DDR, Johannes Nichtweiß, fest. »Auch bürgerliche Verfasser mußten zugeben, daß die ausländischen Landarbeiter in Deutschland, besonders in seinem östlichen Teil, oft geradezu unmenschlich behandelt wurden... Verschwiegen hat diese Tatsachen kein ernster Wissenschaftler... Auch die preußischen Akten enthalten Angaben über eine so große Zahl von Fällen unmenschlichen und unter normalen Verhältnissen auch strafbaren Verhaltens der Gutsbesitzer gegenüber den ausländischen Arbeitern, daß man viele Seiten füllen könnte«[40].

Bereits Ende der achtziger Jahre schrieb Friedrich Engels über das Schicksal der deutschen Landarbeiter: »Unter veränderten Namen behielten die Junker alle wesentlichen Machtpositionen, blieben die Heloten Deutschlands, die ländlichen Arbeiter jener Landstriche [d. h. der sechs östlichen Provinzen Preußens] – Gesinde wie Tagelöhner – in ih-

rer bisherigen tatsächlichen Leibeigenschaft, zugelassen nur zu zwei öffentlichen Funktionen: Soldat zu werden und den Junkern bei den Reichstagswahlen als Stimmvieh zu dienen«[41]. Mit den Worten Engels' kommen wir von der Behandlung der Arbeiter zur Behandlung der Soldaten, von derjenigen der Ausländer zu derjenigen der Deutschen – und der einzige Unterschied wird der Eindruck sein, daß wir auf eine weitere tiefe Wurzel der späteren NS-KZs gestoßen sind[42]. Als am 28. Mai 1914 der preußische Kriegsminister v. Falkenhayn an alle Befehlshaber eine neue Verordnung gegen die »systematische Mißhandlung« von Soldaten erließ, und feststellte, in der letzten Zeit wären viele Fälle von Mißhandlungen Untergebener vorgekommen, und die Strafen dafür würden immer leichter, berief er sich dabei auf die entsprechenden Verordnungen, die bis 1843 zurückreichten[43]. So hatte sich z. B. der Kaiser Wilhelm II. selbst am 17. September 1892 in dieser Sache an den damaligen Kriegsminister gewandt[44]. In derselben Zeit erließ Prinz Georg von Sachsen eine entsprechende Proklamation[45]. Ein anderer, ebenfalls fürstlicher hoher Befehlshaber, der das 1903 tat, wurde nur von »hochgestellten Kreisen« verurteilt[46]. Verschiedenste Stellen und Behörden erließen immer wieder entsprechende Verordnungen und Proklamationen, die jedoch einfach nicht beachtet wurden[47]. Die Soldaten wurden vom ersten Eintritt in die Kaserne an geschlagen[48]. Ein deutscher Soldat hat dem britischen General Morgan nach dem Ersten Weltkrieg in Berlin erzählt, daß die Unteroffiziere ihn zu dem sprichwörtlichen Bärentanz gezwungen hatten: Barfuß, im Hemd, auf dem geheizten Ofen, wobei dem Ärmsten eine Tanzmelodie gepfiffen wurde[49]. In einem der krassesten Fälle zwang ein Unteroffizier einen Soldaten dazu, brühend heiße Kartoffeln zu schlucken, was den Tod des Soldaten zur Folge hatte. Der Unteroffizier wurde mit neun Monaten Gefängnis bestraft[50].
Um den direkten Zusammenhang herzustellen: Im März 1893 beschrieb August Bebel im Reichstag eine im preußischen Heer übliche Strafe, die darin bestand, daß der Soldat mit einem schweren Schemel in den vorgestreckten Händen unbeweglich in Kniebeugen verharren mußte[51]. 1944 wurde dieselbe Strafe über Häftlinge des KZ Groß-Rosen verhängt (Eig. Beob.) – und auch über junge Rekruten der deutschen Wehrmacht, nur daß bei diesen ein Gewehr anstelle des Schemels Verwendung fand (Pers. Ber.). »... Ehrgeiz, Kastenstolz, Drillsadismus und Kasernenhofmasochismus in allen ihren primitiven und verdrehten Formen wie zweihundert Jahre Preußentum sie hervorgebracht haben ... und was dergleichen Scherze preußischen Kasernendrills, verschärft durch SS-Praktiken, mehr sind ...«, bemerkt Eugen Kogon[52]. Ich will nicht behaupten, daß die preußisch-deutsche Armee die einzige gewesen wäre, deren Soldaten in jener Zeit mißhandelt wurden. Ich befasse mich hier jedoch nicht mit den Militarismen, sondern mit den Ursprüngen der KZ-Systeme. Preußischen Ursprungs – unendlich »verschärft

durch SS-Praktiken« – war ebenfalls die Institution der »Schutzhaft«, wie die politische Haft in einem NS-KZ von den Nazis benannt wurde. Ur-Vorbild war hier das preußische Gesetz vom 4.6.1851 über den Belagerungszustand, das dann 1871 für den Fall des Kriegszustandes für das ganze Deutsche Reich mit Ausnahme Bayerns Gültigkeit erlangte (Art. 68 der Reichsverfassung) – und auch § 6 des preußischen »Gesetzes zum Schutz der persönlichen Freiheit« vom 12.2.1850[53]. Während des Ersten Weltkrieges kam das erstere Gesetz oft zur Anwendung: »Es wurden Unschuldige ohne Urteil betroffen, ohne die Möglichkeit, sich zu verteidigen, und ohne daß ihnen bei ihrer Entlassung eine Entschädigung zustand«[54]. Das führte zu der Annahme des »Gesetzes über den Kriegszustand vom 4. Dez. 1916«, das zwar die schlimmsten Willkürakte der Militärbehörden unmöglich machte[55], der Verwaltung jedoch immer noch breite Befugnisse einräumte: »Der preußische Innenminister konnte bis 1918 lettres de cachet[56] erlassen ...«, bemerkt Joachim Günther[57].

»Die Schutzhaft«, schreibt Schulze-Berge (a. a. O., S. 9), »... ist nie von einer strafbaren Handlung, erst recht nicht von der Erhebung einer öffentlichen Klage abhängig. Einzig und allein dringende, für die Abwendung einer Gefahr für die Sicherheit des Reiches erforderliche Gründe können die Verhängung der Schutzhaft rechtfertigen. Damit soll nicht gesagt sein, daß die drohende Gefahr nicht auf einer strafbaren Handlung beruhen könne. Aber wesentlich ist das nicht«. In den ersten Jahren der NS-Herrschaft in Deutschland versuchten bekanntlich juristische Kreise gesetzliche Grundlagen für die »Neuordnung« zu schaffen – so auch für die »Schutzhaft«[58]. Bald jedoch wurde das von der steigenden Welle der totalitären Willkür hinweggespült, unter deren Herrschaft »der Wille des Führers« zur einzigen Quelle des »NS-Rechts« wurde, wenn auch die absolute und allgemeine Rechtlosigkeit erst nach und nach einsetzte, vor allem in den besetzten Gebieten, und vornehmlich im Osten.

Insoweit man sich auch dann noch die Mühe machte, individuelle »Schutzhaftbefehle« als Grundlage von Einweisungen in die NS-KZs auszustellen, lauteten sie: »... wird in Schutzhaft genommen. Er gefährdet nach dem Ergebnis der staatspolizeilichen Feststellungen durch sein Verhalten den Bestand und die Sicherheit des Volkes und Staates, indem er ...«[59]. Hier folgte eine Begründung, die auch aus einem einzigen Wort bestehen konnte (»... stiehlt«), oder aus einer Vermutung (»... zu der Befürchtung Anlaß gibt ...«) u. a. m. (Eig. Beob.).

In bezug auf die Verhältnisse in Rußland verfügen wir über viel weniger Einzelheiten und Einzelveröffentlichungen; es ist jedoch sattsam bekannt, daß die Zaren gerade die menschlich schlechtesten preußischen Vorbilder gerne übernahmen. Und der russische Kasernendrill sowie das ganze russische Militärsystem mit seinem im 19. Jahrhundert praktisch lebenslänglichen – 25jährigen – Dienst ließen auch die schlimmsten preußischen Vorbilder weit hinter sich. »Von dieser historischen Basis aus läßt sich nun eine wichtige Beziehung zum Rußland Nikolaus I. herstellen und damit zur ›administrativen‹, nicht judizierten Verschickung nach Sibirien, die wiederum die Vorform der sowjetischen Konzentrationslager gewesen ist«, bemerkt der bereits zitierte Joachim Günther. Sibirien ist – nicht nur in Polen und in anderen von Rußland unterdrückten Ländern, für die es eine direkte Bedrohung war – ein fester Begriff. »Katorga« (ursprünglich Galeere, dann schwerste Freiheitsstrafe mit Zwangsarbeit) ist den westlichen Sprachen nicht so bekannt wie Knute, Nagajka und Pogrom, aber spätestens seit der sowjetischen Erneuerung dieser Institution 1943 ins Begriffsfeld gerückt[60].

Man darf bei den KZs nicht die in den vergangenen Jahren von der Forschung sozusagen neuentdeckte, seinerseits auch von Marx und Engels besprochene sogenannte asiatische Produktionsweise, die übrigens nicht nur im alten Asien, sondern auch im präkolumbianischen Amerika feststellbar ist, außer acht lassen. Wir lesen darüber Dinge, die wie eine Beschreibung der KZs des 20. Jahrhunderts anmuten: »Eine besondere Form der Ausbeutung, die, wie J. Chesnaux sagt, ›sich sowohl von der klassischen Sklaverei als auch von der Leibeigenschaft fundamental unterscheidet‹: die ›Gemeinschaftssklaverei‹. C. Parain stellt die entscheidenden Kennzeichen dieser Art der Ausbeutung heraus:
a) Die ›Gemeinschaftssklaverei‹ ist die Ausbeutung fast unentgeltlicher Arbeitskraft, großer Bauernmassen, die zeitweilig von ihrer Wirtschaft und ihren Familien getrennt sind.
b) Bei der ›Gemeinschaftssklaverei‹ geht man sehr verschwenderisch mit der Arbeitskraft um, nicht nur bei der Anlage von Kanälen, Dämmen u. ä., sondern auch beim Bau von Despotenpalästen, Pyramiden usw.
c) Bei der ›Gemeinschaftssklaverei‹ werden breite Massen von Produzenten zu schwerer, unqualifizierter körperlicher Arbeit gezwungen«[61].

Es scheint mir schließlich eine lange und weitverzweigte Wurzel der modernen KZs zu geben, die ich hier aus technischen und sachlichen Gründen nur andeuten kann. Ich meine gewisse wiederkehrende Erscheinungen im utopischen Denken der vergangenen Jahrtausende – in den vergangenen Jahren ebenfalls gewissermaßen neuentdeckt. Ich kann kaum mehr, als auf die reichliche Literatur verweisen[62], ganz besonders auf das durch riesigen Arbeits- und Gedankenaufwand imponierende Werk des eminenten russischen Mathematikers Igor R. Schafarewitsch, der u. a. die geläufigen Ansichten überprüft hat: »Das edle ›Utopia‹ und die lichten Träume des ›Sonnenstaates‹ rufen gewöhnlich nur den Vorwurf des ›Utopismus‹ hervor, das heißt den Vorwurf dessen, daß diese Ideale zu hoch seien und die Menschheit für sie noch nicht die nötige Reife besitze. Aber man braucht diese Bücher nur aufzuschlagen, um mit wachsendem Unverständnis auf folgendes zu stoßen: die Verwandlung ungehorsamer Bürger in Sklaven; Spitzeltum; Passierscheine sogar für einen einfachen Spaziergang; und vor allem auf genußvoll zu Papier gebrachte Details der allgemeinen Nivellierung – einheitliche Kleidung, einheitliche Häuser und sogar einheitliche Städte«[63].

All das wird von Schafarewitsch überreichlich dokumentiert, wobei nicht nur die bekanntesten diesbezüglichen Texte, wie der Namensgeber der ganzen Gattung, »Utopia« von Thomas More-Morus, sondern auch zahlreiche kaum bekannte herangezogen werden.

Was hier gerade im Zusammenhang mit den KZs auffallen muß, das ist die praktisch unbeschränkte Macht, die in diesen erdachten, vermeinlich überglücklichen Gesellschaften durch deren Erdenker (man kann doch in diesem Falle nicht »Erfinder« sagen!) Aufsehern, Amtsträgern, Beamten und Aufsichtspersonen verliehen wird. Es scheint, als ob es gewissen Menschen als größtes, dringlichst abzuhelfendes Unglück erschiene, unbeaufsichtigt einen Schritt zu tun oder eine Minute verbringen zu dürfen; anders gesagt, *nicht* in einer Art KZ leben zu müssen.

Dies sollte man nicht als übertrieben oder im übertragenen Sinne, sondern ganz wörtlich verstehen. »Zum ersten Mal nach vielen Jahren war ich wieder allein in einem Zimmer« – beschreibt Jewgenia Ginsburg[64] ein Erlebnis und ein Gefühl, das jeder Häftling jedes nationalsozialistischen, sowjetischen, oder sonstigen KZs nachempfinden kann: »Am engsten auf dem Leib saßen dem KL-Gefangenen die Mitgefangenen«, schreibt darüber Eugen Kogon[65]. »An sie war man gekettet, auf sie angewiesen, ihnen preisgegeben«.

Man vergleiche, was im Abstand von fast zweitausend Jahren Plato im »Staat« und More-Morus in »Utopia« den Menschen vorschreiben wollten: »Sodann soll keiner eigene Wohnungs- und Vorratsräume besitzen, die nicht jeder nach Belieben betreten könnte« – bestimmt der Erstere[66]. »Es gibt kein Haus, das nicht, genauso wie es Vordertor zur Straße hat, eine Hinterpforte zum Garten besitzt. Diese zweiflügeligen Türen, die durch einen leichten Druck der Hand zu öffnen sind und sich darauf wieder von allein schließen, lassen einen jeden ein: so gibt es keinerlei Privatbereich« – träumt der Letztere[67], und zwar nicht als letzter.

Wir stoßen auf die wunderbaren Träume zahlreicher Utopisten davon, wie kein Vater und keine Mutter seine eigenen Kinder kennen soll, da sie den Eltern weggenommen und »vom Staat« oder »von der Gesellschaft« erzogen werden. Dabei erweist sich Plato als noch unmenschlicher als die sowjetischen KZ-Wächter 2300 Jahre nach ihm: »Auch für die Ernährung [der den Eltern weggenommenen Babys] werden die Behörden sorgen, indem sie die Mütter dann, wenn sie säugen können, an jenen Ort führen; doch werden sie dabei jede List anwenden, damit ja keine Mutter ihr eigenes Kind erkennen kann ...«[68]. Wir können das mit dem vergleichen, was Jewgenia Ginsburg oder Eleanor Lipper über das »Kinderkombinat« in Elgen, im sowjetischen KZ-Bereich Kolyma, zu berichten haben. Dieses Bild des Stillens durch von den Behörden zugeführte Mütter ist das gleiche (wenn sich auch Plato die Kolymaer Kälte kaum hätte vorstellen können); jede Kolymaer Mutter durfte jedoch ihr Lagerkind kennen und es besuchen. Die berüchtigte Lagerleiterin von Elgen, Valentina Michajlowna Zimmermann, die von Jewgenia Ginsburg mit der Buchenwalder »Kommandeuse« Ilse Koch verglichen wird (und von Eleanor Lipper auch »Kommandeuse« genannt wird)[69], beschränkte zwar diese Besuche, an die Platonsche »List« hat aber nicht einmal sie gedacht.

Es muß unterstrichen werden, daß die Gedanken der utopistischen Beglücker der Menschheit nicht bis zu den Totalitarismen des 20. Jahrhunderts auf Versuche ihrer Verwirklichung warten mußten. Um nur ein Beispiel herauszugreifen: Im 16. Jahrhundert gründeten die aus der Schweiz geflüchteten Wiedertäufer (Anabaptisten) große Gemeinden in Mähren: »Eine ›gute Polizei‹ kontrollierte das ganze Leben der Gemeinde: Kleidung, Unterkünfte, Kindererziehung, Ehe, Arbeit. Die Art der Kleidung von Männern und Frauen, die Stunde, zu der alle sich schlafen legen mußten, die Arbeits- und Ruhezeiten waren genau vorgeschrieben. Das ganze Leben der ›Brüder‹ verlief vor den Augen der anderen: »... Die Kinder wurden (im Alter von 2 Jahren) von ihren Eltern getrennt und in gemeinsamen Kinderhäusern erzogen«[70]. Im KZ-Kinderkombinat Elgen verlief die Trennung von der Mutter stufenweise – mit Besuchsrecht für zwei Stunden einmal im Monat vom neunten Monat an, und mit endgültiger Trennung, nachdem das Kind das Schulalter erreicht hatte.

Ich darf noch eine Stelle anführen, die auf mich persönlich einen besonders KZ-mäßigen Eindruck gemacht hat. In dem »Sonnenstaat« Campanellas essen nämlich die Menschen, nach Geschlechtern getrennt, an gemeinsamen Tischen, schweigend, »wie in den Refektorien der Mönche«, wobei folgendes zu beachten ist: »Die Amtsträger erhalten eine größere und besser zubereitete Portion; sie verteilen davon bei Tische stets etwas an die Kinder, die sich am Morgen in den Unterrichtsstunden, in den Redegefechten und Waffengängen besonders hervorgetan haben«[71].

Statt sich also in seinem erdachten Staat mit Leichtigkeit über irdisch-materielle Probleme hinwegzusetzen und den Menschen ein gesundes, rationell sattes Leben, ein nur durch Gesundheitsrücksichten beschränktes Schlaraffenland zu erträumen, träumt Campanella davon, alle Menschen, einschließlich Kinder, auf karge Rationen zu setzen, bei denen »eine größere und besser zubereitete Portion« bereits zum hohen Privileg wird. Dazu noch »für Amtspersonen«, also der Natur nach für ältere Leute, die auch nicht physisch arbeiten, und so weniger Nahrung brauchen.

Um eine größere, nicht einmal besser zubereitete Portion drehte sich das Leben jedes Häftlings in den NS-KZs und es dreht sich darum bis heute in den sowjetischen, maoistischen und sonstigen KZs.

Bevor ich zu der Entwicklung und Rolle der modernen KZs der beiden erwähnten Typen – also Terror-Lager und Sklavenarbeitslager – übergehe, möchte ich noch einige Begriffe präzisieren und einige Unklarheiten nach Möglichkeit beseitigen helfen.

Bezüglich der NS-Lager ist die Bezeichnung »Konzentrationslager« unstrittig. Ich gebrauche hier die nach dem Kriege populär gewordene Abkürzung »KZ« anstatt der offiziellen NS-Abkürzung »KL«. Ich habe bereits erläutert, daß und warum die NS-Vernichtungslager keine KZs im eigentlichen Sinne waren, obwohl zum Teil mit dem NS-KZ-System eng verbunden.

Dagegen ist eine andere Unterscheidung völlig falsch, und zwar diejenige zwischen »Konzentrationslagern« und »Arbeitslagern«. Einer der ersten Urheber dieser Unterscheidung war Ernst Kaltenbrunner, der am 11. April 1946 vor dem Nürnberger Tribunal mit der Behauptung aufwartete, die dem Tribunal vorliegende Karte wäre angeblich irreführend, da zwischen KZs und Arbeitslagern ein wesentlicher Unterschied bestanden hätte: In den letzteren hätten die Häftlinge gearbeitet, wie alle anderen Arbeiter auch, bloß daß sie nach der Arbeit nicht nach Hause zu den Familien, sondern ins Lager zurückkehrten.

Kaltenbrunner, der sonst nicht einmal die Dokumente gekannt haben wollte, die seine Unterschrift trugen, demonstrierte hier eine vermeintlich eingehende, in Wirklichkeit jedoch völlig verkehrte Sachkenntnis. Der Kommandant von Auschwitz, Rudolf Höß, der vier Tage später aussagte, hat diesen Gedanken – nicht ohne weitere Hilfe anderer – eifrig aufgegriffen: »Flottenrichter Otto Kranzbühler, Verteidiger des Angeklagten Dönitz: Zeuge! Sie sprachen eben davon, daß Angehörige der Marine eingesetzt gewesen sind zu Bewachung von Konzentrationslagern? Höss (Rudolf): Jawohl. Flottenrichter Kranzbühler: Handelte es sich um KZs oder um Arbeitslager? Höss: Es handelte sich um Arbeitslager«[72]. Kaltenbrunner mußte wissen, daß jene Unterscheidung keinen Sinn hatte – Höß als aktiver KZ-Kommandant wußte es einfach, was ihn nicht daran störte, sie auch weiterhin zu verwenden[73].

In Wirklichkeit war ein »Konzentrationslager« – Buchenwald, Dachau, Groß-Rosen u. a. m. – kein *Lager*, sondern eine Organisationseinheit des Systems, ein Komplex von Lagern, bestehend aus der Zentrale in Buchenwald, Dachau usw., genannt »Schutzhaftlager«, und mehreren (manchmal über hundert) »Außenlagern«, »Kommandos«, offiziell »Arbeitslager« (AL) genannt. Der letztere Name war ein Ausdruck der allgemeinen NS-Tendenz zur Tarnung und Verharmlosung; der erstere war ziemlich unlogisch, da sich formell jeder politische Häftling, ob im »Schutzhaftlager« oder in einem »Arbeitslager« befindlich, immer »in

Schutzhaft« befand. Dabei konnte man ein Häftling des KZs Flossenbürg sein, ohne je im Schutzhaftlager Flossenbürg gewesen zu sein, wie
es z. B. in meinem persönlichen Fall geschah: Bei der Evakuierung von
Groß-Rosen wurde ich mit einem der Evakuierungstransporte direkt
ins AL Leitmeritz eingeliefert, das organisatorisch zum KZ Flossenbürg
gehörte, und bekam dort eine Flossenbürger Häftlingsnummer
zugewiesen[74].

Im sowjetischen KZ-System entspricht ein »Lager« einem »Konzentrationslager«, und ein »Lagpunkt« einem »Arbeitslager« des NS-KZ-
Systems. Es gab außerdem verschiedene NS-Lager, die »Arbeitslager«
genannt wurden[75], oder auch »Zwangsarbeitslager« (ZAL); die letzteren waren für arbeitsfähige Juden bestimmt. Seit 1942 wurden sie in das
Organisationssytem der KZs übernommen und entweder als AL eines
KZs oder gar als eigenständige KZs (z. B. Płaszów bei Krakau) geführt.
So wurden im Laufe des Jahres 1944 die ZAL Neusalz, Grünberg u. a.
in das Organisationssystem des KZs Groß-Rosen übernommen und
seitdem als AL dieses KZs geführt. Insassen waren überwiegend polnische Juden aus den »ins Reich eingegliederten Ostgebieten« (Będzin und
Chrzanów – NS-Namen Bendsburg u. Krenau – im Dombrowaer Bek-
ken). Ich weiß nicht, in welcher Form die »Selektion« in solchen Fällen
stattfand. Es gab getrennte Lager für Frauen und Männer, die Sterblichkeit in diesen Lagern war sehr hoch. (Eig. Beob.).

Eine weitere Kategorie von NS-Lagern waren die »Arbeitserziehungs-
lager«, seit 1941 als kurzfristige Bestrafunglager für Arbeitsvergehen
verschiedener Kategorien von Zwangsarbeitern eingerichtet. Sie unterstanden organisatorisch der Sicherheitspolizei. Zivile Zwangsarbeiter
»besserer« Nationalitäten – wie Franzosen, Belgier, Tschechen u. a. –
wurden von Staatspolizei- und Kriminalpolizei-Leitstellen auf 2, höchstens 8 Wochen eingeliefert. Besonders bei Polen geschah es oft, daß sie
im Anschluß an die Entlassung in die Konzentrationlager eingewiesen
wurden. Es waren nicht immer gesonderte »Lager« im materiellen Sinne. Das Arbeitserziehunglager Groß-Rosen war z. B. im »Schutzhaftlager« Groß-Rosen voll integriert, die Häftlinge (überwiegend Franzosen) lebten nur in einer besonderen Baracke und trugen Nummern, die
mit einer Null begannen, ohne Nationalitätszeichen. Sonst unterschieden sie sich in nichts von den Häftlingen des KZs und wurden auch
nicht anders behandelt. Obwohl sie durchweg junge Männer waren und
nur wenige Wochen im Lager verbrachten, war die Sterblichkeit unter
ihnen, auch im Maßstab eines KZs, sehr hoch[76].

Eine weitere Kategorie von NS-Lagern mit befristeter Haftzeit waren
die Straflager, die in den »eingegliederten Ostgebieten« des Dritten
Reiches eigentlich Gefängnisse in Lagerform waren – überwiegend für
Polen aus diesen Gebieten (nicht für diejenigen aus dem »Generalgouvernement«). Seit dem Frühjahr 1943 wurden sie aus den Straflagern –
und auch aus Gefängnissen – nach Verbüßung der (nach dem »Sonder-

strafrecht für Polen u. Juden«, nicht nach einem zivilisierten Strafgesetzbuch) zudiktierten Strafe grundsätzlich in ein KZ eingewiesen[77].
So etwa traf 1944 jeden Mittwoch ein Transport aus dem berüchtigten
Straflager Żabikowo bei Posen im KZ Groß-Rosen ein. Die Behandlung in jenem Straflager war derart, daß die Häftlinge die Einlieferung
in das KZ als Erleichterung empfanden. Ich erinnere mich an so einen
Mittwochtransport. Er bestand aus vier Polen, die zusammen drei Beine hatten: Es waren drei Einbeinige und ein Beinloser. Ihr weiteres
Schicksal in Groß-Rosen ist mir nicht bekannt, es dürfte aber kaum lange gedauert haben.
Ein polnischer Rechtsanwalt, der 1940 im sowjetisch besetzten Ostpolen verhaftet wurde, verbrachte u. a. zehn Monate in einem sowjetischen Sonderlager für Invaliden im Gebiet von Swerdlowsk im Ural,
wo die Invaliden »unter furchtbaren Bedingungen bei 50 Grad unter
Null in den Wäldern arbeiteten«: »Auch jetzt nach sieben Jahren«, berichtete er, »bedrückt mich der Alptraum dieses Lagers noch – die
Menschen ohne Beine, die Geisteskranken, die Blinden und so weiter.
Das schlimmste ist, daß Menschen, die so etwas noch nie gesehen haben, mir nicht glauben, was ich erzähle. Für die Menschen im Westen
war es nicht leicht, an die Existenz von Zwangsarbeitslagern für Krüp-
pel, Geisteskranke, Invaliden und hilflose alte Leute zu glauben«[78].
Im »Generalgouvernement« gab es schließlich »Verwaltungsstrafla-
ger«. Die Ausweitung des »Gesamtbereiches« der NS-KZs, die M.
Broszat feststellt (s. o., Anm. 75), führte u. a. dazu, daß den NS-KZs im
Laufe der Kriegsjahre von der NS- und der SS-Führung immer mehr
neue Aufgaben zugewiesen wurden, die oft mit dem eigentlichen
Zweck und Charakter der Lager wenig gemein hatten, bei denen entweder die Häftlinge als »Menschenmaterial« oder die Lager als Einrichtung ausgenutzt wurden. Das bekannteste Beispiel für das erstere sind
die Humanexperimente[79]. Beispiele für das letztere sind Hinrichtungen
auf dem Gelände der KZs sowie die auf dem Gelände einiger KZs eingerichteten Sonderhaftanstalten für prominente inhaftierte Personen.
Die bekannteste Hinrichtung ist diejenige von Ernst Thälmann, dem
KPD-Führer, der in der Nacht zum 18. August 1944 aus dem Zucht-
haus Bautzen ins KZ Buchenwald gebracht wurde, um auf dem Gelände
des Lagerkrematoriums erschossen zu werden. Er war nie Häftling des
KZ Buchenwald, was oft irrtümlich angenommen wird.
Solche Einzelhinrichtungen fanden öfters statt; so wurde im April
1945 auf dem Gelände des AL Leitmeritz eine ins Lager gebrachte Per-
son gehängt. Wir Häftlinge konnten die Hinrichtung nur von großer
Entfernung beobachten und haben nicht erfahren, ob es sich um eine
Frau oder um einen Mann handelte. Sowjetische Kriegsgefangene
wurden bekanntlich auf dem Gelände verschiedener KZs massenhaft
ermordet[80].
Hier wieder muß man zu unterscheiden wissen. Ernst Thälmann wie

alle anderen Personen, die nie Häftlinge eines KZs gewesen sind, und nur auf das Gelände eines KZs gebracht wurden, um dort ermordet zu werden, sind selbstverständlich Opfer des Nationalsozialismus, doch nicht »KZ-Opfer«. Dasselbe gilt für diejenigen sowjetischen Kriegsgefangenen, die dasselbe Schicksal ereilte. Diejenigen von ihnen dagegen, die aus irgendwelchen Gründen in ein KZ verschickt worden waren und dann an den Folgen der KZ-Haft als Häftlinge gestorben oder ermordet (oder, wie es auch passierte, für Lagervergehen hingerichtet) worden sind, zählen natürlich zu den KZ-Opfern. Man soll hier nicht, wie es oft geschieht, von »merkwürdigen Unterscheidungen« oder gar »Haarspaltereien« u. a. m. sprechen. Schließlich geht es nicht darum, aufs Geratewohl »den Nationalsozialismus« oder »die KZs« anzuklagen, sondern um eine eingehende und präzise Erforschung dieser historisch und menschlich hochwichtigen Erscheinungen. Selbst wenn man sich sogar auf den menschlichen Standpunkt stellt und den erkenntnismäßigen als zu kühl und nicht empört genug verachtet, schuldet man den Opfern nicht ein pauschales Wehgeschrei, sondern ein genaues Wissen um die Ursachen und Umstände ihres Todes. Der Mangel an einem solchen Wissen erleichtert übrigens die irreführende Tätigkeit der neonazistischen Propaganda (dasselbe gilt analog für die prokommunistische) – und manche andere Irreführung.

So wird etwa die Haft in den erwähnten Sonderhaftanstalten – bewußt oder durch Unkenntnis – mit der »KZ-Haft« verwechselt, und das, obwohl jene Haftanstalten auf dem Gelände der KZs Buchenwald, Dachau, Flossenbürg, Ravensbrück, Sachsenhausen eingerichtet, nur räumlich und verwaltungsmäßig mit jenen KZs verbunden waren. Die dort inhaftierten Personen waren keine Häftlinge des betreffenden KZs, teilten in keiner Weise das Los der Häftlinge und kamen mit ihnen nicht einmal in direkte Berührung: »Wir externen Berliner Häftlinge wurden auf das schärfste getrennt gehalten von den Ravensbrücker Internen«, berichtet darüber Isa Vermehren[81].

In solchen Sonderhaftanstalten auf dem Gelände der KZs Sachsenhausen und Dachau war z. B. Pastor Martin Niemöller inhaftiert, der französische sozialistische Politiker Léon Blum 1943–45 auf dem Gelände der KZs Buchenwald und Dachau. Die italienische Prinzessin Mafalda, Gattin des Prinzen Philipp von Hessen, sowie der deutsche Sozialdemokrat Rudolf Breitscheid und seine Gattin, in der Sonderhaftanstalt auf dem Gelände des KZ Buchenwald inhaftiert, verloren alle drei ihr Leben bei dem alliierten Luftangriff auf die ebenfalls auf dem Gelände befindlichen Gustloff-Werke am 24. August 1944. Für diese Sonderhaftanstalten wurde einfach das jeweilige KZ-Gelände, als besonders isoliert und bewacht, ausgenutzt.

Ein Mißverständnis, das in der Literatur anzutreffen ist, verursachen die eintätowierten Häftlingsnummern. Es wird nämlich oft angenommen, daß ehemalige Häftlinge aller NS-KZs solche Lagernummern tragen. In Wirklichkeit wurden die Nummern nur in Auschwitz eintätowiert – vielleicht, um eventuell dem VL ins eigentliche KZ entwichene Juden leichter zu identifizieren. Nichtjüdischen Häftlingen des KZ Auschwitz wurden einfache Nummern, jüdischen Häftlingen Nummern, denen ein Buchstabe (»A« bzw. »B«) vorangestellt war, eintätowiert.

Einige Kategorien von Lagern, die im Dritten Reich und in seinem Machtbereich während des Zweiten Weltkrieges entstanden, ihren Namen und Organisationscharakter änderten und wieder verschwanden, können wir hier übergehen. Die Schaffung einer bestimmten Antizivilisation von Baracken und Lagern war für das oft planlose, ja in sich widersprüchliche Schalten und Walten der SS in dem von der deutschen Wehrmacht besetzten Europa äußerst charakteristisch.

Hier ist vielleicht eine Bemerkung am Platze, die sich nicht auf die jetzt begrifflich zu ordnenden sowjetischen Lager bezieht. Die äußere, technische Form eines Konzentrationslagers ist *an sich* menschlicher als ein Gefängnis. Keine Mauern und Gitter; statt einer engen Zelle mit nicht allzuviel Luft und wenig Sonne, hat der Häftling eines Lagers den Himmel über sich und oft Grün hinter der Drahtumzäunung. Erst die unmenschliche Behandlung der Insassen, die Überfüllung des Lagers, der Mangel an Schlaf und Ruhe u. a., und vor allem die Hungerrationen der oft ungenießbaren Kost machen aus dem Lager die berüchtigte Hölle auf Erden.

Auf die meisten sowjetischen Lager kann sich das oben Gesagte aus klimatischen Gründen nicht beziehen: Die Inhaftierung im hohen Norden, in sengenden Wüsten oder in noch anderen Arten von gesundheitsschädlichem Klima war und ist bereits in zahllosen Fällen tödlich. Dazu kamen und kommen in der Regel Lebensverhältnisse, die noch unvergleichlich schlechter sind als in denjenigen NS-Lagern, wo sie überdurchschnittlich schlecht waren – wie etwa im KZ Stutthof –, was Schlafgelegenheiten und sanitäre Anlagen betrifft.

Zu anderen Aspekten kommen wir noch, wie etwa zu dem, daß auch die NS-KZs – von den »Moorlagern« von 1933 bis Auschwitz – bewußt und planmäßig an möglichst ungesunden Stellen eingerichtet wurden. Die Möglichkeiten der Nazis waren nur in dieser Hinsicht durch die geographisch-klimatischen Gegebenheiten ihres Machtbereichs recht begrenzt im Vergleich zu den Möglichkeiten des sowjetischen Machtbereichs.

Die sowjetischen KZs hießen von Anfang an offiziell »Konzentrationslager« (konzentrazionnyje lagerja, mit einem typischen sowj. Silbenkurzwort »konzlager«). Das Wort wurde zuletzt 1934 öffentlich gebraucht und verschwand dann endgültig, aus leicht verständlichen Gründen (die NS-KZs bestanden bereits seit über einem Jahr) zugunsten der bereits früher offiziell gebräulichen Bezeichnung »Besserungsarbeitslager« (isprawitjelno-trudowyje lagerja). Diese entsprach ja auch der allgemeinen sowjetischen Tendenz, alles Sowjetische mit entsprechenden Bezeichnungen zu beschönigen und zu verklären.

Somit könnte man Bedenken anmelden, von den dreißiger Jahre an noch von »sowjetischen *Konzentrationslagern*« zu sprechen. Erstens hießen sie offiziell nicht so. Zweitens wurden und werden die meisten Häftlinge aufgrund einer Art von Urteil auf eine bestimmte Frist ins Lager eingewiesen. So müßte man sie scheinbar im juristisch-formellen Sinne nicht mit den NS-KZs, sondern mit den NS-Straflagern gleichstellen und als »Straflager« bezeichnen.

»Im Gegensatz zum nationalsozialistischen Staat« behauptet etwa Günther Specovius[82], »kennt die Sowjetunion übrigens ›nur‹ Straflager oder die heutigen Arbeits-Umerziehungs-Kolonien, für die eine Verurteilung auf eine bestimmte Zeit charakteristisch ist, während die Verurteilung zu Konzentrationslager, wie es die Nazis kannten, mit einem Aufenthalt von unbestimmter Dauer verbunden ist. Lebenslängliche Verurteilung war und ist dem Sowjetstrafrecht fremd«. (Lassen wir es beiseite, daß der Gebrauch des Begriffes »Verurteilung zu Konzentrationlager« in bezug auf die Nazis völlig falsch ist – bei den Nazis wurde man nicht zu Konzentrationslager »verurteilt«, sondern »schutzhaftbefohlen« (s. o., S. 47); und im allgemeinen Kontext auch widersprüchlich: wenn »Verurteilung«, dann eben »auf eine bestimmte Zeit«).

In seinem Vorwort zu Jewgenia Ginsburg, Gratwanderung, fragt Heinrich Böll nach »Unterschieden zwischen deutschen [sic – vgl. o., S. 21] Konzentrationslagern und sowjetischen Straflagern«; er stellt »den Archipel GULAG« und »die Konzentrationslager« (ohne nähere Bezeichnung, also mit den NS-KZs gleichbedeutend) einander gegenüber. Es wäre jedoch kaum sachdienlich, für die sowjetischen KZs die Bezeichnung »Straflager« anzunehmen. Die entsprechende NS-Bezeichnung ist viel zu wenig bekannt und somit kaum eindeutig; sie würde nur die bereits herrschende terminologische Unklarheit und Begriffsverwirrung noch größer machen, für die auch die zitierten Ausführungen ein Beispiel sind. Die sowjetischen KZs werden sowieso hin und wieder »Straflager« genannt, ohne daß man dabei klar und eindeutig an eine justizvollzugsartige Anstalt dächte[83]. Manchmal werden auf einer Seite die Bezeichnung »Arbeitslager« und »Straflager« abwechselnd gebraucht[84]. Übrigens gibt es im sowjetischen KZ-System Sonderlager, in die Häftlinge zur Strafe – Lagerstrafe – verschickt werden. Diese Sonderlager entsprechen den »Strafkompanien« (SK) oder »Strafblöcken« (Tarnname »Kolonne«) der NS-KZs und müßten im Rahmen des sowjetischen KZ-Systems eben als Straflager bezeichnet werden[85].

So erlaube ich mir der Einfachheit halber bei der Bezeichnung »sowjetische KZs« zu verbleiben – und zwar aus folgenden Gründen: Die Umbenennung hatte eine eindeutige Tarnfunktion, die so weit ging, daß seitdem die sowjetischen KZs auch aus der Vergangenheit verschwunden sind. Nach sowjetischen und sonstigen kommunistischen Geschichtswerken, Enzyklopädien, Lexika u. dgl. hat es sie einfach nie gegeben. Ich glaube kaum, daß wir uns diesem Täuschungs- und Tarnmanöver beugen sollten, wenn die unmenschliche Einrichtung in Wirklichkeit weiter bestand – und weiter besteht. Wie bereits erwähnt, zwingt sie nicht nur zum Vergleich mit der nationalsozialistischen, sondern beide sind für die ernste Forschung, als Vorbilder füreinander, voneinander nicht zu trennen.

Von sowjetischen Gerichten werden wir gleich hören. Wir hören von ihnen übrigens laufend, wenn ihre Urteile die öffentliche Meinung und das menschliche Gewissen der zivilisierten Welt in Wallung bringen. In der »Stalin-Zeit« wurden, lange nachdem sowjetische KZs nicht mehr KZs, sondern »ITL« hießen, die allermeisten Häftlinge nicht per Gerichtsurteil, sondern durch die Entscheidung der sogenannten »Sonderberatung« (Ossoboje Ssowjeschtschanije, OSSO), einer angeblich besonderen, ständigen Instanz beim Innenministerium (NKWD)[86], in die Lager eingewiesen. Nicht anders also, als durch die Entscheidung der anonymen Gestapo-Instanzen, die über »Schutzhaftbefehle« entschieden. Es ist dabei völlig unklar, wie jene »Sonderkonferenz« funktionierte, wer in Wirklichkeit die Entscheidungen traf, ja, ob es eine solche Instanz überhaupt gegeben hat und sie nicht nur ein bloßer Name für völlige polizeilich-administrative Willkür gewesen ist[87].

Der einzige scheinbare Unterschied zu den »Schutzhaftbefehlen« der Gestapo bestünde also darin, daß man in sowjetische KZs auf eine bestimmte Frist eingewiesen wurde. Diese Frist jedoch war zu Lebzeiten Stalins eine reine Farce. Kürzere Fristen wurden in der Regel verlängert, noch im Lager; oder sie wurden »erneuert«, d. h. ein Entlassener wurde erneut verhaftet und ins Lager eingeliefert. All das geschah völlig formlos, ohne Angabe der Gründe, der entscheidenden Instanz o. ä. Die in der späteren »Stalin-Zeit« üblichen Fristen von 25 Jahren glichen sowieso dem NS-»Unbefristet«, das praktisch Lebenslänglich bedeutete. »Was läßt sich schon vorhersagen, wenn man Schach mit einem Orang-Utan spielt«, bemerkt dazu Jewgenia Ginsburg[88].

Seit etwa zwanzig Jahren werden die Einweisungen in sowjetische KZs von Gerichten zudiktiert – welchen wir jedoch bei der Nichtöffentlichkeit und Undurchsichtigkeit der sowjetischen Verhältnisse kaum sicher sein können. Nach Meinung der Amnesty International in ihrem neuesten Bericht über »Politische Gefangene in der UdSSR«, kann man die allgemeine Beteiligung der sowjetischen Terrorpolizei an der Vorbereitung der Verfahren gegen politische Gefangene kaum ausschließen, »da der KGB bei der Überwachung und Kontrolle von Dissidenten und offenbar auch bei der Entscheidung; sie strafrechlich zu verfolgen, die Hauptrolle spielt« (S. 101).

In demselben Bericht lesen wir: »Amnesty International ist kein Fall bekannt, daß ein sowjetisches Gericht einen Angeklagten freigesprochen hätte, der – ausdrücklich oder in verkappter Form – wegen seiner politischen oder religiösen Aktivitäten vor Gericht gestellt wurde. Prozesse dieser Fälle gleichen eher ›Schauprozessen‹ als dem ersthaften Bemühen, Schuld oder Unschuld zu ermitteln, die Gesetze korrekt anzuwenden oder ein angemessenes Strafmaß zu bestimmen. [Hier widerspricht sich Amnesty International selbst, denn welches ›angemessene Strafmaß‹ kann es für ›religöse Aktivitäten‹ geben, etwa dafür, daß man – betet? Wofür viele Menschen in Sowjetrußland ihr ganzes Leben in KZs verbringen.] Außerdem gibt es nur in seltenen Fällen einen Hinweis, daß die Gerichte oder andere Justizbehörden mit Aufsichtskompetenz versucht hätten, in politischen Fällen Rechtsmittel gegen offenkundige Ungesetzlichkeiten einzulegen« (S. 99).

»Nach der Erfahrung von Amnesty International haben jedoch Personen, die sich aufgrund ihres Verhaltens als Dissidenten einem Strafverfahren gegenübersehen, während des Vorverfahrens ebensowenig Aussicht, in den Genuß einer korrekten Anwendung der Gesetze zu kommen, wie während des Prozesses. Anträge der Verteidigung, zusätzliche Ermittlungen durchzuführen oder zusätzliche Zeugen vorzuladen, sind regelmäßig abgewiesen worden, wenn sie die Anklage erschüttern oder zu peinlichen Konfrontationen bei der Verhandlung führen können. Dissidenten sind regelmäßig angeklagt und vor Gericht gestellt worden für Handlungen, die selbst nach den offenkundig politischen Artikeln des Strafgesetzes keine strafbare Handlung darstellen, und häufig wurde Dissidenten aufgrund von augenscheinlich gefälschten Anklagen der Prozeß gemacht« (S. 108, vgl. auch S. 121).

»Daß solche Verfahren, wenn sie einmal eingeleitet sind, immer mit einer Verurteilung enden, deutet darauf hin, daß andere Kriterien als Schuld im strafrechtlichen Sinne maßgebend sind. Dagegen könnte argumentiert werden, daß eben die Ermittlungsorgane ihre Arbeit so gründlich machen, daß ein Fehler nicht unterlaufen kann. Wenn jedoch die Untersuchungsführer immer recht haben, dann ist die Feststellung von Schuld oder Unschuld irrelevant« (S. 116 f., vgl. auch S. 88).

Man muß dazu die aus diesem Bericht und aus vielen anderen Quellen bekannte Einschüchterung der Verteidiger, der Verteidigungszeugen und der Familien in Betracht ziehen, die praktisch ständige Verhinderung wirklich öffentlicher Gerichtsverhandlungen, wobei die Säle mit ausgewähltem (oder eher einfach abkommandiertem) »Publikum« gefüllt werden – u. a. m. So bliebe nur die uns bereits bekannte Behauptung, daß sowjetische Gerichte in sowjetische Lager auf eine bestimmte Zeit einweisen.

In dem Bericht von Amnesty International lesen wir (S. 99): »Für politische Gefangene in der UdSSR ist es charakteristisch, daß sie praktisch alle aufgrund von Strafgesetzen verhaftet, vor Gericht gestellt, verurteilt und nach Ablauf der vom Gericht verhängten Strafe freigelassen werden. Eine umfangreiche Kategorie von Ausnahmen zu dieser Regel sind die politischen Gefangenen, die in psychiatrischen Anstalten interniert sind«. Abgesehen von dieser ominösen Ausnahme wird auch der erste, nicht glücklich formulierte Satz in der Fortsetzung relativiert, die wir bereits (o., S. 57f.) angeführt haben. Es müßte also heißen, daß politische Gefangene nicht »aufgrund« sondern »*unter Berufung auf Strafgesetze*« verhaftet und verurteilt werden.

In einigen politisch prominenten Fällen ist es tatsächlich bekannt geworden, daß die durch Gerichtsurteil zudiktierte Frist eingehalten, manchmal sogar unterschritten wurde. Es gibt jedoch nur zu viele ganz andere Fälle. Die berühmte, im sowjetischen Untergrund erscheinende »Chronik der laufenden Ereignisse«[89] berichtet über zahlreiche Fälle zweiter und dritter Verhaftungen derselben Personen seit 1958. Im Sommer 1973 wiesen Alexander Solschenizyn und Andrej Sacharow in Interviews mit französischen Korrespondenten auf die immer zahlreicher werdenden Fälle erneuter Verhaftungen und Inhaftierungen ehemaliger Häftlinge aus der »Stalin-Zeit«. Sacharow sprach dabei von einer »neuen bedrohlichen Tendenz«[90]. Beim Internationalen Sacharow-Hearing im Herbst 1975 in Kopenhagen berichtete Viktor Balaschow: »Von den 180 politischen Gefangenen mit besonderer Behandlung, die im Januar 1972 noch in Haft waren, können mehr als 100 als ›Lebenslängliche‹ betrachtet werden. Sie hatten 15 Jahre ihrer Strafe abgesessen und wurden mit einer weiteren Strafe von 10 bis 15 Jahren konfrontiert«[91].

Die stalinistische Höchststrafe von 25 Jahren wurde zwar 1958 auf 15 Jahre herabgesetzt – das Präsidium des Obersten Sowjets der UdSSR verfügte jedoch gleichzeitig per Erlaß, »daß diejenigen, die nach der früheren Gesetzgebung ›wegen besonders gefährlicher Verbrechen gegen den Staat‹ verurteilt worden waren, nicht in den Genuß einer Strafminderung aufgrund der neuen Festsetzung der Höchstdauer für Haftstrafen kommen könnten. [...] Einige können erst Anfang der 80er Jahre mit ihrer Freilassung rechnen; einige andere haben während des Strafvollzuges zusätzliche Strafen erhalten«[92].

Um nur ein Beispiel anzuführen: Jurij R. Schuchewytsch-Beresinski, Sohn des Führers der ukrainischen aufständischen »OUN«, wurde am 11. 8. 1948 mit 15 Jahren verhaftet und zu 10 Jahren Gefängnis verurteilt. Im Frühjahr 1956 als Minderjähriger entlassen, wurde er im Herbst erneut verhaftet und hat die Reststrafe abgebüßt. Am 21. 8. 1958 entlassen, wurde er am selben Tag wegen antisowjetischer Propaganda in der Zelle erneut verhaftet und bekam 10 Jahre KZ strenger Behandlung. Ende August 1968 in die Verbannung nach Naltschik (Kaukasus) »entlassen«, wurde er im Februar 1972 erneut verhaftet und wegen der Aufzeichnung seiner Erinnerungen zu 5 Jahren Gefängnis, 5 Jahren KZ mit besonderer Behandlung und 5 Jahren Verbannung verurteilt[93]. 1987 wird der 54jährige seit dem 15. Lebensjahr insgesamt 9 Jahre nicht in Haft, davon achteinhalb Jahre in Verbannung in der Fremde verbracht haben.

Von »zusätzlichen Strafen«, mal von allgemeinen, mal von »Lagergerichten« verhängt, hört man laufend. »So zum Beispiel wurde Boris Monastyrskij 1976 wegen ›antisowjetischer Agitation und Propaganda‹ angeklagt, als er eine dreijährige Haftstrafe verbüßte, zu der er 1973 wegen ›Verbreitung wissentlich falscher Behauptungen, die die sowjetische Staats- und Gesellschaftsordnung verleumden‹ verurteilt worden war. Die ›Agitation und Propaganda‹ der neuen Anklage bestand in Briefen, Beschwerden und Gedichten, die er von seinem Haftort aus an verschiedene sowjetische Behörden und öffentliche Stellen geschickt hatte. Das schriftliche Urteil des Gebietsgerichts in Donezk zitiert als Schuldbeweis auch einen Brief an seine Mutter. Viele der im Urteil angeführten Briefe erreichten nicht einmal ihre Adressaten, da sie vom Zensor der Besserungsarbeitskolonie [sic], in der Monastyrskij sich befand, beschlagnahmt worden waren . . . Das Gericht entschied jedoch, er habe vorausgesehen, ›daß als Folge seiner Agitation und Propaganda eine Schwächung oder Untergrabung der Sowjetmacht möglich gewesen sei‹ und verurteilte ihn zu weiteren sechs Jahren Haft«[94]. Der Orang-Utan sitzt immer noch am Schachbrett (vgl. o., S. 57).

Seit der »Stalin-Zeit« wird zwar, sofern man es beurteilen kann, nicht mehr grund- und wahllos verhaftet und verschickt[95]. Der Gedanke ist kaum von der Hand zu weisen, daß die Nachfolger Stalins einerseits diese vermeintliche »sozialistische Gesetzlichkeit«[96] als große Errungenschaft ausschlachten, besonders auch für die Auslandspropaganda – und andererseits weitgehend immer noch vom Kapital der Angst leben, das sich in den Jahrzehnten des trotzkistisch-leninistischen (vgl. u., S. 72 ff.) und stalinistischen Terrors angesammelt hat.

Dazu muß man wieder die Tatbestände in politischen Fällen in Betracht ziehen, wo jegliche Kritik an der Politik des Regimes als »antisowjetische Tätigkeit«[97], jegliche Feststellung von unliebsamen Tatsachen als »Verleumdung der Sowjetunion«, wo tatsächliche oder untergeschobene, wenn nicht gar erfolglos provozierte Absichten und Pläne als schwere Verbrechen bewertet und geahndet werden[98].

Unvoreingenommene Sachkenner weisen auf das allerwichtigste, weswegen ich auch hier die »Stalin-Zeit« in Anführungsstriche setze. Seit jener »Stalin-Zeit« hat sich nämlich im staatlich-rechtlichen System Sowjetrußlands überhaupt nichts geändert – außer daß eine auf dem Papier existierende Verfassung durch eine andere ersetzt wurde. Es sind keinerlei Garantien dafür geschaffen worden, daß sich sämtliche – Stalin persönlich zugeschriebenen – Verbrechen nicht wiederholen könnten. Die Einhaltung oder ›Verletzung der auf dem Papier existierenden Gesetze hängt weiterhin ausschließlich von dem guten Willen der Terrorpolizei und von der gerade aktuellen »Parteilinie« ab. Die angeblich verurteilten und verdammten Verbrechen werden in Wirklichkeit nur verschwiegen und nach Möglichkeit vergessen. Es hat keine öffentlichen Prozesse und keine Bestrafung der Schuldigen gegeben; es ist ein öffentliches Geheimnis, daß die allermeisten von ihnen nie belangt wurden und viele ihre Stellungen behalten haben. Es existiert keine einzige sowjetische Veröffentlichung über die Geschichte der »stalinistischen« Verbrechen, und sei es im Abriß. Im Gegenteil, nicht nur Veröffentlichungen darüber sind verboten, sondern sogar das Verfassen von Beschreibungen ist schwer strafbar. Aufzeichnungen ehemaliger Häftlinge »stalinistischer« KZs werden grundsätzlich beschlagnahmt[99] und in einigen Fällen bilden sie nicht nur erschwerende Umstände, sondern selbständige, schwer bestrafte Tatbestände[100]. Verwundern kann dies allerdings nur denjenigen, der vergessen will, daß in Sowjetrußland dieselbe kommunistische Partei an derselben absoluten Macht bleibt, die Stalin für Jahrzehnte zum despotischen Herrscher gemacht hat.

So wollen wir uns an ihre Potemkinschen Gerichtssäle nicht kehren und die sowjetischen Lager als das betrachten, was sie eben – von Lenin und Trotzki so genannt – sind: als Konzentrationslager, Mittel der polizeilichen Willkür zu Zwecken des totalitären politischen Terrors.

Im Westen ist die diesbezügliche Terminologie schwankend. Oft werden sowjetische KZs »Konzentrationlager« genannt, und zwar kann das sowohl die älteren wie auch die heutigen betreffen. Dies ist jedoch nur eine ziemlich häufige Ausnahme, keineswegs die Regel. Sogar bei Avraham Shifrin (wofür die Übersetzung verantwortlich sein könnte) liest man zwar durchweg von »Konzentrationlagern«, aber manchmal auf derselben Seite von »Zwangsarbeitslagern«.

Sonst lesen wir in verschiedenen Sprachen – und oft in derselben Veröffentlichung, bei demselben Autor – von »Arbeitslagern«, »Arbeitserziehungslagern«, »Zwangsarbeitslagern«, »Straflagern«, »Strafarbeitslagern«, einfach »Lagern«, oder schön offiziell von »Besserungsarbeitskolonien« und vom »Besserungsarbeitssystem« – »unter Stalin« und heute. Ein Autor spricht an zwei Stellen von »Sakljutschonnyi-Lagern« (also wörtlich »Häftlings-Lagern«), um durch dieses für seine deutschen Leser schwer aussprechbare Wort die sowjetischen KZs von den Kriegsgefangenenlagern zu unterscheiden – ohne sie beim Namen zu nennen. Menschen werden in Sowjetrußland zu »Besserungsarbeit« verurteilt. Ein eminenter Spezialist hat »Arbeits- und Aussonderungslager« entdeckt. In ein und demselben Zeitungsbericht wird der Schwiegervater »zu Arbeitslager verurteilt«, die Schwiegertochter dann »ins Zwangsarbeitslager verschickt«. Auf ein und derselben Seite einer ernsthaften Wochenzeitung, gleich nebeneinander, lesen wir von »verschiedenen Stalin-Lagern des hohen Nordens« und von einem »sowjetischen Arbeitslager bei Riga«. Da rächt sich die so oft mißbrauchte Leichtigkeit, mit der man in der deutschen Sprache zusammengesetzte Wörter bilden kann. Bei Riga heute muß man also arbeiten; was mußte man, was gab es damals im hohen Norden?

Die letzte angeführte Bezeichnung »Arbeitslager«, ist die häufigste und immer häufiger vorherrschende. Wie Kaltenbrunner mit diesem Wort die NS-KZs verharmlosen wollte, so tut es der größte Teil der im Westen Deutsch – und auch in anderen Sprachen – Schreibenden mit den sowjetischen KZs. Bezeichnend ist dabei, daß man nichtsowjetische Lager viel eher und leichter als Konzentrationslager bezeichnet. In Griechenland zur Zeit der Militärdiktatur gab es ein »KZ« auf der Insel Jaros; man liest auch von einem »System von Konzentrationlagern« in Bulgarien. Am merkwürdigsten ist vielleicht die Terminologie – und auch einige Ansichten (oder eher Behauptungen[101]) in dem an sich höchst verdienstvollen »stern-Buch« von Peter Koch und Reimar Oltmanns, Die Würde des Menschen, Folter in unserer Zeit. »Konzentrationslager« bestehen, nach diesen Autoren, in Brasilien, Chile, Malaysia, Paraguay und Uruguay. Dabei stoßen wir auf die wahrlich unnötige Übertreibung: »... Das Nationalstadion in Santiago wurde zum größten Konzentrationslager der Welt« (S. 72). In Indonesien gibt es »Gefangenenlager« und »Gefangeneninseln«, in Albanien – »Arbeitslager«, in Südafrika »südafrikanische Gulags« (S. 227).

Weder Gulags noch Konzentrationslager gibt es dagegen in Sowjetrußland: Der zwar verhältnismäßig sehr kurze, aber in keiner Weise (wie es so oft üblich ist) verharmlosende oder beschönigende Bericht kennt nur »Arbeitslager«, »Lager«, ziemlich erstaunliche »Camps« (welche Bezeichnung man dazu noch dem Russen Sacharow zuschreibt!) – oder auch einfach »Wälder«: Andrej Sinjawskij wäre, nach den beiden Autoren, »einst in den Mordwinischen Wäldern interniert« gewesen und hätte dort einen Greis getroffen, der in jenen »Wäldern« bereits 43 Jahre war.

Für die Mao-KZs, wenn sie – äußerst selten – überhaupt erwähnt werden, gebraucht man etwa die abgekürzte Formel ihres offiziellen Namens, nämlich »Umerziehungslager«. Sie heißen mit vollem Namen Lao Dong Gai Zao, abgekürzt Lao Gai[102]. In allerjüngster Zeit (Der Spiegel, 27.4.1981) berichtete Tiziano Terzani aus der Mandschurei über Priester verschiedener Religionen, die »zur Umerziehung in ein Arbeitslager geschickt« wurden bzw. »14 Jahre Arbeitslager überlebt« haben, um dann von der bis vor kurzem geheimgehaltenen »Existenz Dutzender von Konzentrationslagern« zu schreiben.

Der Spiegel vom 13.12.1976 reproduzierte auf S. 174 den »Schnitt durch ein Haus der Makrozone« des emigrierten russischen Künstlers Lew Nusberg. Obwohl in der Mitte des Bildes ein Stacheldrahtzaun gut sichtbar ist, erläuterte man dem deutschen Leser nicht, was »Makrozone« also, zu deutsch, »Großzone« in der Sprache der sowjetischen KZs bedeutet. Das eigentliche, stacheldrahtumzäunte Lagergelände innerhalb des Ringes der Wachtürme (der »kleinen Postenkette« in der Sprache der NS-KZs) heißt nämlich offiziell »Zone«. Von den Häftlingen wird sie »kleine Zone« genannt und zwar im Gegensatz zu der »großen Zone« oder »Großzone«, dem riesigen, von Stacheldraht, Wachtürmen, Wachhunden, schießenden Posten usw. umringten Konzentrationlager, als welches die inhaftierten Sowjetbürger (und nicht nur sie) den ganzen Sowjetstaat ansehen.

Es gibt übrigens noch eine erweiterte Großzone, deren Stacheldraht, Wachtürme, Minenfelder, Schießautomaten u. a. m. hinter Helmstedt zu finden sind, und die am Pazifischen Ozean endet. Sie heißt zwar irreführend »sozialistisches ...«, aber um so treffender »... Lager«. Am 1.1.1945 sollte im Dritten Reich ein »Gemeinschaftsfremdengesetz in Kraft treten, das nach Meinung von Hans Frank ganz Deutschland in »ein einziges Konzentrationlager verwandelt« hätte[103].

Selbstverständlich weiß ich, der ich in NS-KZs und dann jahrzehntelang in einem kommunistisch beherrschten Land gelebt habe, welcher Unterschied zwischen dem Sklavendasein innerhalb des KZ-Stacheldrahtes und dem relativ freien Leben innerhalb der stacheldrahtbewehrten Grenzen eines kommunistischen Staates besteht. Ich habe bereits vor vielen Jahren heftig widersprochen, als junge Hörer meiner Gastvorträge in der Bundesrepublik die DDR schlichtweg als »ein KZ« bezeichneten. Man darf sich nicht selbst für dumm verkaufen, indem man die Wirklichkeit bis zur Unkenntlichkeit vereinfacht. Doch man kann auch nicht leugnen, daß Einwohner eines Landes, das sie bei Todesstrafe nicht verlassen dürfen, wie es ab 1934 offiziell in Sowjetrußland der Fall war, oder die beim sonst strengstens verbotenen Verlassen des eigenen Landes durch mechanischen Tod bedroht sind, zu regelrechten Insassen eines solchen Staates werden.

Unbestritten bleibt auch, daß in einem Lande bestehender Polizeiterror nebst KZs, besonders, wenn die letzteren bedrohliche Ausmaße annehmen, nicht nur zum bezeichnenden Merkmal des öffentlichen Lebens dieses Landes werden, sondern auch das gesamte öffentliche Leben entscheidend beeinflussen und es von Grund auf verunstalten – »lagerisieren«.

Anmerkungen

II. Vor- und Frühgeschichte und Typologie der Lager

1 Ich muß unterstreichen, daß diese Unterscheidung keineswegs etwa eine Entdeckung von mir darstellen soll. Sie wird von zahlreichen polnischen Autoren getroffen, sowie z. B. von A. Bullock, Hitler (dt.) S. 702 (»Schlimmer noch als die Konzentrationslager waren die Vernichtungslager«); T. L. Jarman, The Rise and Fall of Nazi Germany, S. 301 f.; J. Tenenbaum, Race and Reich, S. 173; M. Broszat, VfZ 1976, S. 173. Nebenbei bemerkt, diese Unterscheidung war in Polen ab 1967–68 unter dem Einfluß der nationalistisch-antisemitischen Kreise der kommunistischen Partei einige Jahre lang verboten. Über die Vernichtungslager neulich: Nationalsozialistische Vernichtungslager ..., hrsg. A. Rückerl (1977. – Die Bezeichnung »Vernichtungslager« wird zwar manchmal ziemlich wahllos gebraucht und hat dadurch eine gewisse Vieldeutigkeit (»Der Begriff Vernichtungslager wurde nach 1945 immer auch im Zusammenhang mit solchen Einrichtungen gebraucht, auf die – von deren Zweckbestimmung her gesehen – diese Bezeichnung nicht zutraf«, schreibt A. Rückerl, a. a. o., S. 67 Anm. 52). Sie bleibt trotzdem die einfachste und vor allem die am meisten angenommene für die betreffenden Einrichtungen. So muß man ihr letztlich den Vorzug geben. – Rudolf Höß, der Kommandant des KZs und des VLs Auschwitz, nannte die VL nachträglich »Juden-Vernichtungsstellen« – R. Höß, Kommandant in Auschwitz, S. 169, 157 u. a. – nicht ganz zutreffend, da es Juden-Vernichtungsstellen in großer Zahl gab, die keine fest eingerichteten Vernichtungsanstalten waren.
2 A. a. O., S. 13.
3 Diese irrtümliche Ansicht wird neulich, bedauerlicherweise, verbreitet vom Duden, Das große Wörterbuch der deutschen Sprache ..., Bd. 4 (1978), S. 1550. Vgl. u., Anm. 78.
4 »Es de origen prussiano«. Dicionario Enciclopedico Latino-Americano ... (1898), Bd. 23, S. 43.
5 J. Terrero, J. Regla, Historia de España, S. 545.
6 J. L. Comellas, Historia de España ..., S. 335; (M. Avilés Fernández u. a.), Nueva Historia de España, Bd. 16, S. 117.
7 J. Tenenbaum, Race and Reich, S. 162. S. a. A. Brecht, The Concentration Camp, Columbia Law Review, 1950, vol. 50, No. 6, S. 763, Anm. 5.
8 J. Tenenbaum a. a. O.
9 Joseph Chamberlain (1836–1914), brit. Minister f. Kolonien 1886–1903; Alfred Milner (1854–1925), Gouverneur der Kapkolonie 1897–1901, Verwalter der burischen Gebiete 1901–1905.
10 U. Kröll, Die internationale Buren-Agitation 1899–1902, S. 26 f.
11 Emily Hobhouse (1860–1926), Die Zustände in den südafrikanischen Konzentrationslagern (1902), S. 8.
12 S. E. Halévy, History of the English People, Epilogue, 1895–1914, Book I, S. 158 f., 174.
13 Encycl. Brit., Bd. 21, S. 66 (Stichwort South African War).
14 D. Thomson, England in the Nineteenth Century (1815–1914), S. 209.
15 Eine löbliche Ausnahme bildet z. B. Collier's Encyclopedia, Vol. 7, 1964, wo George Fielding Eliot einerseits die spanischen und britischen (aber wieder nicht die amerikanisch-philippinischen und -kalifornischen – s. u., S. 262), andererseits die NS- und sowjetischen KZs kurz und objektiv bespricht. Die ersteren nennt er »Military«, die letzteren »Political«.

16 Er nannte auf S. 14 f. die Zahl von 26 370 Opfern unter Frauen und Kindern. Hitler sprach in seiner Rede vom 30.1.1940 von über 20 000 Opfern unter den Burenfrauen, welche Zahl M. Domarus, Hitler, Bd. 2, S. 1459 – wie wir sehen, zu Unrecht – als »völlig aus der Luft gegriffen« bezeichnet.
17 R. Manvell, H. Fraenkel, Doctor Goebbels (i. d. poln. Ausg. S. 219 ff.).
18 H. Langbein, Der Auschwitz-Prozeß, S. 208.
19 K. Hierl, Im Dienst für Deutschland 1918–1945, S. 129.
20 P. S. Romaschkin, Wojennyje prestuplenija imperialisma (1953), i. d. poln. Ausg. (1955) S. 96–98.
21 S. z. B. die anonym im schweizerischen Freiburg erschienene Broschüre Les martyrs des Camps de concentration en Allemagne (1916). Vgl. oben, S. 27, Anm. 5.
22 E. J. Görlich, Herrenrecht und Sklavenpeitsche, S. 8.
23 Charles Ball, A Narrative of the Life and Adventures of ..., (1954) [Ein Bericht über das Leben und die Abenteuer von ..., amer.], S. 159; zit. in: Julius Lester, To Be A Slave (1970), S. 25.
24 E. J. Görlich, a. a. O., S. 56.
25 Vgl. bes. Claud Mullins, The Leipzig Trials (1921).
26 Vgl. Elsa Brändström, Unter Kriegsgefangenen in Rußland und Sibirien 1914–1920.
27 In diesem Punkt müßte man dem Autor widersprechen – solche Bedingungen sind zahllosen Europäern des 20. Jahrhunderts nicht nur vorstellbar, sondern wohlvertraut.
28 Günther Stöckl, Russische Geschichte ... S. 381 f.
29 Königlich-Preußische Staats-, Kriegs- und Friedenszeitung, 10.8.1848.
30 Stadtarchiv Wuppertal, O IX (14) (Elberfeld), Volksversammlungen (Bd. I) 1845–1873.
31 Das., O IX (15), Desgl. 1882–1887.
32 A. S. Jerussalimski, Wneschnaja politika ..., S. 31 f. u. Die Außenpolitik..., S. 46 (dort zit. R. J. S. Hoffmann, Great Britain and the German Trade Rivalry, S. 237).
33 Der Sozialismus und seine Gönner, zuerst in Preußische Jahrbücher, Aprilheft 1876; hier nach H. v. Treitschke, Aufsätze, Reden und Briefe (1929), Bd. 4, S. 137.
34 E. Hasse, Deutsche Politik, 1. Band: Heimatpolitik, 1. Heft: Das Deutsche Reich als Nationalstaat (1905), S. 61 f. Ich erlaube mir hier ein sehr langes Zitat, da ich – wie ich es auch weiter begründe – das Zitierte für einen der wichtigsten Texte für die Vorgeschichte der NS-KZs sowie des Nationalsozialismus überhaupt halte. (Hervorhebungen d. Orig.).
35 A. J. Kamiński, Vom Polizei- zum Bürgerstaat, S. 97.
36 E. v. Liebert, Nationale Forderungen und Pflichten, S. 11,
37 K. Stojanowski, Źródło hitlerowskiej doktryny, Przeglad Zachodni 1947, H. 5.
38 J. L. Reimer, Ein pangermanisches Deutschland, S. 2, 152 f., 160 ff.
39 A. S. Jerussalimski, wie Anm. 32, S. 65; J. Rubinstein, Politika germanskogo imperialisma ..., S. 150.
40 J. Nichtweiß, Die ausländischen Saisonarbeiter ..., S. 219, 223. Der Verf. füllt tatsächlich die nächsten Seiten mit erschütternden Beispielen. Vgl. auch F. Wunderlich, Farm Labor ..., bes. S. 23; B. Drewniak, Robotnicy sezonowi ...
41 Fr. Engels, Die Rolle der Gewalt in der Geschichte (Gewalt und Ökonomie bei der Herstellung des neuen Deutschen Reichs) [etwa 1887–1888], in: Marx, Engels, Lenin, Stalin, Zur deutschen Geschichte, Bd. II, 2. Teil, S. 1105.
42 Vgl. Liebknecht 1912, Stenogr. Bericht ..., Bd. 283, S. 254.

43 K. Demeter, Das deutsche Offizierskorps ..., S. 351 ff. Vgl. auch A. v. Waldersee, Denkwürdigkeiten, Bd. 2, S. 127.
44 K. Demeter, a. a. O.
45 Ausführlich zitiert von August Bebel im Reichstag, 10.8.1893, Stenographische Berichte ...,Bd. 129, S. 1568 f.
46 S. Marie Radziwill an Mario Robilant, aus Berlin 20.–21.5.1903, Lettres de la princesse Radziwill ... Bd. III, S. 65.
47 Bebel im Reichstag, wie Anm. 45, S. 1561 B–C.
48 »In den Jahren vor dem Kriege ist in der Armee geprügelt worden, bei der Rekrutenausbildung, in Reitschulen, Ställen und bei mannigfachen Angelegenheiten. Das Beschwerderecht war eine Komödie«. (Carl Endres), Die Tragödie Deutschlands ...,4. Aufl., S. 176. Endres, bayerischer Offizier, diente mehrere Jahre auch im türkischen Heer, 1915–16 war er Stabschef der I. türkischen Armee. – Vgl. auch Fr. Thyssen, I paid Hitler [Ich bezahlte Hitler, engl.] S. 165; Fr. Engels, Kann Europa abrüsten?, S. 24 f.
49 J. H. Morgan, Assize of Arms, I. Band (1944), S. 44.
50 Bebel im Reichstag, wie Anm. 45, S. 1560 A. Der Leibhusar Julius Huwer, der eine ihm vom Arzt wegen einer kranken Hand verbotene schwere Arbeit im Stall verweigerte, bekam 8 Monate. Ein Selbstmordversuch wurde als Anschlag auf einen Uffz. dargestellt. Nachdem er seine Strafe abgebüßt hatte und weiter schikaniert wurde, betrank er sich einmal, machte in diesem Zustand Krach – und bekam 6 Jahre Gefängnis. Kunert im Reichstag, 9.3.1893, Bd. 129, S. 1538.
51 Bebel a. a. O., S. 1559 B.
52 E. Kogon, Der SS-Staat, S. 355, 78.
53 Fr. Schulze-Berge, Die Schutzhaft (1918), S. 1–5; W. Spohr, Das Recht der Schutzhaft (1937), S. 13.
54 Schulze-Berge a. a. O., S. 2
55 Vgl. A. Brecht, The Concentration Camp, S. 769, 774 f.
56 Wörtlich »Siegelbriefe« – so hießen die willkürlichen Haftbefehle im absolutistisch regierten Frankreich vor 1789.
57 J. Günther, Die Stufen zum Satanismus, Umrisse einer Genealogie der KL-Idee, Deutsche Rundschau, 1950, H. 3, S. 180.
58 W. Spohr, Die Schutzhaft (1934) u. Das Recht der Schutzhaft (1937); O. Geigenmüller, Die polit. Schutzhaft im NS-Deutschland (1937); neulich D. Majer, »Fremdvölkische« im Dritten Reich, bes. S. 138 ff., 639 f., 651 f.
59 Abbildungen s. E. Aleff, Das Dritte Reich, S. 75; R. Schnabel, Macht ohne Moral (2. Aufl. 1958), S. 144.
60 Vgl. A. Solschenizyn, Der Archipel GULAG, Bd. 3, 5. Teil: Die Katorga kommt wieder; B. Roeder, Der Katorgan, Traktat über die moderne Sklaverei (1956).
61 I. R. Schafarewitsch, Der Todestrieb ..., S. 233.
62 Etwa M. J. Lasky, Utopia and Revolution (1976, 1977).
63 I. R. Schafarewitsch, a. a. O., S. 9.
64 J. Ginsburg, Gratwanderung, S. 76
65 Der SS-Staat, S. 371.
66 Zit. bei I. R. Schafarewitsch, a. a. O., S. 25.
67 Der utopische Staat, S. 52.
68 Wie Anm. 66, S. 26.
69 J. Ginsburg, Gratwanderung, S. 103; E. Lipper, Elf Jahre in sowjetischen Gefängnissen und Lagern, S. 106 ff.
70 I. R. Schafarewitsch, a. a. O., S. 53 – nach L. Müller, Der Kommunismus der mährischen Wiedertäufer, Leipzig 1927, u. Karl Kautsky, Vorläufer des neueren Sozialismus, Bd. II, Stuttgart 1913.
71 Der utopische Staat, S. 129.

72 Der Prozeß . . ., Bd. 11, S. 299 u. 455.
73 Z. B.: »Hierauf befiehlt dieser Himmler, daß nun ohne Rücksicht alle KL
    und Arbeitslager bei Feindbedrohung von allen marschfähigen Häftlingen
    zu räumen seinen. Bald sind alle KL und Arbeitslager auf den Landstraßen
    auf dem Marsch ins nächste KL oder AL«. R. Höß, Kommandant in
    Auschwitz, S. 185 f.
74 Der neue Duden, Das große Wörterbuch der deutschen Sprache, trägt
    nicht zur Klärung der Begriffe bei, indem es zwischen den Stichworten
    »Arbeitslager« (Bd. 1, 1976, S. 182) und »Konzentrationslager« (Bd. 4,
    1978, S. 1550) keinen Zusammenhang herstellt. Vgl. o., Anm. 3.
75 Vgl. M. Broszat, NS-Konzentrationslager 1933–1945, S. 121 f. Dagegen
    muß ich aus direkter Erfahrung dem widersprechen, was Broszat weiter,
    auf S. 124 f., schreibt: »Aus dem Vorstehenden wird deutlich, daß sich
    schon äußerlich der Gesamtbereich der Konzentrationslager und die in ih-
    nen vereinten Häftlingsgruppen während der Kriegsjahre zunehmend aus-
    weiteten und auch der begriffliche Unterschied zwischen Konzentrations-
    lagern, Ghettos, Polizeihaftlagern, Arbeitslagern verschwamm«. Das mag
    so »äußerlich«, also für Außenstehende gewesen sein, und noch mehr so
    für viele, besonders nichtdeutsche Häftlinge, die weder wußten noch ir-
    gendwelches Interesse dafür hatten, daß ihr »Arbeitslager« X organisato-
    risch ein Teil des Konzentrationlagers Y war; oder – s. u. – vom letzteren
    als ursprüngliches »Zwangsarbeitslager« o. a. m. übernommen und in die
    Organisationsstruktur des KZ-Systems eingegliedert wurde. Das ändert je-
    doch nichts daran, daß der Gesamtbereich des KZs keineswegs ver-
    schwamm, sondern peinlich genau von anderen Bereichen unterschieden
    wurde: Nach einem anderen KZ wurde ein Häftling »überstellt«; nach ei-
    nem Polizeigefängnis o. dgl. »entlassen«; aus einem Lager außerhalb des
    KZ-Systems als »Neuzugang« »neueingeliefert« usw. Eig. Beob.
76 Eig. Beob. Als deutsch-französischer Dolmetscher des Lagers hatte ich viel
    mit den – eher formellen – Verhören der Häftlinge des AE-Lagers zu tun,
    und auch sonst viele Kontakte mit den jungen Franzosen.
77 Zu den AE-Lagern vgl. Der Prozeß . . ., Bd. 11, S. 278 sowie Bd. 26, S.
    699 f. u. Bd. 35, S. 141 (Dok. PS 1063 (a–b) u. D 473); M. Broszat, a. a. O.,
    S. 121; E. Seeber, Zwangsarbeiter . . ., S. 199 f.; D. Majer, »Fremdvölki-
    sche« . . . ., S. 253, 261. – Zu den ZAL D. Majer, a. a. O., S. 556. – Zu den
    Straflagern – D. Majer (s. Sachindex des Werkes).
78 In: Sklavenarbeit in Rußland, S. 91.
79 O., S. 45, sowie u., S. 174
80 Vgl. u. a. H.-A. Jacobsen, Kommissarbefehl und Massenexekutionen sowj.
    Kriegsgefangener, in: Anatomie des SS-Staates, Bd. II; E. Kogon, Der SS-
    Staat, S. 168 ff. (KZ Buchenwald); Studien zur Geschichte . . ., S. 36 (KZ
    Neuengamme), S. 53, 67 (KZ Mauthausen); H. G. van Dam u. R. Giorda-
    no, KZ-Verbrechen vor deutschen Gerichten, S. 330 ff. (KZ Sachsenhau-
    sen); versch. Berichte aus d. KZ Auschwitz.
81 I. Vermehren, Reise durch den letzten Akt, S. 48, Vgl. u. a. auch E. Kogon,
    Der SS-Staat, S. 193 f., 196; E. v. Aretin, Wittelsbacher im KZ (o. J.).
82 G. Specovius, Die Russen sind anders, S. 255.
83 G. Gollwitzer, . . . und führen, wohin du nicht willst, S. 146, zitiert einen
    überzeugten Kommunisten, der die Verhältnisse in der UdSSR überhaupt
    – im August 1947 – und » in den hiesigen Straflagern« im besonderen als
    immer besser schilderte. Dreißig Jahre später, in der Einführung von Win-
    fried Baßmann und Anna-Halja Horbatsch zu der Dokumentation Politi-
    sche Gefangene in der Sowjetunion (1976) lesen wir vom »Ausbau der
    Sowjetunion zu einer entwickelten sozialistischen und schließlich essentiell

kommunistischen Gesellschaft« und von »aller Anerkennung der Leistungen des sozialistischen Systems« (S. 24); und einige Seiten früher: »Die vorliegende Dokumentation beschreibt auf plastische und erschütternde Weise das System der Repression in sowjetischen Straflagern. Unterbringung und Behandlung der hier lebenden Gefangenen spotten im Grunde jeder Beschreibung. Wenn schon in der BRD durchaus notwendige und richtige Kritik an Haftbedingungen in bundesdeutschen Gefängnissen geübt wird, so würde man staunen und erschrecken, besäße man exakte Informationen über die Zustände in sowjetischen Lagern und Gefängnissen. Es ist bemerkenswert, daß Leute, die sich als ›Linke‹ verstehen, einerseits gegen die Mißstände in bundesdeutschen Haftanstalten Sturm laufen, andererseits jedoch nicht zu Kenntnis nehmen (wollen), daß in einem Staat, der seine Gesellschaftsordnung als am weitesten in Richtung auf einen humanen Sozialismus hin entwickelt betrachtet, Menschen unter unglaublichen Bedingungen gefangengehalten werden«.

84 Polit. Gefangene i. d. Sowjetunion, S. 24 f.
85 Atholl, The Conscription of a People, S. 65; A. Solschenizyn, Der Archipel GULAG, Bd. 2, S. 36, 49; E. Lipper, Elf Jahre in sowj. Gefängnissen und Lagern, S. 104, 110 ff., 118; A. Dolgun, P. Watson, An American in the Gulag, S. 278 f.; K. Štajner, 7000 Tage in Sibirien, S. 222 f.; vgl. N. N. Krasnow, Verborgenes Rußland, S. 188 ff., sowie u., S. 137, 247 [2].
86 Die OSSO wurde durch das Dekret vom 5.11.1934 geschaffen, das nicht – wie gewöhnlich – im Zentralorgan Iswestija, sondern erst am 5.3.1935 im offiziellen Gesetzblatt veröffentlicht wurde. Text in: D. Rousset (Hrsg.), Police State . . ., S. 26 ff.
87 Unterzeichnet haben das Dekret, neben M. Kalinin: Abel S. Jenukidse und Jan E. Rudsutak. Beide wurden einige Jahre später auf unbekannte willkürliche Art und Weise für todeswürdig befunden und vom Leben zum Tod gebracht.
88 Gratwanderung, S. 200.
89 Die »Chronika Tjekuschtschich Ssobytij« erschien seit April 1968 bis etwa Ende 1973 alle zwei Monate. Vgl. G. I. Gerstenmaier, Die Stimme der Stummen, S. 127 ff. Ich benutze die poln. Ausg., Kronika . . . (London). Sie erscheint wieder; die neueren Ausgaben waren mir nicht zugänglich.
90 Das Interview Solschenizyns mit dem Korrespondenten von Le Monde erschien in dieser Zeitung vom 29. August 1973. Sacharow gab am 23. August ein Interview dem Direktor des Moskauer Büros der Agence France-Presse, Edouard Dillon. Ich benutze die poln. Ausg. in: Przeciw niewolnictwu, Głos wolnej Rosji, Paris 1973, S. 21 u. 29.
91 V. Balaschow, Das Sowjetregime – der größte Feind der Menschenrechte und der Freiheit, in: Hardmann/Wippermann, 24 Zeugen, S. 52.
92 Politische Gefangene in der UdSSR, S. 124.
93 Vgl. manche ähnliche Fälle im Personenverzeichnis zu: Polit. Gefangene i. d. Sowjetunion.
94 Politische Gefangene in der UdSSR, S. 38 f.
95 Über die stalinistische Große Säuberung vgl. u., S. 209 ff.
96 Über diese Erscheinung vgl. Polit. Gefangene i. d. UdSSR, S. 142 ff.
97 Während des Prozesses der zweiten Gruppe von Zionisten (vgl. nächste Anm.) in Leningrad, Mai–Juni 1971, erklärte der Angeklagte Michail Korenblit: »Wie sich während der Untersuchung ergeben hat, habe ich das Wort ›antisowjetisch‹ falsch verstanden. Ich glaubte, als antisowjetisch könnte man eine Literatur betrachten, die zum Sturz der Sowjetmacht, zur Änderung des Sowjetsystems aufruft. Wie man mir in der Zeit erklärt hat, die seit meiner Verhaftung vergangen ist, wird als ›antisowjetisch‹ jede Haltung betrachtet, die mit der offiziellen sowjetischen Linie nicht überein-

stimmt: alles was mit dem nicht übereinstimmt oder dem widerspricht, was eine sowjetische Zeitung schreibt«. Chronika ..., Nr. 20 vom 2.7.71.

98 Am 24.12.1970 wurden in Leningrad 9 Personen zu »Strafarbeitslager« versch. Schweregrade von 4 bis 15 Jahren (darunter nur eine Person zu weniger als 8, die einzige Frau zu 10 Jahren) und 2 Personen zum Tode verurteilt. Es handelte sich um eine Gruppe sowj. Juden, die geplant hatten, ein sowj. Verkehrsflugzeug zu entführen, um (nach vergeblichen Gesuchen um Ausreisegenehmigungen) Sowjetrußland zu verlassen. Die Todesurteile wurden dann in 15 Jahre KZ mit strenger bzw. besonderer Behandlung umgewandelt, einige andere Urteile etwas abgemildert. Vgl. E. Kusnezow, Lagertagebuch, S. 269 ff. – Am 5.1.1972 wurde Wladimir Bukowskij zu 7 Jahren »Besserungsarbeitslager« und 5 Jahren Verbannung verurteilt – u. a. weil das Angebot eines Provokateurs als Bukowskijs eigene Ansicht ausgelegt wurde. W. Bukowskij, Der unbequeme Zeuge, S. 72 f., 91,120,128.

99 Vgl. Chronika ... Nr. 9 vom 31.8.69 (J. Bjesow); 15 vom 31.8.70 (W. Krassin); 24 vom 5.3.72 (P. M. Gorjatschew); 27 vom 15.10.72 (J. R. Schuchewytsch).

100 Bjelow bekam 5 Jahre KZ mit bes. Behandlung (Einzelhaft). D. Schumuk 1972 – 10 J. KZ für die Niederschrift seiner Erinnerungen aus 25 J. KZ-Aufenthalt (Interview v. Sacharow, a. a. O.). Zu Schuchewytsch vgl. das. sowie o., S. 59.

101 »Noch nie mußten so viele Menschen Torturen ertragen wie in der zweiten Hälfte des 20. Jahrhunderts. Noch nie wurden die Folter zur Durchsetzung tagespolitischer Interessen der jeweiligen Machthaber so brutal eingesetzt wie in unserer Zeit«. P. Koch/ R. Oltmanns, Die Würde des Menschen, S. 250. Es waren also nicht »so viele«, als in der ersten Hälfte unseres Jahrhunderts Hitler und Stalin – jeder für sich und z. T. beide gemeinsam – die Völker folterten.

102 Lao Yong: körperliche Arbeit; Gai Zao – verändern, umformen. Bao Ruowang, Gefangener bei Mao, S. 10.

103 S. bei D. Majer, »Fremdvölkische« ..., S. 599.

III. Erste Funktion: Terror-Lager

Die Konzentrationslager in ihrer ursprünglichen Gestalt, als ein besonderes, gegen Frauen, Kinder und Eltern der kolonialen Freiheitskämpfer im Felde gerichtetes Terrormittel, gehören längst der Vergangenheit an. In späteren Kolonialkriegen wurden sie so nicht angewandt und sind in dieser Form eine Episode aus der Geschichte jener Kriege geblieben – bis auf gewisse sowjetische und amerikanische Nachahmungen. Seine tragische Berühmtheit verdankt der Begriff »Konzentrationslager« zwei Arten von Einrichtungen, die so bezeichnet wurden: den politischen Terrorlagern und den Sklavenarbeitslagern. Die genaue Abgrenzung ist hier kaum möglich. Es gab und gibt wohl Terrorlager, in denen die Häftlinge entweder gar nicht, oder nur nebenbei gezwungen wurden bzw. werden, zu arbeiten – wenn die Arbeit nicht gar als Schikane und Qual angewandt wurde bzw. wird. Das letztere war und ist jedoch fast die Regel. Der Zwang zu erniedrigenden, quälenden und oft gänzlich sinnlosen Arbeiten, die diesen Namen gar nicht verdienen, wird unter allen Breitengraden angewandt[1]; er gehört zum Instrumentarium aller Systeme, die sich der Schergen bedienen und ihnen freie Hand lassen. Eine solche sinnlose, unter schärfstem Zwang ausgeübte Tätigkeit, ist kaum noch Arbeit. Sie veranschaulicht jedoch den Betroffenen, vielleicht besser als alles andere, ihre Lage als recht- und hilflose Sklaven – und ihren Peinigern deren Allmacht als Herren über jene[2]. So ist »Arbeit«, besonders auch in der dieses edlen Namens unwürdigsten Karikatur, und noch weniger Sklaverei, auch von dem am wenigsten »produktiv« angelegten Terror-KZ kaum wegzudenken.

Umgekehrt, die Sklavenarbeitslager sind jeweils ursprünglich und mindestens gleichrangig Mittel des politischen Terrors im eigenen bzw. in einem besetzten oder eroberten, kurz, unterjochten Lande. Ich muß auf die Bezeichnung »Sklavenarbeit« in bezug auf die KZs unbedingt bestehen. Die Bezeichnung »Arbeitslager« läßt sich nur dort anwenden, wo sie sozusagen ein Zitat ist – bei den »Außenlagern« der NS-KZs[3]. Ansonsten ist sie eine unzulässige, irreführende Verharmlosung, die implizieren soll, daß die Häftlinge nichts weiter erdulden, als nur, daß sie einfach zu arbeiten haben[4].

Auch »Zwangsarbeit« deckt noch nicht den Tatbestand: Zwangsarbeiter waren fast durchweg die »Fremdarbeiter« im Dritten Reich, da sie ja von polizeilich unterstützten Arbeitsämtern zu einer von ihnen weder erwünschten noch gewählten Arbeit zwangsrekrutiert bzw. mittels Razzien deportiert wurden. Zwangsarbeiter waren etwa auch Polen, die

1939–41 nach Sowjetrußland deportiert und nicht in sowjetische KZs sondern zur Zwangsarbeit in Kolchosen u. dgl. verschickt wurden. Zwangsarbeiter gab es in Deutschland auch bereits im Ersten Weltkrieg – u.a.m. Alle diese Menschen, auch die Zwangsarbeiter im Dritten Reich, waren noch nicht eigentliche Sklaven. Sie hatten Anrecht auf Bezahlung, Urlaub, Familienleben u.a.m., wenn auch diese Rechte sehr beschränkt und von mancher Willkür abhängig waren. Diesen Menschen gegenüber bestand der Zwang eben in der Arbeit an einem bestimmten Arbeitsplatz mit allen Folgen für ihre persönliche Freiheit und ihre Lage – wobei ihnen der mögliche, freilich kümmerliche Rest dieser persönlichen Freiheit verblieb. Häftlinge in den NS- wie in den sowjetischen KZs dagegen waren bzw. sind ein aller Rechte, einschließlich des Rechtes auf Leben beraubtes Eigentum des betreffenden Staates, praktisch Sklaven seiner terrorpolizeilichen Organe.

Einer der Chefs jener Organe hat das ohne Umschweife zugegeben. In seiner Rede vor den Oberabschnittführern und Hauptamtschefs der SS und Polizei im Haus der Flieger in Berlin am 9. Juni 1942 sagte Heinrich Himmler u. a.: »Wenn wir nicht die Ziegelsteine hier schaffen, wenn wir nicht unsere Lager mit Sklaven vollfüllen – in diesem Raum sage ich die Dinge sehr deutlich und sehr klar –, mit Arbeitssklaven, die ohne Rücksicht auf irgendeinen Verlust unsere Städte, unsere Dörfer, unsere Bauernhöfe bauen, dann werden wir auch nach einem jahrelangen Krieg das Geld nicht haben, um die Siedlungen so auszustatten, daß wirklich germanische Menschen dort wohnen und in der ersten Generation verwurzeln können«[5].

So werden die Häftlinge auch von zahlreichen Autoren als Sklaven betrachtet, wobei man öfters an die antike Einrichtung der Staatssklaven erinnert. »Die Analogie zwischen den Steinbrüchen von Mauthausen und Syrakus, die zeitlich über 2000 Jahre auseinander liegen, ist erschreckend«, bemerkt Bruno Bettelheim[6]. »Nicht nur der Steinbruch von Mauthausen hat den Eindruck erweckt, daß man wiedererstandene Sklaven nach den Vorbildern der Antike vor sich sieht«, kommentieren Olga Wormser und Henri Michel eine analoge Bemerkung eines Franzosen[7]. Tatsächlich – denselben Eindruck hatte z. B. Helmut Gollwitzer in einem sowjetischen Steinbruch 1951: »... Ein Bild von Sklavenarbeit, wie es schon im Altertum ein solcher Steinbruch abgegeben haben möchte«. Gollwitzer fühlte sich überhaupt in Sowjetrußland (obwohl Kriegsgefangener, nicht KZ-Häftling) als Sklave[8]. »Das stalinistische Regime nährt sich von der Arbeit und Sklaven«, betitelt Valentin González, der legendäre republikanische »General El Campesino« aus dem spanischen Bürgerkrieg, das XIV. Kapitel seines Buches, dem er den Titel »Ich wählte die Sklaverei« gab[9]. Alexander Solschenizyn bemerkt kurz: »Lediglich der Vergleich mit der altorientalischen Sklaverei würde nicht hinken«[10]. Ronald Hingley – und neulich Avraham Shifrin – sprechen durchweg von »Sklaven«, »Arbeits-« bzw. »Häftlingssklaven«, der erstere auch von »Sklavenarbeitslagern« – wenn auch manchmal gleichzeitig von »Zwangsarbeitern« bzw. »Zwangsarbeiterlagern«. Und bei der Eröffnung der erwähnten öffentlichen Session der CICRC in Brüssel über die sowjetischen KZs sagte am 21. Mai 1951 David Rousset: »Zum erstenmal werden diejenigen, die Sklaven gewesen sind, andere hören, die, nachdem sie Sklaven gewesen sind, Anklage gegen ihre ehemaligen Herren erheben«[11].

Die ersten dieser von Rousset sogenannten »Herren«, die Erfinder und Schöpfer der Konzentrationlager in ihrer bis heute gebräuchlichen Gestalt als politische Terror-Lager bzw. Sklavenarbeitslager, waren die sowjetkommunistischen Führer Lew Bronstein-Trotzki und Wladimir Uljanow-Lenin.

In einem Befehl vom 4. Juni 1918 forderte Trotzki als Volkskommissar für das Kriegswesen, daß die tschechoslowakischen Legionäre, die die Waffen nicht abgeben wollten, in Konzentrationslager eingesperrt wurden[12]. Am 26. Juni schlug er dem Rat der Volkskommissare vor, ein Regime des Zwanges für »parasitäre Elemente« einzuführen und Maßnahmen zu ergreifen, damit die unangenehmsten Arbeiten von der Bourgeoisie verrichtet würden. Ehemalige Offiziere, die sich weigerten, in die Rote Armee einzutreten, sollten zur Bourgeoisie gerechnet und in Konzentrationslager (konzentrazionnyje lagerja) eingesperrt werden[13]. Bald darauf forderte Trotzki, die Frauen und Kinder derjenigen Offiziere, die in die Rote Armee eingezogen worden waren, als Geiseln in Konzentrationslager einzusperren. Er meinte, daß ohne diese Maßnahme »die Revolution besiegt wird«[14].

Diese wie ein schiefes Bild kolonialer Konzentrationslager anmutende Maßnahme scheint mir deutlich darauf hinzuweisen, daß Trotzki jene zum Vorbild nahm. (Noch mehr weist darauf das Vorgehen des späteren Marschalls Tuchatschewski 1921 gegen die aufständischen Tambower Bauern hin. »Es war beschlossen worden«, schrieb später Tuchatschewski darüber, »eine breitangelegte Verschickung der Angehörigen der Banditen[15] zu organisieren. Es wurden umfangreiche Konzentrationslager[16] organisiert, in denen diese Familien vorläufig inhaftiert wurden«[17]. »Über das ganze Tambower Gouvernement«, berichtet Solschenizyn, »waren Konzentrationslager für die Familien der aufständischen Bauern verstreut. Offenes Feld wurde mit Stacheldraht eingezäunt[18], drei Wochen lang wurde jede Familie dahintergesperrt, auf den bloßen Verdacht hin, daß das Familienoberhaupt bei den Aufständischen sein könnte. Wenn sich der Bauer nicht innerhalb der drei Wochen stellte, die Familien nicht um den Preis seines Lebens loskaufte, schickte man die Angehörigen in die Verbannung«[19]).

Am 8. August 1918 schrieb Trotzki in einem Befehl an die Rote Armee: »Der von mir ernannte Befehlshaber ... hat die Einrichtung von Konzentrationslagern in Murom, Arsamas und Swijashsk angeordnet, wo verdächtige[20] Agitatoren, konterrevolutionäre Offiziere, Saboteure, Parasiten, Spekulanten eingesperrt werden ...«»Das Konzentrationslager wird zu einem universalen Terrormittel«, bemerkt Michail Heller[21]. Einen Tag später, am 9. August 1918, telegrafierte Lenin an das Gouvernements-Exekutivkomitee in Pensa und an Jewgenija Bosch[22] dortselbst: »Man muß verstärkten Schutz durch ausgesuchte und zuverlässige Menschen organisieren, schonungslosen Massenterror gegen die Kulaken, Popen und Weißgardisten anwenden; verdächtige[23] Personen in ein[24] Konzentrationslager außerhalb der Stadt einsperren[25].

An demselben Tag telegrafierte Lenin an den Deputiertensowjet von Nishnij Nowgorod (seit 1932 »Gorki«): »In Nishni wird offensichtlich ein weißgardistischer Aufstand vorbereitet. Alle Kräfte müssen angespannt werden, ein Triumvirat von Diktatoren ist einzusetzen, der Massenterror ist *sofort* einzuführen, die nach *Hunderten* zählenden Prostituierten, die die Soldaten betrunken machen, die ehemaligen Offiziere usw. *sind zu erschießen* bzw. aus der Stadt zu transportieren. Man darf keinen Augenblick zögern. Man muß mit aller Energie vorgehen: Hausdurchsuchungen in großem Umfang. Für den Besitz von Waffen Erschießung. Massenausweisung von Menschewiki und unzuverlässigen Personen«[26].

»Derartige Anweisungen«, bemerkt dazu Lenins Biograph, Robert Payne, »verließen das stille Zimmer im Kreml in unaufhörlicher Folge. Es war zu einer Gewohnheit geworden, das Wort *erschießen* zu schreiben, so daß es am Ende fast sinnlos wurde; es war so, als scheuchte man Fliegen weg. ... Lenin hat niemals ein Erschießungskommando an der Arbeit gesehen, niemals die Auswirkungen des Terrors beobachtet, den er geschaffen hatte. ... Der Tod als etwas Abstraktes und in einer großen telegraphischen Entfernung gefiel ihm«[27].

Am 5. September 1918 wurde vom Rat der Volkskommissare das Dekret über den Roten Terror[28] erlassen. Neben Massenerschießungen gebot es auch: »... Die Sowjetische Republik gegen Klassenfeinde mittels derer Isolierung in Konzentrationslagern abzusichern«[29]. Am nächsten Tag berichtete die im damaligen Petrograd (heute Leningrad) erscheinende Krasnaja Gaseta (Rote Zeitung), das erste Konzentrationslager werde im leerstehenden Frauenkloster in Nishnij Nowgorod (vgl. oben) errichtet. »Zuerst ist beabsichtigt, nach Nishnij Nowgorod[30] in das Konzentrationslager[31] 5 000 Personen zu verschicken«[32].

Es wäre voreilig, aus der zitierten chronologischen Reihenfolge der Äußerungen den Schluß zu ziehen, daß es ausgerechnet Trotzki war, der die verhängnisvolle und zukunftsträchtige Bezeichnung in die sowjetische Sprache einführte – und daß Lenin sie von ihm übernahm. Es kann genauso umgekehrt gewesen sein. Die britischen Konzentrationslager, von denen man in Europa und auch in Rußland so viel geredet hatte, lagen wenige Jahre zurück; während des Ersten Weltkrieges wurde die

Bezeichnung ebenfalls gebraucht bzw. erwähnt. So ist es kaum feststellbar, wer als erster im sowjetischen Bereich von KZs gesprochen hat. Vollkommen richtig ist dagegen die Bemerkung von Michail Heller[33]: »Man kann also daraus schließen, daß der Ausdruck Konzentrationslager in der ersten Hälfte des August 1918 schon recht bekannt und nicht nur für einen engen Führungskreis, sondern auch für die breite Masse vollkommen verständlich war. Trotzki droht in einem Armeebefehl mit dem Konzentrationslager, Lenin wendet sich an die Funktionäre eines Gouvernement-Exekutivkomitees, eines mittleren Gliedes der Sowjetmacht«. A. Solschenizyn (a. a. O.) unterstreicht, daß hier zum ersten Mal Konzentrationslager für die Bürger des eigenen Landes eingerichtet wurden.

Bevor ich die weitere Entwicklung des konzentrationären Trotzkismus–Leninismus in sowjetischen Ungesetzen verfolge, möchte ich daran erinnern, daß die beiden eng verbundenen, für die Einrichtung von KZs als Teilproblem wichtigsten Fragen jeweils »Willkür« und »Zwangsarbeit« heißen. So müssen wir auch hier vor allem nach diesen beiden Elementen forschen.

Zwei Monate, nachdem Lenin als Führer der kleinen bolschewistischen Minderheit durch einen bewaffneten Aufstand gegen die republikanische Regierung die totale Macht in Rußland an sich gerissen hatte, in der zweiten Woche des Januar 1918, verfaßte er den Aufsatz »Wie soll man den Wettbewerb organisieren?«, in dem wir u. a. lesen: »Die Einheit im Grundlegenden, im Wichtigsten, im Wesentlichen wird nicht gestört, sondern gesichert durch die *Mannigfaltigkeit* der Einzelheiten, der lokalen Besonderheiten . . . der *Wege* zur Ausrottung und Unschädlichmachung der Parasiten (der Reichen und Gauner, der Tagediebe und Hysteriker unter der Intelligenz usw. usf.) . . . Kein einziger Gauner (auch keiner von denen, die sich vor der Arbeit drücken) darf frei herumspazieren, sondern muß im Gefängnis sitzen oder schwerste Zwangsarbeit verrichten; kein einziger Reicher, der die Regeln und Gesetze des Sozialismus verletzt, darf dem Schicksal des Gauners entgehen, das mit Recht das Schicksal des Reichen werden muß. . . . Tausenderlei Formen und Methoden der praktischen Rechnungsführung und Kontrolle über die Reichen, über die Gauner und Müßiggänger müssen von den Kommunen selbst, von den kleinen Zellen in Stadt und Land ausgearbeitet und in der Praxis erprobt werden. Mannigfaltigkeit ist hier eine Bürgschaft für Lebensfähigkeit, Gewähr für die Erreichung des gemeinsamen, einheitlichen Ziels: der *Säuberung* der russischen Erde von allem Ungeziefer[34], von den Flöhen – den Gaunern, von den Wanzen – den Reichen usw. usf. An einem Ort wird man zehn Reiche, ein Dutzend Gauner, ein halbes Dutzend Arbeiter, die sich vor der Arbeit drücken (ebenso flegelhaft wie viele Setzer in Petrograd, besonders in den Parteidruckereien) ins Gefängnis stecken. An einem anderen Ort wird man sie die Klosetts reinigen lassen. An einem dritten Ort wird man ihnen nach Abbüßung ihrer Freiheitsstrafe gelbe Pässe aushändigen, damit das ganze Volk sie bis zu ihrer Besserung als *schädliche* Elemente überwache. An einem vierten Ort wird man einen von zehn, die sich des Parasitentums schuldig machen, auf der Stelle erschießen . . .«[35]

Am 17. Februar 1919 verfügte ein Gesetz, daß »fremde Klassenelemente« in »Konzentrationslager« – am 15. April 1919 ein anderes Gesetz, daß »feindliche Klassenelemente« in »Zwangsarbeitslager« eingesperrt werden sollen[36]. »Der Unterschied«, stellt M. Heller fest, »bestand [. . .] darin, daß die Konzentrationslager ein ausschließliches Eigentum der Tscheka [der polit. Terrorpolizei] waren, und die Zwangsarbeitslager sowohl von der Tscheka wie von den Revolutionstribunalen, von den Volksgerichten und von anderen Organen gefüllt wurden. Die Zwangsarbeitslager (wie die Konzentrationslager) werden von den Gouvernements-Tschekas geschaffen und verwaltet, und nach der Weisung zentraler Gewalten auch unter die Leitung der Verwaltungsabteilungen einzelner Sowjets gestellt.

Ein bezeichnendes Merkmal der Zwangsarbeitslager war nicht nur die Vielfalt von Organen, die das Recht hatten, in diesen Lagern einzusperren, sondern auch die Möglichkeit, sie überall und in beliebiger Zahl einzurichten«[37].

Am 8. Mai 1918 unterzeichnete Lenin ein Dekret über den Kampf gegen Bestechung, das unter den Strafmaßnahmen »schwerste Zwangsarbeiten« vorsah, am 22. Juli ein Dekret über den Kampf gegen Spekulation. Hier war von »lästigsten Zwangsarbeiten« die Rede[38].

Mit dem Begriff »Arbeit« verbinden sich nunmehr für die oft so genannte »junge Sowjetmacht« immer öfter zwei weitere Begriffe: »Strafe«[39] und »Zwang«.

Die jungen sowjetischen KZs waren so die nächste logische Konsequenz. Auf dem IX. Parteikongreß (März–April 1920) wurden die Vorschläge Trotzkis in betreff der »Militarisierung der Arbeit« und der Verwandlung der kämpfenden in Arbeitsarmeen angenommen. Trotzki verwarf den – jetzt als bourgeois betrachteten – Begriff der »freien Arbeit«: »Die Arbeitermasse muß genauso verlegt, ernannt und kommandiert werden wie die Soldaten . . . Diese Militarisierung ist undenkbar ohne die Militarisierung der Gewerkschaften als solcher, ohne die Errichtung eines Systems, in dem jeder Arbeiter sich als Soldat der Arbeit fühlt, der nicht frei über sich selbst verfügen kann. Wenn der Befehl gegeben wird, ihn zu verlegen, muß er ihn ausführen; wenn er ihn nicht ausführt, ist er ein Deserteur, den man bestraft«[40]. Im Laufe des Jahres 1920 wurden über 20 Mobilmachungen von Arbeitern – von Bergleuten, Metallarbeitern, Eisenbahnern, Bauarbeitern, Binnenschiffern u. a. m. – durchgeführt. Eine Mobilmachung bedeutete, daß alle Arbeiter der betreffenden Fachrichtung von 18 bis 50 Jahren sich registrieren und an eine zugewiesene Arbeitsstelle bringen lassen sollten, oft unter

Bewachung. Andererseits wurden mehrere rote Armeen in »Arbeitsarmeen« verwandelt, als erste die 3. Uralarmee[41].

Man muß dabei übrigens Trotzki das Urheberrecht absprechen – ihn dafür aber als einen gelehrigen Schüler der sog. Klassiker des Marxismus anerkennen. Er hat nichts anderes getan, als einen der Programmpunkte des »Kommunistischen Manifestes« in die Tat umgesetzt. Über siebzig Jahre früher schrieben nämlich Marx und Engels u. a.: »Für die fortgeschrittensten Länder werden jedoch die folgenden [Maßregeln – d. Verf.] ziemlich allgemein in Anwendung kommen können:
... 8. Gleicher Arbeitszwang für alle, Errichtung industrieller Armeen, besonders für den Ackerbau.«[42]. Die »Arbeitsarmeen« Trotzkis sollten später das Vorbild für die KZ-Sklavenarbeit am Weißmeer-Ostsee-Kanal werden. Aus dem trotzkistischen »Arbeitssoldat« wurde dann der stalinistische Kanalsoldat[43].

Dies zeichnete sich freilich bereits im Frühjahr 1920 ab. In den Beschlüssen des IX. Parteitages lesen wir: »Die Bedingungen einer zweckmäßigen Anwendung der Arbeit des Militärs im großen Maßstab sind folgende: a) einfache Art der Arbeit; b) Anwendung eines Systems von Aufgaben, deren Nichterfüllung eine Kürzung der Ration zur Folge hat; c) Anwendung eines Systems von Prämien«[44]. Ich habe mich bemüht, in der Übersetzung den Stil des Originals möglichst wortgetreu wiederzugeben.

»Es springt in die Augen«, kommentiert M. Heller, »daß diese Bedingungen denen der Arbeit im Lager sehr ähneln – einfache Arbeit (gewöhnlich schwer), eine Norm, bei deren Nichterfüllung die Ration gekürzt wird, eine Prämie für deren Übererfüllung (Versprechung einer Prämie)«. Das KZ war tatsächlich die Lösung der von Trotzki vorgeschlagenen umkehrbaren Gleichung Militärdienst–Arbeit und Arbeit–Militärdienst.

In den Beschlüssen des IX. Kongresses der RKP(b) steht weiter zu lesen: »Angesichts dessen, daß ein beträchtlicher Teil der Arbeiter ... eigenmächtig die Betriebe verläßt, von Ort zu Ort zieht, dadurch der Produktion weitere Schläge versetzt und die allgemeine Lage der Arbeiterklasse verschlechtert[45], hält der Kongreß für eine der dringendsten Aufgaben der Sowjetmacht einen planmäßigen, systematischen, beharrlichen und unerbittlichen Kampf gegen die Desertion von der Arbeit, besonders durch die Veröffentlichung von Strafverzeichnissen von Deserteuren, durch Bildung von Strafarbeitsabteilungen aus Deserteuren und endlich durch deren Einsperrung in ein Konzentrationslager«[46].

Wie jener Beschluß verwirklicht wurde, darüber gerade handelte elf Jahre später das erwähnte Werk der Herzogin of Atholl, »Die Zwangserhebung eines Volkes«. Wir finden dort, als Einführung, die Reproduktion einer Anzeige aus dem Regierungsorgan Iswestija vom 18. Mai 1931 gegen neun Personen, die »von der Front der Arbeit desertiert

sind«. Die Betriebe, in denen die Genannten nun arbeiteten, wurden gebeten, Maßnahmen zu deren Rückgabe zu ergreifen[47].
Ähnliche Anzeigen zitiert D. J. Dallin aus derselben Zeit aus der Zeitschrift »Sa Industrialisaziju« (Für die Industrialisierung)[48]. Nicht anders wurde zweihundert Jahre früher nach flüchtigen leibeigenen Bauern gefahndet – welcher Vergleich sich auch Dallin aufgedrungen hat.

Obwohl wir bereits von Klassenfeinden verschiedener Art gehört haben, kam das Klassenprinzip bei den sowjetischen KZs erst nach ein paar Jahren wirklich zur Geltung. Zwar bekam eine Delegation englischer Gewerkschaften, die 1920 Sowjetrußland besuchte, zu hören, daß in den KZs, in denen die Häftlinge verschiedene »schwierige und unangenehme Arbeiten« ausführten, »hauptsächlich Mitglieder der früheren herrschenden Klassen« säßen[49].

Die Wahrheit ist jedoch dem vom Leiter der Tscheka, Dserschinskij, am 8. Januar 1921 unterzeichneten »Befehl der Tscheka über die Strafpolitik der Organe der Tscheka« zu entnehmen. Dserschinskij stellte fest, daß der Krieg zu Ende und keine äußeren Fronten mehr da seien. Hinterlassen hätte jedoch der Krieg »überfüllte Gefängnisse, in denen hauptsächlich Arbeiter und Bauern und nicht Bourgeois sitzen«. So befahl er, »Maßnahmen zur Isolierung der Bourgeoisie in den Haftanstalten von verhafteten Arbeitern und Bauern zu ergreifen. Für die Bourgeoisie getrennte Konzentrationslager schaffen«[50].

Über ein Jahr später, am 15. und 17. Mai 1922, schrieb Lenin an einen der Unterzeichner des Dekrets über den Roten Terror vom 5. September 1918 (s. oben, S. 73), an den Volkskommissar für Justiz (1918–1928), Dmitrij I. Kurski, zwei Briefe, die man als Lenins staats- und strafrechtliches Testament ansehen muß. (Dazwischen fand eine Unterredung statt, von der wir jedoch nichts wissen.) Im ersten Brief schrieb Lenin u. a.: »Meiner Meinung nach muß die Anwendung der Erschießung ... (mit Umwandlung in Landesverweisung) auf alle Arten der Tätigkeit der Menschewiken, Sozialrevolutionären u. ähnl. erweitert werden; und eine Formulierung gefunden werden, die solche Handlungen *in Verbindung* mit der internationalen Bourgeoisie bringt«[51]. Im zweiten Brief Lenins lesen wir: »Genosse Kurski! Als Ergänzung zu unserem Gespräch schicke ich Ihnen den Entwurf eines zusätzlichen Paragraphen zum Strafgesetzbuch[52]. ... Der Grundgedanke ist hoffentlich, trotz aller Mängel des Rohentwurfs, klar: Offen eine prinzipielle und politisch wahrheitsgetreue (und nicht nur eine eng juristische) These aufstellen, die das *Wesen* und die *Rechtfertigung* des Terrors, seine Unentbehrlichkeit[53] und seine Grenzen motiviert.

Das Gericht soll den Terror nicht beseitigen – das zu versprechen wäre Selbstbetrug oder Betrug –, sondern ihn prinzipiell, klar ohne Falsch und ohne Schminke begründen und gesetzlich verankern. Die Formulierung muß so weitgefaßt wie möglich sein, denn nur das revolutionäre

Rechtsbewußtsein und das revolutionäre Gewissen legen die Bedingungen fest für die mehr oder minder breite Anwendung in der Praxis«. In dem Entwurf stellte Lenin jede »Propaganda oder Agitation oder die Beteiligung an einer Organisation oder die Förderung von Organisationen, die (Propaganda und Agitation) darauf hinwirken, den Teil der internationalen Bourgeoisie zu unterstützen, der die Gleichberechtigung des den Kapitalismus ablösenden kommunistischen Eigentumssystems nicht anerkennt und, sei es durch Intervention oder Blockade oder Spionage oder Finanzierung der Presse oder ähnliche Mittel, seinen gewaltsamen Sturz anstrebt« – bzw. »Die Propaganda oder Agitation, die objektiv dem Teil der internationalen Bourgeoisie dient« usw. – bzw. »Die Propaganda oder Agitation, die objektiv dem Teil der internationalen Bourgeoisie dient bzw. zu dienen geeignet ist« usw. – unter Todesstrafe.
»Dieselbe Strafe haben diejenigen zu gewärtigen, die sich der Beteiligung an Organisationen oder der Förderung von Organisationen oder Personen schuldig machen, die eine Tätigkeit ausüben, die obengenannten Charakter trägt (deren Tätigkeit obengenannten Charakter trägt)«. Etwa anderthalb Jahre später, kurz vor seinem Tode, erklärte Lenin im Gespräch mit einem ungarischen katholischen Priester, Viktor Bede, einem alten guten Bekannten aus Paris, daß ihn das alles ekelt, daß die Sowjets jedoch notwendig die radikalsten Mittel anwenden müßten, um alle ihrem Programm feindlichen Elemente aus dem Volk zu entfernen. Es lasse sich mit ihnen nicht vernünftig reden, sowenig wie mit einer Otter, die einen beißt; man töte sie. Diejenigen, die sich den Bolschewiken widersetzen, müssen vernichtet werden [54].

Die größte Bedeutung für die gesamte Analyse der sowjetischen KZs in ihrer ganzen Entwicklung bis zum heutigen Tag hat die Feststellung, daß diese Entwicklung nach den ursprünglichen trotzkistisch-leninistischen Richtlinien und Prinzipien verlief und bis heute verläuft. So ist es unerläßlich, diese – die uns aus den oben zitierten Äußerungen bekannt sind – näher zu betrachten. Dies umso mehr, als jene meistens schon in den zwanziger Jahren veröffentlichten Äußerungen und die ihnen folgenden Maßnahmen den Nazis bei der Einrichtung ihrer eigenen KZs und überhaupt bei der Errichtung ihrer eigenen terroristischen Diktatur als Vorbild dienten.
Als grundlegend erscheint hier das trotzkistisch-leninistische Prinzip, nach dem jedwede, irgendwie und aus welchen Gründen immer den Machthabern mißliebig gewordene oder als mißliebig angesehene Personenkategorie durch einfachsten Befehl (vgl. u., S. 225) als aller Rechte, einschließlich des Rechts auf Leben, für verlustig und praktisch für vogelfrei erklärt werden kann.
Diese Personenkategorien werden dabei in den angeführten trotzkistisch-leninistischen Texten kaum näher bezeichnet, geschweige denn

genau umschrieben und voneinander abgegrenzt. Ihr Schicksal wird von den Machthabern nur ungenau bestimmt, wodurch die Entscheidung – und die Verantwortung – auf die unteren Organe übertragen wird (vgl. u., S. 225). »Parasitäre Elemente«, »Parasiten«, »Gauner«, »Tagediebe und Hysteriker«, »Müßiggänger« sollten in ein KZ eingesperrt, schwerster Arbeit zugeführt oder erschossen werden. Dabei wurde mit keinem Wort erklärt, wer eben ein Parasit wäre – den unklaren Formulierungen Lenins glaubt man entnehmen zu müssen, daß für ihn auch jeder »Hysteriker unter der Intelligenz«, was das auch bedeuten mag, ebenfalls ein Parasit war[55].

Da Lenin gleichzeitig empfiehlt, an einigen Orten jeden zehnten Menschen, der sich »des Parasitentums schuldig macht«, zu erschießen, können wir – und was viel wichtiger ist, konnte damals jeder lokale Macht- oder Befehlshaber – zu dem Schluß kommen, daß mindestens jeder zehnte »Hysteriker unter der Intelligenz« zu erschießen sei. Was das – bei der vollkommenen Unklarheit des Befehls selbst und bei dem Bildungsstand jener lokalen bolschewistischen Machthaber (»Diktatoren«, vgl. o., S. 73), denen das Wort »Hysteriker« meistens wohl unbekannt war – in der Praxis bedeuten konnte, das möchte man sich lieber nicht vorstellen. Man muß sich vergegenwärtigen, daß jene so nachlässig verfaßten Verhaftungs- und Tötungsbefehle an Untergebene gerichtet waren, die keine Zeit und Muße zu langen Überlegungen hatten, sich aber vor allem von einer Erwägung leiten lassen mußten: Sich selbst nicht durch etwaiges Zögern und Säumigkeit in den Verdacht des Mangels an »revolutionärem Gewissen«, der Nachsichtigkeit oder gar einer Zuneigung für »feindliche Klassenelemente« zu bringen.

Total undefiniert läßt Lenin ebenfalls den Begriff »Gauner«, er sieht jedoch jene Gattung in Rußland reichlich vertreten und erklärt sie gleichermaßen für vogelfrei. Dasselbe gilt für »Popen, Kulaken [vgl. u., S. 123] und Weißgardisten«, von welchen Personenkategorien nur die erste genau definierbar und feststellbar ist: Ein Pope ist bekanntlich ein griechisch-orthodoxer Priester.

Daß der zitierte Artikel Lenins nicht gleich veröffentlicht wurde, ist hier ohne Bedeutung; er war bloß eine von vielen Formulierungen der Richtlinien, die öffentlich verkündigt und verwirklicht wurden. So hat z. B. am 23. Februar 1918 die offizielle Prawda einen Aufruf der Tscheka veröffentlicht, in dem u. a. zu lesen war: »... Aber nun, wo die Hydra der Konterrevolution, durch den verräterischen Überfall der Deutschen ermutigt, mit jedem Tag dreister wird, und die Weltbourgeoisie die Avantgarde der revolutionären Internationale – das russische Proletariat – ersticken will, sieht die Wetscheka kein anderes Mittel mehr gegen Konterrevolutionäre, Spione, Spekulanten, Gewalttäter, Straßenlümmel, Saboteure und andere Parasiten, als deren unbarmherzige Vernichtung am Ort ihrer Taten«[56]. Man kann natürlich eine derartige Begriffsverwirrung als lächerlich ansehen; es ist jedoch nichts Lächerliches dabei, wenn Menschen mit einem solchen Begriffschaos im Kopf über Leben und Tod zahlloser Mitmenschen entscheiden.

Ob die trotzkistisch-leninistische Machtergreifung in Rußland irgendwie begründet und deren Verteidigung mit allerschärfsten und blutigsten Mitteln berechtigt war, stelle ich hier außer Betracht[57]. Ich will nur das untersuchen, was Lenin selbst »revolutionäres Rechtsbewußtsein« nannte. So nehme ich absichtlich einen Punkt als Beispiel, der kaum einen Bezug auf Klassenkampf und Revolution haben kann, wie das bei den »die Reichen« betreffenden Sätzen gegebenenfalls behauptet werden könnte.

Wir wissen nämlich nicht, ob nach dem Willen Lenins von den Hunderten von Prostituierten in Nishnij Nowgorod nur diejenigen belangt werden sollten, die die Soldaten betrunken machten (was immer das übrigens wieder bedeuten mag), oder jede Prostituierte überhaupt, oder jede Frau bzw. jede Person, die einen Soldaten betrunken machte. Unklar bleibt, wie darüber entschieden werden und wer entscheiden sollte, ob eine Prostituierte, die Soldaten (oder nur einen Soldaten) »betrunken machte«, zu erschießen oder bloß aus der Stadt zu transportieren war (was das, wieder und wieder, auch bedeuten mochte). Der Unterschied war ja nicht nur für die betroffenen Personen höchst wesentlich; Erschießen, besonders von Frauen, ist m. W. nur für seltene, sadistische Individuen ein Vergnügen.

Prostituierte − wie alle anderen Menschen auch − können gegebenenfalls transportiert oder gar erschossen werden. Weder eine Prostituierte jedoch, geschweige denn Hunderte davon, noch irgendjemand, kann − und darf! − »erschossen bzw. transportiert« werden, nur nach dem unbestimmten und unbestimmbaren Gutdünken und Belieben irgendeines lokalen Befehlshabers, Parteisekretärs oder »Diktators«, der dabei keine Verantwortung zu übernehmen braucht, weil er nur Befehle seines obersten Machthabers ausführt (vgl. u., S. 225 ff., 228). Und dieser wieder entledigt sich von vornherein jeglicher Verantwortung, da er ja dem lokalen Machthaber freien Spielraum gelassen hat.

Es ist hier auch, unter vielen anderen, ein besonderes Element hervorzuheben, das zwar denkbar ekelerregend ist, gerade deshalb jedoch in Betracht gezogen werden muß. Es ist nämlich für jeden erwachsenen Menschen klar, daß der leninistische Nishnij-Nowgoroder Befehl (o., S. 73) zum mindesten bedeutete, daß die lokalen bolschewistischen Nishnij-Nowgoroder Befehlshaber (»eingesetzte Diktatoren«) die uneingeschränkte Entscheidung über Leben und Tod jeder Prostituierten der Stadt fällen durften. Man kann sich leicht ausmalen, welchen Preis jene »Diktatoren«, ihre Unterdiktatoren und die anderen Untergebenen des von Wladimir Iljitsch Lenin befohlenen »Triumvirats« für das Leben einer jeden von den Hunderten von Prostituierten fordern und bekommen konnten − ja, gefordert und bekommen haben. Aber damit nicht genug. Der Befehl gab jenen Männern die Möglich-

keit, jede Frau von Nishnij Nowgorod zu einer Prostituierten zu erklären (der Begriff ist ja auch in ruhigen Zeiten nie in der Welt klar defi-
niert und umgrenzt worden) – und sie damit vor die Alternative zu stellen: erschossen bzw. aus der Stadt transportiert zu werden, oder »ihnen
zu Willen zu sein«, wie die bekannte prüde Redewendung heißt, also
sich eben zu prostituieren[58].

Es gab auch keine Richtlinie, wie und von wem es entschieden werden
sollte, wer als verdächtig zu gelten hatte und in das Pensaer Konzentrationlager eingesperrt werden sollte. Ebensowenig feststellbar ist, was
im einzelnen für Lenin und seine Bolschewiki »Massenterror« bedeutete und wie er sich vom »schonungslosen Massenterror« unterschied.
Allen diesen Fragen widmeten Trotzki und Lenin unvergleichlich weniger Aufmerksamkeit, als irgendwelchen Problemen der Revolutions-
theorie. Und doch handelte es sich hier schließlich nicht um eine theoretische Diskussion mit den Narodniki oder den Menschewiki, sondern
um zahllose Menschenleben. Es handelte sich auch nicht um die vielge-
nannte Errichtung des Sozialismus in einem Lande – ein damals wie
heute rein abstraktes Problem, da ja die sog. Weltrevolution, d. h. die
sowjetische Oberherrschaft, nur mittels der sowjetischen militärischen
Gewalt erreichbar ist. Stattdessen handelte es sich um die eminent praktische Frage der Errichtung des sowjetischen KZ-Systems vorerst in einem Lande.

Wenn jedoch nicht definierte und kaum definierbare »Hysteriker unter
der Intelligenz, Gauner und Parasiten«, und auch schwer definierbare
»Prostituierte« des Todes sind, und zwar gegebenenfalls nach dem totalen Gutdünken des die Erschießung örtlich Befehlenden oder des Er-
schießenden (»einen von zehn« – wer und nach welchen Kriterien
trifft dieser Unbekannte die Auswahl? Müssen da nicht alle möglichen
privaten, persönlichen, niedrigsten Motive mit hineinspielen?), dann
sind Menschen tatsächlich, ob reich oder arm, ob fleißige Arbeiter ob
»Müßiggänger und Tagediebe«, nur noch nach Belieben auszurottendes
Ungeziefer. Und die Einweisung in ein KZ wird zum Gnadenakt. Was
auch für Jahrzehnte die Praxis der sowjetischen Macht geworden ist,
einzig mit dem Unterschied, daß Trotzki und Lenin zunächst eher spontane, durch »die Mannigfaltigkeit der Einzelheiten und der lokalen Besonderheiten gekennzeichnete« Massenmorde förderten und empfahlen, wogegen Stalin ein staatliches Monopol des Mordens einführte.
Dabei kann man nicht übersehen, daß von dem trotzkistisch-
leninistischen revolutionären Rechtsbewußtsein und dessen Grundsät-
zen zu den stalinistischen Massenmorden und Massenversklavungen
eine gerade Linie führte. Wir finden bei Lenin nicht nur bereits den unter Stalin so berüchtigt und so verhängnisvoll gewordenen § 58[59], sondern auch, im ersten oben zitierten Brief an Kurski (S. 77), die Anwei-
sung, »Formulierungen« für falsche Anklagen gegen politische Gegner
und Rivalen zu erfinden.

Für den stalinistischen Terror – dessen Unentbehrlichkeit bereits von Lenin behauptet wurde – waren die in Lenins Brief an Kurski enthaltenen Weisungen eine vollkommen ausreichende Grundlage. Es sollten nach ihnen unzählige Personen hingerichtet werden – nicht etwa »mit dem Tode bestraft«, denn eine Strafe setzt eine Schuld voraus, und sei es eine grobe Fahrlässigkeit. Hier handelte es sich jedoch um praktisch jede beliebige Äußerung, jedes Benehmen, jede noch so belang- und harmlose Handlung, die den Gegnern der Bolschewiki vermeintlich zu dienen geeignet waren, und zwar nicht nach irgendwelchen objektiven oder mindestens positiv festgelegten Kriterien, sondern einfach nach der Meinung der Bolschewiki, genauer – wieder nach dem Gutdünken und Dafürhalten eines zentralen oder lokalen bolschewistischen Machthabers. Dieser sollte sich ausschließlich nach dem revolutionären Rechtsbewußtsein und dem revolutionären Gewissen richten, also mit – kaum – anderen Worten, nach dem sattsam bekannten gesunden Volksempfinden.

Es ging dabei gar nicht nur um Gegner, die sich bewußt, und sei es noch so gewaltlos, mit bloßen politischen und propagandistischen Mitteln der Sowjetmacht widersetzten. Es genügte danach, eine noch so unwesentliche Maßnahme der Sowjetmacht in der winzigsten Einzelheit zu mißbilligen und zu kritisieren; es genügte, in irgendeiner Kleinigkeit einen für die Sowjetmacht ungünstigen Vergleich mit der Welt der »internationalen Bourgeoisie«[60] zu ziehen (etwa festzustellen, daß amerikanische Straßen besser als die sowjetischen, ja, daß sie überhaupt gut wären); es genügte, einer unbekannten Person (»deren Tätigkeit obengenannten Charakter trägt«, also etwa einem ausländischen Korrespondenten) in einer sowjetischen Stadt den Weg zu weisen und dadurch jene Tätigkeit zu fördern ... All das sind konkrete Beispiele aus späterer Zeit, die genau unter die zitierten leninistischen Normen fallen.

Ich habe eingangs gesagt, daß Trotzki und Lenin Erfinder und Schöpfer der neueren Form der KZs gewesen wären. Damit meinte ich nicht, und auch nicht vorrangig, daß sie eben Einrichtungen unter dem Namen »Konzentrationslager« geschaffen hätten. Das hätte wieder eine bloße Nachahmung, eine weitere Episode aus einer anderen Art Krieg bleiben können. Ich meine vornehmlich, daß die sowjetkommunistischen Führer eine bestimmte Art von Rechtsdenken geschaffen haben, ein Netz von Begriffen, in denen bereits ein riesiges System von KZs latent enthalten war, wie es dann von Stalin bloß technisch organisiert und entwickelt wurde. Gegenüber diesem konzentrationären Trotzkismus-Leninismus war der stalinistische Konzentrationismus eine bloße riesige Ausführungsbestimmung. Und selbstverständlich gab es auch für die Nazis bei dem ersteren wie bei dem letzteren fertige Vorbilder, die sie nur zu entwickeln brauchten.

In den entsprechenden Kreisen in Deutschland wurden diese Vorbilder bald aufgegriffen. Am 13. März 1921 schrieb der damals kaum bekannte Adolf Hitler im Völkischen Beobachter: »Man verhindere die jüdische Unterhöhlung unseres Volkes, wenn notwendig durch die Sicherung ihrer Erreger in Konzentrationslagern«[61]. Am 8. Dezember desselben Jahres hat Hitler in einer Rede im Nationalen Klub in Berlin die Absicht geäußert, nach seiner Machtübernahme Konzentrationslager einzurichten[62].

Der extreme deutsche Nationalismus dachte dabei nicht nur an die Einrichtung eigener, sondern auch an die Ausnutzung sowjetischer KZs. In demselben Jahr 1921 konnte man in dem »Roman der deutschen Zukunft« von einem damals sehr bekannten Autor, Otto Autenrieth[63], betitelt »Bismarck II.«, über einen erträumten deutschen nationalen Führer, Otto von Fels, lesen: »Otto . . . besetzte blitzschnell aus Deutschland und Rußland vordringend, mit einem Riesenheere ganz Polen, machte ihre [sic!] großen Städte durch einige Fliegerbomben dem Erdboden gleich, . . . und benützte die hunderte von Kilometern langen Eisenbahnzüge dazu, die ganze männliche Bevölkerung Polens in Konzentrationslager nach dem östlichen Sibirien zu bringen.

Die weibliche Bevölkerung wurde, soweit sie sich damit einverstanden erklärte und arbeitswillig war, über ganz Deutschland und Rußland verteilt, so daß auf jede Gemeinde nur ein paar polnische Weiber kamen, die bald in der Bevölkerung aufgingen. Das polnische Volk war vom Erdboden verschwunden; einer der gefährlichsten Störer des europäischen Friedens war für immer zur Ruhe gebracht«. Der große deutsche Führer, der diese Tat vollbracht hatte, sprach bald darauf: »»Was ich zu tun habe, weiß ich! Frieden bring' ich der Welt! Hinfort soll jedes Kind einer glücklichen Mutter entgegenjauchzen; sein Auge soll nicht einst, fern von ihr, auf dem Schlachtfeld brechen, und leuchten soll jedes Mutterauge und keines mehr weinen! ««[64].

Es ist vor allem zu bemerken, daß bereits 1921 der Begriff »Konzentrationslager« in Deutschlands nationalistischen Kreisen so bekannt war, wie ein paar Jahre früher in den bolschewistischen Kreisen Rußlands[65]. Man sprach bereits vom Verbringen ganzer Völker in Konzentrationslager – und für die beiden zitierten Autoren wie für die Zehntausende ihrer Leser war die Verbringung von Juden bzw. Polen in Konzentrationslager gleichbedeutend mit ihrer Unschädlichmachung oder gar mit dem Verschwinden des betreffenden Volkes vom Erdboden.

Das Schicksal der jüdischen Kinder erwähnte Hitler, dasjenige der polnischen Kinder Autenrieth überhaupt nicht. Der letztere setzte als selbstverständlich voraus, daß die polnischen Kinder und Mütter von jenem Glück, jenem Entgegenjauchzen und Nichtweinen ausgeschlossen werden mußten – da das Verschwinden gerade dieses Volkes vom Erdboden eine Voraussetzung für jenen Frieden und jenes Glück auf Erden war. Auf der nächsten Seite lesen wir bei Autenrieth nämlich:

»Der Fluch Kains war von den Menschen genommen, und unter ihren reinen Händen verwandelte sich allüberall die Erde in ein einziges, großes, herrliches Paradies ...« (Die Konzentrationslager im östlichen Sibirien waren also bereits damals – auch für die extreme deutsche Rechte – eine Voraussetzung und eine Sonderabteilung eines herrlichen Paradieses auf Erden:) »... Segen ruhte auf allen und gesegnet von allen war Otto von Fels, der Deutsche, der Retter, der Erlöser der Welt!« Otto Autenrieth war bei weitem nicht der einzige extremnationalistische deutsche Autor, der vor 1933 von einer Deportierung aller Polen (bzw. auch aller Tschechen) nach Sibirien träumte – wenn auch der einzige mir bekannte, der dabei ausdrücklich »Konzentrationslager« erwähnte. So schwärmte 1930 Herbert Blank in einem Zukunftsroman, der in dem NS-Kampf-Verlag erschien und bezeichnenderweise nicht mehr, wie bei Autenrieth, »Der Roman der deutschen *Zukunft*«, sondern bereits »Der Roman der Zeit« hieß: »Die Deutsche Reichswehr unter General von Langermantel und eine russische Armee nahmen zuerst Polen in die Zange. Nach kurzem Feldzug, bei dem Warschau bis auf die Grundmauern niederbrannte, wurde, um diesen Schmarotzer-Friedensstörer Europas endgültig auszumerzen, die gesamte polnische Bevölkerung nach Sibirien evakuiert[66], und das Gebiet zwischen Rußland und Deutschland aufgeteilt«[67].

Anfang 1931 schrieb die Zeitschrift Die Ostmark, Organ des Deutschen Ostmarkenvereins: »Das deutsche Volk mit seinem Seelenadel und einer höheren Kultur hat nicht nur das Recht, sondern geradezu die sittliche *Pflicht*, im Dienste einer großen und heiligen Idee die europäische Welt vor den eines Dschingischan und Tamerlan würdigen Wildheiten des barbarischen Polentums für immer zu bewahren. Diese Pflicht wird das deutsche Volk erfüllen und damit die neue Zeit heraufführen, in der unter deutscher Führung wieder Ruhe und Friede, Wohlstand und Gesittung in Europa herrschen werden«[68].

Der Verwirklichung dieser Träume begegnen wir ab 1939, nachdem Polen tatsächlich von deutschen und sowjetrussischen Armeen »in die Zange genommen« und »blitzschnell besetzt« worden war. Und zwar: Einerseits – in den massenhaften Deportationen der Polen, und auch der Juden, Ukrainer und Weißruthenen aus den annektierten polnischen Staatsgebieten 1939–1941 und wieder ab 1944 (s. u., S. 200 ff.), sowie der Esten, Letten und Litauer aus ihren annektierten Staaten 1940–41 und ab 1944. Im November 1940, in einem Verfahren gegen einen 25jährigen Polen, der der Angehörigkeit zu einer polnischen Widerstandsorganisation beschuldigt wurde, erklärte der sowjetische Staatsanwalt, das polnische Volk hätte immer den Ruf eines Volkes von Banditen und Revolutionären [sic, nicht etwa »Konterrevolutionären«] gehabt, weshalb man es auch total vernichten müsse, damit von ihm keine Spur verbleibe[69]. (41 Jahre später bezeichnete das SED-Zentralorgan Neues Deutschland wieder die in Terror-KZs der kommunistischen Militärjunta verschleppten polnischen Gewerkschaftler und Intellektuellen als »rechtens festgesetzte polnische Revolutionäre«) (FAZ, 24. 12. 81).

Andererseits – in den parallel verlaufenden NS-Deportationen der Juden und Polen aus den »eingegliederten Ostgebieten« ins »Generalgouvernement«[70], und aus allen NS-besetzten polnischen Gebieten in NS-KZs und zur Zwangsarbeit in Deutschland; schließlich in Himmlers »Generalplan Ost« sowie in Heydrichs Plänen, die insgesamt die »totale Eindeutschung von Estland und Lettland sowie des gesamten Generalgouvernements« bis 1962 sowie Böhmens und Mährens unter Deportierung der Bevölkerung irgendwohin nach Sibirien (bzw. nach Auschwitz ...) vorsahen[71].

Diese Parallelität der Völkermordtaten entsprang dabei nicht nur der einfachen, gleichen Raub- und Mordlust der beiden totalitären Regimes, sondern auch einer in ihren Gedankenwelten wesentlichen Übereinstimmung, die für die Erklärung der grundsätzlichen Ähnlichkeiten ihrer KZ-Systeme (und auch ihrer Massen- und Völkermorde) den Ausgangspunkt bilden muß.

Dem sowjetischen Kommunismus, dem extremen, Vor-NS, deutschen Nationalismus und dem NS, war nämlich der (bei den bolschewistischen Führern verblüffend unmarxistische) Gedanke gemeinsam, daß nicht etwaige Verhältnisse und Zustände, sondern bestimmte Personenkategorien das Hindernis auf dem Wege zu paradiesischem Glück auf dieser Erde bilden. So genügte es, diese Personenkategorien – »Reiche«, »Gauner«, »Parasiten«, bzw. »Schmarotzer-Friedensstörer«, Juden, Polen, Tschechen, Zigeuner – zu erschießen, auszumerzen, vom Erdboden verschwinden zu lassen, auf jeden Fall in Konzentrationslager zu bringen, um die Erde – »die russische Erde«, die gesamte Erde – in ein einziges, großes, herrliches Paradies zu verwandeln.

Neben diesem Ziel war dem extremen deutschen Nationalismus lange vor Hitler, dem Sowjetkommunismus und dem Nationalsozialismus gemeinsam, daß die ein Hindernis auf dem Weg zu jenem Paradies bildenden Personen (die für die genannten Ideologien ebenfalls weitgehend dieselben waren – wie etwa »Gauner«, »Parasiten«, Polen und Juden[72]) nicht einmal als auszurottende Menschen, sondern als Ungeziefer angesehen wurden, von dem die russische und sonstige Erde gesäubert werden müßte (vgl. o., S. 74).

Bereits 1857 verkündete ein Schüler Hegels, Constantin Rößler – der ein hoher preußischer Beamter werden sollte –, es wäre »eine Ungereimtheit«, »daß man alles nationale Ungeziefer conservieren müsse«[73]. Dreißig Jahre später lehrte Paul de Lagarde in seiner Arbeit über »Juden und Indogermanen« – die dann etwa ein Dutzend Auflagen hatte, davon mindestens drei im Dritten Reich – Juden wären »wucherndes Ungeziefer«, das »zertreten«, »Trichinen und Bazillen«, die

»so rasch und gründlich wie möglich vernichtet« werden müßten[74]. Lenins Meinung kennen wir (oben, S. 74).

Die Nazis haben diesen Gedanken unaufhörlich verkündet. Hitler bezeichnete bereits im ersten Band von »Mein Kampf« die – von ihm durchweg als Juden betrachteten – Führer der deutschen Sozialdemokratie als auszurottendes und zu vertilgendes »Ungeziefer«[75]. Man muß hier an Lenins Haltung gegenüber den nichtbolschewistischen Teilen der russischen Sozialdemokratie erinnern (oben, S. 77 f.). Im Frühjahr 1934 erweiterte Hitler diesen Begriff auf die Völker Osteuropas und erklärte im vertrauten Kreise, er hätte »das Recht . . . Millionen einer minderwertigen, sich wie das Ungeziefer vermehrenden Rasse zu beseitigen«[76]. Wobei er noch vermeintlich an »unblutigen« Völkermord dachte, auf jeden Fall vorerst ausdrücklich nur davon sprach (vgl. u., S. 187, Anm. 214).

Am 17. April 1943, im Gespräch mit dem Regenten von Ungarn, Horthy, erklärte Hitler, die Juden »seien eben reine Parasiten« und wären »wie Tuberkelbazillen zu behandeln«[77]. Genau zu derselben Zeit sagte Himmler in seiner Rede vor SS-Führern in Charkow: »Mit dem Antisemitismus ist es genauso wie mit der Entlausung. Es ist keine Weltanschauungsfrage, daß man die Läuse entfernt. Das ist eine Reinlichkeitsangelegenheit. Genauso ist der Antisemitismus für uns keine Weltanschauungsfrage gewesen, sondern eine Reinlichkeitsangelegenheit, die ja jetzt bald ausgestanden ist. Wir sind bald entlaust. Wir haben nur noch 20 000 Läuse, dann ist es vorbei damit in ganz Deutschland«[78].

Ich kann hier nur wiederholen, was ich bereits vor 17 Jahren – damals allerdings ohne die leninistischen Texte ausdrücklich einbeziehen zu können – zu diesem Thema geschrieben habe: Wo auch nur irgendein Mensch als Laus oder Wanze erklärt und dementsprechend behandelt wird, dort ist kein Mensch mehr in Sicherheit[79]. Die ganze Geschichte des Kommunismus wie die des Nationalsozialismus beweist die Richtigkeit dieses Standpunktes und die Gefährlichkeit der Selbsttäuschung, daß der mörderische Wille der totalitären Machthaber eben »nur« bestimmtem, von ihnen ausdrücklich so bezeichnetem »Ungeziefer« gilt – nur Juden, und niemals etwa dem preußischen Adel; nur »Reichen«, »Gaunern« und »Kulaken«, und niemals linientreuen Kommunisten.

Gegen Ende 1920 gab es in Sowjetrußland 84 Lager, in denen ca. 50 000 Menschen inhaftiert waren; im Oktober 1923 waren es 355 Lager mit fast 70 000 Häftlingen. Im Moskauer Adreßbuch für 1923 waren 8 Konzentrationslager der OGPU und 5 Gefängnisse des NKWD in der Hauptstadt angeführt[80]. Seit 1922 wurde die Bezeichnung »Konzentrationslager« offiziell fallengelassen[81] und bald war nur von »Besserungsarbeitsanstalten«, dann von »Besserungsarbeitslagern« die Rede, gar einfach von »Lagern« oder »Sonderlagern«.

Viel wissen wir über diese frühen sowjetischen KZs nicht: »Die frühen Zwangsarbeitslager«, stellt Solschenizyn fest, »erscheinen uns heute als kaum etwas Wahrnehmbares. Es hat den Anschein, als hätten die Menschen, die darin gesessen, zu niemandem ein Wort darüber gesprochen – die Zeugnisse fehlen«[82].

Ich glaube, zwei Merkmale entdecken zu können, die 12–15 Jahre später auch bei den ersten NS-KZs feststellbar sind – und zwar den lokalen und den schikanös-mörderischen Charakter dieser Lager. Der Terror wurde zwar – wie in den ersten Jahren des Dritten Reiches – zentral befohlen, konnte jedoch noch nicht zentral organisiert werden. Es war für jedes betreffende Regime die Zeit der tatsächlichen, nach der vorerst formellen »Machtergreifung«. Im Dritten Reich blieb zwar der Bürgerkrieg im latenten Zustand, die Nazis brauchten gegen ihre Gegner nicht in offenen Feldschlachten zu kämpfen, wie die Bolschewisten; auch sie aber mußten jede Stadt und jeden Kreis politisch erobern und ihre dortigen Gegner festsetzen.

Das taten die lokalen Verbände der SA wie in Sowjetrußland die lokalen, durch den Verlauf des Bürgerkriegs oft dazu voneinander abgeschnittenen kommunistischen Verbände – was zur Folge hatte, daß die Gegner an bestimmten Orten oft einander persönlich kannten und nicht selten persönlich haßten. Von Sowjetrußland können wir das mit guten Gründen annehmen, vom Dritten Reich wissen wir es und kennen die Folge: Nämlich den besonderen, grausamen Eifer der Schergen, die nicht, wie später, anonyme Gegner vor sich hatten, sondern alte Feinde, mit denen sie alte Rechnungen zu begleichen hatten.

Ebenfalls können wir für Sowjetrußland vermuten, was wir von Nazideutschland wissen: wieviele rein private, ganz unpolitische Rechnungen dabei auf grausame Weise über das KZ tatsächlich beglichen wurden. »Der politische Häftling in einem KL, der oft nur auf Grund einer vagen Anzeige eines ihm Übelwollenden verhaftet worden war, wurde auf unbestimmte Zeit in ein KL eingewiesen« – stellt Rudolf Höß fest[83]. Und der erste Chef der Gestapo, Rudolf Diels, berichtet, daß unter den von der SA Verhafteten z. B. mancher Rechtsanwalt war, der eine Scheidung gegen einen SA-Mann betrieben hatte[84].

Ein sehr krasses Beispiel für das Austoben persönlicher und privater Feindschaft an Häftlingen war das Wuppertaler KZ Kemna, das nur wenige Monate bis Januar 1934 bestand, »jedoch in allerkürzester Zeit zu einer Folterkammer schlimmster Art wurde«, in der eine »Meute einer pervertierten Wachmannschaft«, eine »Horde von entmenschten Wesen«, die Häftlinge unmenschlich prügelte, folterte und quälte[85]. »SA-Mannschaft und Häftlinge kannten sich persönlich, größtenteil aus politischen Auseinandersetzungen. In den Häftlingen sahen die Wachleute nicht nur die von der Staatsführung deklarierten Schädlinge, die von staatswegen ausgerottet werden mußten, sondern auch den verhaßten politischen Gegner, der ihnen auf der Straße manchen Abbruch getan hatte, oder der ihnen in geschäftlicher Beziehung ein lästiger Konkurrent war«[86].

Der damalige Reichsjustizminister Gürtner schrieb Ende März 1935 an den damaligen Reichsinnenminister Frick:»Die Erfahrung der ersten Revolutionsjahre hat gezeigt, daß diejenigen Personen, die mit der Austeilung der Prügel beauftragt werden, meist bereits nach kurzer Zeit das Gefühl für Zweck und Sinn ihrer Handlungen verlieren und sich von persönlichen Rachegefühlen oder sadistischen Neigungen leiten lassen«[87].

Analoge Zeugnisse und Feststellungen der ersten Revolutionsjahre in Sowjetrußland verloren sich in den Wirbelstürmen des Bürgerkrieges, verschwanden in den Sowjetarchiven, starben mit den zahllosen Opfern oder wurden, mangels Befreiung vom Sowjetkommunismus, einfach nie verfaßt. Wir haben jedoch allen Grund anzunehmen, daß es dort nicht anders gewesen ist, worauf übrigens die trotzkistisch-leninistischen Anweisungen und Befehle über die Organisierung der lokalen Diktaturen und des lokalen Massenterrors gegen verschiedenste Menschengruppen (oben, S. 72 ff.) eindeutig hinweisen.

So können wir die erste Phase in der Entwicklung der beiden großen KZ-Systeme registrieren, die sich bei den sowjetischen KZs vom Spätsommer 1918 bis 1922, bei den NS-KZs vom März 1933 bis in die zweite Hälfte des Jahres 1934 hinzieht: Die Phase der »wilden«, lokal organisierten und von lokalen Machthabern für lokale Gegner errichteten Lager.

Wir wissen, daß das in Sowjetrußland von Trotzki und Lenin befohlen wurde, wogegen gerade im Dritten Reich die von Lenin skizzierte Initiative und der Einfallsreichtum in der lokalen Organisierung des Terror-Wettbewerbs (oben, S. 74 f.) viel besser funktionierten. »Für die Entstehung der Konzentrationslager gibt es keinen Befehl und keine Weisung; sie wurden nicht gegründet, sie waren eines Tages da«, schreibt darüber (mit einiger Übertreibung) Rudolf Diels.»Die SA-Führer errichteten ›ihre‹ Lager, weil sie der Polizei ihre Gefangenen nicht anvertrauen wollten, oder weil die Gefängnisse überfüllt waren[88]. Von vielen dieser wilden Lager drang niemals eine Kunde nach Berlin«[89].

Wir stoßen wieder auf eine Frage, die ich bisher nur angedeutet habe, die m. W. bisher kaum beantwortet worden ist, mit der wir uns jedoch spätestens an dieser Stelle auseinandersetzen müssen. Es ist die Frage nach dem eingehenden Vergleich der NS und der sowjetischen KZs, nach dessen sachlicher Zulässigkeit, dessen wissensmäßiger Möglichkeiten, dessen Modalitäten und Grenzen.

Daß die deutsche Wissenschaft jener Frage bisher aus dem Weg gegangen ist, dürfte vielleicht verständlich sein. Jeder Hinweis eines deutschen Forschers darauf, daß die NS-KZs den sowjetischen nachgebildet waren, hätte von sowjetischer und prosowjetischer Seite einen der bekannten Stürme der Empörung hervorrufen müssen, auch wenn der betreffende Forscher jeden Anschein einer »Aufrechnung« vermieden und sich dagegen verwahrt hätte, daß sowjetische Verbrechen als eine Entschuldigung für die nationalsozialistischen angesehen würden. Die verschiedenen rechtsextremistischen und neonazistischen Propagandazentren sorgen nach Kräften dafür, daß jeder noch so aufrichtige Versuch der Objektivität und der Sachlichkeit auf diesem Gebiet ins Zwielicht gerät.

Für sonstige westliche Forscher war das Problem nicht weniger heikel: Diejenigen, die die Nürnberger Bestrafung der NS-Verbrecher bejahten, wollten die Feststellung umgehen, daß diese Bestrafung im Bund mit ähnlicher und analoger Verbrechen Schuldigen vorgenommen wurde, wenn das auch an der Berechtigung jener Bestrafung objektiv nichts änderte. Westliche Autoren dagegen, die aus verschiedenen Motiven, vor allem aus profaschistisch gefärbtem Antikommunismus, die Bestrafung der NS-Verbrecher verdammten, wollten wieder deren Taten nicht auf eine Stufe mit den sowjetischen Verbrechen stellen.

Eine Ausnahme bildeten Versuche von David Rousset im Rahmen des CICRC, die jedoch aus Mangel an finanziellen Mitteln nicht weitergeführt werden konnten. David Rousset ist ein ehemaliger Häftling eines NS-KZs und Autor weltbekannter Werke darüber, der ihretwegen von pronazistischer Seite heftig angegriffen worden ist. Gegen ihn und die von ihm enthüllte Wahrheit über die sowjetischen KZs wurde eine wütende Kampagne entfesselt, in der sich u. a. Jean-Paul Sartre als Verkünder des Prinzips der Unwahrheit hervorgetan hat: Er vertrat die Ansicht, man müsse die Beweise über das sowjetische KZ-System ignorieren, selbst wenn sie wahr wären[90].

An Camus schrieb damals Sartre den denkwürdigen Satz: »Ich finde wie Sie diese Lager unzulässig, doch ebenso unzulässig den Gebrauch, den die bürgerliche Presse davon macht«[91].

So war es unvermeidlich, daß die ganze Frage kommunistischen oder prokommunistisch voreingenommenen Autoren überlassen wurde. Seit das Vorhandensein der sowjetischen KZs nicht mehr zu leugnen ist, und seit sich herausstellte, daß diese nach Stalins Tod nicht samt und sonders aufgelöst worden waren (wie es die im Westen verbreitete kommunistische Legende wollte), versuchen prokommunistische Autoren im Westen auch die erschreckendsten Zeugnisse über die sowjetischen KZs mit der falschen und methodologisch sinnlosen These zu neutralisieren, daß die sowjetischen KZs mit den NS-KZs »nicht vergleichbar« wären – oder gar, daß man »das nicht vergleichen *darf*«. Welch letzter Ausdruck Herzenswünsche offenbart. Dabei wird der angebliche »Gegensatz zum Faschismus« entweder mit einer Menge von »freilich«, »allerdings« und »jedoch«, oder aber mit einfacher Verdrehung von Tatsachen konstruiert.

Es sei mir erlaubt, das mit einem Beispiel zu illustrieren. Ein Autor führt aus, daß es im Gegensatz zu den heutigen sowjetischen KZs »in Bergen-Belsen keine Pakete gab, die gestohlen oder aus Gemeinheit zurückgehalten worden wären«. Es wird also dem Leser eingeredet, daß die heutigen sowjetischen KZs immerhin (»immerhin« ist in dieser Hinsicht auch ein sehr beliebtes Wort) in einem Punkt besser wären: Die dorthin geschickten Pakete werden zwar gestohlen oder aus Gemeinheit zurückgehalten, aber (»im Gegensatz zum Faschismus«, wie wieder ein anderer Autor in einem fort schreibt) darf man sie wenigstens schicken. So wird dem weniger sachkundigen, vor allem dem jüngeren Leser vorenthalten, daß in allen NS-KZs seit 1942 der Empfang von Paketen unbegrenzt erlaubt war und das Bestehlen durch die SS sich in Grenzen hielt. Was freilich nichts mit Menschlichkeit zu tun hatte, sondern einer kalten und zynischen Berechnung entsprang: Da in jener Zeit die Häftlinge für die Nazis vorrangig Sklavenarbeiter waren, und nicht mehr bloße zu vernichtende Gegner und Untermenschen, erlaubte man ihnen, sich selbst zu ernähren und dazu noch den sowieso jämmerlichen Ernährungszustand ihrer Völker zu schwächen.

Bergen-Belsen und andere für Juden bestimmte Lager waren eine auch noch in diesem Rahmen barbarische Ausnahme nach der barbarischen Unlogik der SS: Auch wenn Juden nützliche Sklavenarbeit leisten mußten, blieben sie vorrangig Juden, also zu Vernichtende[92]. Übrigens hatten sie im NS-besetzten Europa kaum Angehörige in Freiheit, die ihnen hätten Pakete schicken können; Rotkreuz-Pakete, die im Sommer 1944 einige KZs erreichten, hätten ihnen die SS nicht gegönnt, wenn sie auch aus obengenannten Gründen diese Pakete den nichtjüdischen Häftlingen gönnte (und sie dabei in viel größerem Maße stahl). Auch Sowjetbürger durften in den NS-KZs keine Pakete empfangen – ich kann nicht sagen, ob aus »ideologisch-rassischen«, ob aus postalisch-technischen Gründen.

In den sowjetischen KZs waren die Pakete meistens ganz verboten und sind heute nur sehr begrenzt erlaubt. Das bewirkte eine andere barbarische Logik (s. u., S. 171; vgl. a. u., S. 122). In dem Bericht der Amnesty International über Politische Gefangene in der UdSSR (1980) lesen wir gleich am Anfang: »Die Insassen sowjetischer Strafanstalten sind immer noch einem Regime chronischen Hungers, unzureichender medizinischer Versorgung und schwerer, oft gefährlicher Zwangsarbeit unterworfen.«

Einige Jahre früher lobte der von mir als Beispiel gewählte Autor die Sowjetmacht auf folgende Weise: »In den sowjetischen Lagern wird – anders als in den Nazi-KZs – im Augenblick keine systematische Vernichtung betrieben; es gibt kein sowjetisches Treblinka«.

Wenn wir von der in diesem Zusammenhang weniger erheblichen Tatsache absehen, daß Treblinka kein KZ war (vgl. o., S. 31 ff.), bleiben uns als Kern dieser eher kläglichen Verteidigung der sowjetischen KZs (und des Sowjetsystems) die Worte »im Augenblick«. Der Autor scheint zu wissen und nur nicht deutlich sagen zu wollen, daß systematische Massenvernichtung von Menschen in den sowjetischen KZs viel länger betrieben worden ist, als die NS-KZs überhaupt bestanden haben. Der ganze hohe Norden Sowjetrußlands, von Workuta im Nordwesten bis Kolyma im Nordosten, ist jahrzehntelang auch eine Art Treblinka gewesen.

»Die Öfen des nördlichen Auschwitz«, nennt es Solschenizyn[93]. Und Georges Bortoli schreibt über die sowjetischen KZs der Stalin-Zeit: »Gaskammern gibt es nicht, denn nicht zu vernichten, sondern umzuerziehen ist der ausgesprochene Zweck der Einrichtung[94]. Aber eine sehr lange Zeit hindurch ließ man die Gefangenen sterben. An Erschöpfung, an der Kälte, an mangelnder Hygiene und Pflege. Und vor allem an Hunger«[95].

Es wirkte hier übrigens ein von den Sowjets noch vor Auschwitz entdecktes auschwitzisches Prinzip der »Selektion«, etwas anders angewandt − oder, wenn man will, das himmlersche Prinzip der »Vernichtung durch Arbeit«: »Wozu sollte man sie unproduktiv erschießen, wo sie doch unter leichtem Zwang einige Jahre arbeiten und dann von selbst sterben?« So soll es ein hoher Funktionär der sowjetischen Terrorpolizei formuliert haben[96]. Robert Conquest stellt in seinem neuesten Werk fest: »Für Russen − und es ist bestimmt richtig, daß das für die ganze Welt gelten sollte − ist Kolyma ein Wort des Grauens, vollkommen vergleichbar mit Auschwitz. Und der erste und am leichtesten zu behaltende Punkt ist dabei, daß Kolyma tatsächlich etwa drei Millionen Menschen umgebracht hat, eine Zahl sehr wohl in den Maßstäben der Opfer der Endlösung«[97]. Jurij Galanskow, ein russischer Dichter, der dreiunddreißigjährig Anfang November 1972 in einem sowjetischen Konzentrationslager starb, hat von den »kalten Auschwitzen des Nordens« geschrieben[98].

»Für Gaskammern hatten wir kein Gas«, bemerkt trocken Solschenizyn[99]. Inzwischen lesen wir von den Taten des kommunistischen Regimes der Roten Khmer in Kambodscha: »Besessen von den Wahn-Ideen ihres Steinzeit-Kommunismus verwandelten die jungen Revolutionäre um Pol Pot das Land binnen weniger Monate in ein riesiges Konzentrationslager ... Insgesamt drei Millionen Kambodschaner [von sieben, also 43 %! − d. Verf.] wurden während der vier Horror-Jahre ermordet oder starben an Krankheiten und Schwäche«[100]. Und jetzt droht das Aussterben der übriggebliebenen 4 Millionen. Nicht zu überhören ist − nach allem bereits Geschehenen und angesichts des Geschehenden − die Warnung des bereits zitierten (o., S. 15) Rolf W. Schloss: »Wir leben im Westen in einer freien, verhältnismäßig unbeschwerten Welt, während hinter dem Eisernen Vorhang − vor allem in der Sowjetunion − Millionen Juden in eine tiefe geistige Not geraten sind. Am Ende ihres Leidensweges, so glauben wir heute, steht nicht ein Auschwitz. Aber wer weiß, ob sich nicht in den Lagern im Ural aus

Tausenden von Einzelschicksalen summiert, was letzten Endes einer Massenvernichtung bedrohlich nahekommt? Oft ist es nur ein kleiner Schritt von der geistigen zur physischen Vernichtung«[101]. Und das gilt – wie damals – kaum nur für Juden. Ich möchte die gestellte Frage nach dem Vergleich zwischen den sowjetischen und den NS-KZs zu beantworten versuchen. Es gibt natürlich eine Unmenge historischer Ereignisse und Erscheinungen, die miteinander zu vergleichen zwecklos wäre. Eines grundsätzlichen Beweises jedoch, daß ein Vergleich zwischen zwei Systemen von Konzentrationslagern in zwei totalitären Staaten unserer Zeit nicht nur zulässig, sondern unumgänglich ist, bedarf es natürlich nicht, auch wenn dieser Vergleich von der Wissenschaft bisher einfach schuldhaft versäumt wurde. Daß man diesen Vergleich nicht als Advokat eines der beiden KZ-Systeme und somit eines der beiden totalitären Regimes betreiben darf, ist zwar für den Wissenschaftler die Selbstverständlichkeit schlechthin; und doch muß dies besonders unterstrichen werden, da fast alle bisher gemachten Vergleiche eben unwissenschaftlich von derartigen Advokaten gezogen worden sind.

Ebenso selbstverständlich müßte es sein, daß man nur Vergleichbares vergleichen darf, um zu gültigen Ergebnissen zu kommen. Nur so übrigens wird die rein methodologische Frage beantwortet – inwieweit wir nämlich aus unserem Wissen über das eine System Schlußfolgerungen über das andere ziehen dürfen.

Für vergleichbar halte ich die beiden Systeme (wie überhaupt jedes beliebige Paar von Erscheinungen) nur in den einander entsprechenden Phasen ihrer Entwicklung. So habe ich oben die erste, »lokalterroristische« Phase der beiden Systeme gegenübergestellt und mir gewisse Schlußfolgerungen vom einen auf das andere System erlaubt. Verwerfen muß man dagegen den Versuch, die heutigen sowjetischen KZs mit den NS-KZs der Kriegszeit zu vergleichen (und sie dadurch noch zu verharmlosen!). Wir wissen ja nicht, wie die NS-KZs im zweiundsechzigsten Jahr der NS-Herrschaft in Deutschland und den eroberten Ländern ausgesehen hätten. Wir wissen nicht, um den vom zitierten Autor gezogenen Vergleich aufzunehmen, ob es im Jahre 1994 noch das nationalsozialistische Treblinka gegeben hätte; bis zum Jahre 1962 sollten ja bereits, nach dem »Generalplan Ost«, sämtliche Esten, Letten, Polen und Tschechen verschwunden sein (vgl. oben, S. 85), geschweige denn die Juden. Und das »nördliche Auschwitz« hat ja noch viel mehr Zeit für sein Morden gehabt. Ein »sowjetisches Treblinka« ist – »im Augenblick« – nicht nötig.

Bei allen Vergleichen überhaupt müssen wir immer bedenken, daß wir ein Drittes Reich nach seinem Siege im Zweiten Weltkrieg und achtundzwanzig Jahre nach Hitlers Tod nicht nur nicht kennen, sondern davon überhaupt keine Vorstellung haben. Und auch das ist noch zuwenig gesagt, da das Dritte Reich in einem solchen Fall sowieso nur 45 Jahre

Bestand gehabt hätte, und nicht 64, wie Sowjetrußland heute. Neben den objektiven Faktoren (wie etwa den Bürgerkrieg in Rußland, den es bei der NS-»Machtergreifung« in Deutschland nicht gegeben hat, u. a. m.) müssen wir auch diese Unterschiedlichkeit unseres Wissens über den Nationalsozialismus und das Dritte Reich einerseits, über den Kommunismus und Sowjetrußland andererseits, die eine Folge ihrer unterschiedlich langen Geschichte ist, stets im Blick behalten. Von diesen Einschränkungen abgesehen stehe ich zu meiner Behauptung, daß eine wissenschaftliche Untersuchung des einen großen KZ-Systems ohne das andere ein Unding ist. Und ich glaube, daß der Beweis für diese These sich hier sozusagen von selbst ergeben wird.

Aus bereits genannten Gründen sind direkte Hinweise darauf, daß die Nazis die Sowjets nachgeahmt haben, äußerst selten und knapp. 1947 berichtete David J. Dallin: »Deutsche Dokumente, die in die Hände der Alliierten fielen, enthüllen, mit welchem Interesse die deutsche Regierung das sowjetische System der Zwangsarbeit beobachtete und studierte«[102]. Und einige Jahre später schrieb Joachim Günther: »Man hat nun neuerdings nachweisen können, daß Himmler einer der frühesten und besten Kenner des Systems der sowjetischen Arbeitslager ... gewesen ist. Er hat die sowjetischen Einrichtungen, die damals kaum jemand in Deutschland kannte[103], genau studieren und in vielen Zügen kopieren lassen«[104].

Ich muß eingestehen, daß ich in den dreißig Jahren, die seitdem vergangen sind und in denen ich mich für das Thema unaufhörlich interessierte, weder auf irgendeinen genaueren Hinweis auf jene Dokumente, noch auf diesen Nachweis bezüglich Himmler gestoßen bin. Was mindestens zum Teil beweist, wie gründlich diese Dinge totgeschwiegen werden. Diese propagandistisch hoch einzuschätzenden Resultate sind jedoch wissenschaftlich völlig unerheblich. Es bedarf nämlich nicht jener Dokumente, um die Grundtatsache zu belegen: daß nämlich die Nazis die sowjetischen KZs aufmerksam beobachtet und studiert haben. Diesen Beweis liefern uns die – wie so oft von der Geschichtswissenschaft übersehenen – hier bereits erwähnten Veröffentlichungen (s. o., S. 23 ff.). Was man auch, wie ich es hier geschildert habe, vom Erkenntniswert der einzelnen vermeintlichen Berichte halten mag, bleiben sie doch ein Beweis für das rege NS-Interesse an den sowjetischen KZs. Übrigens heben sich manchmal einzelne Beiträge in ein und demselben Sammelband beträchtlich voneinander ab[105].

Die Tatsache, daß man im Dritten Reich so kenntnis- und lehrreiche Berichte, wie denjenigen von Iwan Solonjewitsch veröffentlichte, dem nicht nur jeder von den Nazis erwünschte antisemitische Akzent fehlt, sondern der sogar wahrheitsgetreu das Schicksal der Juden in sowjetischen KZs schildert, beweist, daß den Nazis neben der Propaganda auch an echtem Wissen gelegen war. Was übrigens nicht irgendwelchen

guten Motiven entsprang, sondern eben dem Wunsch nach Vorbildern und dem Drang zur Nachahmung. Dasselbe gilt für die andere Seite, wenn das auch aus bekannten Gründen nicht so leicht zu belegen ist. Es genügt jedoch, das zu lesen, was Solschenizyn – ohne daß er selbst, bei der Unkenntnis der NS-KZs, die Zusammenhänge merkt – über die weitgehende Reorganisierung der sowjetischen KZs um das Jahr 1937 berichtet. Damals wurde das bisherige System der »Anrechnung« der Arbeitsleistungen auf die Strafe über Nacht abgeschafft (vgl. unten, S. 158 f.), zusammen mit technischen Schulungskursen für Häftlinge, mit Lohnabrechnung u. a. m. Die bisher eher milde Bewachung wurde weitgehend verschärft, das Wachpersonal bekam Hunde zugeteilt, usw.:»Endlich boten die Lager einen durchaus modernen, uns vertrauten Anblick«[106]. Uns – die wir nur die NS-KZs kennen – ebenfalls.»Schier unmöglich scheint es«, schreibt weiter Solschenizyn,»hier sämtliche winzige Alltagsdinge aufzuzählen, die durch das verschärfte Lagerregime abgewürgt wurden. Da hatte man noch eine Menge Gucklöcher entdeckt, durch die das freie *Draußen* in den Archipel hineinlugen konnte. Alle diese Fäden wurden jetzt zerschnitten . . .« Es gab natürlich ein eigenes sowjetisches, sozusagen endemisches Bedürfnis für diese Reform: Seit 1935 lief, wie eine Flut steigend, die nach der Zwangskollektivierung zweitgrößte, riesige Welle der Verhaftungen und Verschickungen in die sowjetischen KZs: die »Große Säuberung« (vgl. u., S. 209 ff.). Inzwischen aber bestanden die NS-KZs bereits im fünften Jahr, und gerade in dieser Zeit wurden sie eben reorganisiert und gestrafft in den Händen der SS, nachdem die »wilden« Lager der SA aufgelöst und die SA überhaupt gänzlich entmachtet worden war. So war es nur natürlich, das deutsche Vorbild nachzuahmen. Geschah dies doch in einem Lande, wo man seit Jahrhunderten aus Deutschland Vorbilder übernahm, sei es das preußische Militärsystem, sei es den Marx-Engels'schen Sozialismus, sei es die deutsche Kriegswirtschaft, für die Lenin schwärmte.
Und wäre es letzten Endes überhaupt denkbar, daß sich zwei solche KZ-Systeme in zwei so nahe aneinander gelegenen und so aneinander interessierten Staaten mitten im zwanzigsten Jahrhundert in gegenseitiger Unkenntnis und unabhängig voneinander entwickelt hätten (dazu noch bei der engen und aktiven, übrigens vertraglich festgelegten Zusammenarbeit der beiden Terrorpolizeien vom Herbst 1939 bis in den Sommer 1941) – auch dann bliebe ein eingehender Vergleich zweier so ähnlicher und so riesiger Erscheinungen ein unausweichliches wissenschaftliches Gebot.
Es ist nicht der eigentliche Zweck und die Aufgabe dieser Studie, diesem Gebot zu folgen. Ich unternehme hier den Versuch, das Phänomen Konzentrationslager als solches zu analysieren, und nicht die sowjetischen mit den NS-KZs zu vergleichen, wenn sich auch das letztere an mancher Stelle von selbst ergeben muß.

Wenn wir jenem Gebot endlich folgen und auf den einzelnen Erlebnisberichten sowie auf den Berichten über einzelne Lager fußend ein umfassendes Wissen über KZs aufbauen – die in unserem Jahrhundert wahrlich keine Randerscheinung sind, die nicht wert wären, daß man ihnen in Monographien über Lenin, Hitler, Stalin oder die SS eigene Kapitel widmet! – werden wir noch mehr lernen können. Denn aus dem Wissen über die zwei größten und am besten bekannten KZ-Systeme – das nationalsozialistische und das sowjetische – lassen sich Schlußfolgerungen für alle anderen, auch für die in unseren Tagen neuerrichteten KZs ziehen. Wie schon einmal oben erwähnt, scheint der Erfindungsreichtum von Menschen beim Quälen der Mitmenschen unerschöpflich zu sein. Und die Qualen der Häftlinge im berüchtigten Stadion des warmen Santiago de Chile sind technisch anders, als die im Permafrost von Kolyma. Wir haben jedoch keinen Grund anzunehmen, daß das grundsätzliche Benehmen der Menschen, daß deren Tun, Quälen, Leiden, Töten und Sterben in großen Zügen nicht gleich wären, wo immer auf der Erdkugel sie stattfänden.

Es scheint mir in diesem Zusammenhang dringend angebracht, auf einige Feststellungen deutscher Psychiater hinzuweisen, die unter der Leitung von Prof. Dr. Paul Matussek in den fünfziger und sechziger Jahren an einem Projekt arbeiteten, das die Untersuchung von Folgen der KZ-Haft zum Ziel hatte. Wir erfahren, »daß es sich bei den sog. ›KZ-Träumen‹ zwar meistens, aber keineswegs immer um Erlebnisse aus einem Nazi-KZ handelt. Selbst Kommunisten, die Rußland als Paradies der Freiheit erlebten und den im Konzentrationslager durchgestandenen Nazi-Terror als Inbegriff der Unmenschlichkeit am eigenen Leibe erfahren haben, können im Traum Gefangene eines kommunistischen Lagers sein, wie wir es bei einigen Explorationen feststellen konnten »... Wir konnten diesem Phänomen jedoch nicht systematisch nachgehen«[107].
Wir haben hier also zwei Phänomene – das eine interessanter als das andere. Das erste, von Prof. Dr. Matussek und seinen Mitarbeitern entdeckte Phänomen ist, daß Kommunisten, die ein unmenschliches NS-KZ hinter sich haben und für die Sowjetrußland immer noch der Inbegriff der paradiesischen Freiheit bleibt, unterbewußt mit dem Alpdruck eines sowjetischen KZs leben, was in ihren nächtlichen Alpträumen zum Ausdruck kommt. Und das, obwohl sie an die sowjetischen KZs überhaupt nicht glauben dürfen. Dies wird durch die einfache Feststellung einleuchtend, daß auch einem Kommunisten, der in einem NS-KZ denkbar Schreckliches durchgemacht hat, dieses nicht mehr drohen kann – was sich jedoch von einem sowjetischen KZ nicht behaupten ließe. Vielleicht weiß sogar der Betreffende, daß er nicht einmal der erste deutsche Kommunist in einem sowjetischen KZ wäre. All das ist – mögen die Psychiater diese laienhafte Formulierung vergeben

– seinem menschlichen Unterbewußtsein voll bewußt, auch wenn sich sein politisches Bewußtsein verzweifelt dagegen wehrt.

Das zweite Phänomen, dem systematisch nachzugehen sich auch, ja vielleicht sogar für die Psychiatrie lohnen würde, ist, daß die der Vergangenheit angehörenden NS-KZs für alle Wissenschaften (und eben sogar für die Psychiatrie) immer noch interessanter sind als die in der Gegenwart bestehenden und drohenden sowjetischen.

Eine der Analogien und Parallelitäten zwischen den beiden KZ-Systemen tritt in ihnen vom jeweiligen Anfang hervor. Wir wissen, welche Rolle bei der Schaffung der sowjetischen KZs der Wunsch spielte, Arbeitsunwillige einzusperren bzw. in die Arbeitswilligkeit hineinzuterrorisieren. »Arbeiter, die sich von der Arbeit drücken« gehörten, nach Lenin, einige Wochen nach seiner Revolution, ins Gefängnis, oder erschossen; der IX. Kongreß der bolschewistischen Partei wollte »einen beträchtlichen Teil der Arbeiter«, da bei der Arbeit undiszipliniert, in Konzentrationslager einsperren (oben, S. 74, 76). Über ein Jahr vor den uns bekannten Vorschlägen Trotzkis und den Beschlüssen des IX. Parteitages über die allgemeine Militarisierung der Arbeit (oben, S. 75 f.), am 17. Februar 1919, hielt der Leiter der Tscheka, Dserschinskij, eine Rede auf der 8. Sitzung des WZIK[108], in der er u. a. sagte: »Neben den Verurteilungen durch Gerichte ist es unentbehrlich[109], administrative Verurteilungen beizubehalten, besonders das Konzentrationslager ... Ich schlage vor, dieses Konzentrationslager beizubehalten zwecks Ausnutzung der Arbeit der Inhaftierten, für Herrschaften, die ohne Beschäftigung leben, für diejenigen, die nicht ohne einen gewissen Zwang arbeiten können, oder, wenn wir die sowjetischen Institutionen nehmen, so müßte hier diese Strafmaßnahme für nicht gewissenhafte Arbeit, für Faulheit, für Verspätungen usw. angewandt werden usw.[110]. Durch diese Maßnahme bringen wir es fertig, auch unsere eigenen Beamten besser heranzuziehen. So wird vorgeschlagen, eine Schule der Arbeit zu schaffen«[111]. (Konzentrationslager für »nicht gewissenhafte Arbeit«, »für Verspätungen« »usw.« Man schrieb Februar 1919, es war mitten im »Leninismus«).
Am 30. Januar 1934 – wohl nicht zufällig am ersten Jahrestag der NS-»Machtergreifung« – erschien in dem Berliner 8 Uhr-Abendblatt die folgende Notiz: »Faulenzer ins Konzentrationslager. Aus Neuburg/D. wird gemeldet, daß das dortige Arbeitsamt veranlaßt hat, daß ein junger arbeitsloser Bursche, der es auf einer ihm zugewiesenen Stelle als Landhelfer nicht aushalten konnte, ins Konzentrationslager Dachau gebracht wurde. Der Bursche hatte nach nur einstündiger Tätigkeit unter nichtigen Vorwänden seine Stelle als Landhelfer wieder verlassen«[112]. Martin Broszat stellt fest: »Nach Verfügungen, die im Einvernehmen mit der politischen Polizei vom Bayerischen Innenministerium 1935/36 herausgegeben wurden, konnten auch ... arbeitsvertragsbrü-

chige Landarbeiter in Schutzhaft genommen werden«[113]. Während der Kriegsjahre wurde das NS-KZ die sozusagen normale Strafe, mit der sämtliche Vergehen und Übertretungen der Zwangs-Fremdarbeiter im Dritten Reich geahndet wurden.

So waren die KZs von Anfang an in beiden Regimes nicht nur ein politisches, sondern auch ein Arbeits-Terrormittel. Ein Grund mehr, um sie nicht »Zwangsarbeitslager« zu nennen; in ihrer düster-mannigfaltigen Beziehung zur Arbeit (Schwerstarbeit als Strafe, sinnlose und widerliche Arbeit als Schikane und Erniedrigung, Sklavenarbeit) waren sie u. a. auch Lager des mittelbaren Zwanges zur Arbeit, also Arbeitszwang-Lager. Diese ihre Rolle gewann mit den Jahren in beiden Regimes an Wichtigkeit.

Die beiden großen KZ-Systeme traten jeweils nach verhältnismäßig kurzer Zeit aus ihrer »wilden« Phase des lokalen Terrors in diejenige der zentral organisierten und gelenkten Terrorlager. Es hing mit der Festigung der jeweiligen totalen Macht nach dem offenen bzw. latenten Bürgerkrieg zusammen, nach der totalen Vernichtung jeder konkurrierenden organisierten politischen Macht im Lande. Es stellte sich dann die Frage nach der gänzlichen Auflösung der Lager als eines außerordentlichen Terrormittels aus der Zeit der Machtergreifung. In beiden Fällen wurde diese Frage negativ entschieden. In beiden Fällen bedeutete das, wie Martin Broszat bezüglich des Dritten Reiches bemerkt, »bereits willentliche Prolongierung des Ausnahmezustandes«[114] – es scheint mir aber, daß man bei dieser Feststellung nicht stehen bleiben sollte. »Ausnahmezustand«[115] ist nicht einmal eine hinlängliche Beschreibung für einen totalitären Staat, geschweige denn eine ausreichende Erklärung dafür. Ohne in die Staatstheorie oder in die Theorie des totalitären Staates abschweifen zu wollen, will ich nur bemerken, daß dieser »Ausnahmezustand« seitens totalitärer Staaten nichts anderes als das Eingeständnis bedeutet, daß man Angst hat vor dem Volk, gegen dessen Willen (trotz aller hochtrabenden und wortreichen gegenteiligen Behauptungen) man regiert.

Friedrich Engels war bereits am 4. September 1870 in einem Brief an Karl Marx zu dieser Überzeugung gekommen: »Man bekommt . . . eine viel bessere Idee von der Schreckensherrschaft. Wir verstehen darunter die Herrschaft von Leuten, die Schrecken einflößen; umgekehrt, es ist die Herrschaft von Leuten, die selbst erschrocken sind. La terreur [Der Terror, franz.], das sind großenteils nutzlose Grausamkeiten, begangen von Leuten, die selbst Angst haben, zu ihrer Selbstberuhigung«[116].

Ich glaube kaum, eine bessere Beschreibung der sowjetischen und der NS-KZs als Terror-Lager – sowie der KZs überhaupt – geben zu können. Beschreibungen der verschiedensten Grausamkeiten, Brutalitäten, Mißhandlungen und Mordtaten, die in beiden großen KZ-Systemen begangen wurden, findet man reichlich in den entsprechenden Erinnerungs-Literaturen, für die sowjetischen KZs besonders im 2. Band des

»Archipel GULAG« von Solschenizyn. Da ich hier nicht eine Geschichte des KZs bringen will, sondern einen Versuch deren Analyse als Erscheinung und Einrichtung, und mich nicht mit uns Häftlingen befassen will, sondern mit unseren Kerkermeistern, mit deren Beweggründen und Zielen bei der Errichtung der KZs, bleibe ich bei diesem Hinweis. Umso mehr, da ich der Meinung bin, daß bereits recht viel über unsere, der Häftlinge, Leiden berichtet worden ist, ohne daß die Frage deutlich genug gestellt und beantwortet worden wäre: warum, wozu?

Die Antwort auf diese Frage für jene zweite Phase der Geschichte der beiden großen KZ-Systeme (die gleichzeitig für all diejenigen KZs und KZ-Systeme gilt, die über diese Terror-Phase nie hinausgelangt sind) ist verhältnismäßig einfach. Ein Terror-KZ-Lager ist in den Händen der jeweiligen Terrorpolizei eines totalitären oder »autoritären« Staates eine nach zwei Seiten wirkende Waffe[117]. Ihr Hauptziel sind die Inhaftierten selbst. Sie sollen erstens aus dem aktiven, vor allem aus dem politischen Leben eliminiert und jeder Möglichkeit beraubt werden, irgendwie auf ihre bisherige Umgebung – und sei dies noch so mittelbar – auf das gesellschaftliche Leben einzuwirken. Dabei gelten die Regeln, die wir oben in leninistischer Formulierung kennengelernt haben (S. 77 f., 81 f.). Nach analogen Regeln verhaftete die NS-Polizei. Nach den Meldungen der bayerischen politischen Polizei wurden vom 30. März bis zum 2. November 1936 in Bayern 1791 Personen verhaftet, davon 156 wegen Betätigung oder Propaganda für die KPD oder SPD, 252 wegen »Vorbereitung oder des Verdachts der Vorbereitung zum Hochverrat«, 237 wegen »staatsabträglichen« bzw. »staatsfeindlichen« Verhaltens, 340 wegen »staatsfeindlicher Äußerungen«, »Verbreitung von Greuelnachrichten«, »Beleidigung des Führers« bzw. ». . . führender Persönlichkeiten«, »Verächtlichmachung des Hakenkreuzes«, »abfälliger Äußerungen über Gauleiter Streicher« u. ä.[118]. »So stand nun hinter jeder Kritik am Regime das KZ« – kommentiert das Karl Dietrich Bracher[119].

Dabei ist es kaum zu übersehen, daß die nationalsozialistische »Verbreitung von Greuelnachrichten«[120] im Grunde nichts anderes ist, als die sowjetische »Verbreitung wissentlich falscher Behauptungen . . .« bzw. die »Verleumdung der Sowjetunion« (vgl. o., S. 60 f.)[121].

Bereits die angeführten NS-Verhaftungsregeln ergeben mehrere Kategorien von Häftlingen: Einmal die aktiven politischen Gegner der alleinherrschenden Partei und ihres Regimes, dann Leute, die ihm feindlich bzw. kritisch gegenüberstehen und dieser Haltung Ausdruck geben, über gelegentliche Kritiker und Unehrerbietige bis hin zu schlichten Anekdotenerzählern, die unter »Beleidigung«, »abfällige Äußerungen« u. a. m. fallen. Susanne Leonhard berichtet von dem anderen Regime: ». . . Da gab es die ›Witzeerzähler‹, die einen der vielen antisowjetischen Witze nicht einmal selbst weiterkolportiert, sondern nur angehört und dabei gelacht haben«[122]. Man braucht nur »antinazistisch« anstelle von »antisowjetisch« zu setzen, um dieselbe Kategorie der Insassen des NS-KZ-Systems zu beschreiben.

»Die Anekdotschiki haben den Weißmeer-Kanal gebaut«, pflegte man vor über vierzig Jahren in Sowjetrußland zu spotten. Am 7. September 1972 wurde der damals 34jährige – also nach dem Bau des besagten Kanals geborene – ukrainische Dichter und Literaturkritiker Wassyl Stus in Kiew zu 5 Jahren KZ mit strenger Behandlung und drei Jahren Verbannung verurteilt, u. a. weil er während des Aufenthalts in einem Sanatorium zwei Anekdoten erzählt hatte, die als antisowjetisch betrachtet wurden[123].

Für die wirklichen Gegner bedeutet die Verschickung in ein Terror-KZ eigentlich nichts anderes als ein Todesurteil mit Zeitzündung[124] – einer Zeitzündung, die in vielen Fällen noch beschleunigt wurde. Denn von entschiedenen Regimegegnern konnte man kaum erwarten, daß der Lageraufenthalt den betreffenden Menschen geistig genug biegen oder brechen würde, um aus ihm, wenn nicht einen Anhänger des Regimes, so doch zumindest einen politischen Loyalen zu machen.

Diese Hoffnung hegten die Nazis allerdings gegenüber den politischen Gegnern aus Reih' und Glied – den einfachen Mitgliedern der kommunistischen Partei und der demokratischeen Parteien, der Gewerkschaften u. a. m., sowie jenen gelegentlichen Kritikern mit ihren »staatsabträglichen Äußerungen«. In dem einzigen veröffentlichten NS-Buch über ein NS-KZ, das 1934 erschien, steht viel über die »schwere, sehr schwere Erziehungsarbeit«, die »hier harrte«, und über »unser Erziehungswerk«[125].

In dem Vorwort des SA-Gruppenführers Karl Ernst lesen wir u. a.: »Der Mut zur unpopulären Maßnahme auf den ersten Blick, zur Rückerziehung zum sittlichen Arbeitsmuß, hat in den Konzentrationslagern für die antinationalsozialistischen Staatsfeinde seine erste Bewährung auf dem Gebiete der übernommenen und uns zugefallenen pädagogischen Großaufgabe erzeigt [sic].

Nicht Schinder und Menschenquäler, wie es eine verlogene Greuellüge [sic!] will, sondern deutsche soldatisch-harte Männer der braunen Sturmabteilungen haben verführten Volksgenossen gegen ihren Willen, zum eigenen Besten [sic!], zur politischen Einkehr und zum Arbeitsethos zurückverholfen«[126]. Mit anderen Worten, die Taugenichtse aus der SA hatten beschlossen, den deutschen sozialdemokratischen und kommunistischen Arbeitern »sittliches Arbeitsmuß« und »Arbeitsethos« beizubringen. Oder eher – einzuhämmern.

Wir wissen nicht, inwieweit sie hier wieder bewußte Nachahmer der bolschewistischen Taugenichtse waren. Karl Ernsts Vorwort ist datiert auf den 15. Februar 1934. Fast auf den Tag genau fünfzehn Jahre früher hatte Dserschinskij seine uns bekannte Rede über die sowjetischen KZs als »Schule der Arbeit« gehalten (o., S. 96). Ernst kannte sie aber nicht

– sie wurde viele Jahre nach seinem Tode im Gemetzel vom 30. Juni 1934 veröffentlicht. Dennoch könnte man die beiden Texte fast vertauschen. In seinem Referat im Rahmen des »Nationalpolitischen Lehrgangs der Wehrmacht vom 15. bis 23. Januar 1937« sagte der Reichsführer SS Heinrich Himmler u. a.: »Wir unterscheiden bei den Insassen selbstverständlich zwischen denen, die wir ein paar Monate hineintun, tatsächlich zur Erziehung, und denen, die wir lange drin lassen müssen. Die Erziehung geschieht im ganzen nur durch Ordnung, niemals durch irgendeinen weltanschaulichen Unterricht, denn die Häftlinge sind in den meisten Fällen Sklavenseelen, nur wenige Leute mit wirklichem Charakter sind darunter. ... Die Haupterziehung erfolgt durch Ordnung, peinliche Ordnung und Sauberkeit, peinliche Disziplin. Es ist ganz klar, daß der Mann, wenn ein Vorgesetzter erscheint, seine Mütze herunternimmt[127] und stillsteht ...« usw.[128]

Es erübrigt sich natürlich, auf die – ganz auf dem Himmlerschen geistigen Niveau stehende! – Verleumdung der inhaftierten deutschen Nazi-Gegner einzugehen. Es wäre nämlich völlig unerklärlich, wozu die Nazis diese Menschen hätten in Haft halten und streng bewachen müssen, wenn diese wirklich solche »Sklavenseelen« gewesen wären. Übrigens hätten gerade »Sklavenseelen« sich widerspruchslos »weltanschaulichem Unterricht« unterziehen lassen. In Wirklichkeit sollten diese Menschen durch die KZ-Haft und das, was ihnen in dieser Haft widerfuhr, geistig mürbe gemacht und gebrochen werden, damit sie sich zumindest äußerlich auf die Seite des allmächtigen Staatssystems stellten bzw. sich einer äußerlichen Loyalität befleißigten.

Hier kommt die zweite Wirkung der »KZ-Waffe« zum Vorschein. Jede Verhaftung eines »Hochverräters« oder eines »staatsabträglicher Äußerungen« Schuldigen sollte eine große Anzahl dazu Neigender in seiner Umgebung von ähnlichem Tun und Sagen abschrecken. Dasselbe galt für den später Entlassenen als abschreckendes Beispiel, wobei das strikte Verbot, irgendwas über die KZ-Zeit zu erzählen, eine weitere nach zwei Seiten wirkende Waffe war: Einerseits sollte sie der »Greuelpropaganda« Material vorenthalten, andererseits die abschreckende Wirkung steigern, da ja das bedrohlich Unbekannte das Wesen der Angst bildet. Daher die verhältnismäßig häufigen Entlassungen aus den NS-KZs bis zum Kriege[129].

Das Letztere galt weniger für die sowjetischen KZs in ihrer Terror-Phase. Die Sowjetkommunisten, durch den Bürgerkrieg und durch die im Verhältnis zu den Nazis in Deutschland viel geringere Anhängerschaft und Unterstützung im eigenen Lande noch viel unsicherer und ängstlicher gemacht, dachten kaum daran, einmal Inhaftierte aus ihren KZs zu entlassen. Dagegen versuchte man in den NS-KZs, auch vor dem Kriege, als die Häftlinge noch durchweg Deutsche waren, kaum eine propagandistische Beeinflussung, die in den sowjetischen KZs immer noch die Regel ist, wenn auch der Umfang der politischen Propaganda in den Lagern im Vergleich zu der Zeit von vor etwa 1937 sehr zurückgegangen ist.

»Die Verwahrung von Häftlingen ... aus Sicherheits-, erzieherischen oder vorbeugenden Gründen ...« — so beschrieb der SS Obergruppenführer Oswald Pohl in einem Schreiben an Himmler vom 30. April 1942 die bis zum Krieg geltende und von ihm nun »grundlegend geänderten« Aufgaben der NS-KZs[130]. Die »Vorbeugung« galt dabei den kriminellen Häftlingen (vgl. u., S. 206 ff.). Ihnen galt auch hauptsächlich die lange Zeit in den sowjetischen KZs proklamierte »Umschmiedung« (pjerekowka), wenn auch die »erzieherischen Maßnahmen« dort alle Häftlinge erfassen sollten und sollen. Eine Voraussetzung war wieder beiden Systemen gemeinsam: Wenn der zu »Erziehende«, »Umzuschmiedende« im Verlauf der (besonders für ihn selbst) »schweren, sehr schweren Erziehungsarbeit« zu leben aufhörte, wenn sein Organismus eher zusammenbrach, als sein Geist und sein Charakter, dann eben umso schlimmer für ihn.

Das soll nicht bedeuten, daß die Unterscheidung zwischen den zu Erziehenden und denjenigen, über die ein Todesurteil mit Zeitzündung gefällt worden war, bei den Sowjets oder bei den Nazis präzise getroffen worden wäre oder den unteren Schergen aus der Reihen der Tscheka oder der SS bewußt gewesen wäre. Ich skizziere nur die sehr allgemeinen Richtlinien, die sich in der hier wie dort herrschenden grausamen Willkür erkennen lassen — welche ja von geistig recht borniertenund schwerfälligen Menschen ausgeübt wurde.

1975 erklärte der Häftling Arje Chnoch in einem aus dem sowjetischen KZ WS 389/35 Wsjechswjatskaja (»Allerheiligen«) im Permgebiet herausgeschmuggelten Sammelinterview für die ausländische Presse: »Alle Bemühungen der Lagerorgane haben nur ein Ziel: die politischen Gefangenen soweit zu bringen, sich wenigstens äußerlich von ihren Überzeugungen loszusagen. Wenn das nicht gelingt, wird alles getan, um den Menschen psychisch zu brechen«. 1980 stellte die Dokumentation der Amnesty International fest: »Diese Gefangenen [sc. deren ›Verbrechen‹ durch Gewissensgründe motiviert waren] der Forderung nach Änderung ihrer Ansichten zu unterwerfen, stellt den Versuch dar, nicht irgendwelche kriminellen Neigungen auszuschalten, sondern sie zu zwingen, ihre Vorstellungen über intellektuelle und moralische, politische und religiöse Fragen preiszugeben. Da die ›Besserung‹ und ›Umerziehung‹ von Gefangenen in der Praxis mit einer Vielfalt von Strafmaßnahmen verbunden ist, die sowohl in den Besserungsarbeitskolonien als auch nach der Freilassung angewandt werden können, sind politische Gefangene in der Tat einer menschenunwürdigen Erpressung ausgesetzt«[131].

Es sei die Überlegung erlaubt, ob die vom Kommunismus wie vom Nationalsozialismus immer wieder proklamierte Schaffung eines »neuen

Menschen« nicht hier ihre Erläuterung findet; ob damit nicht gemeint ist, daß man den Menschen einem ungeheuerlichen Druck aussetzen will, der ihn entweder geistig plattdrücken – oder gänzlich zerquetschen soll. Eines der Mittel dieses für die Insassen physischen und seelischen, für alle anderen Menschen im betreffenden Machtbereich seelischen Drucks war und ist das KZ.

Zu den Faktoren jenes Todesurteils mit Zeitzündung gehörte auch in vielen Fällen die Lokalisierung des Lagers (vgl. o., S. 55 f.). Hier ist es nicht immer leicht, genau zu unterscheiden und einzelne Elemente der jeweiligen Entscheidung auseinanderzuhalten, da für die Lokalisierung der KZs mindestens zwei Aspekte eine Rolle spielten: Einerseits der möglichst ungesunde Charakter der Lokalität, andererseits wirtschaftliche Zweckmäßigkeit, vor allem das Vorhandensein von Bodenschätzen u. dgl., denen die schikanösen Straf- bzw. später die produktive Sklavenarbeit der Häftlinge gelten sollte. Dazu kamen bei den NS-KZs und besonders bei den Vernichtungslagern die möglichst isolierte Lage – damit sowohl die Einsicht von außen wie die Flucht erschwert werden könnte – sowie die Entfernung und Transportmöglichkeiten. Es scheint, daß es die geographische Lage von Auschwitz war, die mit diesem ursprünglich für die Polen bestimmten Konzentrationslager das größte Vernichtungslager koppeln ließ.

Schwer auseinanderzuhalten sind alle genannten Aspekte auch bei den sowjetischen KZs. Daß die ersten zentralen Lager nach der »wilden« Phase die im hohen Nordwesten errichteten »Nördlichen Lager zur besonderen Verwendung« (SLON) wurden, ist zweifellos auf das tödlich wirkende Klima jener Gegend zurückzuführen – das freilich auch, wie fortan bei den meisten sowjetischen KZs, fluchtvorbeugend wirken sollte und wirkte, besonders bei dem ersten allgemein bekannten sowjetischen KZ auf den berüchtigten Solowezker Inseln. Es war auch mittelbar die Tödlichkeit der Umgebung, die zur Anlage der riesigen Lagerkomplexe in den zu fällenden Wäldern des Nordens, an den Kohlevorkommen von Workuta im hohen Nordwesten und den Goldvorkommen von Kolyma im hohen Nordwesten führte. Sie wurden zwar vorrangig im Hinblick auf die wirtschaftliche Zweckmäßigkeit errichtet, aber in Gegenden, wo man freien (besser: freieren) Arbeitern weder die Arbeit zumuten, noch hoffen konnte, sie dorthin zu locken (vgl. u., S. 000 f.). Gleiches galt auch für die KZs in kriegsbedingter ungesunder Umgebung, wie die unterirdischen Werke des KZs Mittelbau (»Dora«) und ähnliche Betriebe in Sowjetrußland[132]. Eine der ungesunden Umgebung verwandte Erscheinung war in den NS- wie in den sowjetischen KZs – in den letzteren bis heute[133] – die Verwendung von Häftlingen zu besonders gesundheitsschädlichen Arbeiten (chemische Produkte, besonders Giftgase und chemische Kampfstoffe, Steinstaub u. a. m.; heute Uranförderung und Reinigung der Düsen von Atom-U-Booten). Das fällt jedoch in der Regel bereits in die Phase der Sklavenarbeitslager. Der nächste logische Schritt waren dann die Humanversuche (s. u., S. 174).

Wir können nur vermuten, inwieweit der ungesunde Charakter der Lokalität über die Errichtung der »Moorlager« im Emsland (Börgermoor, Esterwegen) entschieden hat. Sicher anzunehmen ist dies letzten Endes nur für einige Lager, darunter Dachau, sowie das ursprüngliche KZ Auschwitz.

Der polnische Geograph, Prof. Dr. Eugeniusz Romer, hat im Verlauf des Prozesses von Rudolf Höß in Krakau am 11. Dezember 1945 ein Gutachten vorgelegt, in dem er über das Lagergelände sagte: »Das Grundwasser nimmt alle diese Abwässer des organischen Lebens auf und mangels weiteren Abflusses wird es verseucht, verunreinigt weiter die Luft und verursacht verschiedene Krankheiten. Orte wie Dachau und Auschwitz hat das Leben seit Jahrtausenden vermieden, a contrario lauerte dort der Tod. Daß man Hunderttausende von Menschen in einer Lokalität mit stagnierendem Grundwasser zusammengepfercht hat, ist zu einer zusätzlichen Pein in der Auschwitzer Gehenna geworden«. Im Verlauf desselben Prozesses wurde bekannt, daß bevor das im Sommer 1940 errichtete KZ Auschwitz erweitert werden sollte, eine besondere deutsche Kommission das Gelände untersucht hatte. Prof. Dr. Ing. Ferdinand Fr. Zunker, ein bekannter Breslauer Spezialist für Wasserwirtschaft, erstattete am 26.3.1941 ein Gutachten, in dem er feststellte, daß das Wasser des Auschwitzer Lagergeländes sich nicht einmal zum Mundspülen eignet[134].

Es steht außer Zweifel, daß es eine bewußt erzeugte Pein in einer neuen Gehenna war, als die kommunistische Militärjunta in Polen Mitte Dezember 1981 ein Konzentrationslager für polnische Gewerkschaftler und Intellektuelle auf der seesturmgepeitschten, frostigen Halbinsel Hela einrichtete.

Die sowieso verwickelte Beziehung zwischen KZ und Arbeit wurde noch zusätzlich − oder vielleicht gerade ursprünglich? − dadurch kompliziert, daß der jeweilige Anfang der totalitären Regimes, die die beiden großen KZ-Systeme hervorgebracht haben, von einer riesigen Arbeitslosigkeit im betreffenden Lande begleitet wurde. In Deutschland war sie bekanntlich eine der Ursachen der »Machtergreifung« durch die totalitäre Partei, in Rußland eine der Folgen dieser Machtergreifung und des auf sie folgenden verwüstenden Bürgerkrieges. Somit fehlte es an Bedarf an Häftlingsarbeit außer in den Lagern und für die Lager, die von den Häftlingen selbst erbaut wurden. Nach der leninistischen Konzeption der »Arbeit als Strafe« (o., S. 75 f.) überwog immer mehr die Strafe die Arbeit. Mit anderen Worten, es entstanden jene erniedrigenden Formen der Pseudo-Arbeit, von denen ich am Anfang dieses Kapitels gesprochen habe.

Wir hören darüber, wie Häftlinge Wasser in Eimern von einem Eisloch ins andere tragen mußten; wie sie inmitten fallenden Schnees den Schnee wegschaffen mußten (in Dachau auf Tischplatten von den Wohnbaracken)[135]; wie sie Mauern aufrichten mußten, die am nächsten Tag abgetragen und am dritten Tag wieder aufgebaut wurden[136]; wie sie Sand von einem Haufen auf den anderen und wieder zurück schippen mußten[137] bzw. den Sand auf einen Wagen nicht mit Schaufeln, die sie wegwerfen mußten, sondern mit bloßen Händen luden[138] – usw. usf.

Prof. Dr. Stanisław Skowron, einer der 183 am 6. November 1939 in Krakau auf hinterhältige Weise verhafteten[139] und in das KZ Sachsenhausen verschickten Professoren, Dozenten und Assistenten der Jagellonischen Universität zu Krakau, schreibt in seinen Erinnerungen: »Das Lager Sachsenhausen war, genaugenommen, kein ausschließliches Arbeitslager. Wer nicht arbeitete, wurde dem sog. Stehkommando[140] zugewiesen, er mußte also einige Stunden vormittags und nachmittags in einer gedrängt vollen Stube stehen, kein Mensch weiß, wozu eigentlich. Es war ein Einfall, dessen Mutter die Schikane und dessen Vater ein Idiot war«[141].

In derselben Zeit konnte es noch in Neuengamme passieren, daß 350 Häftlinge drei Wochen lang Tag für Tag dicht aneinandergepreßt in einem Waschraum und in einem Abort stehen mußten. Bald darauf wurden dieselben Männer bei Erdarbeiten im Laufschritt gehetzt, »damit keine Minute der kostbaren Arbeitszeit verloren ging«[142].

Teils war es wieder Schikane und Quälerei. Die ständige Abwechslung von end- und sinnloser Zeitverschwendung und einer ebenso sinnlosen Hetze gehörte in den sowjetischen wie in den NS-KZs zu den wichtigsten Mitteln, Menschen zu schinden und geistig zu brechen – wenn etwa ein Häftlingstransport stundenlang im Schnee zwischen den Gleisen sitzend warten mußte, um dann mit Hunden, Geschrei und Schlägen Hals über Kopf in die Waggons gehetzt zu werden. Zu jenen sinnlosen Arbeiten wurden die Häftlinge ebenfalls wild angetrieben.

Zum Teil jedoch trifft die beißende Ironie des zitierten Autors ins Schwarze: Im nationalsozialistischen, wie bereits viele Jahre früher im sowjetischen KZ-System kam einmal die Zeit, wo auf einmal jede »Minute der kostbaren Arbeitszeit« genauso unmenschlich gezählt werden sollte, wie sie früher unmenschlich vergeudet worden war.

Anmerkungen

III. Erste Funktion: Terror-Lager

1 Eines der neuesten und scheußlichsten Beispiele: Politische Häftlinge in Chile nach 1973 wurden gezwungen, Ziegelsteine mit dem Mund zu schleppen. Pers. Ber.

2 Vgl. hier den in dieser Hinsicht äußerst treffend formulierten Titel der Erinnerungen von Edgar Kupfer-Koberwitz, Die Mächtigen und die Hilflosen, Als Häftling in Dachau (2 Bde., 1957–1960) sowie den Titel der Erinnerungen von Benedikt Kautsky, Teufel und Verdammte, Erfahrungen und Erkenntnisse aus sieben Jahren in deutschen Konzentrationslagern (1946) (wörtlich so in der norw. u. d. engl. Ausgabe: Djevler og fordømte, Oslo 1949; Devils and the damned, London 1960). – Vgl. auch Bruno Bettelheim, (The Informed Heart, Autonomy in a Mass Age, 1960; deutsch unter dem noch weniger glücklichen und dem Inhalt entsprechenden Titel:) Aufstand gegen die Masse, Die Chance des Individuums in der modernen Gesellschaft (1964) (als ob »die moderne Gesellschaft« ein NS-KZ wäre!), S. 147, 225.

3 S. oben, S. 51 f.

4 Vgl. als Beispiel den angeblichen Bericht aus einem angeblichen Leserbrief, der kürzlich von einem neonazistischen Periodikum veröffentlicht wurde: »Der Mann zog ein Schriftstück aus der Tasche – es war ein Entlassungsschein aus einem KZ! Seien sie beruhigt, Mutter, ich bin Jude und es war Krieg. [Man merke die unterstellte »zwingende« Folgerung! – d. Verf.] Auswandern konnten wir nicht, weil uns kein Land aufnahm. Deshalb wurden wir in ein Arbeitslager gebracht, die es in anderen Ländern auch gegeben hat und noch gibt. Es geschah niemandem etwas Schlechtes, wenn er sich an die Ordnung hielt, die Adolf Hitler für uns und von uns verlangte. Sie können stolz auf ihren [sic] Führer sein! ...« usw. (Solche angeblichen Berichte in angeblichen, anonym veröffentlichten Leserbriefen, sind seit Jahrzehnten eine bei neonazistischen Periodika beliebte Form des Vorbringens unglaublichster Behauptungen über NS-Verbrechen, besonders über NS-KZs und -VL, für die die betreffende Redaktion so keinerlei formelle Verantwortung übernimmt und sich jederzeit davon distanzieren kann.)

5 H. Himmler, Geheimreden ..., S. 159.

6 B. Bettelheim, Aufstand gegen die Masse, S. 264.

7 O. Wormser, H. Michel, Tragédie de la Déportation 1940–1945, S. 156 (dort zit. Jean Laffitte, Ceux qui vivent [Die, die leben, franz.], 1947).

8 »... unter dem Antreiben eines russischen Meisters, der ein wahrer Sklavenhalter war, mit Fußtritten und Beschimpfungen uns traktierte ... [...] Der Sklave ist nur ein halber Mensch«. H. Gollwitzer, ... und führen wohin du nicht willst, S. 196, 100 f.

9 Der Titel ist eine Anspielung auf Victor Kravchenko, der aus Sowjetrußland floh und damit »die Freiheit wählte«. González begab sich 1939 freiwillig in die UdSSR, womit er, wie er bald einsah, »die Sklaverei wählte«. Es gelang ihm dann die zweite unter Lebensgefahr unternommene Flucht. Vgl. u., Anm. 45 zum Kap. IV. – V. González, Yo escogí la esclavitud (1977). Die mir zugängliche dt. Ausg. v. 1951 – El Campesino, Die Große Illusion – unterscheidet sich ziemlich stark v. d. gleichzeitigen franz. u. d. span. Orig. – deren Kap. XXVII, »Zwangsarbeit: Grundlage des Regimes« ist ein anderer Text. Auch hier hören wir abwechselnd v. sowj. »Konzen-

trationslagern« u. »Sowjetarbeitslagern«. I. d. franz. Ausg. ist von »Zwangsarbeit« die Rede.

10 A. Solschenizyn, Der Archipel GULAG, Bd. 2, S. 145.
11 Livre Blanc . . ., S. 19.
12 L. D. Trotzkij, Kak woorushalasj rewoluzija [Wie die Revolution sich bewaffnete], Moskwa 1923, Bd. I, S. 216 – zit. M. Heller, Konzentrazionnyj mir i sowjetskaja literatura [Die konzentrationäre Welt und die sowjetische Literatur, russ.], London 1974, S. 43; dt. Ausg. Stacheldraht der Revolution, Die Welt der Konzentrationslager in der sowjetischen Literatur (1975), S. 45. Da die deutsche Übers. nicht aus d. russ. Orig., sondern aus der franz. Übers. gemacht wurde, und bes. i. d. Quellenangaben nicht immer genau ist, benutze ich hier gleichzeitig beide Ausg. dieser für unser Thema höchst wichtigen Studie.
13 L. D. Trotzkij Werke [russ.], Bd. 17, 1. Teil, Moskwa 1927, S. 290 f. – zit. M. Heller, a.a.O., russ. S. 43, dt. S. 45.
14 M. Heller, a.a.O., russ. S. 49, dt. S. 50 f., nach Isaac Deutscher, Trotsky, Bd. I, S. 546.
15 »Lies ›Partisanen ‹«, bemerkt dazu Solschenizyn. Bei dieser Gelegenheit können wir feststellen, daß auch der Brauch, Aufständische und Partisanen der Gegenseite »Banditen« zu nennen, von den Sowjets erfunden und von den Nazis dann nachgeahmt wurde.
16 Im Orig. »Konzlagerja« (vgl. oben, S. 56).
17 M. N. Tuchatschewski, Borba z kontrrewoluzjonnymi wosstanijami [Kampf mit den konterrevolutionären Aufständischen, russ.], Wojna i rewoluzija [Krieg und Revolution], 1926, H. 7/8, S. 10 – zit. A. Solschenizyn, Der Archipel GULAG, Bd. 3, russ. S. 356, dt. S. 340.
18 So sahen zwanzig Jahre später NS-Lager für sowj. Kriegsgefangene aus.
19 A. Solschenizyn, a.a.O., Bd. I, russ. S. 45, dt. S. 43, nach Tuchatschewski, a.a.O. Vgl. auch A. Ulam, Stalin (dt.), S. 183.
20 Wörtlich »dunkle« (tiomnyje).
21 Wie Anm. 12, S. 232 f. Zit. M. Heller, a.a.O., russ. S. 44, dt., S. 46. Ungenau zit. bei L. Singer, Sowjetimperialismus, S. 51 f.
22 »Dieser nunmehr gänzlich vergessenen Frau war dazumal (via ZK und Tscheka) das Schicksal des gesamten Gouvernements Pensa anvertraut«, kommentiert A. Solschenizyn, a.a.O., Bd. 2, S. 18, Anm. Jewgenija Bogdanowna (Gottliebowna) Bosch beging 1925 Selbstmord: S. Leonhard, Gestohlenes Leben, S. 711 (dort das Todesdatum irrtümlich mit 1924 angegeben). In der Großen Sowj. Enzyklopädie, Bd. 3, 1970, wird ihre Zugehörigkeit zu den »linken Kommunisten« 1918 und zu der »trotzkistischen Opposition« erwähnt, aber weder ihre Pensaer Zeit noch ihr Selbstmord. Für manche andere kommunistische Enzyklopädie ist sie eine Unperson.
23 Im Orig. »ssomnitjelnych« (zweifelhaft, unzuverlässig, verdächtig).
24 In der dt. Ausg. d. Werke Lenins »in Konzentrationslager«, so auch in der dt. Ausg. v. A. Solschenizyn, Der Archipel GULAG, Bd. 2, S. 18 zitiert. Im russ. Orig. jedoch steht »w konzentrazionnyj lagerj«, also »in ein Konzentrationslager«. W. I. Lenin, Werke, 5. russ. Ausg., Bd. 50, S. 143 f., vgl. A. Solschenizyn, Archipel GULAG (russ.), Bd. 2, S. 17.
25 W. I. Lenin, Werke (dt.), Bd. 36, S. 479.
26 A.a.O., Bd. 35, S. 325.
27 R. Payne, Lenin, Sein Leben und Tod (1965), S. 356 f.
28 Es gab auch eine Zeitschrift Der rote Terror – A. Solschenizyn, Der Archipel GULAG, S. 104. – Der Spiegel, H. 9 vom 27. 2. 1978, S. 169, brachte den Bericht eines deutschen Äthiopien-Kenners, in dem wir u. a. lesen: »Der Rote Terror, von der Regierung unter diesem Namen amtlich sanktioniert, hat in den letzten Wochen allein in der Hauptstadt mindestens tau-

send Menschenleben gefordert. Schätzungen gehen bis zu 3000 Toten ...
Die DDR hilft beim Roten Terror aktiv mit. Sie hat mehrere Hundert Experten im Land, vor allem beim Sicherheitsdienst. Dessen heimlicher Chef, so westliche Diplomaten, sei ein DDR-General. Auch ihre Mauerbauerfahrungen nutzten die DDR-Fachleute im fernen Afrika: Sie umzäunten die Derg- [= die in Äthiopien regierende Militärjunta]Zentrale mit einem hohen Stacheldraht-Wall samt Wachttürmen – eine Kopie der innerdeutschen Grenze«. Die wieder bekanntlich eine verbesserte Version der Umzäunung der NS-KZs ist.

29 »... putjom isolirowanija ich w konzentrazionnych lagerjach«. Ssobranije Usakonjenij RSFSR [Amtliches Gesetzblatt der Russischen Sozialistischen Föderativen Sowjetischen Republik], 1918, Nr. 65, S. 710. Zit. A. Solschenizyn, Der Archipel GULAG, Bd. 2, russ. S. 17, dt. S. 19.

30 »... w N. Nowgorod«, in der deutschen Übersetzung ausgelassen. Es ist leider nicht die einzige Stelle, wo die literarisch ausgezeichnete Übersetzung des »Archipel GULAG« Ungenauigkeiten und sachliche Mängel aufweist.

31 »... w konzentrazionnyj lagerj ...«

32 Zit. A. Solschenizyn, Der Archipel GULAG, Bd. 2, russ. S. 19, dt. S. 21.

33 A. a. O., russ. S. 44 (vgl. dt., S. 46 f.)

34 Im Orig. wörtlich »von allen schädlichen Insekten« (ot wsjakich wrjednych nasjekomych). W. I. Lenin, Werke, 5. russ. Ausg., Bd. 35, S. 204 – vgl. A. Solschenizyn, Archipelag GULag (russ.), Bd. 1, S. 40.

35 W. I. Lenin, Werke, dt., Bd. 26, S. 412 f.

36 »Klassowo tschuschdyje elementy« – »klassowo wraschdebnyje elementy«; »konzentrazionnyje lagerja« – »lagerja prinuditjelnowo truda«. Vgl. M. Heller, a. a. O., russ. 53. In die dt. Ausg., S. 54, haben sich die »Anhänger fremder Ideologien« statt des richtigen »fremde Klassenelemente« wahrscheinlich beim Übers. des russ. Orig. ins Franz. und dann ins Deutsche eingeschlichen.

37 M. Heller, a. a. O., russ. S. 53 (vgl. dt., S. 54).

38 Im ersten Fall »najbolee tjascholyje prinuditjelnyje raboty« (wörtlich »die am meisten schweren ...«, von »tjascholyj« – »schwer«), im zweiten »tjagtschajschyje ...«, Superlativ von »tjagoj«, »schwer, lästig« – in zeitgenössischen russ. Wörterbüchern (u. a. in dem von Lenin selbst ständig benutzten Tolkowyj Slowar [Erklärendes Wörterbuch] von Wladimir Dal) als Provinzialismus aus der Gegend von Jaroslaw vermerkt, inzwischen verschwunden. – Istorija sowjetskogo gossudarstwa i prawa [Gesch. d. sowj. Staates u. Rechtes] (1968), Bd. I, S. 442; Jeschenedjelnik WTschK [Wochenblatt d. allruss. Tscheka], Nr. 2, S. 4 u. 15 – zit. M. Heller, a. a. O., russ. S. 24, dt. S. 27.

39 Vgl. bei M. Heller, a. a. O., russ. S. 23 ff., dt. S. 26 ff., das Kapital »Arbeit als Strafe«.

40 Djewjatyj sjesd RKP (b) [9. Kongreß der Russ. komm. Partei (Bolschewiki)], zit. M. Heller, a. a. O., S. 60 f. u. I. Schafarewitsch, Der Todestrieb ..., S. 294. Vgl. B. Baschanow, Ich war Stalins Sekretär, S. 12, 141.

41 M. Heller, a. a. O.

42 K. Marx u. F. Engels, Ausgewählte Schriften, Bd. I, S. 42 (dies., Werke, Bd. IV, S. 481).

43 Wörtlich »Arbeitsarmist« (Trudoarmjejetz), »Kanalarmist« (Kanaloarmjejetz). M. Heller, a. a. O., russ. S. 147, dt. S. 139.

44 KPSS w resoluzijach i reschenijach sjesdow, konferenzij i plenumow ZK [Die KPdSU in den Resolutionen und Beschlüssen der Kongresse, Konferenzen und Vollversammlungen der Zentralkomitees], Bd. 2, S. 161 f. – zit. M. Heller, a. a. O., S. 62.

45 Diese Gegenüberstellung »eines beträchtlichen Teiles der Arbeiter« der »Arbeiterklasse« ist ein gutes Beispiel für die spezifische, rein abstrakte Bedeutung der letzten Bezeichnung in der Irrealsprache des Sowjetkommunismus. Vgl. nächste Anm.

46 KPSS w resoluzijach ..., a.a.O., S. 162. – Charles Bettelheim, Die Klassenkämpfe in der UdSSR, Band I, 1917–1923 (1975), S. 163 f., kommentiert das u. a. wie folgt: »Dieser Rückgriff auf Zwangsmaßnahmen ist in der Tat nur der Nebenaspekt einer Situation, deren Hauptaspekt die Konstituierung des Proletariats als herrschende Klasse ist. ... Es ist kein Argument, aufgrund der Ausübung von Zwang gegenüber bestimmten Elementen der Arbeiterklasse und der Bauernschaft zu behaupten, die Macht, die diesen Zwang ausübt, wäre nicht diejenige der Arbeiter und Bauern«. Vgl. u., S. 105. Der zit. Autor, Charles Bettelheim, ist von dem Psychiater Bruno Bettelheim zu unterscheiden. R. Aron, Plädoyer ..., S. 64, stellt fest: »Schließlich kämpften die Bolschewiki im Namen des Marxismus und der Diktatur des Proletariats fast gegen die gesamte Bevölkerung, von der ein Teil des Proletariats oder vielmehr ein mythisches Proletariat ausgenommen wurde«.

47 »... Prinjatj mjery k ich wozwraschtscheniju«.

48 26. Jan., 8. u. 11. Febr., 28. März 1931. D. J. Dallin, B. I. Nicolaevsky, Forced Labor ..., S. 196.

49 M. Heller, a.a.O., russ. S. 57, dt. S. 58.

50 Zuerst veröff. in Istoritscheskij Archiv, 1968, Nr. 1, S. 13–16. Zit. M. Heller, a.a.O., S. 64.

51 W. I. Lenin, Werke, 5. russ. Ausg., Bd. 45, S. 189 – zit. A. Solschenizyn, Archipelag GULAG, russ., S. 356, dt. S. 337 (wo die Übers. ungenau ist).

52 Anm. 76 in der dt. Ausg. v. W. I. Lenin, Werke, Bd. 33, S. 505: »Der überarbeitete Entwurf des Strafgesetzbuches, der in den Artikeln 57, 58, 61 und 70 Lenins Vorschläge berücksichtigte, wurde auf der III. Tagung des Gesamtrussischen ZEK [Zentralexekutivkomitees, bek. Abk. WZIK] der IX. Wahlperiode (12.–26. Mai 1922) erörtert und bestätigt«.

53 »Njeobchodimostj«, in der dt. Übers. »Notwendigkeit«, m. E. hier zu schwach.

54 Pensieri di Lenin sul cattolicismo (Ricordi personali) [Lenins Gedanken über den Katholizismus (Persönliche Erinnerungen), ital.], Osservatore Romano, 23. 8. 1924. Den Namen des Autors des damals anonym erschienenen Beitrags nennt Dominik Morawski, Korespondencja z Rzymu [Korrespondenz aus Rom, poln.], Kultura (Paris), H. 7/8–78, S. 129 ff. Ich weiß nicht, in welcher Sprache Lenin mit Pfarrer Bede gesprochen hat. Die uns interessierenden Sätze lauten in dem italienisch verfaßten Bericht: »›Che vuoi?‹, mi diceva [Lenin] un giorno, ›per quanto tutto ció mi ripugni, noi dei Sovieti dobbiamo per forza impiegare i mezzi piú radicali per togliere dalla nostra nazione tutti gli elementi ostili al nostro programma. Con questi non si puó ragionare, come non si ragiona colla vipera che ti addenta: la si uccide ... s'impone ... lo sterminio di quanti ci si oppongono‹.«

55 Mehrere Jahre später rief das nationalsozialistische Justizministerium unter Thierack zum »rücksichtslosen Kampf« u. a. gegen »Asoziale«, »Parasiten« usf. und zwar u. a. zwecks »Reinigung des Volkes« – D. Majer, »Fremdvölkische« ..., S. 615 f. – Und in einem »SPIEGEL-Gespräch« mit dem KPD-Führer Jürgen Horlemann (Der Spiegel, H. 6/74, S. 40) lesen wir u. a.: »SPIEGEL: Sind Arbeitslager, wie Solschenizyn sie im ›Archipel GULAG‹ beschreibt, für Sie ein Modell zur Umerziehung?
HORLEMANN: ... Wir sind der Ansicht, daß alle Parasiten, die auf Kosten des werktätigen Volkes leben, einer nützlichen Tätigkeit zugeführt werden müssen.

SPIEGEL: Und wer ein Parasit ist, bestimmen Sie?
HORLEMANN: Dafür gibt es objektive Merkmale«.
In der Deutschen Postzeitung vom 17. 8. 1933 stand über eine Besichtigung des KZs Oranienburg u. a. zu lesen: »Aufgefallen ist uns der ausgesprochene kommunistische Typus vieler Lagerinsassen ...« (Zit. W. Schäfer, Konzentrationslager Oranienburg, S. 27). Auch hier also gab es »objektive Merkmale«, nach denen man einen »kommunistischen Typus« erkennen konnte.

56 Zit. bei B. Lewytzkyj, Die rote Inquisition, S. 25.

57 Ein eminenter liberaler deutscher Publizist schrieb vor einigen Jahren: »Wir, die wir den Sowjet-Alltag nicht kennen, haben kein Urteil, ob 1917 ein anderes als das System Lenins dem Lande bekömmlicher gewesen wäre« (Rudolf Augstein, Ein Betriebsunfall namens Stalin, Der Spiegel, H. 7 v. 11. 2. 74). Was der Sowjet-Alltag (der heutige? derjenige von 1917? derjenige von 1938? – vgl. u., S. 190 ff.) hier zu suchen hat, begreife ich nicht. Wie bekömmlich das System Lenins/Stalins den westlichen Nachbarländern Sowjetrußlands ist, denen es inzwischen aufgezwungen wurde, dürfte bekannt sein; der polnische Alltag macht schon lange Schlagzeilen. Wobei dieses Aufzwingen des Systems fremden Ländern und Völkern von Anfang an zum System selbst gehörte. Es ist natürlich immer eine hochinteressante Frage, inwieweit Unterdrückung, Massenterror (der ja ebenfalls untrennbar zum »System Lenins« gehörte – vgl. o., S. 73 ff., 77) und Massenmorde anderen bekömmlich seien. Die Frage, ob 1933 ein anderes als das System Hitlers dem deutschen Lande bekömmlicher gewesen wäre, wird in neonazistischen Veröffentlichungen eifrig diskutiert.

58 Wer hier etwa einwerfen möchte, daß die auf Lenins Befehl »eingesetzten Diktatoren« und ihre Gefolgsmänner durchweg keusche Heilige waren, der möchte sich bei dem leidenschaftlichen Kommunisten Panait Istrati, Rußland nackt (1930), die der sowj. Presse der späten zwanziger Jahre entnommene Aufzählung der Fälle lesen, in denen sowjetische Arbeiterinnen, Angestellte, und ganz besonders Lehrerinnen ihren Betriebs- und Parteivorgesetzten »zu Willen zu sein« gezwungen oder vergewaltigt wurden – mit zahlreichen Selbstmorden als Ergebnis.

59 Vgl. oben, Anm. 52.

60 Es sei darauf hingewiesen, daß die »internationale Bourgeoisie« genauso Wahnvorstellung und Trugbild war und ist, wie das »Weltjudentum« des Nationalsozialismus.

61 Zit. bei E. Jäckel, Hitlers Weltanschauung, S. 65.

62 W. Sauer, Die Mobilmachung der Gewalt, S. 452 f., Anm. 260.

63 O. Autenrieth veröffentlichte 1919–1924 vier Zukunftsromane, die insgesamt eine Auflage von 313 Tausend Exemplaren erreichten und sämtlich vergriffen waren, sowie vier weitere politische Broschüren.

64 O. Autenrieth, Bismarck II., Der Roman der deutschen Zukunft (München 1921), S. 184 ff. Es ist mir nicht bekannt, warum, nachdem die Auflage von 30 000 Exemplaren vergriffen war, keine neue gedruckt wurde.

65 Vgl. die Bemerkung von M. Heller, oben, S. 100.

66 Als »Evakuierung« bezeichnete man in Deutschland schon in den Jahren vor dem Ersten Weltkrieg die geplante Vertreibung bzw. Deportierung der Bevölkerung der zu erobernden Gebiete östlich und westlich von den Grenzen des hohenzollernschen Deutschen Reiches. Vgl. Daniel Frymann (pseud., wirkl. Name Heinrich Claß), Wenn ich der Kaiser wär', Politische Wahrheiten und Notwendigkeiten (1912), S. 140 f., 152, 170; Ernst Jäckh an Friedrich Naumann, im August 1913 (über dem Schreiber widerstrebende diesbezügliche Ansichten), aus dem Nachlaß Jäckh's, Yale University, zit. (in engl. Übers.) bei H. C. Meyer, *Mitteleuropa* in German Thought

and Action 1815–1945 (1955), S. 107f. Eine frühere Bezeichnung für dasselbe gebrauchte B. v. Bülow in einem Brief an F. v. Holstein vom 10. Dezember 1887: ».. während wir andrerseits dann den Augenblick des Krieges benutzen sollten, um aus unseren polnischen Landesteilen die Polen en masse zu exmittieren«. Die geheimen Papiere Friedrich von Holsteins, Bd. III (1961), S. 214.

67 Bert Branden (Pseud., wirkl. Name Herbert Blank), Achtung, Hier Deutschland! Der Roman der Zeit, S. 114f. – Vgl. auch etwa Max René Hesse, Partenau (Frankfurt a. M. 1929), S. 155f.; (Hamburg 1952), S. 139f.; (München 1956), S. 99ff. – u. a. m.

68 Die Ostmark, 1931, S. 5.

69 S. Mora, P. Zwierniak, La justice soviétique, S. 237.

70 Mit den Erlassen des Führers und Reichskanzlers vom 8. u. 12. 10. 1939 wurde der westliche Teil der NS-besetzten polnischen Gebiete als »Reichsgau Wartheland«, als das zentrale Stück vom »Reichsgau Danzig–Westpreußen«, als »Regierungsbezirk Kattowitz« i. d. Provinz Schlesien u. als »Reg. Bez. ›Zichenau‹« (Ciechanów) i. d. Provinz Ostpreußen »dem Reich eingegliedert« – fast genau bis zur Grenze der von Preußen in den drei Teilungen Polens 1772–1793–1795 annektierten poln. Gebiete (ohne Warschau). Der östl. Teil, der fast genau den damals v. Österreich annektierten poln. Gebieten entsprach (plus Warschau), wurde zu einem »Generalgouvernement« (urspr. »Generalgouvernement für die besetzten polnischen Gebiete«).

71 Himmler an Greifelt, aus d. FHQ 12. 6. 1942, VfZ 1958, H. 3, S. 325 u. a. Dok. dortselbst; Die Vergangenheit warnt, Dokumente ..., Prag 1960.

72 Juden wurden v. d. Sowjets sehr bald unter der Rubrik »Gauner u. Parasiten« behandelt – der sowj. Antisemitismus hat sich dann in den Jahren des Zweiten Weltkrieges u. danach entwickelt. Vgl. bes. R. W. Schloss, Laß mein Volk ziehen (1971) sowie E. Kusnezow, Lagertagebuch (1974) u. d. »Chronika ...«, passim. I. d. letzten Zeit etwa Der Spiegel, H. 52/77, S. 108ff. (»Hitler-Begründer Israels«, In der Sowjet-Union wächst der Antisemitismus, selbst Nazi-Propaganda wird übernommen), sowie H. 2/79, S. 136f. – Eine bes. Form des sowj. Antisemitismus ist das Verschweigen des NS-Völkermordes a. d. europäischen Juden u. überhaupt jeglicher besonderer NS-Judenpolitik in sowj. wiss. Publikationen. Die Sowjetskaja Istoritscheskaja Enziklopedija, Bd. 5, 1964, Sp. 445, Stichwort »Jewreji« (Juden), widmet dieser Frage sechseinhalb Zeilen von fast drei Spalten – viel weniger, als der folgenden Polemik gegen den Zionismus. In dem bereits zit. Werk vom P. S. Romaschkin, Kriegsverbrechen des Imperialismus (n. d. poln. Ausg. v. 1955), ist im Kap. V, Kriegsverbrechen der Imperialisten während des Zweiten Weltkrieges, das Wort »Jude« überhaupt nicht zu finden. Der Autor beschreibt Massenmorde a. d. »Zivilbevölkerung«, an »Sowjetbürgern« oder einfach an »Menschen«. Desgl. W. D. Kulbakin, Otscherki ... [Abriß der neueren Geschichte Deutschlands, russ.], 1962: Im Kap. VII, Deutschland unter dem Joch der faschistischen Diktatur (1933–1945), S. 329–483, ist das Wort »Jude« nur einmal, im Zusammenhang m. d. sog. Sonderstrafrecht f. Polen u. Juden im besetzten Polen vom 4. 12. 41 zu finden (»alle Polen u. Juden wurden für vogelfrei erklärt«, S. 406). Sonst wird dieses Wort weder im Zusammenhang mit Auschwitz u. Majdanek, S. 425, noch mit Babi Jar, S. 442, gebraucht. Die »Nürnberger Gesetze«, die »Reichskristallnacht« u. überhaupt die Verfolgung der deutschen Juden werden nicht erwähnt.

73 C. Rößler, System der Staatslehre, A. Allgemeine Staatslehre, 1857 – zit. G. Ritter, Staatskunst und Kriegshandwerk, Bd. 1, S. 268.

74 P. de Lagarde, Schriften für das deutsche Volk, 2. Bd., Ausgewählte Schriften (1924, 1934, 1937, 1940), S. 239.
75 A. Hitler, Mein Kampf, S. 186.
76 H. Rauschning, Gespräche mit Hitler, S. 129. Vgl. u., Anm. 223 zum Kap. IV.
77 Nürnb. Dok. D-726, Der Prozeß ..., Bd. 35, S. 428.
78 Dto. 1919-PS, a.a.O., Bd. 19, S. 566.
79 A. J. Kamiński, Hitlerowskie obozy koncentracyjne ... (1964), S. 271.
80 M. Heller, Konzentrazionnyj mir ..., S. 76, Anm. 34.
81 Bei A. Solschenizyn, Der Archipel GULAG, Bd. 2, russ. S. 20, dt. S. 22, heißt es in der dt. Übers. etwas irreführend: »(Die KZs wurden 1922 abgeschafft)«. Abgeschafft wurde nur nach und nach der Name und die Lager, die ihn damals trugen. Sie erstanden woanders wieder unter anderer Bezeichnung.
82 A. Solschenizyn, a.a.O., S. 17.
83 R. Höß, Kommandant in Auschwitz, S. 60.
84 R. Diels, Lucifer ante portas, S. 200.
85 Urteil der 5. Strafkammer des Landgerichts Wuppertal in der Strafsache gegen 26 ehem. Mitglieder der SA-Wachmannschaft des nationalsozialistischen Konzentrationslagers Kemna in Wuppertal-Barmen, 1948, Stadtarchiv Wuppertal, T II (44), S. 51, 300, 325, 336.
86 K. Ibach, Kemna, Wuppertaler Lager der SA. 1933 (1948), S. 21 f. Zu Kemna s. a. Anklageschrift ... vom 7. Januar 1948, Stadtarchiv Wuppertal T II (43); A. J. Kamiński, Vom Polizei- zum Bürgerstaat, Kap. XI; sowie nächste Anm.
87 Der Prozeß ..., Bd. 12, S. 281 f.
88 Vgl. Dserschinskij, oben, S. 77!
89 R. Diels, Lucifer ante portas, S. 190.
90 R. Conquest, Am Anfang starb Genosse Kirow, S. 608. Vgl. das., S. 612f.; D. Desanti, Les Staliniens, S. 170, 177, 240, 246 f., 252 f.
91 Zit. P. Merseburger, Der Linken entgegnet, Die Zeit, 12. 11. 76. Vgl. u., S. 230. Analoge Sätze über die NS-KZs sind in Hülle und Fülle seit über dreißig Jahren in der pronazistischen und neonazistischen Literatur zu finden, etwa bei Sartres Landsmann, dem verbissenen Verteidiger und Leugner der NS-Verbrechen, Paul Rassinier, der übrigens einer derjenigen gewesen ist, die Rousset von neonazistischer Position angegriffen haben. – Die gesamte Literatur und Propaganda über die NS-KZs – denen ich ein besonderes, 1968 in Polen von der kommunistischen Zensur verbotenes Buch gewidmet habe, sowie über die sowj. KZs kann im Rahmen dieser Arbeit nicht besprochen werden.
92 Vgl. E. Kolb, Bergen-Belsen.
93 A. Solschenizyn, Der Archipel GULAG, Bd. 2, S. 43.
94 Vgl. u., S. 99 ff., 164.
95 G. Bortoli, Als Stalin starb, S. 188.
96 S. Mora, P. Zwierniak, La justice soviétique, S. 151.
97 R. Conquest, Kolyma, S. 15 f. – »Kolyma war keine Hölle«, bemerkt M. Heller i. d. Einführung zur russ. Ausg. der Kolymaer Erzählungen v. Warlam Schalamow. »... In der Hölle werden Sünder bestraft, in der Hölle quälen sich Schuldige. Die Hölle ist ein Triumph der Gerechtigkeit. Kolyma ist ein Triumph des absoluten Bösen«.
98 Zit. bei R. Conquest, a.a.O., S. 214.
99 A. Solschenizyn, Der Archipel GULAG, Bd. 2, S. 43.
100 Erich Follath, stern, 20. 9. 1979, H. 39, S. 232. Die Zahlen wiederholen sich in allen Berichten.
101 R. W. Schloss, Laß mein Volk ziehen, S. 11.

102 D. J. Dallin, B. I. Nicolaevsky, Forced Labor in Soviet Russia, S. 86.
103 Hier, wie wir wissen, irrt der Autor. Vgl. oben, S. 23 ff.
104 J. Günther, Deutsche Rundschau, 1950, H. 3, S. 182 f.
105 Das betrifft ganz besonders den Sammelband: Und du Siehst die Sowjets Richtig (1936–1937).
106 A. Solschenizyn, Der Archipel GULAG, Bd. 2, S. 113 ff.
107 P. Matussek u. a., Die Konzentrationslagerhaft u. ihre Folgen, S. 52.
108 »Wsjerossijskij Zentralnyj Ispolnitjelnyj Komitjet Sowjetow« − Allrussisches Zentrales Exekutivkomitee der Sowjets. (In der dt. Ausg. des Werkes von M. Heller, S. 52, irrtümlich».. . des Sowjetkongresses«).
109 »Njeobchodimo«, vgl. Anm. 53.
110 »Und, wie üblich, für ›so weiter‹«, bemerkt M. Heller.
111 Erste Veröff. Istoritscheskij Archiv, 1958, H. I. Zit. M. Heller, Konzentrazionnyj mir . . . , S. 52 (dt. S. 53).
112 Zit. C. u. H. Michaelis, W. O. Somin, Die braune Kultur, Ein Dokumentenspiegel, Zürich 1934, S. 107.
113 M. Broszat, Nationalsozialistische Konzentrationslager 1933–1945 (weiter zit. M. Broszat, NS-KZs), in: Anatomie des SS-Staates, Bd. II, S. 83.
114 A.a.o., S. 10. Dieser Meinung schließt sich auch K. D. Bracher, Die deutsche Diktatur, S. 388, an.
115 Franciszek Ryszka hat in einer umfangreichen Studie − Państwo stanu wyjatkowego, Rzecz o systemie państwa i prawa Trzeciej Rzeszy [Der Staat des Ausnahmezustandes, Über das Staats- und Rechtssystem des Dritten Reiches, poln.] (1. Aufl. 1964) − das Dritte Reich gerade unter diesem Aspekt untersucht. Am 13. 12. 81 wurde im kommunistisch beherrschten Polen ein Ausnahmezustand − offiziell »Kriegszustand« − verhängt; es wurden sofort große Konzentrationslager (»Internierungslager« genannt) eingerichtet.
116 K. Marx, Fr. Engels, Ausgewählte Briefe, S. 286 f.
117 Im Runderlaß des preuß. Geh. Staatspolizeiamtes (Gestapo) vom 17.12.1936 lesen wir: »Ein übermäßiger Gebrauch der Schutzhaft muß dazu führen, daß diese schärfste Waffe der Geheimen Staatspolizei in Mißkredit gebracht und die weitverbreiteten Bestrebungen nach Aufhebung der Schutzhaft gefördert werden«. Zit. bei M. Broszat, Die NS-KZs, a.a.O., S. 76. − In dem bei A. Solschenizyn, Der Archipel GULAG, Bd. 2, dt. Ausg. S. 23, russ. Ausg. S. 21 zitierten Text von I. L. Awerbach, Ot prestuplenija k trudu [Vom Verbrechen zur Arbeit], hrsg. v. A. J. Wyschinski, Moskwa 1936, ist das Wort »Waffe« ein Zusatz der deutschen Übersetzung, der jedoch keineswegs den Sinn entstellt − besonders wenn man berücksichtigt, wie oft »Waffe«, »scharfe Waffe«, und dgl. im übertragenen Sinn in der Sowjetsprache gebraucht werden: »Die Bedeutung der Lager wächst, [eine Waffe] gegen die meist gefährlichen feindseligen Elemente und Schädlinge, gegen Kulakentum und konterrevolutionäre Agitation«.
118 M. Broszat, Die NS-KZs, a.a.O., S. 47 f.
119 K. D. Bracher, Die deutsche Diktatur, S. 390.
120 Der Sprach-Brockhaus, Ausg. 1938, S. 236, erläutert: ». . . die Greuelnachricht, unwahre Behauptung, die das Wohl des deutschen Volkes [sic!] schädigen soll«. Der mögliche *Inhalt* einer solchen Nachricht wird wohlweislich verschwiegen.
121 In dem großen sowj. Wörterbuch der modernen russ. Hochsprache − Slowar sowrjemjennogo russkogo litjeraturnogo jasyka, Bd. 5, Sp. 1007 (1956), Stichwort »kljewjetatj« (verleumden) − wird als Beispiel angeführt: »Die bourgeoise Presse lügt täglich über die Sowjetunion (Sojus Sowjetow) und verleumdet sie, indem sie verschiedenes dummes Zeug und Greuel (ushassy) erfindet. M. Gorkij, An die Arbeiter und Bauern«.

122 S. Leonhard, Gestohlenes Leben, S. 91.
123 Chronika..., Nr. 27 vom 15.10.1972.
124 »Das ist kein Mord, oh nein, nur ein langsames Auslöschen«, bemerkte
    ein Häftling in Dachau 1940. E. Kupfer-Koberwitz, Die Mächtigen ...,
    Bd. 1, S. 109.
125 (W. A. M.) Schäfer, Konzentrationlager Oranienburg, Das Anti-
    Braunbuch über das erste deutsche Konzentrationlager. Vom SA-
    Sturmbannführer..., Lagerkommandant, (Berlin 1934), S. 27, 71.
126 »... stilistisch wie gedanklich haarsträubende Sätze ...«, kommentiert das
    Wolfgang Sauer, der auch bemerkt, das Buch Schäfers sei »eine einzige
    Lobpreisung an der wertvollen ›Erziehungsarbeit‹, die er und seine Quäl-
    geister an ihren Opfern geleistet hätten«. W. Sauer, Die Mobilmachung der
    Gewalt, S. 248.
127 Vgl. unten, S. 229 f.
128 H. Himmler, Wesen und Aufgabe der SS. und der Polizei, aus: Nationalpo-
    litischer Lehrgang .., (Nur f. d. Dienstgebrauch der Wehrmacht), Nürnb.
    Dok. 1992(A)-PS, Der Prozeß..., Bd. 29, S. 219, 221 (S. 148 f. d. Orig.).
129 Vgl. E. Kupfer-Koberwitz, Die Mächtigen..., Bd. 1, S. 84, 165 f.
130 Nürnb. Dok. 129-R, Der Prozeß..., Bd. 38, S. 364.
131 Politische Gefangene in der Sowjetunion, S. 142; Politische Gefangene in
    der UdSSR, S. 142.
132 Vgl. V. Kravchenko, Ich wählte..., S. 541 f. (engl. S. 415 f.).
133 Vgl. bes. A. Shifrin, UdSSR Reiseführer ..., S. 32 ff.; Simas Kudirka in:
    Hardmann/Wippermann, 24 Zeugen, S. 153. Für die sechziger Jahre: A.
    Martschenko, Meine Aussagen, S. 226.
134 Zit. bei T. Cyprian, J. Sawicki, Oskarż amy, S. 171; J. Gumkowski, T. Kuła-
    kowski, Zbrodniarze hitlerowscy..., S. 108.
135 Aussagen von Gennadij Chomjakow vor der Internationalen Kommission
    gegen das Konzentrationäre Regime in Brüssel im Mai 1951 in: Livre
    blanc..., S. 31 ff. (wo der Name »Homjakoff« transkribiert wird; Chomja-
    kow war 1927, 17jährig, in das sowjetische KZ auf den Solowezker Inseln
    eingeliefert worden und blieb bis 1935 in verschiedenen Lagern inhaf-
    tiert); A. Solschenizyn, Der Archipel GULAG, Bd. 2, S. 52.
    Boris Sapir (über das sowj. KZ Kem) in: D. J. Dallin, B. I. Nicolaevsky,
    Forced Labor in Soviet Russia, S. 187; Buchenwald...,S. 226; E. Kupfer-
    Koberwitz, Die Mächtigen..., Bd. 1, S 119; Eig. Beob.
136 Anklageschrift gegen Ilse Koch, Ehefrau des Kommandanten des KZ Bu-
    chenwald, in: Buchenwald..., S. 222; vgl. E. Kogon, Der SS-Staat, S. 90 f.
137 M. Buber-Neumann, Als Gefangene bei Stalin und Hitler, S. 226.
138 B. Bettelheim, Aufstand gegen die Masse, S. 225.
139 Sie wurden zu einem angeblichen Vortrag über »Das Verhältnis des Deut-
    schen Reiches und des Nationalsozialismus zu Wissenschaft und Universi-
    tät« gelockt. (Man könnte behaupten, daß ihnen statt eines Vortrags An-
    schauungsunterricht geboten wurde). Vgl. Chr. Kleßmann, Die Selbstbe-
    hauptung einer Nation, S. 54 ff. – Mitte Dezember 1981 rief in Warschau
    ein poln. Historiker, dessen Vater damals nach Sachsenhausen verschleppt
    wurde, »Sachsenhausen lebt!« – als aus dem Warschauer Sitz der Polni-
    schen Akademie der Wissenschaften poln. Professoren von kommunisti-
    schen Sonderkommandos »mit erhobenen Händen brutal abgeführt und
    mit gepanzerten Fahrzeugen« in Konzentrationslager abtransportiert
    wurden. (Nach Tadeusz Nowakowski i. d. FAZ, 18. 12. 81).
140 Deutsch im poln. Orig.
141 St. Skowron, Wspomnienia..., S. 8.
142 E. Kupfer-Koberwitz, Die Mächtigen ..., Bd. 1, S. 281, 283, 324. Vgl. u.,
    S. 178.

IV. Zweite Funktion: Sklavenarbeitslager

Es gibt nur zwei Wege dazu, einen Lohnarbeiter – im breitesten Sinne des Wortes – zur produktiven Arbeit anzuhalten. Entweder kann man ihn durch gute Arbeitsbedingungen und befriedigende Entlohnung dazu bringen, daß er aus freiem Willen tüchtig arbeitet. Oder man kann ihn zur Arbeit zwingen. Wo man die Forderungen der Lohnarbeiter nach der Befriedigung ihrer Bedürfnisse nicht erfüllen will – und somit die Arbeiter nicht dazu bringen kann, aus freiem Willen zu arbeiten – bleibt eben nur der Zwang.

Jenes Nichtwollen hatte in den beiden größten und bekanntesten Fällen der vergangenen Jahrzehnte – im Sowjetkommunismus und im Nationalsozialismus – denselben Grund: Die Erzeugung von Machtmitteln statt der Konsumgüter, »Kanonen statt Butter« nach der zynischen Formulierung Hermann Görings. Der Sowjetkommunismus praktizierte es schon Jahre vorher, und praktiziert es im größten Umfang weiter, ohne es zuzugeben, geschweige denn beim Namen zu nennen.

Das Bestreben, den Menschen die Befriedigung ihrer Bedürfnisse zu verweigern und sie gleichzeitig zur Arbeit anzuhalten, entwickelte seine eigenen Gesetzmäßigkeiten, welche bereits zu Anfang des Jahrhunderts von einem Vorläufer und Frühtheoretiker des Totalismus, Ernst Hasse, (o., S. 42 ff.) formuliert worden waren. Der Zwang muß nämlich total sein. Indem man den Menschen irgendwelche Rechte beläßt, neigen sie selbstverständlich dazu, diese voll auszunutzen; und unvollkommener Zwang erzeugt und ermöglicht Widerstand. Es ist äußerst schwer, den Zustand einer teilweisen Unfreiheit aufrechtzuerhalten, da die Menschen nach mehr Freiheit streben werden. So lag es unter dem sowjetischen wie später unter dem nationalsozialistischen Unterdrückungssystem nahe, die zuerst als politisches Terrormittel angewandten KZs zugleich als Arbeitsterrormittel anzuwenden (o., S. 96 f.), um dann zur totalen Versklavung der Arbeiter überzugehen.

Ich darf es an einem kleinen, aber sehr charakteristischen Beispiel illustrieren. 1930 berichtete der rumänische kommunistische Schriftsteller Panait Istrati aus Sowjetrußland – nach der sowjetischen »Gewerkschafts«zeitung Trud [Arbeit] vom 26. Februar 1929: »In den sibirischen Goldminen wirbt man Arbeiter an, ohne sich darum zu kümmern, ob sie Brot, Lebensmittel, Wohnung, Werkzeuge haben werden. Die verzweifelten Leute versuchen zu flüchten, aber die Miliz nimmt ihnen bei 40 Grad Kälte die Stiefel weg, um ihr Ausreißen zu verhindern«[1].

Es war nur konsequent, einen Zustand herbeizuführen, wo man Men-

114

schen für die Goldgruben von Kolyma nicht mehr anwerben mußte, sondern einfach verschickte, ohne sich darum zu kümmern, ob sie Brot, Lebensmittel, Wohnung, Werkzeuge haben würden (vgl. u., S. 147, 150 u. a.) – allerdings nicht ohne sich darum zu kümmern, daß sie weder flüchten durften noch konnten (vgl. auch o., S. 70 f.).

Den gegen Ende der zwanziger Jahre erfolgten Übergang der sowjetischen KZs von Terror- zu Sklavenarbeitslagern im einzelnen zu schildern, ist kaum möglich, und zwar aus mehreren Gründen. Zum allerersten: Zeugen und Zeugnisse sind kaum vorhanden. Die absolute Mehrzahl der potentiellen Zeugen, der Häftlinge und Opfer, waren ab 1929 russische, ukrainische und sonstige Bauern – kaum redegewandt, kaum schreibkundig, geschweige denn schreiblustig. Vom ungeheuerlichen Wirbel eines Geschehens erfaßt, von dem hochgebildete Spezialisten im Westen bis heute wenig begriffen haben, hätten diese unglücklichen Menschen kaum etwas zu dessen Aufklärung beitragen können, auch wenn sie am Leben geblieben wären, was nur selten der Fall war: Es vergingen über fünfzehn Jahre zwischen dem Beginn der massenhaften Einweisung von Bauern in die Lager und den ersten Möglichkeiten für die in den Westen Gelangten, Zeugnis zu geben. So kamen in den Westen, besonders von den Opfern der ersten Jahre jenes Geschehens, nur einzelne.
Zwar gelang einer Anzahl weißruthenischer und ukrainischer Bauern die Flucht in die angrenzenden, damals noch freien Staaten. Sie wurden jedoch meistens Landarbeiter in Estland, Lettland und im östlichen Teil Polens, »und ihre Erfahrungen fanden kaum ein Echo in westlichen Veröffentlichungen«[2]. Es ist dabei zu bemerken, daß diese Erfahrungen nach der Lage der Dinge nur die Geschehnisse in den Dörfern selbst betreffen konnten, und nicht die Deportation in die KZs oder in die Tundra. Dazu kommt – was ein Thema für sich ist – daß im Westen das Interesse an den sog. Erfolgen des sozialisten Aufbaus, an dem sowjetischen »Experiment des Jahrhunderts«, und wie die sinnlosen Schlagworte alle heißen, immer unvergleichlich größer war und noch ist, als an der entmutigenden, erschreckenden und bedrohlichen Wahrheit über den Sowjetkommunismus.
Die große Wende in der Entwicklung der sowjetischen KZs zu Ende der zwanziger Jahre ist zugleich ein Teilaspekt der damals eintretenden Wende in der Geschichte des riesigen, durch den Kommunismus grausam gepeinigten Landes, die sich mit zwei Worten beschreiben läßt: Zwangskollektivierung und Zwangsindustrialisierung. Dies kompliziert die Problematik bis ins Unermeßliche, und zwar nicht nur wegen der ans Unmögliche grenzenden Schwierigkeit, Problemgrenzen zu ziehen und eine »saubere« Analyse der KZs zu bieten, die nicht in jene beiden genannten übergroßen Problemkreise reichen würde. Die noch größere Schwierigkeit kommt daher, daß wir bei der Unerreichbarkeit der sow-

jetischen Archive (und der noch größeren, absoluten und ewigen Unerreichbarkeit der Denkprozesse Stalins) über die ursächlichen Zusammenhänge zwischen der Zwangskollektivierung nebst allen Folgen, der Zwangsindustrialisierung sowie der Masseninhaftierung der sowjetischen Menschen so gut wie nichts wissen. Ja, es gibt kaum einen Versuch einer Analyse dieser Zusammenhänge: Die beiden quasiwirtschaftlichen Ecken jenes fürchterlichen Dreiecks der Menschengeschichte, in dem seit dem Ende der zwanziger Jahre 170–180 Millionen Einwohner des sowjetischen Riesenreiches eingeklemmt waren, gelten bis heute als unerläßliche und bewundernswerte Errungenschaften der Sowjetmacht und als unwiderlegbare Rechtfertigungen all dessen, was sie an Folgen gehabt haben.

Und doch hat bereits 1930 der – übrigens halbherzig und inkonsequent – enttäuschte kommunistische rumänische Schriftsteller Panait Istrati nach sechzehn Monaten in Sowjetrußland eindeutig erklärt: »Selbst wenn sie [die Sowjetmacht] es mit ihrem nächsten ›Fünfjahresplane‹ fertigbrächte, die ganze Menschheit zu beglücken, würde ich dennoch Rechenschaft fordern für die Knochen, die es [sic] in seiner Glücksmaschine zermalmt hat«[3].

Die unabweisbare Feststellung Ernst Wiecherts, »Es gab keine Kultur, die auf Menschenblut sich aufbauen ließ«[4], muß für den Kommunismus gelten, der bis zu der Zeit als dieser Satz auf den Nationalsozialismus bezogen wurde, bereits unvergleichlich mehr Menschenblut vergossen hatte[5]; erst in den Kriegsjahren sollte ihn der NS einholen. »Alles ist herrlich in meinem Vaterland, das auf Knochen errichtet ist«, schrieb über dreißig Jahre nach Istrati, 1962, die russische Dichterin A. Oneschskaja[6].

So bleibt auch der Satz Robert Conquests unabweisbar: »Der Stalinismus« – es müßte übrigens heißen: Der Sowjetkommunismus – »ist eine ähnliche Möglichkeit, die Industrialisierung zu erreichen, wie der Kannibalismus eine Möglichkeit ist, einen hohen Proteingehalt der Ernährung zu sichern. Die Erwünschtheit des Ergebnisses dürfte die Einwendungen kaum aufwiegen«[7].

Dabei ließe sich noch um die Erwünschtheit gerade dieses Ergebnisses streiten. Denn auch diese Worte beziehen sich nur auf die sowjetische Zwangsindustrialisierung, nicht auf die mit ihr eng verflochtene Zwangskollektivierung; und auch diese Worte halten noch an der Illusion fest, die erstere sei ein erreichtes volkswirtschaftliches Ziel gewesen, und nicht ein Vorgang einer ganz besonderen außerwirtschaftlichen Art, eine beispiellose Anwendung quasi-wirtschaftlicher Mittel zu Zwecken aus einer völlig anderen Dimension.

Dies wird in der freien Welt seit Jahrzehnten völlig übersehen. Das kommunistische Wirken im Bereich der materiellen Güter und Dienstleistungen wird immer noch als eine – nur etwas andere – Volkswirtschaft angesehen. Und das, obwohl die Umwandlung der bulgarischen, ostdeutschen, polnischen, rumänischen, tschechoslowakischen und ungarischen Wirtschaft in die nach sowjetischem Muster konzipierte Unwirtschaft, in ein System des Gebietens über Rohstoffe, Erzeugnisse und menschliche Arbeit zu nichtwirtschaftlichen, sonderpolitischen Machtzwecken, viel jüngeren Datums ist und sich viel deutlicher vor den Augen der freien Welt abgespielt hat, als dies mit Sowjetrußland selbst der Fall war.

Ich schreibe hier kein theoretisches Werk aus dem Bereich der Volkswirtschaft, wozu ich übrigens überhaupt nicht imstande wäre. So kann ich nur auf gewisse springende – und zwar in die Augen springende – Punkte hinweisen, wie sich das bei meinem Thema nicht umgehen läßt. Indem ich dabei Erscheinungen beschreiben und analysieren muß, deren sich eigentliche Spezialisten m. W. kaum angenommen haben, muß ich – in Ermangelung besser ausgefeilter, adäquater Begriffe – unpräzise und laienhafte Bezeichnungen gebrauchen.

Das totalitäre, besonders das sowjetkommunistische System des Gebietens über materielle Güter und menschliche Arbeit, wartet immer noch auf einen Forscher, der ihn auf sein Wesen hin untersucht und ihm einen Namen gibt. Ich muß mich hier mit der Floskel »Unwirtschaft« begnügen – die dazu noch den Nachteil hat, daß sie in andere Sprachen schwer übersetzbar ist – um bloß anzudeuten, daß es sich um etwas handelt, das zwar wirtschaftähnlich, aber keine eigentliche Wirtschaft ist. Gegen die normale, freie Marktwirtschaft werden seit Jahrzehnten von der kommunistischen sowie von der gedankenlosen prokommunistischen Nachplapperpropaganda zwei Hauptvorwürfe lanciert: Diese Wirtschaft habe Gewinn (»Profit«) sowie die Befriedigung menschlicher Bedürfnisse (»Konsum«) zum Ziel. Schon diese zwei Worte entlarven (um ein anderes kommunistisches Lieblingswort zu gebrauchen) den eigentlichen Charakter der kommunistischen Unwirtschaft, die keinen materiellen Gewinn, sondern nur ungeheuerliche materielle Verluste zu erzielen imstande ist; und die keine Befriedigung menschlicher Bedürfnisse, geschweige denn jenen jahrzehntelang vorlaut versprochenen »Überfluß an Gütern« zum Ziel hat, sondern ganz andere Dinge.

Was das in der Praxis bedeutet, wird derzeit jedem Menschen mit einigem Gedankenvermögen am Beispiel Polens klar und deutlich vor Augen geführt, eines von Natur her sehr reichen Landes, das von der kommunistischen Unwirtschaft in abgrundtiefe Verschuldung – und zwar durch nicht gewinnbringende Verwendung riesiger Kredite – gestürzt und um die elementare Versorgung mit lebensnotwendigen Gütern – kein »Konsum«! – gebracht wurde.

Jeglicher Wirtschaft Sinn und Zweck kann doch nur sein, physiologisch wie psychologisch bedingte menschliche Bedürfnisse zu befriedigen. Nahrung, Kleidung, Wohnung u. a. m. sind physiologisch, Kunst, Literatur, Unterhaltung u. a. m. sind psychologisch bedingte Bedürfnisse. Ich kann mich natürlich nicht in alle komplizierten Einzelheiten vertiefen – etwa zu welchem Gebiet das durch Verkehrsmittel befriedigte menschliche Bedürfnis nach Bewegungsfreiheit, Reisen usw. gehört. Ich muß jedoch darauf hinweisen, daß ein Hauptelement aller utopischen Träume (o., S. 48 ff.) das Verkennen, Leugnen oder einfach Verbieten menschlicher Bedürfnisse bildet. Und von hier ist es nur noch ein Schritt zu einem Konzentrationslager, das übrigens auch das menschliche Bedürfnis nach Gerechtigkeit, besonders nach einer Ursächlichkeit jeder Repression beiseite schiebt (vgl. o., Anm. 97 z. Kap. III, Michail Heller über Kolyma und die Hölle). Wir haben uns mit diesen Erwägungen vom Thema Konzentrationslager kaum entfernt. Jede aufgezwungene menschliche Tätigkeit nämlich, die nicht der Befriedigung eines menschlichen Bedürfnisses dient, jegliche von menschlichen Bedürfnissen losgelöste »Produktion«, sind ein Teil der Unwirtschaft – und diese ist eben eine für die KZs und die Sklavenarbeit mehr als typische Erscheinung, im letzten Fall seit Jahrtausenden (vgl. o., S. 48, über die »asiatische Produktionsweise«). Jede an sich wirtschaftliche Tätigkeit, die dem Menschen keinen materiellen oder sonstigen Gewinn bringt, kann ihm nur aufgezwungen werden – in der Regel übrigens mit denkbar schlechtestem Erfolg. Sie bewegt sich auf einer schiefen Ebene, die materiell zu einer vollkommenen Unwirtschaft, menschlich eben zur Sklaverei herabführt.

Ich habe hier mehrmals von den in sowjetischen wie in NS-KZs den Menschen aufgezwungenen Tätigkeiten gesprochen, die nur äußerlich arbeitsähnlich und doch keine Arbeiten waren. Niemand kann behaupten, daß Wasser aus einem Eisloch ins andere schöpfen (o., S. 103 f.), Mauern aufrichten, die morgen wieder abgetragen werden (o., S. 104) u. dgl., Arbeit genannt werden kann und zum Bereich der Wirtschaft gehört. Genau dasselbe gilt für scheinbar sinnvollere, doch bei näherem Zusehen genauso sinnlose, den Menschen aufgezwungene pseudowirtschaftliche Tätigkeit, wie etwa der Bau der berüchtigten stalinistischen Eisenbahn Salechard–Igarka im hohen Norden Sibiriens, die nie befahren und nach Stalins Tod ihrem Schicksal überlassen wurde[8]. (Nebenbei bemerkt, genau nördlich von dieser unglückseligen Eisenbahnlinie, vom nördlichen Polarkreis bis zum 73. Grad nördlicher Breite, erstreckt sich die Halbinsel Jamal mit den Vorkommen von Erdgas, die in der letzten Zeit als Quelle der Energieversorgung für Westeuropa im Gespräch sind. Es müßten auch die humanitären Bedingungen des diesbezüglichen Vertrages zur Sprache gebracht werden, da es keinem Zweifel unterliegen kann, daß die Erd- und Konstruktionsarbeiten nördlich des Polarkreises auf sowjetischer Seite – wie seit jeher üblich – mit der Arbeitskraft von Häftlingssklaven durchgeführt werden[9].) Beispiele gleicher Art wie jene Eisenbahn Workuta–Salechard–Igarka gab es auch im NS-Machtbereich.

Dem Bereich der Pseudo- und Unwirtschaft gehörten und gehören auch die gigantomanen und mehr oder weniger nutzlosen Imponierbauten an, hier wie dort so gerne errichtet. Das Bratsker Wasserkraftwerk – eine der am häufigsten propagandistisch besungenen sog. großen Bauten des Kommunismus – wurde, wie A. Shifrin berichtet, »von Gefangenen erbaut, die ihm den Übernamen ›Gemeinschaftsfriedhof‹ gaben. Jetzt ist es eine Sehenswürdigkeit für ausländische Touristen, die überhaupt nichts von der Tatsache wissen, daß sowohl das Kraftwerk als auch die Stadt Bratsk von Gefangenen erbaut wurden und daß sich unter dem Straßenbelag dieser Stadt namenlose Gräber ihrer Erbauer befinden« (a. a. O., S. 159).

Das vielleicht krasseste Beispiel für nutzlose Imponierbauten ist der berüchtigte Weißmeer-Ostsee-Kanal, der den Namen Josef Stalins trug. Gebaut wurde er von KZ-Häftlingen, überwiegend von deportierten Bauern aus ganz Sowjetrußland aus der Zeit der Zwangskollektivierung. Die Schätzungen der Zahl der Opfer, die bei diesem Bau ihre Knochen lassen mußten, reichen von über hunderttausend bis zu einer Viertelmillion. In einem anderen Punkt jedoch sind sich zwei Zeugen, die nichts voneinander wissen konnten, völlig einig. 1934 stand Iwan Solonjewitsch, als ein mit Passierschein im Bereich der Kanallager im dienstlichen Auftrag reisender Häftling[10] am Kanal bei Powenez: »Ich dachte, hier ein einigermaßen lebhaftes Treiben anzutreffen: Dampfer, Schleppkähne, Flöße. Aber die Bucht ist völlig leer. An der Anlegestelle steht nur ein ziemlich mitgenommenes verbeultes Motorboot, in das zwei Passagiere unseres Autobusses umsteigen: ein Ingenieur und ich . . . Alles öde und leer. Kein Wasserfahrzeug, nicht einmal Flößholz. Still, einsam, kalt . . . Etwas später fragte ich Menschen, die ein Jahr und mehr am Kanal verbracht hatten: befördert man etwas auf ihm? Nein, bis jetzt nicht«[11].

Über dreißig Jahre später, 1966, stand genau an derselben Stelle, als freier Reisender, Alexander Solschenizyn: »Warum aber ist es so still? Nirgendwo läßt sich ein Mensch blicken, nirgendwo ein Schiff, weder im Kanal noch in den Schleusen. Nichts von emsiger Geschäftigkeit. Die Schleusentore bleiben zu. Keine Schiffssirene durchschneidet die Stille . . . Ich habe an jedem Tag acht Stunden am Kanal verbracht. In dieser Zeit passierte nur ein Motorkahn von Powenez nach Ssoroka und einer, desselben Typus von Ssoroka nach Powenez. Sie hatten verschiedene Nummern und nur nach den Nummern habe ich erkannt, daß es nicht derselbe Kahn war, der zurückkehrte. Denn sie hatten beide ganz dieselbe Ladung: Identische Kiefernstämme, abgelagert, sich nur zu Brennholz eignend.

Wenn wir abrechnen, bekommen wir eine Null.

Und eine Viertelmillion behalten wir im Sinn«[12].

Es handelt sich um zwangsläufige Folgeerscheinungen eines unwirtschaftlichen Systems, einer totalitären Sklaven-Unwirtschaft, in der ungebildete und überhaupt nicht in volkswirtschaftlichen Kategorien denkende Herrscher verschiedener Machtstufen über eine praktisch unbegrenzte Zahl von kostenlos verfügbaren Sklaven gebieten, die nicht ihnen persönlich gehören. Der Unterschied zur antiken Sklavenhalter-Wirtschaft besteht darin, daß damals nicht nur private Sklavenhalter, sondern auch der Sklavenhalter-Staat selbst über eine begrenzte Zahl entweder nur käuflich oder durch kostspielige Kriege zu erwerbende Sklaven verfügte, die er wirtschaftlich zweckmäßig einsetzen mußte.

Die seit einem halben Jahrhundert unter der Parole der verabsolutierten, vom Konsum losgelösten »Produktion«[13] verlaufende sowjetische Zwangsindustrialisierung gehört eindeutig zum Phänomen der sowjetischen Unwirtschaft. Die seitens der sowjetrussischen, und auch etwa der kommunistischen polnischen Führung periodisch wiederkehrenden, nie gehaltenen Versprechen, der Konsumgüterindustrie den Vorrang vor der Schwerindustrie zu gewähren, beweisen dies zusätzlich und einleuchtend. Ich verwende deshalb die nicht allgemein übliche Bezeichnung »Zwangsindustrialisierung«, um dadurch auszudrücken, daß es sich nicht um einen natürlichen, den Bedürfnissen entspringenden und ihnen angepaßten wirtschaftlichen Vorgang handelte, sondern wie bereits gesagt (und wie jener ewige Vorrang der Nichtkonsumindustrie, der Industrie der Machtmittel, eindeutig beweist), um eine durch Befehl von oben aufgezwungene Anwendung technisch-wirtschaftlicher Mittel zur Erzeugung reiner Macht über Menschen, um eine totale Unterordnung jeglicher menschlicher Bedürfnisse, also der Volkswirtschaft, unter die Bedürfnisse der Macht. Eine Unwirtschaft ist Wirtschaft im rein technischen Sinne, ausschließlich auf totale Macht ausgerichtet, und zwar unter völliger Hintansetzung jeglicher normalen und natürlichen wirtschaftlichen Kalkulation.

Die Befriedigung einiger materieller Bedürfnisse, die in diesem System erfolgt, ist – neben den äußerst üppig bemessenen Bedürfnissen der herrschenden Gruppe – ebenfalls den politischen Zwecken der Macht untergeordnet. Bewaffnete und unbewaffnete, uniformierte und nicht-uniformierte Funktionäre, in deren Händen die direkte Machtausübung und die Machtsicherung liegen, werden durch materielle Leistungen sowie durch das mit der relativen Höhe dieser Leistungen verbundene Gefühl der Privilegierung an das Herrschaftssystem gebunden (vgl. u., S. 232 ff.). »Privilegenz« nennt das Robert Conquest in seinem Werk über Kolyma. Den Beherrschten muß man naturnotwendig ein Existenzminimum gewähren. Inwieweit für die Niedrigkeit dieses Minimums sowie für dessen mehrmals bereits erfolgte Unterschreitung die totale Unfähigkeit des Systems und der in ihm unvermeidlich emporkommenden Unbegabungen die Schuld trägt, und inwieweit das gewollt und systemimmanent war bzw. ist, bildet eine höchst erforschungswürdige Frage, die jedoch natürlich jenseits unseres Themas liegt.

Jedoch nicht ganz; denn das scheinbare Ideal eines Verbrauchers in einem totalitären System scheint ein KZ-Häftling zu sein, mit seinem unter der Schwelle des menschlichen Existenzminimums liegenden Konsum, mit der Unmöglichkeit, Bedürfnisse anzumelden, geschweige denn durchzusetzen, und seiner im Verhältnis zum Konsum scheinbar äußerst hohen Leistung. Daß man ein solches System durch Verteufelung von Konsum und Gewinn propagandistisch abschirmen muß, ist nur zu verständlich.

Wenn dennoch die sowjetische Zwangsindustrialisierung, da sie ja scheinbar ganz neue Wirtschaftszweige schuf, äußerlich und für den oberflächlichen oder jugendlich-naiven und unerfahrenen Beobachter noch als Ergebnis ökonomischer Bemühungen gelten kann, so trifft das in keiner Weise mehr auf die Zwangskollektivierung zu, die offensichtlich und eindeutig nur eins fertigbrachte: Die Landwirtschaft des Riesenreiches für ein halbes Jahrhundert und für weitere absehbare Zeit zugrunde zu richten. Und das zum Preis von zahllosen Millionen von Menschenleben.

Die wirtschaftliche Absurdität dieses Verbrechens – des mit Abstand allergrößten Massenverbrechens in der gesamten Geschichte der Menschheit – war so ungeheuerlich, daß sogar ein Winston Churchill nicht imstande war, sie zu erkennen, und so auf das ihm von Stalin aufgetischte Märchen von einer »sehr schlimmen und schwierigen – aber notwendigen Reform« der sowjetischen Landwirtschaft hereinfiel. Inzwischen werden wir Jahr für Jahr durch Nachrichten über sowjetische Getreideeinkäufe darüber belehrt, daß, entgegen den Vermutungen Churchills, auf die »Millionen für immer verpflanzter oder ausgelöschter Menschen« bisher keine »Generation« gefolgt ist, die sich »besser nähren und Stalins Namen segnen« kann[14].

Die Schätzungen über die Zahl der Opfer der Zwangskollektivierung gehen von zehn bis fünfzehn Millionen Menschen: Männer, Frauen, Kinder und Greise. Es wurden nämlich ganze Familien erfaßt. Die niedrigste genannte Zahl stammt von Stalin selbst (im erwähnten Gespräch mit Churchill) und ich sehe keinen Grund, noch darunter zu greifen. Übrigens gibt es hier, wie bei anderen Massenmorden, sowjetischen wie nationalsozialistischen, keine abgrenzenden Kriterien, keine Möglichkeit, die Zahl der mittelbaren Opfer irgendwie auch nur zu schätzen. Die Zahl der Opfer der großen sowjetischen Hungersnot von 1932/33 wird auf 5,5 Millionen geschätzt[15] – nicht alle waren Bauern, die Städte hungerten ebenfalls, und die nichtbäuerlichen Toten muß man auch der Zwangskollektivierung anlasten. Andererseits ist kaum zu berechnen, wieviele von diesen Menschen nicht des Hungers gestorben wären, hätte die Sowjetmacht nicht 1931 und 1932 zusammen über 6 Millionen Tonnen Getreide exportiert[16]. Genausowenig ist zu berechnen, wieviele Opfer des sowjetischen Winters 1941/42, als Menschen auf den Straßen Moskaus vor Hunger umfielen, ja, sogar wieviele Opfer des fürchterlichen Hungers während der NS-Blockade von Leningrad am Leben geblieben wären, wenn das Land nicht infolge der Zwangskollektivierung seit Anfang der dreißiger Jahre ewig am Rande einer Hungerkatastrophe, ohne Vorräte, von der Hand in den Mund karg lebend, vegetiert hätte.

Nicht etwa für Erwerbslose, für ärmste Tagelöhner und Bettler, sondern für die gesamte Bevölkerung Sowjetrußlands, mit Ausnahme der oberen regierenden Parteischicht, war jahrzehntelang die Zuteilung von ein paar hundert Gramm Schwarzbrot mehr oder weniger, das Ergattern von ein paar Pfund Kartoffeln auf dem Schwarzen Markt, *das* Lebensproblem, *das* Problem des Überlebens, das nur allzu viele nicht gelöst haben. In diesem Sinne wieder war Sowjetrußland seit der Zwangskollektivierung ein riesiges, im Verhältnis zu den wirklichen KZs allerdings relativ mildes Konzentrationslager (vgl. u., S. 190 ff.). Obwohl auch diese letzte Feststellung zu relativieren ist. In jenen dreißiger Jahren sammelten Häftlinge Tisch- und Küchenabfälle und getrocknete Brotstücke, um sie nach Hause – in die Ukraine, das reichste landwirtschaftliche Gebiet der Erde – zu schicken und die Familie so vom Hungertod zu retten[17]. Susanne Leonhard saß in einer Zelle mit einer Bäuerin, die den Häftlingen zum Tee ausgegebene Zuckerwürfel für ihre Kinder in Freiheit sammelte (die sie übrigens genausowenig je zu sehen bekamen, wie ihre Mutter auch)[18].

Auch wenn wir diese weitreichenden und mannigfaltigen Begleitumstände ausklammern, bleibt uns die Feststellung, daß das nationalsozialistische Deutsche Reich, ein KZ-Staatssystem, 1939 ein aggressives Bündnis mit einem anderen KZ-Staatssystem schloß, das bereits um das Jahr 1930 zwölf bis fünfzehn, und dann in der zweiten Hälfte der dreißiger Jahre, in der »Großen Säuberung« (s. u., S. 209 ff.) weitere etwa fünf Millionen Menschen hingemordet hatte.

Walter Laqueur hat unlängst (Der Spiegel, Serie, Aug.–Sept. 1981) die Behandlung des NS-Massenmordes an Juden während des Zweiten Weltkrieges durch die Alliierten »Das schreckliche Geheimnis« genannt. Die Behandlung des sowjetischen Massenmordes an den sowjetischen Bauern durch die Wissenschaft der ganzen Welt seit 50 Jahren könnte man »Das schrecklichste Geheimnis« nennen. Man verzweifelt schließlich am Sinn jeglicher wissenschaftlicher Tätigkeit, ja jeder Quellenveröffentlichung, wenn The New Encyclopaedia Britannica[19] sogar Churchills Memoiren ignoriert und verkündet: »Viele Besserungsarbeitslager[20] wurden in Nordrußland und Sibirien eingerichtet, besonders während des Ersten Fünfjahresplanes, 1928–1932, als Tausende von reichen Bauern von ihren Höfen unter dem Kollektivierungssprogramm vertrieben wurden. Die stalinistischen Säuberungen von 1936–38 brachte zusätzlich Tausende in die Lager«.

»Tausende«, das sind nicht einmal Zehntausende; und doch waren es in beiden Fällen viele Millionen. Offenbar hat im Laufe der beschriebenen Ereignisse niemand sein Leben verloren. Nicht einmal die extremsten neonazistischen Veröffentlichungen wagen sich so weit in ihrer Verkleinerung der Zahl der jüdischen Opfer des Nationalsozialismus. Einige Zeilen höher gibt übrigens die New Encyclopaedia Britannica die Zahl der Opfer der NS-Lager – »Kriegsgefangene, politische Häftlinge und Bürger der besetzten und überfallenen Länder« – mit 18 000 000 bis 26 000 000 an. Angesichts dieser weit überhöhten Zahl (ich darf daran erinnern, daß nicht alle Opfer des NS, ja nicht einmal alle jüdischen Opfer, ihr Leben in NS-Lagern verloren) wirkt diejenige der Opfer der sowjetischen Lager eigentlich schon verschwindend klein und unbedeutend.

In Deutschland scheint gar ein sonderbarer deutscher Chauvinismus mit umgekehrtem Vorzeichen entstanden zu sein, der sich darauf versteift, die NS-Verbrechen immer wieder als »unvergleichbar« und »beispiellos« zu bezeichnen.

Viele bekannte Autoren fragen genausowenig wie die New Encyclopaedia Britannica nach dem Schicksal der Kinder und der alten Menschen aus den deportierten »Kulaken«-Familien. Es gibt im Westen manchen kaum je beim Namen genannten Rassismus.

Der im Westen aufgedrängte und allgemein verwendete Begriff der »reichen Bauern«, der »Kulaken«, als Bezeichnung für die Millionen vom Sowjetkommunismus ermordeten bäuerlichen Menschen ist übrigens mehrfach falsch. Wie Solschenizyn erläutert [21] – und zeitgenössische Wörterbücher bekräftigen – bezeichnete man bis 1917 im Russischen als »Kulaken« (was wörtlich »die Faust« bedeutet) einen ländlichen Zwischenhändler, Wucherer und Schwindler. Erst die Bolschewiken dehnten den Begriff auf ländliche »Ausbeuter«, d. h. auf diejenigen Bauern, die Lohnarbeiter beschäftigten. Doch auch dabei blieb es nicht; zu »Kulaken« wurden im Laufe der propagandistisch-demagogischen Vorbereitung der Zwangskollektivierung alle nicht bettelarmen Bauern. Daß dabei auch Raubgier eine große Rolle spielte, muß ebenfalls erwähnt werden, da das Motiv der privaten Bereicherung von wirklichen und vermeintlichen Kommunisten in den revolutionären Umwälzungen von der kommunistischen Mythologie natürlich tunlichst verschwiegen wird. (Dasselbe Motiv gehört zu den Elementen jedes KZ-Systems.) Die Bezeichnung »Kulak« genügte jedoch auch in jener Ausweitung nicht für die sowjetkommunistischen Zwecke. Um jenseits jeglicher sozialökonomischer Kriterien jeden der Sowjetmacht (und in der Praxis auch den örtlichen Kommunisten) unliebsamen Bauern vogelfrei machen zu können, erfand man die Bezeichnung »Podkulatschnik« (Subkulak, Kulaken-Gefolgsmann). So konnte nun auch der ärmste Bauer bezeichnet werden, um, gleich den Wohlhabenderen, nebst Eltern, Frau und Kindern in den nördlichen Tod geschickt werden zu können [22].

Somit ist die immer noch hartnäckig im Westen verkündete Version, als ob es sich bei jenem ungeheuerlichen Massenmord um einen Kampf mit verstockten, reichen Ausbeutern für ein neues, wirtschaftlich mehr ergiebiges und sozial gerechteres System gehandelt hätte, nichts weiter, als eine durch Unwissen bzw. wider besseres Wissen verbreitete Legende, die an die Propaganda gegen »jüdische Ausbeuter und Wucherer« (also »Kulaken« im ursprünglichen Sinne des Wortes!) erinnert. Auch wo die Bauern nicht direkt in die KZs eingewiesen wurden, war die Verflechtung des gesamten Geschehens mit den KZs so eng, daß es eben unmöglich ist, die besagte »saubere Grenze« zwischen der Zwangskollektivierung nebst ihren Folgeerscheinungen und den sowjetischen KZs zu ziehen. Wir lesen z. B.: »Am Fluß Tschulym wurde die Sondersiedlung für Kubankosaken mit Stacheldraht umzäunt, gleich einem Lager mit Wachtürmen eingefaßt ... Der bürgerliche Status der Sonderumsiedler, ihre Blutsverwandtschaft mit dem Archipel läßt sich am leichtesten am Gesetz der kommunizierenden Gefäße verdeutlichen: Wenn in Workuta Arbeitskräftemangel herrschte, wurden die Sonderumsiedler in die Lagerzonen verlegt. (Einfach – verlegt, weder ein neues Gerichtsverfahren, noch eine Umbenennung brauchte es dazu)«[23]. Nach einer groben Schätzung wurde ein Drittel der enteigneten und deportierten Bauern direkt in die KZs geschickt, um dort zu sterben[24] – also dreieinhalb bis fünf Millionen Menschen, mindestens soviel, wie die Nazis später an sowjetischen Kriegsgefangenen umgebracht haben. Man muß sich dabei ein richtiges Bild von diesem Massensterben machen: Gemordet wurde überwiegend mittels Klima. Hilflose, von den in die KZs verschickten oder direkt ermordeten Familienhäuptern getrennte Frauen, Kinder und Greise wurden zum großen Teil irgendwo in der Taiga oder Tundra ausgeladen und so dem Tode geweiht. Man muß bedenken, daß es sich ja nicht nur um Russen, sondern zu einem großen Teil um Ukrainer, Kaukasier und Bauern aus verschiedenen asiatischen Völkern, also um Bewohner der südlichen Teile des Sowjetimperiums handelte. In Berichten aus den späteren Jahren hören wir, wie diese Menschen, in den hohen Norden gebracht, im wörtlichen Sinne vor Kälte starben. In der größten arktischen Kälte konnten sie kaum noch atmen.

»Am anfälligsten«, berichtet die 1938 nach Kolyma verschickte Elinor Lipper, »waren die Gefangenen aus Mittel-Asien, Usbeken, Turkmenier, Tadshiken und Kirgisen, ebenso wie die kaukasischen Völker, Georgier, Armenier, Tschetschenen[25] usw. Aus der subtropischen Hitze ihrer Heimat in die kältesten Regionen des Fernen Nordostens verschleppt, mußten sie eingehen wie die Fliegen. Jegliche Lebenstätigkeit erstarrte in ihnen sobald sie herauskamen in den eisigen Frost. Sie setzten sich nicht zur Wehr. Sie ließen sich hinaustreiben in die Goldgruben. Dann rührten sie sich nicht mehr. Sie blieben unbeweglich stehen, die Arme gekreuzt, den gesenkten Kopf tief zwischen die hochgezogenen Schultern geduckt und warteten auf das Ende ... bis sie schließlich umfielen wie Puppen. ›Wieder einer erfroren‹, registrierten die Gefangenen. ›Thermoschock‹, registrierte der Arzt«[26].

In dem etwas milderen Klima des Nordwestens um den Weißmeer-Ostsee-Kanal ging es weniger schnell, aber mit demselben tödlichen Ergebnis[27].

Am 6. Januar 1929 änderten das Exekutivkomitee der Sowjets und die Sowjetregierung einen wichtigen Artikel des sowjetischen Strafgesetzbuches. Nun sollte »der Freiheitsentzug in Besserungsarbeitslagern in entfernten Teilen der UdSSR« von 3 bis 10 Jahren dauern, nur Strafen bis zu 3 Jahren sollten in »allgemeinen Haftanstalten« verbüßt werden. Gleichzeitig verbot der »Volkskommissar für Justiz«, zu kurzfristigem »Freiheitsentzug« zu verurteilen, was eine andere, völlig willkürliche Änderung des sowjetischen StGB bedeutete. Richter, die kurzfristige Urteile fällten, wurden selbst vor Gericht gestellt. Im folgenden Jahr wurde der § 28 des StGB formell dahingehend geändert, daß das niedrigste Ausmaß des »Freiheitsentzugs« ein Jahr betrug[28].

Um diese Fristen zu verstehen, muß man an die sowjetischen Entfernungen, an jene »entfernte Teile« und an die geringe Leistungsfähigkeit des Transportsystems denken. Bei einer kurzen Haftfrist konnte nämlich der Transport eines Häftlings zu seinem Sklavenarbeitsplatz einen beträchtlichen Teil der Frist in Anspruch nehmen und sich so überhaupt nicht lohnen.

Dieselbe erwähnte Verordnung vom 6. Januar 1929 unterstellte sämtliche Lager der Terrorpolizei (damals »OGPU«). Nunmehr sollte jeder zu drei und mehr Jahren Verurteilte seine Strafe in den KZs der Terrorpolizei abbüßen. Praktisch ist es so bis heute geblieben. Man fühlt sich an das sog. »Abkommen Thierack-Himmler« vom 18. September 1942 erinnert, in dem der neue NS-Reichsjustizminister mit dem Reichsführer-SS vereinbarte, daß Juden, Zigeuner und Sowjetbürger in Untersuchungshaft, Polen mit Urteilen über 3 Jahre sowie Deutsche und Tschechen mit Urteilen über 8 Jahre der SS in die KZs, und zwar zur »Vernichtung durch Arbeit« geliefert werden sollten.

1930 wurde die GUITL der OGPU, die »Hauptverwaltung der Arbeitsbesserungslager«, in die seitdem weltberüchtigt, ja sprichwörtlich gewordene GULag, »Hauptverwaltung der Lager«, umgewandelt. Ein gewisser Unterschied zu der Entwicklung der NS-KZs ist hier insofern zu sehen, als das am 20. April 1939 geschaffene SS-Wirtschafts-Verwaltungs-Hauptamt (SS-WVHA) seit Dezember 1939 die Wirtschaftsverwaltung der NS-KZs und dann erst am 3. März 1942, durch Eingliederung der »Inspektion der Konzentrationslager« die gesamte Verwaltung der NS-KZs übernahm[29].

Ein noch wichtigerer Unterschied besteht jedoch darin, daß die SS, trotz aller dahingehenden Bemühungen, im Gegensatz zu der sowjetischen Terrorpolizei nie zu einer überwältigenden wirtschaftlichen Macht im NS-Staat geworden ist. Die Gründe dafür liegen zum Teil auf der Hand: Der wichtigste ist, daß die sowjetische Wirtschaft gleich in den Anfängen verstaatlicht, d. h. durch die Gebieterin des Staates, die

Partei, in Besitz genommen wurde. (Der bäuerliche Boden folgte in ihrem Besitz im Zuge der Zwangskollektivierung, die eine Fiktion des »kollektiven Eigentums« der in Wirklichkeit staatsleibeigenen Bauern in den »Kolchosen« neben den offenen Staatsgütern – Sowchosen – schuf). Die Partei war zusehends in der Gewalt ihrer Terrorpolizei, die zumindest bis zum Tode Stalins die eigentliche Macht im Sowjetstaat innehatte. Wir haben übrigens den Chef der Terrorpolizei, Dserschinskij, bereits im Frühjahr 1919 als »Schulmeister der Arbeit« erlebt (o., S. 96). Fünf Jahre später, gleich nach dem Tode Lenins, wurde er zum Vorsitzenden des Obersten Wirtschaftsrates. Schließlich bestimmte der territorial-klimatische Charakter vieler sowjetischer Wirtschaftsräume ihren polizeiwirtschaftlichen Charakter, so daß auf riesigen Gebieten ganze halbautonome terrorpolizeiliche Wirtschaftsimperien errichtet wurden: wie etwa der berüchtigtste »Dalstroj« im Nordosten, dem die Goldvorkommen von Kolyma unterstanden – »ein Königreich, das sechsmal so groß ist wie Frankreich«[30].

Die »Verparteistaatlichung« der deutschen Wirtschaft unter der NS-Herrschaft steckte erst in den Anfängen, obwohl sie, besonders im Kriege, Fortschritte machte (vgl. u., S. 129). Die Identität von Partei und Staat war nicht so vollkommen wie in Sowjetrußland, die Einheit des Parteistaates auch nicht so perfekt, und die SS keine staatliche und keine ausschließlich polizeiliche, sondern eine ganz eigentümliche Organisation, die im sowjetischen System keine genaue Parallele hatte. So merkwürdig es klingen mag, zeugt jene sonderbare Autonomie der SS gegenüber dem Staat, der Partei und der Wehrmacht von einer weniger weitgehenden »Gleichschaltung«, vom weniger entwickelten totalitären Charakter des NS- im Vergleich zum sowjetischen Staat.

Und so merkwürdig es auch klingen mag, wurde der totalitäre Charakter des letzteren nach Stalins Tod durch die Beschränkung der weitgehenden Unabhängigkeit der Terrorpolizei von der Partei erst recht perfektioniert. Dies ist übrigens einer der Gründe, warum sich die Sowjets eine Lockerung des Terrors leisten konnten. Inzwischen ist auch die Verflechtung des Terrorpolizei- und des Parteiapparates, auch in den autonomen Provinzen des Sowjetimperiums (den sog. Satellitenstaaten) weitgehend perfektioniert.

Im »Archipel GULag«, um bekannte Bezeichnungen zu verwenden, stand wirtschaftliche Tätigkeit in eigener Regie mit Abstand an erster Stelle. Zu den wichtigsten Abteilungen von GULag gehörten die Hauptverwaltung der Forstlager (GULLP), der Eisenbahn-Lager (GULShDS), des Fernöstlichen Bauwesens (Dalstroj) und die Hauptverwaltungen der jeweiligen Großbauten, wie der Weißmeer-Ostsee-Kanal, dann der Wolga-Don-Kanal u. a. m.[31]. Erst an zweiter Stelle stand im Wirtschaftssystem der sowjetischen KZs die Vermietung von Arbeitskräften an nicht terrorpolizeieigene wirtschaftliche Unternehmen. Im »SS-Staat« dagegen spielten SS-eigene Unternehmen eine untergeordnete Rolle im Vergleich zu der Vermietung von Häftlingen an verschiedenste andere Unternehmen, die in den letzten Jahren des Dritten Reiches riesige Ausmaße annahm.

Bei diesen Vergleichen muß man berücksichtigen, daß das sowjetische System der Sklavenarbeitslager noch im tiefsten Frieden entstand – nicht als eine außerordentlich, durch besondere Umstände dem Sowjetstaat aufgezwungene, sondern als seine normale (Un-)Wirtschaftsordnung. Es überdauerte den Krieg und wurde erst ein Jahrzehnt nach ihm auf ein Maß reduziert, das es zu einem wichtigen Hilfsmittel, und nicht mehr einem der Hauptmittel der Sowjetwirtschaft werden ließ.

Das NS-System der Sklavenarbeitslager entstand mitten im Kriege, als die bisherigen Terror-Lager bereits mit Fremdsklaven aus den besetzten Ländern so gefüllt waren, daß deutsche Häftlinge immer mehr in die Minderheit gerieten; und es wurde weiterhin auf der Basis der Fremdsklaven ausgebaut. Im Gegensatz zu dem sowjetischen, spielten einheimische, d. h. deutsche Sklaven, in dem NS-KZ-System eine organisatorisch wichtige, aber zahlenmäßig geringe Rolle.

Das Wenige, das wir über die gedankliche Konzeption des Übergangs zur Massensklavenarbeit in den sowjetischen KZs wissen, hängt mit dem Namen Naftali Frenkels zusammen. Er war der erste große Organisator dieser Arbeit und der Schöpfer der gesamten Organisationsform der sowjetischen Sklavenarbeitslager. Die Widersprüche in Einzelheiten zwischen den Berichten über diese merkwürdige Gestalt dürften kaum je ohne den Zutritt zu sowjetischen Archiven geklärt werden – wenn es die entsprechenden Archivalien überhaupt noch gibt. Man kann natürlich den Standpunkt einnehmen, daß es angesichts des Ausmaßes der hier in Frage kommenden riesigen historischen Prozesse nicht weiter wichtig sei, ob Naftali Frenkel ein aus Konstantinopel stammender Holzhändler und Geschäftemacher war, der am Ende der leninschen »Neuen Ökonomischen Politik« (NEP), vor 1927, verhaftet und nach den Solowezker Inseln verschickt wurde[32], ob er ein der Spionage angeklagter ungarischer Fabrikant[33], oder ob er ein im Zusammenhang mit dem »Schachty«-Prozeß der Sabotage für schuldig befundener Ingenieur war[34]. (Es könnte nur mein subjektiver Eindruck sein, daß Solschenizyns Version am überzeugendsten klingt; wenn auch etwa Aino Kuusinen, die durch ihren Mann den höchsten sowjetischen Regierungskreisen nahestand und Stalin persönlich kannte, nichts von der Audienz Frenkels bei Stalin weiß, die nach Solschenizyn drei Stunden gedauert haben soll – irgendwann um 1929[35]). Es ist jedoch äußerst bezeichnend, daß wir so viel über jeden NS-Lagerkommandanten, ja fast über jeden SS-Blockführer wissen, und unglaublich wenig über den Mann, der als Organisator des sowjetischen Systems der Sklavenarbeitslager, das später zum Vorbild für die NS-Sklavenarbeitslager werden sollte das Schicksal von unzähligen Abermillionen Menschen nicht nur beeinflußt, sondern im verhängnisvollstem Sinne entschieden hat.

Erklären kann dies nur der durch so viele Kreise forcierte Vorbehalt, über Sowjetrußland dürfe man nur Ernstes und möglichst Positives berichten. Die traumhaften Illusionen, die im Zusammenhang mit der bolschewistischen Machtergreifung von der bolschewistischen Propaganda geweckt wurden, erweisen sich seit über sechzig Jahren immer wieder als gegen die Tatsachen gefeit. Angesichts der verzweifelten Anstrengungen so vieler verschiedener Menschen, diese Illusionen in sich selbst und in anderen lebendig zu erhalten, das wirkliche Gesicht des Kommunismus nicht zu erkennen und auf einen »Kommunismus mit menschlichem Gesicht« zu warten, der genausowenig kommen kann, wie ein Faschismus mit menschlichem Gesicht – durfte es im wörtlichen Sinne und darf es immer noch nicht[36] so etwas geben wie sowjetische Sklaventreiber.

Mangels Quellen und Dokumenten ist es kaum möglich, über die tatsächliche Rolle und Bedeutung von Naftali Frenkel zu urteilen – und auf jeden Fall scheint er mir für die hier analysierten historischen und sozialökonomischen Erscheinungen nicht wichtiger zu sein, als etwa Himmler oder Oswald Pohl. Um 1929 war in Sowjetrußland die Ausnutzung der Häftlings-Sklavenarbeit genauso fällig wie im Dritten Reich um 1941 – und das Problem wurde in beiden Fällen genauso unmenschlich, unsinnig und zweckwidrig, aus dem Geiste der existierenden Terror-KZs, gelöst. Die genannten Männer waren mehr oder weniger zufällige Organisatoren einer Einrichtung, die sowieso – unter anderen Organisatoren kaum viel anders – entstanden wäre.

Man darf sogar bezweifeln, ob es wirklich Frenkels persönlich bedurfte, um in den sowjetischen KZs das berüchtigte System der Brotskala und der Warmkostskala – also der Beköstigung der Häftlinge nach der Erfüllung der »Norm«, des Arbeitssolls (vgl. u., S. 168 ff.) einzuführen. Das System der »Normen« war und ist allzu sehr mit der gesamten sowjetischen und sowjetisierten Unwirtschaft verbunden, als daß es nicht früher oder später seinen Weg in die sowjetischen KZs gefunden hätte. Wir wissen übrigens, daß jenes vermeintlich erst von Frenkel erfundene System der Beköstigung bereits im Frühjahr 1920 in den Beschlüssen des IX. sowjetkommunistischen Parteikongresses enthalten war (vgl. o., S. 76, sowie u., S. 168 ff.).

Der gedankliche Weg zur Konzeption der Massensklaverei im Nationalsozialismus ist uns bereits bekannt: Zu den Wegbereitern gehörten die Professoren Heinrich v. Treitschke und Ernst Hasse (o., S. 42 ff.). Im ersten Band von »Mein Kampf« dozierte Hitler, daß seinerzeit »die unterworfenen Menschen« »fast das auschlaggebendste« für die Schaffung von Kulturen gewesen waren: »Ohne diese Möglichkeit der Verwendung niederer Menschen hätte der Arier niemals die ersten Schritte zu seiner späteren Kultur zu machen vermocht ... So war für die Bildung höherer Kulturen das Vorhandensein niederer Menschen eine der wesentlichsten Voraussetzungen, indem sie den Mangel technischer Hilfsmittel, ohne die aber eine höhere Entwicklung gar nicht denkbar ist, zu ersetzen vermochten. Sicher fußte die erste Kultur der Menschheit weniger auf dem gezähmten Tier als vielmehr auf der Verwendung niederer Menschen. Erst nach der Versklavung unterworfener Rassen begann das gleiche Schicksal auch Tiere zu treffen und nicht umgekehrt ... Denn zuerst ging der Besiegte vor dem Pfluge – und erst nach ihm das Pferd«[37].

Es lohnt sich natürlich nicht, dieses Durcheinander von Halb- und Unwahrheiten zu entwirren – es genügt darauf hinzuweisen, daß ein Pferd jahrtausendelang zu wertvoll war, um vor einem Pflug (oder vor einen schweren Wagen) angespannt zu werden; bis schwere Zugpferde gezüchtet worden waren, bediente man sich überwiegend der Ochsengespanne. Für den Verlauf der neuesten Wirtschaftsgeschichte waren jedoch Hitlers Ansichten äußerst bedeutungsvoll, oder eher folgenreich. Im Sommer 1932 wurde im Braunen Haus in München im kleinen Kreis die künftige NS-»Ostraumpolitik« erörtert, worüber Hermann Rauschning folgendes berichtet: »... Dann ergriff Darré selbst das Wort ... Anstelle einer horizontalen Gliederung der europäischen Volksstämme müsse eine vertikale kommen. Das heiße nichts anderes, als eine deutsche Elite sei berufen, die Herrenschicht in Europa und schließlich in der Welt zu werden. ... Bildung und Wissenschaft enthielten bestimmte Gefahren für die Herrenschicht. Aber sie bildeten auch in anderem Sinne große Gefahren für die Erhaltung einer Sklavenschicht. Das Ideal einer allgemeinen Bildung ist längst überholt ...«
»»Meine Parteigenossen‹, erklärte darauf Hitler[38], ›... Darré hat recht ... Es kommt nicht darauf an, die Ungleichheit der Menschen zu beseitigen, sondern im Gegenteil sie zu vertiefen und, wie in alten großen Kulturen, sie durch unübersteigbare Schranken zum Gesetz zu machen. Es gibt kein gleiches Recht für alle ... Nie werde ich daher anderen Völkern das gleiche Recht wie dem deutschen zuerkennen. Unsere Aufgabe ist es, die anderen Völker uns zu unterwerfen. Das deutsche Volk ist berufen, die neue Herrenschicht der Welt zu geben. ... Wie die künftige Sozialordnung ausschauen wird, meine Parteigenossen, das will ich Ihnen sagen: Eine Herrenschicht wird es geben, eine historisch gewordene, aus den verschiedensten Elementen durch Kampf erlesene. Es wird die Menge der hierarchisch geordneten Parteimitglieder geben. Sie werden den neuen Mittelstand abgeben. Und es wird die große Masse der Anonymen geben, das Kollektiv der Dienenden, der ewig Unmündigen, gleichgültig, ob sie ehemals Vertreter des alten Bürgertums waren oder Großagrarier, Arbeiter oder Handwerker. Die wirtschaftliche Position und die bisherige gesellschaftliche Rolle wird da auch nicht die geringste Bedeutung haben. Diese lächerlichen Unterschiede werden in einem einzigen revolutionären Prozeß eingeschmolzen werden.

Darunter wird es aber noch die Schicht der unterworfenen Fremdstämmigen geben, nennen wir sie ruhig die moderne Sklavenschicht. ... Es gibt nur eine Bildung für jeden Stand und in ihm für jede einzelne Stufe. Die volle Freiheit der Bildung ist das Privileg der Elite und derjenigen, die sie besonders zuläßt ... Und so werden wir auch konsequent sein und der breiten Masse des untersten Standes die Wohltat des Analphabetismus zuteil werden lassen ...‹«[39].

Es genügt, diese Sätze mit den bereits zitierten Ausführungen Hasses zu vergleichen, um festzustellen, daß wir es hier höchst wahrscheinlich mit einer direkten Entlehnung zu tun haben. »Die Wohltat des Analphabetismus« ist doch nur die Umkehrung der »Grausamkeit einer hohen Volksschulbildung« und dgl. mehr.

Diese Gedanken — besonders auch das Vorbild der antiken Sklaverei, wie die Nazis es verstanden — wurden dann systematisch in die politische Schulung der NS-»Elite« eingeführt. Eugen Kogon berichtet, daß er im Spätherbst 1937 im Verlauf mehrerer Gespräche mit einem SS-Führer der Ordensburg Vogelsang, einem Ausbilder (nach seinen eigenen Worten) »der kommenden nationalsozialistischen Aristokratie«, u. a. folgendes gehört hat: »Was wir Ausbilder des Führernachwuchses wollen, ist ein modernes Staatswesen nach dem Muster der hellenischen Stadtstaaten. Diesen aristokratisch gelenkten Demokratien mit ihrer breiten ökonomischen Helotenbasis[40] sind die großen Kulturleistungen der Antike zu danken. Fünf bis zehn von Hundert der Bevölkerung, ihre beste Auslese, sollen herrschen, der Rest hat zu arbeiten und zu gehorchen. Nur so sind jene Höchstwerte erzielbar, die wir von uns selbst und dem deutschen Volke verlangen müssen«[41].

Einige Jahre später erklärte der SS-Hauptsturmführer Schubert, Abteilungsleiter im Stabshauptamt Himmlers als »Reichskommissar für die Festigung deutschen Volkstums« bei einer Besprechung im Reichsministerium für die besetzten Ostgebiete am 4. Februar 1942, »die Deutschen müßten die Stellung der Spartiaten, die aus Letten, Esten u. dgl. bestehende Mittelschicht die Stellung der Perioken, die Russen dagegen die Stellung der Heloten haben«[42]. Vor diesem absurden Hintergrund einer bewußten Übertragung der Verhältnisse der Antike ins zwanzigste Jahrhundert — was natürlich eine schiere Unmöglichkeit war und nur die inneren Widersprüche des Nazismus weiter vermehrte — verlief der auch in sich widersprüchliche, sprunghafte Prozeß der Eingliederung der KZ-Häftlinge in den Arbeits- und Produktionsprozeß der NS-Volkswirtschaft. Zu den unüberwindlichen inneren Widersprüchen dieses Prozesses gehörte das uns bereits aus Sowjetrußland bekannte Problem der Arbeit als Strafe gegenüber der Arbeit als Ehrenaufgabe. So erklärte z. B. Himmler in seinem Referat für die Wehrmacht vom Januar 1937, er hätte das Lager Esterwegen im Emsland aufgelöst und die Häftlinge nach Sachsenhausen verlegen lassen, »auf die Vorstellungen des Reichsarbeitsführer Hierl hin, der mir ebenso wie die Justiz erklärte, es sei falsch, wenn man dem einen sage, der Dienst im Moor, der Dienst, ein Land urbar zu machen, sei ein Ehrendienst, während man den anderen als Häftling dort hinsetze und ihm sage: Dir Bursche werde ich schon Mores beibringen, dich schicke ich ins Moor. Das ist in der Tat unlogisch ...«[43].

Logisch war dagegen, daß neben der politisch-terroristischen Konzeption der »Erziehung« (s. o., S. 99 ff.) die Betrachtung der Häftlinge als Nutzsklaven aufkommen mußte, und zwar nach der anfänglichen Abneigung, Häftlinge in den wirtschaftlichen Unternehmen der SS arbeiten zu lassen[44]. Am 7. September 1940 erklärte Himmler in seiner Ansprache an das Offizierkorps der Leibstandarte-SS »Adolf Hitler« in Metz: »... Wir sind nicht denkbar ohne die wirtschaftlichen Unternehmungen. Ein Teil, der Ihnen, den meisten, unbekannt sein muß, weil noch nie darüber gesprochen wurde. Ich will ein Stückchen mal mehr erzählen: Das Wohn-Bau-Programm, das die Voraussetzung für eine gesunde und soziale Grundlage der Gesamt-SS wie des gesamten Führercorps ist, ist nicht denkbar, wenn ich nicht aus irgend einer Stelle her das Geld bekommen würde, das Geld schenkt mir niemand, das muß verdient werden, das wird verdient dadurch, daß der Abschaum der Menschheit, die Häftlinge, die Berufsverbrecher[45], daß die positiv zur Arbeit angesetzt werden müssen. Der Mann, der nun diese Häftlinge bewacht, tut einen schwereren Dienst wie der, der exerzieren geht ... Diese Tätigkeit ist notwendig, wie ich Ihnen schon sagte, 1. um dem deutschen Volk diese negativen Menschen[46] wegzunehmen, 2. um sie einzuspannen noch einmal für die große Volksgemeinschaft, daß sie Steine brechen und Steine brennen, damit der Führer seine großen Bauten wieder machen kann und 3. daß das, was damit ganz nüchtern wieder an Geld verdient wird, das wird wieder umgesetzt in Häusern, in Grund und Boden, in Siedlungsstellen, daß unsere Männer und unsere Führer, damit sie leben können und Häuser haben, in denen sie wirklich große Familien haben können und viel Kinder. Das ist wieder notwendig, wenn nämlich dieses führende Blut in Deutschland, mit dem wir stehen und fallen, mit dem guten Blut, wenn das sich nicht vermehrt, werden wir die Erde nicht beherrschen können. Darüber seien sie sich auch klar; wir würden das große germanische Reich, das im Entstehen begriffen ist, nicht halten können«[47].

Wenn auch Himmlers Gedankengänge nicht weniger verworren waren als seine Sprache, kann man aus den zitierten Sätzen ersehen, welchen Rang die KZs in den Gedankengängen einnahmen, und wie sehr sie einen Teil größerer Problemkreise bildeten. Das Geldverdienen verstand Himmler schon damals nicht im Sinne direkter wirtschaftlicher Tätigkeit der SS unter Ausnutzung der Häftlings-Arbeitskräfte, sondern eher unter dem Aspekt der lukrativen Vermietung dieser Arbeitskräfte an private Unternehmer. Bereits in dieser Zeit bildeten bei Siemens Kriegsgefangene und KZ-Häftlinge ein Viertel aller Belegschaftsmitglieder[48]. Im Laufe des Jahres 1941 begann die enge Zusammenarbeit der IG-Farben mit der SS in Auschwitz. Am 12. April 1941 berichtete Dr. Otto Ambros, 1938–1945 Vorstandsmitglied der IG-Farben, über die »Einschaltung des wirklich hervorragenden Betriebs des KZ-Lagers zugunsten der Buna-Werke« und über »unsere neue Freundschaft mit der SS«, die sich »sehr segensreich auswirke[49].

Am 15. Mai 1941 teilten die Auschwitzer IG-Farben-Werke den für sie arbeitenden Bauunternehmern mit, daß sie ihnen KZ-Häftlinge zur Verfügung stellen könnten[50].

Wie bereits erwähnt, wurde am 3. März 1942 die bisherige Inspektion der Konzentrationslager als »Amtsgruppe D« in das SS-Wirtschafts-Verwaltungshauptamt (SS-WVHA) eingegliedert, was eine formelle Verwandlung der Terror- in Sklavenarbeitslager bedeutete. Der Chef des SS-WVHA, SS-Obergruppenführer und General der Waffen-SS, Oswald Pohl, berichtete am 30. April 1942 Himmler über die erfolgte Übernahme. In dem Bericht lesen wir u. a.: »1. Der Krieg hat eine sichtbare Strukturänderung der Konzentrationslager gebracht und ihre Aufgaben hinsichtlich des Häftlingseinsatzes grundlegend verändert. Die Verwahrung von Häftlingen nur aus Sicherheits-, erzieherischen oder vorbeugenden Gründen allein steht nicht mehr im Vordergrund. Das Schwergewicht hat sich nach der wirtschaftlichen Seite hin verlagert. Die Mobilisierung aller Häftlingsarbeitskräfte zunächst für Kriegsaufgaben (Rüstungssteigerung) und später für Friedensbauaufgaben schiebt sich immer mehr in den Vordergrund. 2. Aus dieser Erkenntnis ergeben sich notwendige Maßnahmen, welche eine allmähliche Überführung der Konzentrationslager aus ihrer früheren einseitigen politischen Form in eine den wirtschaftlichen Aufgaben entsprechende Organisation erfordern«[51].

Die Häftlinge in den sowjetischen KZs leisteten jahrzehntelang – und leisten überwiegend noch bis heute – primitive Massen-Muskelarbeit beim Holzfällen, in Gruben, bei Erdarbeiten, auf den Feldern u. dgl. Jedoch bereits in den ersten Jahren der Umstellung auf Sklavenarbeit war es nicht unüblich, verhaftete Spezialisten auf eine mehr rationale Art auszubeuten. 1930, als der russische Biologe Prof. Wladimir Tchernavin[52] verhaftet wurde, durfte seine Frau hoffen, daß die OGPU ihren Mann an eine andere Institution verkaufen würde, um 90 % seines Lohnes zu kassieren – was ihm das Leben retten konnte[53].

Bald darauf entstanden die berüchtigten »Scharagas«, wissenschaftliche und technische Forschungs- und Planungszentren, wo verhaftete Spezialisten unter besonderen Bedingungen in ihrem Beruf arbeiten. Die bekannteste Beschreibung einer solchen Sonderanstalt bringt der berühmte Roman Solschenizyns, Der erste Kreis der Hölle. Das Prinzip jedoch wurde bereits Anfang der dreißiger Jahre angewandt: Die gesamte Planung des Weißmeer-Ostsee-Kanals, des ersten großen Bauwerks von GULag, wurde von verhafteten Wasserbautechnikern aus Taschkent vorbereitet[54].

Die Einrichtung gibt es bis heute. Avraham Shifrin führt das »Versuchs-« bzw. »Sonderkonstruktionsbüro« der sowjetischen Marine[55] im Gebäude 7 des berüchtigten Leningrader Gefängnisses »Kresty«: »Es ist eine ›Scharaga‹, die der einen sehr ähnelt, die A. Solschenizyn in seinem aufsehenerregenden Roman ›Der erste Kreis der Hölle‹ beschreibt, wo inhaftierte Wissenschaftler für militärische Zwecke der Sowjetunion Forschungen betreiben«. Und in Wilna (lit. Wilnjus, Hauptstadt der Litauischen SSR), »in den Gebäuden eines ehemaligen katholischen Klosters . . ., das früher auf dem Stadtplan von Wilnjus als ›Architekturdenkmal‹ bezeichnet worden ist, befinden sich zwei Männerlager und eine ›Scharaga‹ − ein spezielles wissenschaftliches Forschungsbüro, in dem inhaftierte Konstrukteure arbeiten.

Wenn Sie sich den Mauern dieses ehemaligen Klosters nähern, sehen Sie über seinen Toren ein sehr modern aussehendes Glashäuschen. Das ist die Steuerzentrale der elektronischen Geräte, die von den Wachtposten benutzt werden.

In dieser ›Scharaga‹ befaßt man sich mit der Erprobung automatischer, telemechanischer und elektronischer Geräte zur Sicherung von Verbotszonen der Lager und Gefängnisse in der Sowjetunion. Es sind Fluchtvereitelungsgeräte. In der Zone dieses Lagers sind entlang der Klostermauern spezielle Versuchszonen eingerichtet worden, in denen Spezialisten diese todbringenden Geräte gründlich testen, die möglicherweise auch an der Berliner Mauer ›zum Einsatz kommen‹. Die ›Scharaga‹ selbst liegt im letzten Stock eines Werks für Radioeinzelteile, wo gewöhnliche Insassen dieses Lagers arbeiten . . .

Der gläserne Turm über den Lagertoren führt in die Arbeitszone. Innerhalb der Zone sind entlang der Umzäunung 5−6 Reihen automatischer telemechanischer und elektronischer Versuchssperrzonen montiert worden, wo Ingenieure aus dem Wissenschaftlichen Büro die besten Sicherungsmethoden für Lager und Grenzen testen (›Berliner Mauer‹!)«[56]. Und natürlich auch die Grenze der DDR zur Bundesrepublik.

Dies alles soll nicht bedeuten, daß Häftlinge grundsätzlich rational, durchdacht und planmäßig eingesetzt wurden bzw. werden, daß die Hauptverwaltung der Lager auf die Fachleute unter den Häftlingen hörte. Typisch für die sowjetischen KZs blieben lange und sind weitgehend noch heute die gefürchteten »allgemeinen Arbeiten«, Holzfällen in der Tundra, Kohlefördern in Workuta, Goldgraben in Kolyma. Viel weniger sind wir im Bilde über Häftlingsarbeit in der sowjetischen Industrie, besonders in der Kriegsindustrie, obwohl wir wissen, daß diese im riesigen Maßstab von Sklavenarbeit Gebrauch machte[57].

Höchstwahrscheinlich hat man Ausländer − von denen ja die meisten

Erlebnisberichte stammen – bewußt nicht in der Industrie beschäftigt; die sowjetische Spionomanie ist ja bekannt. Und die meisten Erlebnisberichte von Sowjetbürgern aus den sowjetischen KZs, von denen eine größere Zahl nach dem Erscheinen des »Iwan Denissowitsch« von Solschenizyn geschrieben und bei sowjetischen Redaktionen eingesandt wurde, blieben unveröffentlicht.

Über die Sklavenarbeit der Häftlinge der NS-KZs wissen wir so gut wie alles – was nicht bedeuten soll, daß diese Dinge der breiten Öffentlichkeit genauso gut bekannt sind. Es wäre vor allem unrichtig, zu glauben, daß nur riesige Konzerne, wie IG-Farben, Siemens oder Krupp diese Sklavenarbeit ausbeuteten. Es taten dies während der letzten Kriegsjahre, ab 1942, als die SS die Häftlinge vermietete, alle Arten von Unternehmen, von den größten bis zu den kleinsten, wenn sie nur die Möglichkeit und die Gelegenheit dazu hatten. Ich habe nie genau gewußt, wieviel Häftlinge des KZs Groß-Rosen das »Wäschekommando Jauer«, das »Wäschekommando Striegau« oder das Kommando »Bäckerei Groß-Rosen« zählte; die beiden Wäschereien in den genannten schlesischen Kreisstädten wie die genannte Dorfbäckerei dürften jedoch kaum sehr groß gewesen sein. Und doch wurden sie mit Häftlings-Sklavenarbeit betrieben. Ich will damit nicht sagen, daß jeder Wäscherei in einer deutschen Kreisstadt, geschweige denn jeder Dorfbäckerei im Jahre 1944 Häftlings-Sklavenarbeiter zur Verfügung gestellt wurden. In den genannten Fällen entschied die Nähe des zwischen Jauer und Striegau gelegenen KZs Groß-Rosen. Andererseits aber scheinen mir diese Fälle eine nahe Verbundenheit und Verflechtung auch des lokalen Unternehmertums mit der SS-Sklavenwirtschaft zu bezeugen.

Die Frage nach der Rolle der deutschen Unternehmer in der Sklavenarbeitslager-Periode der NS-KZs wurde in der westdeutschen und überhaupt der westlichen Wissenschaft eher umgangen. (Wenn z. B. eine Liste der Privatunternehmer zusammengestellt worden ist, die KZ-Häftlinge ausgebeutet haben, wovon ich natürlich nichts wissen kann, dann hat man sie jedenfalls nie veröffentlicht.) In der DDR hat man auf diesem Gebiet manches wertvolle Quellenmaterial zutage gefördert und die vielleicht wertvollsten DDR-Veröffentlichungen hervorgebracht[58]. Im heutigen Polen versuchen, nicht ohne Erfolg, faschistisch-kommunistische Kreise[59] die falsche, übrigens vollkommen unmarxistische These durchzudrücken, daß jede Art NS-Lager, einschließlich der Kriegsgefangenenlager, samt und sonders dem Massenmord diente. Die nationalistisch-antisemitische Haltung dieser Kreise läßt sie nicht zugeben, daß die Juden von den Nazis noch schlechter behandelt wurden, als die Polen[60].

Da die systematische Ausbeutung der Arbeit lebendiger Häftlinge durch Privatunternehmer (und auch durch die SS selbst) zu jener These nicht paßt – sie läßt höchstens Platz für die sog. »Vernichtung durch Arbeit« – sind die Privatunternehmer, außer ein paar allzu unübersehbaren großen Konzernen, wie Krupp oder IG-Farben, aus dem Gesichtsfeld der polnisch-kommunistischen Literatur weitgehend verschwunden.

Prokommunistische Kreise in der Bundesrepublik versuchen umgekehrt, den wahnsinnigen, nur zu oft für die Wirtschafts- und Kriegsinteressen des Dritten Reiches schädlichen Massenmord an Juden als vollkommen wirtschaftlich durchdacht und profitmäßigrational hinzustellen[61].

Die Verbindung zwischen der SS und ihrem System der NS-KZs einerseits sowie unzähligen großen und kleinen deutschen Privatunternehmen andererseits gehörte in den Jahren des Zweiten Weltkrieges zu den Hauptelementen des KZ-Systems. Ich könnte heute noch florierende Firmen nennen, an die ich selbst als Sklavenarbeiter von der SS vermietet war. Diese Festellung hat jedoch nichts gemein mit der beliebten demagogischen Anklage gegen »den Kapitalismus« schlechthin. Man muß vor allem bedenken, daß die NS-KZs nicht als Einrichtungen zur Ausbeutung der Sklavenarbeit entstanden sind, wozu sie erst später wurden, sondern als terroristisch-politische Haftanstalten eines politischen Regimes, das sich »nationalSOZIALISTISCH« nannte und sich ziemlich »antikapitalistisch« gebärdete (vgl. bes. o., S. 129 ff.). Selbstverständlich hat die Profitgier zahlreicher Privatunternehmer immer schon die Zwangslage der besonders, nicht nur rein ökonomisch, abhängigen Arbeiter ausgebeutet. Es genügt, auf die jahrtausendealte Geschichte der Sklaverei hinzuweisen (vgl. o., S. 39 ff.). »Die Beschäftigung von Strafgefangenen zu wirtschaftlichen Arbeiten ist in Deutschland von jeher üblich gewesen«, stellte, vollkommen wahrheitsgemäß, am 23. 7. 1946 vor dem Internationalen Militärgerichtshof in Nürnberg, Dr. Hans Flächsner, Verteidiger von Albert Speer[62] fest. Nur war das keine Entschuldigung für Speer, für seine Zulieferer Himmler und Sauckel, für das ganze Sklavenarbeitssystem der NS-KZs (einschließlich der Massenverhaftungen nur zu Zwecken der Sklavenarbeit) – ja nicht einmal für das, was in Deutschland und woanders »von jeher üblich gewesen ist«.

Dagegen muß man aber feststellen, daß derartige Praktiken im 20. Jahrhundert eher verpönt, wenn nicht ganz verschwunden waren und daß in der Regel weder eine unmenschliche Ausbeutung von Sträflingen noch deren Vermietung zur unbeschränkten Ausbeutung an Privatunternehmer geduldet wurden. Die NS-Praxis bedeutete einen vollkommen bewußten Rückfall in die dunkelsten Zeiten der antiken Sklaverei. Einen derartigen Rückfall hat es jedoch nicht einmal in anderen faschistischen, geschweige denn in irgendeinem nichtfaschistischen »kapitalistischen« Staate gegeben – dagegen viel früher und viel stärker noch in der »sozialistischen Sowjetunion«.

Die konkrete Auswahl der vermieteten Häftlingssklaven erfolgte in den sowjetischen wie in den NS-KZs auf dreierlei Art und Weise. Die Häftlinge konnten vom Lager selbst (in Sowjetrußland oft bereits vom Gefängnis) für den Transport zusammengestellt werden; der betreffende Unternehmer, ob staatlich in Sowjetrußland, ob privat in Nazideutschland, konnte sie nach allgemeinen körperlichen Merkmalen begutachten, wenn es sich um eine größere Zahl von Sklaven für Muskelarbeit handelte; er konnte sich schließlich einzelne Facharbeiter oder gar Spezialisten aussuchen. Es entwickelte sich dabei ein reger Sklavenhandel, der vom Feilschen um die Qualität größerer Posten der menschlichen Ware bis zu regelrechten Sklavenmärkten nach antikem Muster reichte. Berichte aus verschiedenen Perioden der sowjetischen KZs schildern, wie etwa 1935 die Verwaltung des »Bjelomorstroj«, des Weißmeer-Ostsee-Kanals, der Verwaltung des »BAM«, der Baikal-Amur-(Eisenbahn)Magistrale ihre sämtlichen arbeitsunfähigen Kranken und Invaliden unterzuschieben versuchte[63]. Wie am Weihnachtstag 1940 ein großer Haufen Häftlinge einen ganzen Tag auf einer Waldlichtung bei Kotlas ohne Nahrung gehalten wurde, während die Funktionäre in Uniform oder in Zivil durch die Reihen gingen, einige Häftlinge sich im Schnee ausziehen ließen, Arm- oder Beinmuskeln betasteten, sich bücken oder den Mund aufmachen ließen, um die Zähne zu prüfen – »ganz wie Pferdehändler auf einem ländlichen Jahrmarkt«[64]. Oder wie einige Jahre nach dem Kriege eine Lagerärztin in Workuta die Arbeitssklaven untersuchte: »Die Trofimowitsch tut einige kräftige Griffe in die Reste unserer Gesäßmuskulatur. Dieser Griff ans Gesäß ist das Kennzeichen echter Sklaverei. Immer in ihrer langen und dunklen Geschichte, beim Bau der Pyramiden und der römischen Wasserleitungen, auf den maurischen Galeeren von Cervantes und den Seglern mit ihrer Fracht aus ›schwarzem Elfenbein‹ zwischen Afrika und den Staaten, sind die Sklaven mit diesem Griff betastet worden«[65]. Und wie noch viele Jahre später in Krasnojarsk aus dem KZ Entlassene und zur Verbannung Verurteilte weiterhin wie Sklaven behandelt und als solche gehandelt wurden: »Wir wurden in einen der vielen Höfe des Gefängnisses geführt, wo bereits fünfzig Frauen standen, zwei davon mit Kindern auf dem Arm. Neben dem Wachsoldaten stand ein ›Käufer‹, dem wurden wir einzeln vorgeführt; er sah sich einen jeden genau an und stellte manchen auch Fragen. Die meisten nahm er, acht lehnte er ab, die wurden in die Zellen zurückgebracht; unter den Abgelehnten war auch eine der beiden Frauen mit Kind – dieses weinte, und das ging dem ›Käufer‹ auf die Nerven. Er war ein Vertreter der Baufirma, die in der Nähe von Jenissejsk ein großes Invalidenheim für die Armee einrichtete. Er suchte sich Arbeitskräfte aus, ganz wie auf einem Sklavenmarkt des Altertums. Nachher ging er in die Gefangenenkanzlei, um den Erhalt der ›Ware‹ zu quittieren«[66].

»Schlechte Käufer waren, wer sich eine Partie nach Mappen zusammenstellte;« schreibt Solschenizyn, »die gewissenhaften Kaufleute, die ließen sich die *Ware* in natura und nackend vorstellen. ›Na, zeigen Sie mal her, Ihre Ware!‹ sprach der Käufer im Bahnhof von Butyrka, nachdem er die siebzehnjährige Ira Kalina erblickt hatte ...«[67].

Der Gedanke an antike oder sonstige Sklavenmärkte kommt praktisch jedem, der den sowjetischen Menschenhandel erlebt hat[68].

Dasselbe gilt für analoge Erscheinungen in NS-KZs. So kam etwa 1941 der Schutzhaftlagerführer vom KZ Neuengamme nach Dachau, um sich Häftlinge auszusuchen:»Ich will die Vögel genau sehen. Sicherlich taugt die Hälfte nichts ... Die Leute müssen den ganzen Tag stehen, es ist schwere Arbeit. Was schlechte, schwache Beine hat, ist nichts für mich ...‹ Es schien, als wollte jedes Lager bei dem Sklavenhandel so viel wie möglich für sich profitieren«[69]. 1944 mußte ich mehrmals als Dolmetscher fungieren, als Vertreter deutscher Firmen nach dem KZ Groß-Rosen kamen, um sich unter den Häftlingen verschiedener Nationalitäten Facharbeiter auszusuchen.

Ich nenne keine Zahlen aus dem Bereich der Sklavenarbeiter-Vermietung aus den sowjetischen KZs, da nur bruchstückhafte Daten zur Verfügung stehen; da jene Vermietung, wie bereits gesagt, nur der minder wichtige Teil der Ausbeutung der Häftlings-Sklavenarbei in Sowjetrußland war und ist; und da schließlich Angaben in Rubeln wenig sagen würden, nicht nur wegen des schwer vergleichbaren Geldwertes an sich, sondern auch wegen der überhaupt nicht vergleichbaren Rolle des Geldes im System der sowjetischen Unwirtschaft.

Die SS forderte bei den ersten Vermietungs-Verträgen in den ersten Jahren des Krieges nur RM 1,00–1,20 täglich für einen vermieteten Häftlings-Sklavenarbeiter[70]. 1942 mußte die IG-Farben bereits 4 RM täglich für einen Facharbeiter und 3 RM für einen Hilfsarbeiter zahlen[71]. Im Sommer 1942 zahlten die Mitteldeutschen Papierwerke in Tannroda/Thüringen 5 bzw 4 RM täglich für die vom KZ Buchenwald gemieteten Häftlinge[72]. Im Sommer 1942 und 1943 zahlten die umliegenden Güter 3 RM täglich für die vom KZ Ravensbrück zu landwirtschaftlichen Arbeiten gemieteten weiblichen Häftlinge[73]. 1944 kassierte die SS mindesten 6 bzw. 4 RM täglich[74].

Als »Facharbeiter« galt dabei nur, wer in seinem eigenen Fach arbeitete oder sonst eine qualifizierte Arbeit verrichtete. Ein Tischler oder Mechaniker, als solche beschäftigt, waren Facharbeiter; ein Ingenieur oder Universitätsprofessor Hilfsarbeiter, wenn sie mit Schippe oder Spitzhacke tätig waren, aber Facharbeiter, wenn man sie etwa als Schreiber einsetzte.

Um allen Mißverständnissen vorzubeugen: Es handelt sich bei diesen Zahlen um Verrechnungen zwischen dem Sklavenarbeiter-Vermieter, also der SS, und dem Mieter, d. h. dem Privatunternehmer bzw. einer anderen Stelle (etwa einer Dienststelle der Wehrmacht, die die Häftlinge zur Arbeit einsetzte), und nicht etwa um Beträge, die dem Häftling selbst ausbezahlt wurden, da in den sowjetischen KZs Häftlinge in einigen Perioden entlohnt wurden, so daß Verwechslungen entstehen könnten. In den NS-KZs gab es höchstens willkürlich an eine begrenzte Zahl der Häftlinge ausgezahlte geringe Prämien in einem besonderen, nur im Lager selbst gültigen Lagergeld[75]. Die Feststellung, daß die Häftlinge für ihre Prämienscheine »nur in der Lagerkantine Tabak, Nahrungsmittel o. a. einkaufen konnten«[76], muß man richtig, das heißt mit sehr großen Einschränkungen verstehen: Jenen Verkauf gab es nur an bestimmten Tagen, in begrenzten Mengen und vor allem bei einem bestenfalls äußerst beschränkten Warensortiment. Und die auf den Häftlings-Briefformularen aufgedruckte Behauptung, »Im Lager kann alles gekauft werden«[77] war nicht einmal ein schlechter Scherz. 1944 gab es in der Lagerkantine des KZ Groß-Rosen am Sonntagnachmittag manchmal ein alkoholfreies dunkles Bier bzw. ein alkoholfreies limonadenartiges Getränk, »Punch« genannt, manchmal große Gläser marinierter roter Rüben – und das war ungefähr schon alles. Tabakwaren wurden auf »Raucherkarten« verkauft, die nicht an alle Häftlinge ausgegeben wurden, aber nie im »freien« Verkauf; irgendwelche Nahrungsmittel habe ich nie gesehen, wenn man nicht den besagten Rüben diesen Namen geben will. In Form jener Prämienscheine wurden den Häftlingen außer den »Prämien« auch das Geld ausgezahlt, das ihnen von den Angehörigen überwiesen werden durfte.

Auch in sowjetischen KZs gab es in manchen Zeiten in manchen Lagern solches Lagergeld. Sonst war normales Geld zugelassen, unter sehr ähnlichen Voraussetzungen: Ausgezahlt wurden Arbeitsprämien (einige Zeit sogar ein dem der »freien« Arbeiter gleicher Lohn, nur mit Abzügen, die bis zu $2/3$ gingen; Häftlinge hatten aus ihrem Arbeitslohn die Bewachung des Lagers, einschließlich des Unterhalts der Wachhunde, und sonstige Verwaltungskosten zu bezahlen) sowie Überweisungen von zu Hause. Einkaufsmöglichkeiten waren und sind manchmal besser, als die beschriebenen in NS-KZs, wenn sie auch kläglich waren und sind. Übrigens konnten und können die sowjetischen KZ-Häftlinge, bei viel einfacherem Kontakt mit »Freien« mehr Geschäfte mit diesen tätigen.

Nach einer Abschrift von den Abrechnungsbögen der Arbeitsstatistik des KZ Buchenwald betrugen die Einnahmen der SS für die Vermietung der Buchenwalder Häftlinge von Juni 1943 bis Februar 1945 – also in 21 Monaten – fast 96 Millionen Reichsmark[78]. Nach einer Aussage von Otto Ambros zahlte die IG-Farben an die SS im Laufe von zweieinhalb Jahren über 20 Million RM[79]. So wird die Redewendung der SS verständlich, die wir Häftlinge öfters zu hören bekamen: »Die Kazetts sind unsere Währung!«

In noch höherem Maße konnte und gewissermaßen kann bis heute dasselbe für die sowjetischen KZs gelten. Diese Feststellung entscheidet jedoch keineswegs die in der Wissenschaft umstrittene Frage, ob und inwieweit die KZs – die nationalsozialistischen, und besonders die vielfach länger bestehenden und größeren sowjetischen – wirtschaftlich nützlich und gewinnbringend waren bzw. sind.

Damit hängt die zweite, der Logik nach eigentlich erste und wichtigere umstrittene Frage eng zusammen: Inwieweit die Verwandlung der Terror-Lager in Sklavenarbeitslager überhaupt stattgefunden hat; ob nicht – wie manche Autoren für die sowjetischen, andere wieder für die NS-KZs annehmen – der Hauptzweck der Lager die Vernichtung der Häftlinge blieb und jede produktive Arbeit derselben nur Nebenzweck und Nebensache war. Obwohl ich, wie aus allem hier Gesagten ersichtlich, diese Ansicht nicht teile, kann ich sie angesichts der gewichtigen, für sie sprechenden Argumente gut verstehen. Bevor ich also meine abweichende Meinung begründe, will ich möglichst erschöpfend schildern, was gegen sie spricht.

Man darf dabei auf keinen Fall – wie überhaupt bei der Erörterung irgendwelcher Probleme des Totalitarismus – den Maßstab der Rationalität, insbesondere der ökonomischen Rationalität anlegen. Jeder Totalitarismus ist schließlich ein ungeheuerlicher Unsinn, da er ja sich selbst zum Verhängnis werden muß. Er muß scheitern an den äußeren Umständen, die er in seinem blinden Voluntarismus verkennt – und an der menschlichen Natur, die er vergewaltigt, zum Teil indem er sie schlichtweg leugnet. Das Schicksal der Nazis, die sich, Deutschland mit sich reißend, in einen Krieg stürzten, den sie unmöglich gewinnen konnten, und die noch mitten in diesem unmöglich zu gewinnenden Krieg sich den sowieso unmöglichen Sieg selbst durch alles Denkbare erschwerten (um nur den Massenmord an den Juden zu erwähnen[80]) – scheint mir hier ein äußerst einleuchtendes Beispiel zu sein.

Der Sieg Sowjetrußlands über Nazideutschland ist kein Gegenbeispiel: Die sowjetischen Kommunisten mit Stalin an der Spitze haben alles Menschenmögliche getan, um den Krieg zu verlieren, vom Massenmord an den Bauern, infolgedessen die Rote Armee 1941 soundsoviel Millionen Soldaten weniger hatte, über den Massenmord an Offizieren und Technikern, bis zur Förderung und Unterstützung der deutschen Wiederaufrüstung in der Weimarer Zeit, sowie der NS-Kriegsmacht vom Herbst 1939 bis zum 21. Juni 1941 – u. a. m. Es ist ihnen sozusagen einfach nicht gelungen, sich selbst und Sowjetrußland mit sich in ein NS-Verderben zu stürzen. Übrigens ist der Sowjetkommunismus in Sowjetrußland bis 1939–45 und seitdem auch in den eroberten und unterjochten Ländern politisch, wirtschaftlich, kulturell, sozial und auf jedem anderen denkbaren Gebiet kläglich und total gescheitert. Dieser riesigste Fehlschlag der Geschichte hält sich seit eh und je, von Lenin bis heute, nur durch brutale Gewalt, durch »schonungslosen Massenterror«[81], durch KZs, Terrorpolizei und Panzer.

Man möchte sich also nicht wundern, wenn die weiteren Erörterungen und Erklärungen des KZ-Geschehens widersprüchlich erscheinen. Diese Widersprüche wurzeln nicht in meinem, sondern im Denken derjenigen, deren Tun und Wollen ich hier untersuche.

Der Totalitarismus bedeutet Streben nach einer totalen, also wirklich absoluten und durch nichts beschränkten Macht, nicht nur über Menschen und Sachen, sondern über die Wirklichkeit schlechthin. Sein Hauptelement ist somit ein ungehemmtes Wunschdenken. Der Hauptinhalt jeder totalitären Lehre besagt, daß jegliche Wirklichkeit durch Willens- und Tatkraft bezwingbar und der »Weltanschauung«, der höheren Partei-Wahrheit anpaßbar ist.

Das allerwichtigste, dominierende Element in der zu jener Lehre gehörenden, erdachten Welt, ist der Feind; welcher Begriff nicht nur wirkliche, aktive Gegner, sondern bereits alle diejenigen umfaßt, die einfach die Wirklichkeit sehen, für die der Kaiser in seinen neuen Kleidern – seien sie nun braun, rot oder welcher Farbe auch immer – nackt und blutbeschmiert dasteht.

So kann ein Totalitarismus, ein System totaler Macht als Selbstzweck, nur zwischen zwei Polen funktionieren: Der totalen Anbetung des diese Macht ausübenden genialen Führers nebst seinen Paladinen und dem totalen Haß gegen »Feinde«. Sehr bezeichnend ist dabei die Verabsolutierung dieses letzten Begriffes, besonders im Kommunismus, wo man kaum von »Feinden des ...« bzw. »unseren Feinden« spricht, sondern meistens von »Feinden« schlechthin. »Was würden sie denn ohne ›Feinde‹ machen?«, fragte Solschenizyn in seinem Brief vom 12. November 1969 an den sowjetischen Schriftstellerverband, aus welchem er gerade ausgeschlossen worden war. »Sie könnten wahrscheinlich ohne ›Feinde‹ überhaupt nicht leben«[82].

Das erwähnte totalitäre Wunschdenken setzt sich nicht nur über die Wirklichkeit, sondern auch über ihr innewohnende, einander ausschließende Gegensätzlichkeiten hinweg – und versucht auch diese unter den Willen des betreffenden totalitären Systems zu zwingen (bis die Wirklichkeit jenes System endlich bezwingt). Bei unserem Thema bedeutet das vor allem konkret, daß sowohl die Sowjetkommunisten als auch die Nazis versucht haben – die ersteren versuchen es immer noch – sich gegenseitig ausschließende Ziele zu erreichen. Und zwar die Häftlinge als Feinde sterben und als Sklaven produktiv arbeiten zu lassen. Dieses gleichzeitig in zwei entgegengesetzten Richtungen verlaufende Streben führte zwangsläufig nur ein Resultat herbei, das unstrittig das stärkste Argument gegen meine These von den ökonomischen Zielen bildet, denen die KZs in ihrer Sklavenarbeitsphase dienen sollten: Ein Massensterben der Häftlinge.

Einen Schlüssel dafür scheint mir eine von Eugon Kogon zitierte Äußerung zu liefern: »Der Gerichtsoffizier des SS-WVHA, SS-Obersturmbannführer Dr. Schmidt-Klevenow, eine dunkle Gestalt aus Pohls unmittelbarer Umgebung, äußerte in einer Untersuchungssache: Der Reichsführer-SS habe zwar den Befehl gegen nichtangeordnete Häftlingstötung erlassen, es sei aber zu fragen, »ob er damit nicht den geheimen Vorbehalt (reservatio mentalis) verbunden habe, mit der Nichtbefolgung dieses Befehls einverstanden zu sein!‹«[83].

Ein solcher geheimer Vorbehalt erstreckte sich in beiden großen KZ-Systemen auf den gesamten Übergang zu Sklavenarbeitslagern, den die beiden Terrorpolizeien und deren KZ-Verwaltungen in der oben angedeuteten Art gleichzeitig wollten und nicht wollten. Ein äußerlicher Ausdruck jenes geheimen Vorbehalts, den wir genauso gut bei der sowjetischen Terrorpolizei voraussetzen können, war die Tatsache, daß in beiden KZ-Systemen bei dem Übergang zu Sklavenarbeitslagern unterlassen wurde, das bisherige Aufsichtspersonal auszuwechseln. Hier wie dort aber bestand dieses aus jahrelang systematisch geschulten und indoktrinierten Schergen, die als ihre höchste Pflicht ansehen sollten, die Häftlinge zu hassen und sie als »Feinde« anzusehen: »Volksfeinde« in Sowjetrußland, »Staatsfeinde« in Nazideutschland. Das Normale und Selbstverständliche war für sie, die Häftlinge auf Schritt und Tritt zu drangsalieren, zu mißhandeln, zu schikanieren und zu töten – also praktisch das Gegenteil von dem zu tun, was für die Erhaltung der Arbeitskraft notwendig wäre, von Arbeitslust nicht einmal zu reden.

Weder in den sowjetischen noch in den NS-KZs wurde versucht, diese Einstellung der Aufseher zu den Häftlingen zu ändern, – im Gegenteil, hier wie dort wurde den Bewachern weiterhin eingeschärft, daß Häftlinge vor allem »Feinde« wären. In den »10 Geboten für den Blockführer«, die in der Auschwitzer Lagerkanzlei gefunden wurden, hieß es u. a.: »1. Gebot. Alle Häftlinge sind Staatsfeinde, ganz gleich, ob sie wegen politischer, krimineller oder sonstiger Verbrechen oder Vergehen im Konzentrationslager einsitzen. Richte Dein Verhalten nach diesem Gesichtspunkt aus«[84]. Alexander Dolgun berichtet, daß bei einer Wachablösung in einem sowjetischen KZ von beiden Wachposten eine Formel rezitiert wurde, die außer Nummern, Abgabe und Übernahme des Postens folgende Sätze enthielten: »Für die Verteidigung der Sowjetunion. Auf Wacht über Terroristen, Spione, Mörder und Volksfeinde«[85].

Bei der feststehenden (und eigentlich völlig richtigen) Einstellung, daß KZ-Häftlinge Feinde des betreffenden Totalitarismus wären (abgesehen von Ausnahmen, besonders unter den Kommunisten in sowjetischen KZs, wurden sie bereits als solche verhaftet oder sind es im Lager geworden) war das Dilemma »Feind-Haß – Arbeitssklave-Produktion« weder für die GPU noch für die SS zu lösen. Nicht nur für die unteren Funktionäre mit ihrem eher plumpen Denkapparat war es ein Ding der Unmöglichkeit, den Übergang von der Begriffskette »Feind – schwächen – brechen – hungern lassen – zu Tode bringen« zu derjenigen »Arbeitssklave – gut ernähren und behandeln – arbeitsfähig erhalten« mit allen logischen Folgerungen zu vollziehen.

Der Widerspruch war übrigens auch objektiv nicht lösbar, er lag und liegt in der Natur der Sklaverei selbst, die aus einem Menschen ein Nutztier machen will, das er nicht ist und nicht werden kann. »Es gibt keinen Bauern, der mit Rache auf sein Vieh blickt«, wie Ernst Wiechert richtig bemerkt[86]. Und zwar, weil kein Bauer sein Vieh zu fürchten braucht: Kein noch so gut ernährter Ochse, kein noch so kräftiges Pferd wird sich gegen ihn auflehnen. Im Gegenteil, gut ernährt und kräftig wird das Tier desto williger und besser für den Menschen arbeiten. Mit einem Arbeitssklaven ist es gerade umgekehrt. Ist er gut ernährt und kräftig, und damit arbeitsfähig, ist er gleichzeitig kampffähig, und der Sklavenhalter muß ihn dann meistens fürchten. Die Auflehnung, der Freiheitskampf, ja der Rollentausch, die beim Nutztier überhaupt nicht in Frage kommen, sind beim Sklaven das Problem schlechthin. In der Antike war das noch zu meistern, da die Sklaverei als Einrichtung allgemein anerkannt war. Die Sklaven waren zwar kaum damit zufrieden, Sklaven zu sein, sie mußten sich jedoch damit abfinden, da sie, wenn in der Sklaverei geboren, nichts anderes – und somit zumindest den Weg ins eigene Land nicht kannten. (Das Letztere galt dann wieder für Negersklaven in Amerika – ein Zurück nach Afrika gab es für sie aus technischen Gründen nicht. Sie konnten nur in den ersten Jahrhunderten zu den Indianern fliehen – was sie auch oft taten – oder in der amerikanischen Wildnis eigene Siedlungen bilden[87].)

Es gab also eine Selbstverständlichkeit der Sklaverei, die dazu durch deren verhältnismäßige Milde für qualifizierte, wertvolle Sklaven und auch durch Aussichten auf Freilassung sowie Selbstfreikauf verstärkt wurde. Wo es diese Milde und diese Möglichkeit nicht gab, gab es Ketten für im Felde schwer schuftende Sklaven, und bewaffnete Wachen – Urformen von KZs. Aber auch im Altertum war die Auflehnung ein Problem – geflüchtete oder gar meuternde Sklaven wurden beispielhaft grausam behandelt. Der bekannteste Fall waren die zu Tausenden, trotz ihres objektiven Handelswertes, gekreuzigten Gefangenen aus Spartakus' Armee.

Von einem Sichabfinden mit der Sklaverei konnte und kann weder in einem NS- noch in einem sowjetischen KZ die Rede sein. Übrigens bestand ein Großteil der nunmehrigen Arbeitssklaven aus bereits aktiven Widerstandskämpfern; und diejenigen von ihnen, die eine Waffe in der Hand gehabt hatten, wurden, oft nach rücksichtsloser Ausnutzung[88], aber ohne Rücksicht auf wirtschaftliche Nützlichkeit, hingerichtet. So verfuhr zumindest die SS mit den Polen 1944.

In den bereits zitierten »10 Geboten für den Blockführer« heißt es weiter: 4. Gebot ... Sorge dafür, daß jeder Häftling seiner Arbeitspflicht nachkommt. Im totalen Kriegseinsatz kann keine Minute durch Nichtstun vergeudet werden«[89]. Am 8. Dezember 1942 schrieb der Chef der Abt. D des SS-WVHA, SS-Obergruppenführer Glücks, an die Lagerkommandanten: »Jeder Unterführer und Wachmann hat umherstehende Häftlinge zur Arbeit anzuhalten. Daß es dabei verboten ist, den Häftling zu schlagen, zu stoßen oder nur zu berühren, ist selbstverständlich [selbstverständlich war in den NS-Lagern das Gegenteil – d. Verf.]. Das Antreiben hat nur mit Worten zu geschehen. Ob der Wachmann das in deutscher oder fremder Sprache tut, ist gleichgültig. Der Häftling weiß schon, was er soll«[90].

Das waren die einzigen Anleitungen, die die SS-Schergen zu ihrer neuen Rolle als Arbeitsaufseher bekamen. Von Natur, Bildung und Schulung hatten diese Schergen – nach allen Berichten gilt dasselbe für die GU-Lag-Schergen – nicht die geringste Eignung dazu, Arbeit zu beaufsichtigen und zu leiten, und sei es bei Sklavenarbeitern. Sie vermochten nur – auf deutsch bzw. auf russisch, oder in einer anderen Sprache –»Bewegung!«, »Dawaj!« u. ähnl. zu schreien und ihrem Geschrei mit der Sprache des Knüppels Gewicht zu verleihen. »Die totalitäre Welt ist eine Welt ständigen Geschreis«, bemerkt äußerst treffend Hellmut Gollwitzer, der die beiden großen Totalitarismen gut kennengelernt hatte[91].

Ich darf an einem konkreten Beispiel zeigen, wie eine solche blinde und gedankenlose Antreiberei sich nicht arbeitsfördernd, sondern direkt arbeitsstörend und -hemmend auswirkte. An einem Morgen im Frühjahr 1945 im Arbeitslager Leitmeritz (zum KZ Flossenbürg gehörend) sollten etwa 60 Häftlinge eine große Weiche einer Schmalspurbahn schleppen. (Die ökonomische und technische Zweckmäßigkeit eines solchen Transportmittels steht auf einem anderen Blatt.) Mehrere Aufseher – SS-Männer und »Capos«, d. h. Häftlingsaufseher – liefen herum, schrien »Ich helfe euch gleich!« und schlugen mit ihren Knüppeln und mit Fäusten blind zu. Keiner von ihnen dachte daran, die Häftlinge irgendwie sinnvoll aufzustellen, ihnen ihre Plätze anzuweisen, dabei den Körperwuchs und die Kräfte des einzelnen in Betracht zu ziehen usw. Außer dem allgemeinen, sozusagen abstrakten Befehl, zu schleppen, bekamen die Häftlinge keine anderen Anweisungen – und daß ein sowieso hungriger[92] und ausgemergelter Mensch nicht besser eine schwere Last hebt und schleppt, wenn er betäubend angeschrien und mißhandelt wird, brauche ich kaum zu erläutern.

Ich kann mich nicht mehr erinnern, wie lange es dauerte, bis sich damals jene Weiche überhaupt vom Fleck rührte. Und es ist nur ein Beispiel unter zahllosen.

Bei Seweryna Szmaglewska etwa finden wir eine analoge Beschreibung, nur mit dem Unterschied, daß hier »zwanzig Stück, zwanzig junge kräftige Weiber« – nach den Worten eines SS-Mannes – Gleisstücke schleppten[93]. Hunderte von Frauen, die schwere Baumstämme schleppten, sah in einem sowjetischen KZ der polnische Journalist Leonid Szczekacz, verhaftet im September 1940 im sowjetisch annektierten Teil Polens und im Frühjahr 1941 nach Petschora verschickt[94]. Wie Frauen in den heutigen sowjetischen KZs weiterhin Baumstämme schleppen, kann jeder auf einer mehrmals im Westen veröffentlichten Aufnahme selbst sehen[95].

Es war auch von den Untergebenen nichts besseres zu erwarten, wo oberste Vorgesetzte selbst, einschließlich des Chefs des SS-Wirtschafts-Verwaltungs-Hauptamtes, die Mentalität von Sklavenantreibern hatten (vgl. auch o. S. 142). Dem bereits zitierten (o., S. 132) Schreiben Pohls an Himmler vom 30. April 1942 lag nämlich ein programmatischer Befehl bei. Hier lesen wir u. a.: »Der Lagerkommandant allein ist verantwortlich für den *Einsatz der Arbeitskräfte.* Dieser Einsatz muß im wahren Sinn des Wortes *erschöpfend* sein, um ein Höchstmaß an Leistungen zu erreichen ... Die *Arbeitszeit* ist an keine Grenzen gebunden. Ihre Dauer hängt von der betrieblichen Struktur des Lagers und von der Art der auszuführenden Arbeiten ab und wird vom Lagerkommandanten allein festgesetzt ... Alle Umstände, welche die Arbeitszeit verkürzen können (Mahlzeiten, Appelle u. a.) sind auf ein nicht mehr zu verdichtendes Mindestmaß zu beschränken. Zeitraubende Anmärsche und Mittagspausen nur zu Essenszwecken sind verboten.

... [Der Lagerkommandant] muß klares fachliches Wissen in militärischen und wirtschaftlichen Dingen verbinden mit kluger und weiser Führung der Menschengruppen, die er zu einem hohen Leistungspotential zusammenfassen soll«[96].

Entsprechende Befehle der GULag kennen wir nicht, aber nach allem, was wir über die sowjetischen KZs wissen, dürften sie kaum anders lauten. Eine Spur »kluger und weiser Führung der Menschengruppen« sucht man in diesem brutalen Text vergeblich. Indem man ihn liest, fragt man sich verdutzt, was eigentlich der Befehlende erreichen wollte: Ob wirklich maximale Ergebnisse produktiver Arbeit, ob weiterhin bloß die maximale »Erschöpfung« der Menschen – das Wort stammt von ihm und ist von ihm hervorgehoben worden – die zu dieser Arbeit gezwungen wurden. Wir vernehmen hier einen sturen und beschränkten Sklaventreiber, fest überzeugt, daß es nur ein Mittel gibt, aus dem Arbeitenden Leistung herauszuholen: ihn nämlich bis zum Umfallen mit der Peitsche zu hetzen.

Nur jemand, der eine solche Haltung einnimmt, kann sich vorstellen, daß man bessere Arbeitsergebnisse erreicht, indem die Arbeitszeit bis ins Unendliche verlängert, die Mittagspause möglichst verkürzt und das Mittagessen abgeschafft werden. Man braucht kein Spezialist auf dem Gebiet der Arbeitsphysiologie und -psychologie zu sein, sondern nur selbst gearbeitet zu haben und ein wenig zu denken, um zu wissen, daß jeder Augenblick einer rationellen Ruhepause die Ergiebigkeit der Arbeitsstunden erhöht. Das Bewußtsein dagegen, daß man zu einer tödlichen Arbeit gezwungen wird, die die Kräfte übersteigt, veranlaßt den Menschen – durch den primitivsten Selbsterhaltungstrieb – zur Notwehr, d. h. dazu, sich vor der Arbeit auf jede mögliche Art und Weise zu drücken.

Indem sie diese offenbaren und eindeutigen Wahrheiten verkannten, mißachteten die KZ-Sklaventreiber ebenfalls den klugen Grundsatz des siebten Ruhetages, den Ausdruck einer uralten menschlichen Weisheit und Sachkenntnis in Fragen der Arbeit. Diese hatten übrigens nicht von woher zu kommen, indem Pohl – ein weiteres typisches Beispiel für das totalitäre Wunschdenken – seinen Lagerkommandanten fachliches Wissen sowie kluge und weise Führung nicht beibrachte, sondern *befahl* (vgl. u., S. 228 f.).

»Der Fehler, den Hitler beging«, bemerkt J. Tenenbaum, »ähnelt seinen anderen Irrtümern, es war nämlich die Mißachtung des menschlichen Elements (the human factor). Arbeit unter Zwang, ohne den Anreiz eines angemessenen Lohnes und Lebensbedingungen, ohne ein Quentchen menschlichen Wohlwollens oder eine Prise Anerkennung, ist die am wenigsten ergiebige Form der Tätigkeit (labour), die man sich denken kann«[97]. Daselbe gilt Wort für Wort für die sowjetischen Sklavenarbeitslager.

In dem einen wie in dem anderen KZ-System – ein weiterer Punkt auf der unendlichen Liste ihrer Ähnlichkeiten – erfand man ein in diesen Umständen eher makaber wirkendes Mittel der Ermunterung – die Musik. In zahlreichen Berichten aus den sowjetischen und aus den NS-KZs hören wir von Orchestern, die beim Ausmarsch der Sklavenkolonnen zur Arbeit, bei der Rückkehr ins Lager und bei verschiedenen anderen Anlässen spielen mußten. Es ließe sich kaum behaupten, daß die Nazis das sowjetische Vorbild brauchten; unbestritten bleibt, das die Sowjets hier die ersten waren. Ein Orchester gab es schon in den zwanziger Jahren auf den Solowezker Inseln und dann auch in den Weißmeer-Ostsee-Kanal-Lagern, also noch vor der Errichtung der NS-KZs[98].

Prof. Kogon vermutet, daß bei einem vernünftigen Arbeitssystem mit Interessenreiz und auf der menschlichen Grundlage das Doppelte und Dreifache an Arbeitsleistung mit einem Fünftel der Arbeitskräfte hätte erzielt werden können: »Aber es kam ja der SS gar nicht so sehr auf Arbeitsleistung an als vielmehr auf Quälerei«[99]. Wenn wir »die SS« als Ganzes verstehen und die Absichten von deren Führung berücksichtigen, ist dieser subjektive Eindruck unrichtig; wenn wir aber die jeweilige Lager-SS, besonders die unteren Chargen betrachten, muß man dem zitierten Autor recht geben. Und wieder gilt dasselbe für das andere große KZ-System: »Nicht umsonst«, schreibt N. N. Krasnow, »sagten die Tschekisten den Gefangenen: ›Nicht eure Arbeit ist uns wichtig, sondern eure Leiden‹. Die Leiden mußten eine Masse von zehn Millionen unterwürfig halten. ... Betrunken, ärgerlich über sich selbst und wütend auf die, die ihn in diese Hölle versetzt haben, läßt der Kommandant seine ganze Wut an dem Kontrik[100] aus. ›Verrecke!‹ brüllt er im Laufe einer solchen ›Unterhaltung‹. ›Verrecke, Schwein! Es ist deinetwegen und wegen deinesgleichen, daß ich hier in dieser Bärenhöhle sitzen muß! Wenn ihr bloß krepieren würdet, dann kämen wir hier schneller heraus! Ich brauche eure Arbeit nicht! Ich brauche nur – eure Leichen!‹«[101].

Aus seinem Aufenthalt im sowjetischen Gefängnis viele Jahre später – 1965 – berichtet Andrej Amalrik: »Ebenso erinnere ich mich noch an eine Erzählung, in der zwei aufeinanderfolgende Lagerführer ein Rolle spielten. Dem einen kam es auf die Erfüllung des Planes an, dem anderen nur auf die Qual der Häftlinge. Ersterer ließ, um beim Holzfällen eine größere Produktivität zu erzielen, an den entscheidenden Tagen ein Fäßchen Wodka und einen Kasten Gebäck in den Wald bringen und sagte: ›Sauft und freßt, Leute, aber erfüllt den Plan!‹ . . . Dieser Lagerleiter wurde bald abgelöst. Sein Nachfolger erklärte: ›Ich pfeife auf die Planerfüllung. Ihr seid Verbrecher und mir kommt es nur auf eure Pein an!‹ Und damit blieb es bei trockenem Brot«[102].

Ich glaube, daß man die Rolle des persönlichen Gutdünkens, der Willkür und Launen der verschiedenen kleinen Häuptlinge in den Totalitarismen nicht hoch genug einschätzt. Jede Diktatur ist, ihrer Natur nach, eine Pyramide von Diktatoren[103], die sämtlich durch die Unantastbarkeit der Diktatur für jegliche Kritik, durch die Pressezensur usw. geschützt werden – und natürlich auch durch das in jeder Diktatur besonders stark ausgebildete Netz der »verfilzten« persönlichen Beziehungen in der herrschenden Apparatsclique. In einem totalitären System kommt die »Ideologie« dazu. Auch im Kommunismus besteht diese für die tägliche Praxis aus einem Bündel verschwommener Phrasen und Schlagworte, deren Interpretierung in Einzelfragen – wozu auch etwa wissenschaftliche Fragen gehören – nur zu oft den lokalen Machthabern obliegt. All das wirkt noch viel stärker in Sowjetrußland mit seinen riesigen Entfernungen, schlechten Verbindungen und dem allgemeinen Durcheinander, die die Kontrolle von oben erschweren.

Dieses Gewirr von befohlenen Unmöglichkeiten, von Unfähigkeiten, von sinnloser Brutalität, Sadismus und Haß hatte die schier unglaubliche Verschwendung jeder möglichen Art zur Folge, denen wir in allen Berichten sowohl über die sowjetischen als auch über die NS-KZs auf Schritt und Tritt begegnen. Die verwerflichste und bedenklichste war die Verschwendung von Menschenleben, von menschlicher Gesundheit, Arbeitskraft und Arbeitsleistung. Ich meine dabei nicht mehr die oben erwähnten, im Prinzip sinnlosen und rein schikanösen »Arbeiten«, sondern solche, die im Prinzip einem wirtschaftlichen Zweck dienen sollten. Wieder nur ein Beispiel, »ein Fall von der Sarosschij-Quelle bei der Kolyma-Grube Schturmowoj: Fünfhundert Mann wurden im März 1938 ausgeschickt, acht bis zehn Meter tiefe Schurfe im ewigen Frostboden zu graben. Gesagt, getan, Auftrag erledigt (die Hälfte der Seki[104] ist krepiert). Nun hätt's ans Sprengen gehen müssen, doch die Obrigkeit winkte ab: Der Metallgehalt ist zu niedrig. Man ließ die Schurfe sein, im Mai stieg darin das Wasser hoch, die Arbeit war verloren. Zwei Jahre später, wiederum im März, wenn an der Kolyma noch

tiefer Winter ist, fiel denen oben ein: Wo sind die Schurfe? Her damit!
und an der gleichen Stelle! und dringend! und ohne mit Menschen zu
geizen!«[105]
Nach diesem Prinzip wurde »Kolyma, der Goldkerker«, wie Anatol
Krakowiecki es genannt hat[106], überhaupt erschlossen und eingerichtet.
Boris I. Nicolaevsky beschreibt, wie es bei dieser Erschließung »Zeit
und Arbeitskraft für alles gegeben hat, außer für den Bau von Baracken
für die Sklavenarbeiter selbst. ... Von der Regierung wurden an die
Häftlinge keine Kleider ausgegeben, sodaß sie in denselben Kleidern
verschickt wurden, die sie bei der Verhaftung anhatten und die in keiner Weise für den Winter, besonders für den Kolyma-Winter geeignet
waren ...«[107]. Kolyma liegt unter genau derselben Breite wie Alaska,
und ist noch kälter. Es war in der früheren stalinistischen Zeit meist üblich, Häftlinge keine anderen Kleider auszugeben, als diejenigen, in denen sie verhaftet wurden (vgl. u., S. 150).
Die Verluste unter den Kolyma-Geweihten begannen bereits während
des Seetransports aus Wladiwostock: »Jedesmal«, berichtet Elinor Lipper, »wenn eine neue Schiffsladung von Gefangenen in Magadan ankam, bekamen wir den ersten Schub von Kranken direkt aus dem Ha-
fen, den zweiten Schub aus dem Quarantäne-Lager ... Von den Schif-
fen wurden die meisten Kranken mit Blutdurchfall (Haemocolitis) her-
eingetragen, den sie nur in seltenen Fällen überwanden. Sie lagen
nebeneinander und sahen zu, wie einer ihrer Kameraden nach dem anderen den Kampf aufgab«[108].
Die Verluste unter den Häftlingen in den monatelangen, Abertausende
von Kilometern fahrenden sowjetischen Häftlingstransporten waren in
der Regel ungeheuerlich[109]. Dasselbe konnte allerdings auch für die unvergleichlich kürzeren NS-Transporte gelten. Im Sommer 1944 kamen
in einem Transport aus Krakau nach dem KZ Groß-Rosen (etwa 300
km) einige Häftlinge tot und viele bewußtlos an, da die SS sie in der Hitze äußerst eng in die Waggons hineingepreßt hatte und ohne Wasser be-
ließ (Vgl. u. S. 164). Die Gesundheit und somit die Arbeitsfähigkeit der
Häftlinge wurden auf jede mögliche Art und Weise sinnlos verschwen-
det.
»Tausende von Opfern«, schreibt Krakowiecki, »schleppen sich in verschiedenen Krankenhäusern herum, die Extremitäten der Glieder abge-
froren oder bereits amputiert. Was ist die Ursache ihrer Leiden? ›Der
Wachmann hat verboten, ein Feuer anzuzünden!‹ Das ist die stereotype
Antwort«[110].Elinor Lipper beschreibt den Ausmarsch weiblicher Häftlinge zur Arbeit: »Die erste Brigade der Feldarbeiterinnen wird aufge-
rufen. Sie tritt um einige Schritte vor. Dann wird jedes Brigademitglied
einzeln mit Namen aufgerufen, antwortet mit lauter Stimme mit seinem
Vornamen und Vaternamen und tritt durch das Tor hinaus auf die
Landstraße, wo sich die Brigade wieder in Fünferreihen aufstellt. Beim
Heraustreten durch das Tor zählt der Kommandant die Stärke

der Brigade, z. B. vierzig Gefangene. Wenn alle vierzig in acht Fünferreihen geordnet draußen stehen, zählen die Wachsoldaten, die die Brigade abführen, noch ein- bis zweimal alle nach. Dann geht einer der Wachsoldaten zurück zum Kommandanten und unterschreibt, daß er vierzig Gefangene empfangen hat. Worauf die erste Feldbrigade abmarschiert. Die übrigen sechshundert Frauen warten. Mäßig bekleidet. Sommer und Winter. Acht Monate im Jahr ist Winter. Bis zu einer Temperatur von 50 Grad Celsius unter Null haben die Gefangenen auf Arbeiten im Freien auszumarschieren. Nach offiziellen ärztlichen Berichten fällt ein großer Teil von Erfrierungen bei den Gefangenen nicht auf die Arbeit im Freien, sondern auf das Warten beim Aus- und Einmarsch. Trotzdem wird an dieser Ausmarschzeremonie in allen Lagern festgehalten«[111]. Und all das im Gebiet von Kolyma, wo bereits die geographisch-klimatische Lage jegliche Fluchtchancen genauso tief unter Null sinken läßt, wie die Lufttemperatur.

Bei Avraham Shifrin finden wir einen Bericht aus dem Lagerkomplex Solwytschegodsk aus dem Jahre 1973 ff.: »Man trieb uns in den Wald und an der Wache hing die Parole: ›Im Wald gibt es keinen Frost!‹[112] Wir arbeiteten, versanken im Schnee und boten sämtliche Kräfte auf; niemand wollte in den Karzer kommen oder zur Strafe auf Hungerration gesetzt werden. Und deshalb weinten wir danach auch im Frost. In der Tat − in der Taiga gibt es keinen Frost! Und danach gingen wir durchnäßt in Begleitung der Wachtposten ins Lager. Und da ist es ja auch noch notwendig, daß die Wachtposten alle abzählen und antreten lassen . . . Sie verrechnen sich, sie kommen beim Abzählen durcheinander − und wir stehen da . . .

Auf dem Weg zum Lager rannten wir, um nicht starr zu werden; wir rannten, stürzten und weinten«[113].

In den NS-KZs wurde der mörderische Blödsinn des Zählappells nicht gar so weit getrieben wie in den sowjetischen KZs derselben Zeit; kein NS-KZ lag übrigens in Breiten, wo Temperaturen von − 50°C vorkommen. Und doch sind die stundenlangen, zermürbenden und oft durch Regen und Kälte tödlichen Appelle in den NS-KZs aus zahllosen Erlebnisberichten zur Genüge bekannt; besonders die mörderischen »Strafappelle«, wo nach der Flucht eines Häftlings das ganze Lager stundenwenn nicht tagelang angetreten stehen mußte.

Die Verschwendung der Menschenkräfte und -leben hatte und hat verschiedenste Formen. »Wieviele Schneeschipper müssen noch alljährlich erblinden, weil es keine Schneebrillen gibt?«, fragt etwa Elinor Lipper an einer anderen Stelle[114].

In vielen Punkten könnte man die Berichte aus den sowjetischen und den NS-KZs direkt auswechseln, ohne es zu merken. So etwa, wenn man von dem Baden und den Entlausungen liest (oder an sie zurückdenkt), die im Prinzip der Gesundheit dienen sollten und konnten, in der Praxis jedoch die Läuse oft nur angenehm warm werden ließen, wogegen die ausgemergelten Menschen sich bis zu tödlichen Lungenentzündungen erkälteten. Nicht selten ließ man die Häftlinge – hier wie dort – nackt im Schnee auf das Bad warten.

Unzählige Häftlinge der sowjetischen KZs starben oder wurden arbeitsunfähig wegen Skorbut – in Lagern inmitten der nördlichen Wälder, wo es vitaminreiche Beeren in Unmengen gab. Es durften jedoch entweder keine Häftlinge von der »produktiven Arbeit« zum Beerensammeln abkommandiert werden, auch wenn sich der Produktionsausfall wegen Skorbut Winter für Winter wiederholte – ein Beispiel für die »Planwirtschaft« in der Praxis –, oder es wurden auf Befehl von oben lange Zeit nur Kiefernnadeln gesammelt und den Häftlingen unter Zwang ein daraus zubereiteter Absud verabreicht – bis er sich als völlig unwirksam erwies[115].

In einem Bericht aus dem Lagerkomplex Oneglag, der bis 1976 reicht, lesen wir wieder: »Der ›Kampf‹ gegen Skorbut wird mit lokalen Mitteln ausgetragen: In den Wohnbezirken der Lager stehen Fässer mit Fichtennadelaufguß, und die Gefangenen trinken dieses Wasser als ›Vitamine‹. Doch die Zähne fallen ihnen aus«[116].

I. Solonjewitsch erzählt von einem russischen Bauern, einem Hünen von Mann, der bei den unfachmännischen Sprengungen am Weißmeer-Ostsee-Kanal zum Invaliden wurde und so auf Invalidenration kam: »Wie konnte nun ein derartiger Riese mit seinem Gewicht von fast zweieinhalb Zentner von nur vierhundert Gramm Brot je Tag leben ... Selbst der Gedanke, diesen Riesen vom Untergang zu retten, von dem Tode, der schon in seinen zugespitzten Gesichtszügen, in den tief unter den buschigen Augenbrauen liegenden Augen stand, war eine Utopie«[117].

Knapp zehn Jahre später wurde zum Polnischen Roten Kreuz im NS-besetzten Lublin ein polnischer Bauer gebracht – »im besten Mannesalter, mit einem prächtigen, athletischen Körperbau«, wie Ludwik Christians berichtet. Nach vier Wochen KZ Majdanek Anfang 1943 »gab er nur noch schwache Lebenszeichen von sich«[118]. Im Herbst 1944 wurden nach dem KZ Buchenwald 1981 dänische Polizisten verschickt, junge kräftige Männer – und bereits nach ein paar Monaten starben etwa sechzig von ihnen im Zustand äußerster Erschöpfung[119]. Usw. usf.

Die dänischen Ärzte, die die Hungerkrankheiten in den NS-KZs untersucht haben, bemerken: »Eines der größten Rätsel dieses Krieges war der Gegensatz (incongruity) zwischen dem Versuch, aus den Häftlingen die größtmögliche Menge von Arbeit herauszuschinden (to exact) bei gleichzeitigem Verringern von deren Arbeitsfähigkeit«[120]. Jenes Verringern der Arbeitsfähigkeit geschah vor allem – und geschieht bis heute in den sowjetischen KZs – durch unzureichende Ernährung, durch Aushungern der Sklavenarbeiter.

Zwei englische Ärzte haben nach dem Krieg Experimente durchgeführt, die bewiesen haben, daß die in den NS-KZs den Häftlingen gebotene Nahrung, auch wenn sie in beliebiger Menge zur Verfügung stünde (was kaum der Fall war!) nicht einmal eine Ratte, geschweige denn einen Menschen am Leben erhalten konnte[121]. Die ebenfalls nach dem Kriege einige Zeit von gewissen Kreisen eifrig in Gang gesetzte Diskussion über den Kalorienwert jener Nahrung war – abgesehen von der Authentizität oder Frisierung der vorgelegten angeblichen Ernährungsnormen – völlig gegenstandslos. Auch die bescheidenste, aber einigermaßen ausreichende Ernährung hätte nicht dazu geführt, daß Menschen sich um einen Knochen prügelten, an dem ein Hund nichts mehr zu nagen fand[122] oder um ein Stück verschimmelten Brotes[123], oder daß sie ein wenig verschüttete kümmerliche Lagersuppe von der Erde ableckten[124] usw. usf.

Die zweite wichtigste Form der Verschwendung der Arbeitskraft und der Arbeitsleistung war die primitive Arbeit, in der Regel ohne adäquate oder gar ohne irgendwelche Geräte. Nicht immer freilich war es so kraß, wie es Iwan Solonjewitsch aus den dreißiger Jahren am Weißmeer-Ostsee-Kanal schildert: »Zehntausende von Lagerinsassen, von den Hungerrationen im Sammelgefängnis noch kaum erholt und kaum imstande, ihre entkräfteten Beine zu bewegen, werden auf die Wald-, Erd- und sonstige Arbeiten geworfen. Sie können aber dort noch nichts leisten. Das Werkzeug ist noch nicht da. Es fehlen Sägen, Äxte, Schaufeln, Karren, Schlitten[125]. Auch Kleidung ist nicht da; die aber kommt auch nicht; im Walde bei zwanzig Grad Frost, bis über die Hüften im Schnee watend, wird jeder in dem Zeug arbeiten müssen, das er im Augenblick der Verhaftung anhatte[126]. Wenn nicht genügend Äxte da sind, werden die Normen nicht erfüllt. Die Menschen bekommen kein Brot . . . Man wird nur je 200 Gramm geben, da die Erfüllung ungefähr gleich Null ist«[127].

Hier haben wir es wieder mit einem – in verschiedenen milderen Formen bis heute typischen – Fall der sowjetischen »Plan«-Unwirtschaft zu tun. Sonst jedoch bleibt es im großen und ganzen wahr, was Paul Barton feststellt: »Zwangsarbeit ist ihrem Wesen nach (par définition) eine Arbeit ohne Ausrüstung«[128]. Allerdings scheint mir hier der historische, technisch-ursächliche Unterschied übersehen worden zu sein. In früheren Jahrhunderten gab es nämlich unumgänglich zu verrichtende primitive Arbeiten, die eine ausgiebige Anwendung von reiner Muskelkraft erforderten – und dazu verwendete man eben Sklaven oder sonstige Zwangsarbeiter. Im zwanzigsten Jahrhundert, in den totalitären Systemen, gab es eine Unzahl von Menschen, die aus politischen Gründen zu Sklaven gemacht wurden und für die man solche primitiven Arbeiten erst einmal finden oder gar erfinden mußte. Inwieweit diese Arbeiten tatsächlich in dieser Form wirtschaftlich notwendig waren, sei dahingestellt; es ist ja gerade der Gegenstand unserer Untersuchung, ob es die Phase der nützlichen Sklavenarbeit in der Geschichte der KZs überhaupt gegeben hat, oder ob Arbeit immer nur ein Mittel zur Brechung und Vernichtung von Menschen, höchstens ein Nebenzweck war. Gleich festzustellen ist jedoch das Vorhandensein einer eigentümlichen Ideologie der primitiven Muskelarbeit sowohl auf sowjetischer als auch auf NS-Seite. Besser gesagt, das Vorhandensein von Ideologien dieser Art, da die Elemente der sowjetischen und der NS-Ideologie der primitiven Arbeit und ihre Ursprünge verschiedener Art sind.

In der diesbezüglichen sowjetischen Ideologie finden wir vor allem Spuren des allgemeinen Glaubens an die unvorstellbaren und ungeahnten Möglichkeiten der Revolution schlechthin. Der Kommunismus ist ja unter der Parole angetreten, durch die »sozialistische Revolution« das gesamte soziale Leben völlig zu verändern. »Am Anfang war der Traum«[129] − ein Traum von einer menschlichen Gesellschaft ohne jegliche Ungerechtigkeit, ohne Verbrechen, Alkoholismus und Prostitution, im materiellen, kulturellen und geistigen Überfluß. Und all das durch die simple »Vergesellschaftung« der Produktionsmittel.

Eine tiefgründige Analyse der Einwirkung des Bolschewismus auf die seelischen Edeltraumzentren der Menschen, auf den uralten, von allen Religionen geschürten menschlichen Wunderglauben (und Wunderdurst) ist längst überfällig − und zwar anstelle der irreführenden Beschreibungen des Sowjetkommunismus als einer »neuen Zivilisation« und eines »Experiments des Jahrhunderts«. Für unser Thema im allgemeinen sind diese Fragen insofern wichtig, als sich in die sowjetischen KZs am schwierigsten der »Aufstieg des gesamten Menschengeschlechts ... auf die Stufe des freien Menschentums, das endgültig alle Attribute der Knechtschaft und Sklaverei abstreift« hineinträumen läßt. Mit den zitierten Worten beschrieb Ende 1931 ein deutscher Kommunist »Die Sowjetunion«, das Land, wo er selbst einige Jahre später in ein unbekanntes Grab hineingemordet werden sollte[130].

Für diese Frage der primitiven Arbeit ist weiter der vom Anfang an im Kommunismus vorhandene Drang zum Ungewöhnlichen und Niedagewesenen von Wichtigkeit. Es kreuzten sich hier zwei tief wurzelnde Minderwertigkeitskomplexe: Derjenige der Einwohner des rückständigen, unterentwickelten Rußlands und derjenige der nur in der marxistisch-leninistischen Scholastik und in Parteiränken geschulten Berufsrevolutionäre, die auf keinem Gebiet des menschlichen Wissens und Könnens irgendetwas vorzuweisen hatten. Sie ließen arme betörte Enthusiasten und Lobsinger ihres riesigen Luftschlosses der Welt erzählen, daß in Sowjetrußland im ersten »Fünfjahresplan« die »Einführung und Inbetriebnahme modernster Werkanlagen und Anwendung der modernsten Maschinen, wie sie selbst in den entwickeltsten Industrieländern unbekannt sind«, stattfand[131]. Sie wußten jedoch, daß sie nicht einmal genug Äxte und Schaufeln hatten, und so beschlossen sie, mit den vorhandenen primitiven Mitteln Wunder zu vollbringen, ja *gerade* mit den primitivsten Mitteln und mit dem Glauben, Berge zu ver-

setzen. Aus der technischen und wirtschaftlichen Not wurde die größte Tugend gemacht; es wurde in der Anwendung primitivster Mittel direkt gewetteifert. Die Autoren des sowjetischen literarischen Sammelwerkes über den Weißmeer-Kanal beschreiben es mit Begeisterung, daß gefangene Ingenieure die Pläne des Kanals unter einer Ölfunzel, ohne Zeichenpapier, Lineale oder Reißnägel gezeichnet haben[132]. Wir stoßen hier sozusagen auf die nächste Wurzel der sowjetischen Ideologie der primitivsten Arbeit. Die berufsrevolutionären Nichtskönner hegten von Anfang an die tiefste Abneigung und Verachtung gegen Fachkenntnisse und tiefsten Haß gegen diejenigen, die sie besaßen. Auch aus der Not ihres Mangels an Kenntnissen und Fertigkeiten machten sie eine Tugend – wodurch Kenntnisse und Fertigkeiten zu einer Untugend, in einigen Zeitabschnitten der sowjetischen Geschichte zum todeswürdigen Verbrechen wurden. Die Geschichte der sowjetischen Unwirtschaft strotzt von sinnlosen, vermeidbaren Katastrophen, verursacht durch den unbeugsamen Willen der Parteiführung, es anders zu machen, als die Fachleute es empfohlen hatten.
Und da die Fachleute zuallererst die Anwendung angemessener technischer Mittel empfahlen, wurde das Gegenteil – außer natürlich bei Machtmitteln sowie bei Paradestücken, wie die Kosmonautik – zum hehren Grundsatz erhoben und sinnlose, den Menschen im Menschen abtötende oder einfach den Menschen tötende Schinderei zum Heroismus erklärt[133].
Die Altlehrer der Nazis waren, wie wir wissen, Treitschke und Hasse mit ihrer »Dienstboten-« und »Helotendoktrin« (oben, S. 42 ff.). Diese entsprach vollkommen der »Rassenlehre« des NS: Keine »höhere Rasse« ohne eine »niedrigere«, keine »Herrenschicht« ohne Knechte und Sklaven. Den Hitlerschen Gedanken einer »modernen Sklavenschicht« aus dem Jahre 1932 (o., S. 130) entwickelte acht Jahre später Heinrich Himmler in seiner berüchtigten Denkschrift über die Behandlung der Fremdvölkischen im Osten von Ende Mai 1940. Er empfahl, ganz im Sinne Hasses, für die Polen ausschließlich eine »vierklassige Volksschule. Das Ziel dieser Volksschule hat lediglich zu sein: Einfaches Rechnen bis höchstens 500, Schreiben des Namens, eine Lehre, daß es ein göttliches Gebot ist, den Deutschen gehorsam zu sein und ehrlich, fleißig und brav zu sein. Lesen halte ich nicht für erforderlich. Außer dieser Schule darf es im Osten überhaupt keine Schulen geben«.
»Dieses Untermenschenvolk des Ostens« (wie Himmler uns Polen bezeichnete) sollte durch die Ermordung der Gebildeten[134] und durch die »Eindeutschung« begabter (»rassisch tadelloser«, »blutlich wertvoller« u. ähnl.) Kinder, die in der Denkschrift Himmlers in allen Einzelheiten geplant wurde[135], zu »einer verbleibenden minderwertigen Bevölkerung werden«:
»Diese Bevölkerung wird als führerloses Arbeitsvolk zur Verfügung stehen und Deutschland jährlich Wanderarbeiter und Arbeiter für be-

sondere Arbeitsvorkommen (Straßen, Steinbrüche, Bauten) stellen; sie wird selbst dabei mehr zu essen und zu leben haben als unter der polnischen Herrschaft und bei eigener Kulturlosigkeit unter der strengen, konsequenten und gerechten Leitung des deutschen Volkes berufen sein, an dessen ewigen Kulturtaten und Bauwerken mitzuarbeiten und diese, was die Menge der groben Arbeit anlangt, vielleicht erst ermöglichen«[136].

Ich brauche kaum darauf hinzuweisen, daß nicht nur jene »Führerlosigkeit« sondern auch die »Kulturlosigkeit« der Polen künstlich herbeigeführt werden sollten – daß hier eine planmäßige Züchtung von menschlichen Zugtieren für »grobe Arbeit« beabsichtigt wurde. Gleichzeitig fand hier die NS-Ansicht Ausdruck, daß solche menschlichen Zugtiere notwendig wären, um »Kulturtaten und Bauwerke« zu ermöglichen (vgl. o., S. 129 f.).

Rudolf Höß hatte also recht, als er später schrieb: »Für Himmler war Deutschland der Staat, der allein das Recht hatte, in Europa die Vorherrschaft auszuüben. Alle anderen Völker waren zweitrangig. Die Völker vorwiegend nordischen Blutes sollten bevorzugt werden mit dem Ziel, sie Deutschland einzugliedern. Die Völker ostischen Bluts aufgespalten werden und zur Bedeutungslosigkeit hinabgedrückt, zu *Heloten* werden«[137]. Da diese Konzeption der neuzeitlichen »Heloten« als analphabetische menschliche Zugtiere bereits in Treitschkes und Hasses Zeiten ein Anachronismus war, führte sie bei den Nazis, genauer – bei der SS, zu einem technisch-wirtschaftlichen Teufelskreis: Man mußte menschliche Zugtiere heranzüchten, um »grobe Arbeiten« auszuführen – und man mußte für die menschlichen Zugtiere »grobe Arbeit« erfinden.

Die Himmlersche »Schulreform« in Polen hätte nicht durchgeführt werden können. In den knapp zweitausend Tagen der NS-Besatzung hätten es die Nazis nicht geschafft, den Polen »die Wohltat des Analphabetismus« (o., S. 130) zuteil werden zu lassen. Es ist jedoch bezeichnend, daß sie es nie ganz konsequent versuchten. Polnische Hochschulen und Gymnasien wurden sofort verboten und aufgelöst. Es wurden jedoch in allen Teilen der besetzten polnischen Gebiete Grundschulen zugelassen oder eingerichtet, die zwar alles mögliche zu wünschen übrigließen, von dem negativen Ideal der Himmlerschen Richtlinien aber – je nach Landesteil und Zeitabschnitt – verschiedentlich entfernt waren. Im Laufe der Zeit wurden auch zahlreiche Berufs-, Fach- und Werkschulen für die polnische Jugend zugelassen bzw. eingerichtet, bis zu einer nichtakademischen Technischen Hochschule in Warschau. Die Besatzungsmacht brauchte und gebrauchte vorerst polnische Facharbeiter, Handwerker und qualifizierte Angestellte, nicht analphabetisches Arbeitsvieh. (Auf einem anderen Blatt steht, daß es im besetzten Polen im Untergrund nicht nur Schulen sondern auch Universitäten gab[138]. Die NS-Besatzungsmacht hat sie – besonders im »Generalgouvernement« – bei dem sowieso von ihr todgeweihten Volke stillschweigend geduldet, vielleicht auch aus der Überlegung heraus, daß eine studierende Jugend von gefährlicheren Formen des Widerstandes abgelenkt wird.)

Himmler erwies sich übrigens, wie Prof. Dr. Ernst Hasse vor ihm, als Ignorant nicht nur auf dem Gebiet der Wirtschaftstechnik, sondern auch auf demjenigen der deutschen Wirtschaftsgeschichte. Bereits gegen Ende des 19. Jahrhunderts hatte sich nämlich das Unvermögen der polnischen Zuzugsarbeiter in Westdeutschland, deutsch zu lesen, besonders in den Gruben, als eine Gefahr erwiesen, da diese Menschen keine Warnungen oder Verbote betrieblich-technischer Art verstehen und beachten konnten und somit viele Arbeitsunfälle, nicht nur für sich selbst, verursachten. Es genügt, auf die zahllosen, vielsprachigen Belehrungen und Warnungen hinzuweisen, die im heutigen Westeuropa auf Schritt und Tritt zu sehen sind – die ja nicht an Analphabeten gerichtet sein können.

Aus zwingenden Gründen konnte also die Verwirklichung jener rückständigen und lebensfremden Konzeption nur im ureigensten Bereich der SS, in den KZs, versucht werden, und eigentlich nur in Form des zweiten Teils des erwähnten Teufelskreises: Die SS bemühte sich, für menschliche Zugtiere passende Arbeiten zu erfinden.

Dies unternahm die SS um so williger, als für sie großenteils dasselbe galt, was ich oben (S. 152) über den Haß der Berufsrevolutionäre gegen Besitzer von Fachkenntnissen gesagt habe. Das geistige und Bildungsniveau der KZ-SS war besonders in den Kriegsjahren denkbar niedrig – und unterschied sich dabei nicht allzu sehr von dem Niveau der ganzen NS-Führungsschicht. Indem sich jedoch dieser Haß der braunen Berufsrevolutionäre in ganz Deutschland nicht austoben konnte, da der Nationalsozialismus militärische und zivile Fachleute jeder Art bis auf weiteres unbedingt brauchte, blieben die KZs der einzige Lebensbereich, wo die Nazis ihrem »Herrenmenschentum« freien Lauf lassen konnten. So kam es zu den für die sowjetischen wie für die NS-KZs fast symbolischen Formen der »Arbeit«: Spassk: »Der Stein der Männerzone war gut. Der Transport zur Baustelle geschah folgendermaßen: Nach der Kontrolle ließ man das ganze Lager antreten (an die achttausend Mann, wer an diesem Tag noch lebte) und jagte sie auf den Berg; zurück durften sie nur mit Steinen. An arbeitsfreien Tagen wurde dieser Invalidenspaziergang zweimal absolviert – morgens und abends«[139]. Buchenwald: »Trotz der Eile und der endlosen Arbeitszeit wurden dabei keine technischen Hilfsmittel verwendet. Mit der Picke wurden die Steine gebrochen und auf den Schultern in immer wiederholten Märschen, oft im Laufschritt an die Stelle getragen, an der sie gebraucht wurden«. »Nach der Arbeit mußte jeder Angehörige dieses Kommandos einen mindestens 5 kg schweren Stein mit zum Abendappell für den Bau der Lagerstraßen schleppen«[140]. Dasselbe galt für Groß-Rosen und für andere NS-KZs, wo es Steinbrüche gab.

Kolyma: »Jeder schleppt einen Knüppel Holz. Wie schwere Stämme fortgeschafft werden, die nicht einmal zwei Mann heben können, weiß kein Mensch. Zum Holztransport werden nie Lastwagen geschickt. Und auch keine Fuhrwerke, denn die Pferde bleiben im Stall, da sie krank sind«[141].

Buchenwald: »Johannes vergaß auch das Bild derjenigen nicht, die unter den gefällten Buchenstämmen quer durch das Lager keuchten. Manche der Stämme maßen fast einen Meter im Durchmesser, und das Holz war grün und schwer wie Eisen. Sie schoben schwere Knüppel unter den Stamm und legten sie auf ihre wunden Schultern. Neben ihnen gingen Vorarbeiter und Posten mit Stöcken«[142]. »Auch die Stämme der vielen gefällten Bäume wurden nicht abgefahren, sondern mußten auf der Schulter weggeschleppt werden. Da gab es Kolonnen von 20 bis 40 Mann, die einen riesigen Eichen- oder Buchenstamm mühsam forttrugen«[143]. Kriwoschtschokowo: »Eine Frauenbrigade wirft zwei Seile über die beiden Enden eines Stammes. Nun legen sie sich wie weiland[144] die Wolgaschlepper ins Zeug und ziehen in zwei Reihen an je einem Ende des Seiles ... Dann heben sie – zwanzig Frauen – den herausgefischten Baumstamm auf die Schultern und tragen ihn, vom herrischen Gefluche ihrer gefürchteten Brigadierin begleitet, zur befohlenen Stelle«[145]. Diese Frauen waren sowohl menschliche Trag- als auch Zugtiere – eine Gattung, die in den beiden großen KZ-Systemen ebenfalls häufig vertreten war. Und in beiden KZ-Systemen wurde es von den Schergen mit spöttischem Humor betrachtet.

Die Methode ist übrigens viel älter, als der sowjetische Sozialismus und der Nationalsozialismus. »Das Awarenjoch«, schreibt ein englischer Historiker Rußlands, »war besonders schwer; es wird z. B. berichtet, [ab 2. Hälfte des 6. Jahrh.] daß sie Frauen vor Wagen anspannten«[146].

In den zwanziger Jahren wurden auf den Solowezker Inseln Schlitten und Leiterwagen von Menschen gezogen, die in der heiteren Sprache der Schergen »WRIDLO« hießen – eine Abkürzung von »Zeitweiliger Stellvertreter des Pferdes«[147]. Am Bau des Weißmeer-Ostsee-Kanals haben die sowjetischen Schriftsteller scharfsinnig beobachtet und in ihrem Sammelwerk der Welt verkündet, daß ein Mensch, vor einen schweren Schubkarren angespannt, »einem vor die Deichsel gespannten Pferd ähnlich sah«[148]. Sie hatten die früher an diesem Bau arbeitenden menschlichen Gespanne[149] nicht gesehen. Es war übrigens die Zeit nach der fürchterlichen sowjetischen Hungersnot von 1932/33. »Die überlebenden Bauern wurden mit Waffengewalt zu den Feldarbeiten gezwungen, wobei man sie häufig selbst in die Ackergeräte einspannte«[150].

In derselben Zeit prägten im KZ Sachsenburg die SS-Unterscharführer Plaul und Kampe den »die SS begeisternden Ausdruck ›Singende Pferde «" für» 15 bis 20 Mann als Gespann eines schwerbeladenen Wagens, an Stelle von Pferden in Gurte gespannt, im Laufschritt vorwärtsgetrieben. Ein SS-Führer fährt mit dem Motorrad voraus, um das Lauftempo der Kolonne anzugeben, die außerdem singen muß!« So sah es Eugen Kogon im KZ Buchenwald, wo Plaul und Kampe, bereits als Lagerführer, ihre Erfindung weiter pflegten[151]. Dasselbe wurde im KZ Sachsenhausen und in Auschwitz praktiziert[152]. Und bei Felssprengungen in Płaszów bei Krakau ließ der Kommandant des Lagers Amon Goeth ganze Züge mit Steinen belandener Loren von Tag- und Nachtschichten von je etwa 70 Frauen ziehen[153].

In Buchenwald:»Einer der berüchtigtsten Fuhrkolonnenkapos war Hill, ein ehemaliger NSKK-Mann[154], der wegen wiederholten Schmuggels ins Konzentrationslager gekommen war ... Er zog bei der geringsten Gelegenheit eine Grimasse, schrie und tobte und begann mit dem erstbesten Knüppel auf seine ›Pferde‹ einzuschlagen. War er besonders gnädig aufgelegt, so stellte er sich mit majestätischer Miene auf einen ›seiner Wagen‹ und ließ sich von seinen Lasttieren im Laufschritt durch die Straßen Buchenwalds ziehen. Der höchste Ausdruck seines Humors war, wenn er den in Seile eingespannten Professoren, Ärzten, Beamten und Kaufleuten ›Hüo‹ zurufen konnte«[155].

In Dachau hießen die Menschengespanne »Moorexpreß«[156]. In Groß-Rosen 1944 wurde vieles – auch die Pakete für die Häftlinge – von Häftlingen auf einer Plattform transportiert, jedoch nicht im Gespann, sondern durch Schieben. In Leitmeritz im Frühjahr 1945 haben die Häftlinge im Dienste einer bis heute in der Bundesrepublik prosperierenden Firma u. a. Eisenbahnwaggons geschoben.

Im Winter 1938/39 im Bereich von Workuta bestand ein Gespann eines Transportschlittens aus fünf Männern bzw. sieben Frauen[157].

In Kolyma waren es ebenfalls gefangene Frauen, »die dort mit ihrer Brust die schwerbeladenen Schlitten ziehen, wie einst[158] die Wolgaschlepper den Lastkahn«[159]. Und »auch bei 50 Grad unter Null mußte noch ›Torf‹ (mit Schotter und Steinen vermischtes Erdreich) transportiert werden, wozu sich vier Mann vor einen aus rohen Stämmen und Schalbrettern gezimmerten Schlitten spannten, während ein Urka [d. h. ein krimineller Häftling] als Antreiber fungierte und, sich seiner ›Verantwortung für die Planerfüllung bewußt‹, mit einem Holzprügel auf sie einschlug«[160].

In Kotlas:»An einem Wintertag mußten sich sechs oder sieben erschöpfte Häftlinge vor einen Traktorschlitten (!) spannen und diesen zwölf Kilometer über die Dwina bis zur Mündung der Wytschegda ziehen. Sie versanken im Schnee, brachen zusammen, der Schlitten blieb stecken. Eine größere Schinderei konnte man sich, scheint's, gar nicht ausdenken! Und doch war's noch nicht die Arbeit, erst das Aufwärmen dazu. Dort an der Wytschegda-Mündung mußten *zehn* Festmeter Holz geladen werden – um mit demselben Gespann, und mit keinem Mann mehr . . . den Schlitten . . . zurückzuziehen!«[161].

Solschenizyn und Elinor Lipper irren, wenn sie die Wolgaschlepper in entfernte Vergangenheit versetzen. 1943 sah Prof. Swianiewicz Schlepper (Treidler) an der Wolga: »Ob es unter den Bedingungen des stalinistischen Regimes die sog. ›freien‹ Menschen, ob es Häftlinge von Lagern waren, das hat uns niemand erklären können. Ich war übrigens zu vorsichtig, um solche Fragen zu stellen«[162].

Der Prolog zu den Erinnerungen N. N. Krasnows aus der Zeit nach dem Zweiten Weltkrieg beginnt folgendermaßen: »Es knarrt ein mit frischen Baumstämmen hochbeladener Wagen . . . Acht in Lumpen gekleidete Sklaven, die ihre letzte Kraft aufbieten, ziehen den Wagen, begleitet vom gellenden Geschrei der Wachmannschaften und dem rasenden Gebell der Wachhunde. Müde, mit vor Anspannung zitternden Beinen, gleiten sie und versinken im Dreck. Der Zugriemen schneidet tief in die Schulter, der Zugriemen des Sklaven, der das Lasttier in den ›Besserungs-Arbeitslagern‹ der Sowjetunion ersetzt«[163].

Und Bao Ruo-wang berichtet über Mao-KZs: »Als der Winter dem Frühling zu weichen begann, wurden wir Gefangenen ganz unverhohlen als Tier-Ersatz beschäftigt. Damals produzierte man Traktoren noch nicht auf breiter Basis, und Pferde und Ochsen waren rar – alles war rar in den Jahren 1960 und 1961. Die gesamte Arbeit zur Vorbereitung des Bodens . . . hatten wir zu verrichten«[164].

Fünfzehn bis zwanzig Jahre später, in den kommunistischen »Umerziehungslagern« in Südvietnam, sah man wieder dasselbe Bild: »Weil es Zugtiere nicht gab, mußten die Männer sich selbst vor den Pflug spannen«[165].

Wenn wir all das und noch vieles andere auf dem Hintergrund der allgemeinen Lebens-, oder eher Sterbensbedingungen sehen, die die großen KZ-Systeme für die Häftlinge geschaffen haben, und dazu noch das wichtigste betrachten, die Ernährung, für die die Bezeichnung »unzureichend« eine starke Untertreibung wäre, da die Häftlinge schlicht und einfach Hungers starben (vgl. o., S. 150) – scheint die Frage, ob es dem SS-WVHA oder der GULag überhaupt an einer produktiven Arbeit der Häftlinge gelegen war, eigentlich überflüssig.

Dazu kommt noch, daß die Linie der Entwicklung in der so viel längeren Geschichte der sowjetischen KZs im Gegensatz zu den NS-KZs gar nicht gerade verlief. Es gab zwei Perioden eines deutlichen Rückfalls in den reinen Terror, begleitet nicht nur von einem zweifellos gewollten Massensterben der Häftlinge, sondern auch, was besonders für die erste dieser Perioden gilt, von zahllosen Hinrichtungen in den Lagern. Es war die Zeit der »Großen Säuberung« um die Jahre 1937–38, sowie die Jahre vor und nach dem Kriegsende 1945, als die Regierung des größten Kollaborateurs Stalin durch bestialische Verfolgung aller wirklichen, vermeintlichen oder angeblichen Kollaborateure (vgl. u. S. 199,

201, 202) ihr eigenes verhängnisvolles Bündnis mit Hitler von 1939–1941 vergessen machen wollte.

Und doch ist bei all dem nicht zu übersehen, daß im System der sowjetischen KZs die produktive Arbeit der Häftlinge immer wieder zu ihrem Recht kam; daß in verschiedenen Perioden mit verschiedenen Mitteln versucht wurde, die Arbeitswilligkeit der Sklavenarbeiter anzuregen und zu heben. Dasselbe gilt für das System der NS-KZs mit seiner viel einfacheren, linearen Entwicklung: Ab 1942 ist die Bemühung, nicht Leichen, sondern Leistungen zu haben, trotz allem unübersehbar. Allgemeine Parolen kann man, ja muß man als schiere Propaganda abtun. Ob in Dachau und später in Auschwitz in das Lagertor hineingeschrieben wird »Arbeit macht frei«; ob in Dachau, in Neuengamme und woanders auf Barackendächer geschrieben wurde »Es gibt einen Weg zur Freiheit. Seine Meilensteine heißen: Gehorsam – Ordnung – Ehrlichkeit – Nüchternheit – Fleiß – Sauberkeit – Opfersinn – Wahrhaftigkeit – Liebe zum Vaterland«; ob an den Toren der sowjetischen KZs Stalins Worte prangten »Die Arbeit ist eine Sache der Ehre, eine Sache des Ruhms, eine Sache des Mutes und des Heldentums«, und ob schließlich in der langen Geschichte der sowjetischen KZs verschiedenste Schlagworte zu diesem Thema gedroschen wurden (»Arbeite stürmisch – du gehst vorfristig frei!«; »Arbeite ehrlich! Zu Hause wartet auf Dich Deine Familie!«; »Denk daran, daß harte Arbeit der einzige Weg zurück nach Hause ist« u. a. m. [166]) – all das gleicht dem Dummenfang. Denn auch dort, wo diese Parolen hätten verfangen können, machten ihre Verkünder alles, um sie eben nicht verfangen zu lassen. So berichtet etwa ein Pole aus Auschwitz: »Als wir durch das Lagertor gingen, sah ich die Inschrift auf dem Tor ›Arbeit macht frei‹. Ich verspürte einen Augenblick irgendeine Hoffnung. Also wird man vielleicht durch gute und fleißige Arbeit die Freiheit gewinnen. Mit der Zeit überzeugten wir uns, daß diese Inschrift bloß eine Phrase war, und nichts mehr...«[167]. Eine noch viel schwerere Enttäuschung war für viele sowjetische Häftlinge die plötzliche, für das sowjetische System des Mangels an Rechtssicherheit und der falschen Versprechungen[168] sehr bezeichnende, 1937 erfolgte Aufhebung des Systems von »Anrechnungen«, von Kürzungen der Strafen als Lohn für besonders gute Arbeit. Es passierte, »daß Männer, die um vier Uhr nachmittags hätten entlassen werden müssen, sich ihre Pulsadern aufschnitten, als sie um 12 Uhr erfuhren, daß ein neuer Befehl aus Moskau das System für ungültig erklärte«[169]. 1948 führte ein Befehl aus Moskau das System wieder ein. Genauso wurde 1937 an der Kolyma das System der »Kolonisierung« rückgängig gemacht, das darin bestand, daß einem Häftling ein Rest der Lagerstrafe für die doppelte Zahl der Jahre als »freier Kolonist« an der Kolyma erlassen wurde: »Seitdem wurde das Wort Kolonisierung nur noch als Köder gebraucht, der allsommerlich aus der Mottenkiste herausgeholt wurde, um neue leichtgläubige Gefangene damit anzuspor-

nen. Die alten erfahrenen Gefangenen hatten nur noch ein verächtliches Lachen für die Anpreisungen der Kolonisierung, von der regelmäßig nach Schluß der Goldsaison nicht ein Wort mehr zu hören war«[170].
Es läßt sich trotz allem nicht leugnen, daß sämtliche Parolen, Schlagworte und Köder, so plump und zynisch sie auch gehandhabt wurden, immer darauf ausgerichtet waren, die Häftlinge zur Arbeit anzuspornen. Es läßt sich ebensowenig leugnen, daß in Sowjetrußland seit dem ersten Fünfjahresplan und ganz besonders in den Kriegsjahren, in Nazideutschland in den späteren Kriegsjahren, die Sklavenarbeit der Häftlinge dringend benötigt wurde.

»Nachdem freie Arbeitskräfte von den Streitkräften eingezogen worden waren«, berichtet Victor Kravchenko, »wurde unsere Industrie immer mehr von den Riesenarmeen von Häftlingen abhängig, deren Reihen durch Kriegsverhaftungen zu nie vorher gesehenem Umfang wuchsen[171]. In offiziellen Kreisen waren zwanzig Millionen die allgemein angenommene Schätzung dieses Reservoirs von Arbeitskräften ... Die Rüstungsindustrie der UdSSR, wie diejenige Deutschlands, stützte sich hauptsächlich auf Sklavenarbeit. Der Hauptunterschied bestand darin, daß Berchtesgaden besiegte Ausländer, dagegen der Kreml sein eigenes Volk versklavte«[172].
Irgendwann 1942 erklärte ein Vertreter der GULag Victor Kravchenko, als dem für technische Produktionsfragen verantwortlichen Vertreter des Sownarkom (Rat der Volkskommissare, gleich Ministerrat), daß alle wirtschaftlichen Ressorts Arbeiter brauchten, und nach Sklavenarbeitern schrieen[173]. Wie irrsinnig dann diese Sklaven auch behandelt wurden – ich habe es oben skizziert –, wie große Verluste sie auch durch diese zweckwidrige Behandlung haben mußten und hatten, es läßt sich kaum behaupten, daß die für die Produktion verantwortlichen sowjetischen Ressortchefs nur daran dachten, Häftlinge umzubringen, und nicht auch produktive Arbeit aus ihnen herauszupressen.
Wir hören übrigens von Kravchenko, wie man in Sowjetrußland mitten im Kriege freie Arbeiter behandelte. Kravchenko hatte für die Arbeiter eines Betriebes, die aus schierem Hunger nicht mit voller Kraft arbeiten konnten, eine Brotration von 500 g pro Kopf einschließlich der Familien beantragt. Sein Vorgesetzter wollte davon nichts hören. Laut Vorschrift sollten sich die Arbeiter jenes Betriebes, der in einem ländlichen Bezirk gelegen war, selbst versorgen, obwohl in Wirklichkeit die Bauern der Umgegend ebenso hungerten. Als Kravchenko auf seinem Vorschlag bestand, bekam er zu hören: »Sind Sie ein Sozialarbeiter[174] oder ein Bolschewik? Humanitarismus ist ein schlechter Wegweiser bei Staatsentscheidungen. Lernen Sie vom Genossen Stalin – liebe die Menschen, aber opfere deren Bedürfnisse, wenn es wesentlich ist!«
»Die Tatsache«, bemerkt Kravchenko, »daß die beiden Betriebe, obwohl mit genügend Rohmaterialien versorgt, nicht einmal die Hälfte der geplanten Menge feinen Drahtes erzeugten, wunderte mich nicht«[175].

Es ist kein schlechtes Beispiel für eine besonders für den Kommunismus typische Erscheinung, die man ein Rennen mit gebremsten Fahrzeugen nennen könnte[176]; oder, wenn man will, für die im Kommunismus verbindlich anzuwendende Methode, mit einer Klappe jeweils so viele Nebenfliegen zu schlagen versuchen, daß die Hauptfliege entweicht. Es bleibt jedoch unbestritten, daß die Produktion, wenn auch auf falschen Wegen und über sinnwidrig errichtete Hindernisse hinweg angestrebt, das eigentliche Ziel war.

Dasselbe galt in noch höherem Maße für die deutschen Privatunternehmer der Kriegsjahre. Ich könnte beim besten Willen nicht behaupten, daß sie auf das Wohl der für sie schuftenden Sklavenarbeiter bedacht waren – ich bin auf eine eher peinvolle Weise eines besseren belehrt worden. Die meisten dieser Unternehmer versuchten rücksichtslos und mit brutalsten Mitteln, aus uns Häftlingen das letzte herauszuholen[177]. Doch könnte ich nicht behaupten, daß es ihnen darum ging, uns umzubringen. Unser Leben und Tod war ihnen einfach gleichgültig, sie waren nur an den Ergebnissen unserer Arbeit für sie interessiert.

Kravchenko zitiert die weiteren Worte des Vertreters der GULag im erwähnten Gespräch:»Tatsache ist, daß wir unsere Pläne von Verhaftungen[178] nicht erfüllt haben. Die Nachfrage [nach Häftlingsarbeitskräften] übersteigt das Angebot«.»Pläne von Verhaftungen!«, bemerkt Kravchenko dazu.»Der phantastische, kaltblütige Zynismus des Satzes läßt mich immer noch erschaudern ... Selbstverständlich meinte er nicht, daß Verhaftungen tatsächlich geplant wurden, um den Bedarf an Arbeitskräften zu decken. Er beklagte sich nur, im Sowjetjargon, darüber, daß die Millionenarmeen von Zwangsarbeitern nicht ausreichten, um allen Anforderungen zu genügen«[179].

Selbstverständlich ist hier gerade das Gegenteil. Der GULag-Mann meinte genau das, was er sagte, und Kravchenko – immerhin ein Sowjetfunktionär und äußerlich, wenn auch nicht mehr innerlich, ein Kommunist, wagte es einfach nicht, das Gehörte zu verstehen. Er konnte damals nicht wissen, was inzwischen bekannt ist, daß im Laufe der»Großen Säuberung« die sowjetische Terrorpolizei in jeder angegebenen Stadt ein Verhaftungssoll zugewiesen bekam. Wann diese politisch-terroristischen Verhaftungssolls in sklavenarbeits-wirtschaftliche übergegangen sind, ist kaum feststellbar. Nach Berichten, die Menachem Begin im sowjetischen KZ gehört hat, konnte es passieren, daß plötzlich etwa Schwarzfahrer in den Straßenbahnen zu Hunderten verhaftet und in KZs verschickt wurden[180].

Indem bei den Sowjets alles darauf hinweist, daß politische Verhaftungen in Arbeitssklaven-Jägerei nach antikem Muster umgeschlagen sind, können wir das für die Nazis direkt beweisen: Am 17. Dezember 1942 richtete der Chef der Sicherheitspolizei und des SD, Heinrich Müller (»Gestapo-Müller«) an alle Befehlshaber, Kommandeure und Leiter der

Staatspolizeileitstellen einen geheimen Befehl, in dem wir u. a. lesen: »Aus kriegswichtigen, hier nicht näher zu erörtenden Gründen hat der R[eichs] F[ührer]-SS und Chef der Deutschen Polizei am 14.12.1942 befohlen, daß bis Ende 1943 spätestens mindesten 35 000 arbeitsfähige Häftlinge in die Konzentrationslager einzuweisen sind. ... *Es kommt auf jede einzelne Arbeitskraft an!*« Der Befehl hatte u. a. eine vom 15. Januar 1943 mehrere Tage dauernde, riesige Razzia im besetzten Warschau zur Folge, die die gesamten männlichen Einwohner der Hauptstadt Polens zum Freiwild machte – ich habe es selbst erlebt.

Es handelte sich hier zwar um eine politisch-terroristisch gefärbte Aktion gegen »widerstandsfähige Asoziale« und »für solche Aufstände in Frage kommende Polen« – es kann jedoch, bereits nach dem Wortlaut des zitierten Befehls, keinem Zweifel unterliegen, daß es vorrangig eine offene und eindeutige Arbeitssklavenjagd war[181]. Es scheint mir, daß dieses eine Dokument vollkommen genügt, um für den Bereich der NS-KZs den Nachweis zu führen, daß die Anfang 1942 befohlene und mit dem Bericht Pohls an Himmler vom 30. April 1942 (o., S. 132, 144) belegte Phase der Sklavenarbeitslager tatsächlich eingetreten war.

Ein weiterer Beweis, daß die Massensterblichkeit der Häftlinge in beiden großen KZ-Systemen nicht eindeutig den Wünschen und Absichten der jeweiligen obersten Führung entsprach, sind die Versuche und Bemühungen, die Todesrate zu senken. Von den sowjetischen KZs mit ihrer langen Zickzack-Entwicklung wurden die ersten Versuche dieser Art bereits Anfang der dreißiger Jahre berichtet[182]. Bald darauf kam die große Terrorwelle, und es blieb kaum etwas von diesen Versuchen (wenn sie überhaupt Ergebnisse gezeigt haben sollten), da sie nun weder den Absichten der sowjetischen Führung, noch den Möglichkeiten in den zum Bersten überfüllten Gefängnissen und Lagern entsprachen. Nach dem Sturz Jeschows als Chef der Terrorpolizei leitete Berija wieder einen analogen Versuch ein. Der Grund lag wieder nicht in irgendwelchen humanen Erwägungen – die waren und bleiben den totalitären Terrorpolizeien total fremd – sondern in den ungeheuren Menschenverlusten, die der wieder ab 1935 mit ständig wachsender Stärke wütende Terror zu Folge hatte. Es ist kaum zu sagen, wie weit dieser sparsame Umgang mit dem Menschenmaterial gegangen wäre, hätten sich nicht inzwischen neue Sklavenjagdgründe vor den Sowjets ausgebreitet: Die Rote Armee zog zum Land- und Menschenraub nach Polen, nach Finnland, nach Estland, nach Lettland, nach Litauen, nach Rumänien[183] hinein.

Trotzdem hatte sich doch manches gebessert. Prof. Swianiewicz berichtet, daß ihm von Mithäftlingen in sowjetischen Gefängnissen und Lagern manches darüber erzählt wurde. 1939 und 1940 sollen danach keine Häftlinge in den sowjetischen KZs Hungers gestorben sein. In einigen Baracken soll man den Häftlingen soviel Brot gegeben haben, wie sie wollten, »sodaß der materielle Wohlstand das Niveau der zaristischen Katorga erreicht hätte«. Berija soll in dieser Zeit durch besondere Kommissionen die Sterblichkeit in den Lagern untersucht haben[184].

Nach dem fürchterlichen Massensterben der Kriegsjahre, als nur die amerikanischen Lieferungen die sowjetische Armee und die »freie« Bevölkerung vor einer Hungerkatastrophe retteten[185], kam Ende der vierziger Jahre wieder ein Bremsen; es stellte sich noch einmal ein Menschenmangel ein, trotz der deutschen, japanischen und anderen Kriegsgefangenen, trotz der zum zweitenmal massenhaft in die Lager verschickten Polen u. a. m.[186]. Diese Entwicklung setzt sich nach dem Tode Stalins fort, wenn auch nicht so schnell, so stark und so vollkommen, wie uns seitdem prosowjetische Legenden glauben lassen wollten und – ich bin geständig – glauben ließen. Bezeichnend dabei ist, daß jedesmal vor allem die Ärzte dazu berufen sein sollten, die Leben der Arbeitssklaven zu retten. Während des Krieges sollten gerade sie am Sterben der Häftlinge schuldig sein[187]; nach dem Kriege hörte z. B. Lew Kopelew eine Rede seines Lagerkommandanten, »in der er die Ärzte anwies, ›nicht nur mit Pulvern und Pillen, sondern auch mit Piroggen, Suppen und Grützen zu heilen ‹. Die Verpflegung müsse so sein, daß es überhaupt keine Dystrophiker mehr geben kann, sondern nur noch ausgezeichnete Arbeiter«[188].

Und Johan Wigmans berichtet: »Im Spätherbst 1945 raffen die Russen sich auf, gegen die hohe Sterblichkeitsziffer in den Lagern etwas zu unternehmen. Sie scheinen einzusehen, daß der Verlust an wertvollen Arbeitstieren vielleicht doch zu groß ist, wenn kein weiterer Nachschub von der Front mehr erwartet werden kann. Echt russisch[189]kommt ein ›Prikass‹ – ein Befehl aus Moskau, der schlicht untersagt, daß noch weitere Gefangene sterben. Er wird den deutschen Ärzten und dem Sanitätspersonal feierlich mitgeteilt und ihrer Gleichgültigkeit, Unaufmerksamkeit und Unsauberkeit die Schuld für das Dahinsterben der unzähligen Menschen im Lager zugeschoben. Einer muß ja immer der Schuldige sein, so will es das System«. Derselbe Autor berichtet aber auch, daß eine russische Krankenschwester, die sich um kranke Gefangene wirklich bemühte, »eines Tages zu Leutnant Jefimow gerufen wurde. Dort erfuhr sie: ›je mehr sterben, desto besser. Es ist dein Aufgabe, dazu beizutragen. Alles andere ist sentimentaler Unsinn ‹«[190].

In den NS-KZs verlief die entsprechende Entwicklung einfacher, wenn auch recht langsam. Am 5. Dezember 1941 richtete Himmler einen Runderlaß an den Chef des Reichssicherheitshauptamtes (RSHA), an den Inspekteur der KZs, an alle Lagerkommandanten und an den Chef des SS-WVHA – in dem es hieß: »Die Vorhaben der Schutzstaffel, insbesondere nach dem Kriege, erfordern, daß schon jetzt weitgehende vorbereitende Maßnahmen getroffen werden. Hierzu gehört in erster Linie die Bereitstellung der erforderlichen Bauarbeiterkräfte. Die Schutzstaffel ist in der selten günstigen Lage, diese Arbeitskräfte aus den Häftlingen der Konzentrationslager heranzubilden und heranzuziehen[191] ... Jeder Lagerkommandant muß deshalb auf folgendes achten:

1. Durch vernünftige, notfalls zusätzliche Verpflegung und Bekleidung die Arbeits- und Leistungsfähigkeit der zur Ausbildung ausgewählten Häftlinge zu steigern.

2. Das Interesse der Häftlinge für den wirtschaftlichen Einsatz zu heben, also nur solche Erziehungsmaßnahmen zu treffen, welche die planmäßige Schulung erfordert[192] ...

4. ...Die Lagerkommandanten tragen deshalb mit die Verantwortung für das Gelingen des jetzt vielleicht für manche noch unmöglich Erscheinenden: Denn vor Jahren haben maßgebliche Fachleute der SS prophezeit, aus Häftlingen könne man keine Facharbeiter machen. Diese Herren haben sich inzwischen vom Gegenteil überzeugen müssen. Es muß also gelingen, auch das obengesetzte Endziel zu erreichen«[193].

Es waren anderthalb Jahre vergangen, seitdem Himmler ein ganz anderes »Endziel« erreichen wollte: Alle Polen auf das geistige Niveau von Zugtieren herabzudrücken. Auf einmal zeigte es sich, daß die SS Facharbeiter braucht und sie aus den Häftlingen der KZ »machen« mußte – ein weiterer verworrener Gedanke, da die meisten Häftlinge, viele sehr hoch, qualifiziert waren. Man brauchte nur auszusuchen, statt auszuhungern. Übrigens wurde dieses neue »Endziel« nie wirklich angestrebt, »planmäßige Schulungen» von Bauarbeitern in den KZs blieben ein weiterer steriler Himmlerscher Geistesblitz. Und es dauerte wieder ein Jahr, bis die SS daran dachte, dem Sterben verfügbarer Facharbeiter einen Riegel vorzuschieben.

Am 28. Dezember 1942 – der NS-Vormarsch in die russischen Sklavenjagdgründe war inzwischen aufgehalten worden – richtete der SS-Brigadeführer und Generalmajor der Waffen-SS, Richard Glücks, vormals Inspekteur der KZs, jetzt Chef der Amtsgruppe D-Konzentrationslager im SS-WVHA, ein Schreiben an alle 1. (SS-)Lagerärzte von 16 KZs, mit Abdruck an die Lagerkommandanten: »In der Anlage wird eine Aufstellung über die laufenden Zu- und Abgänge in sämtlichen Konz.-Lagern zur Kenntnisnahme übersandt. Aus derselben geht hervor, daß von 136 000 Zugängen rund 70 000 durch Tod ausgefallen sind. Mit einer derartig hohen Todesziffer kann niemals die Zahl der Häftlinge auf die Höhe gebracht werden, wie es der Reichsführer-SS befohlen hat. Die 1. Lagerärzte haben sich mit allen ihnen zur Verfügung stehenden Mitteln dafür einzusetzen, daß die Sterblichkeitsziffern in den einzelnen Lager wesentlich herabgehen. Nicht derjenige ist der beste Arzt in einem Konz.-Lager, der glaubt, daß er durch unangebrachte Härte auffallen muß, sondern derjenige, der die Arbeitsfähigkeit durch Überwachung und Austausch an den einzelnen Arbeitsstellen möglichst hoch hält.

Die Lagerärzte haben mehr als bisher die Ernährung der Häftlinge zu überwachen und in Übereinstimmung mit den Verwaltungen dem Lagerkommandanten Verbesserungsvorschläge einzureichen. Diese dürfen jedoch nicht nur auf dem Papier stehen, sondern sind von den Lagerärzten regelmäßig nachzukontrollieren. Ferner haben sich die Lagerärzte darum zu kümmern, daß die Arbeitsbedingungen auf den einzelnen Arbeitsplätzen nach Möglichkeit verbessert werden. Zu diesem Zweck ist es nötig, daß die Lagerärzte sich auf den Arbeitsplätzen an Ort und Stelle von den Arbeitsbedingungen persönlich überzeugen. Der Reichsführer-SS hat befohlen, daß die Sterblichkeit unbedingt geringer werden muß. Aus diesem Grund wird obiges befohlen und es ist monatlich über das Veranlaßte an den Chef des Amtes D III zu berichten. Erstmalig am 1. Februar 1943«[194]. Es folgte am 20. Januar 1943 ein entsprechendes Schreiben an die Lagerkommandanten[195].

Ich bin bei der Erwähnung des Befehls von Glücks an die Lagerärzte in Gesprächen auf die Behauptung gestoßen, dies sei bloß »Propaganda« gewesen. Dem ist selbstverständlich nicht so. In totalitären Systemen spielt freilich die Propaganda eine ungeheure Rolle, und die Verlogenheit dieser Systeme – worin die Sowjets die Nazis noch weit übertreffen – ist sondergleichen. Es genügt, auf jene »Erziehung« im Runderlaß Himmlers[196] und an den gesamten Tarnwortschatz der Nazis hinzuweisen[197].

Es kann jedoch kein Zweifel bestehen, daß ein geheimes Dienstschreiben der SS kein Propagandaartikel[198], und daß der zitierte Befehl, zumindest äußerlich und in Worten, ernst gemeint war. Was jedoch nicht besagen soll, daß er mehr war als eine Pflichtübung – dazu sogar mit wenig Pflichtgefühl.

Der Schreibende hatte sich nicht einmal die Mühe gegeben, die Aufstellung aufmerksam zu studieren, auf die er sich berief. In Wirklichkeit betrug die Zahl der Zugänge in den KZs in den betreffenden sechs Monaten (Juni–November 1942) nur 109 861. Glücks addierte die 26 919 Überstellungen von einem KZ in ein anderes. Dieselben Häftlinge figurierten in der Aufstellung als Abgänge – und zwar beträgt hier die Zahl 27 846. Mit anderen Worten, 27 846 Häftlingen wurden von einem KZ in ein anderes verschickt, aber nur 26 919 kamen lebend an – 927 starben auf dem Transport. Die Zahl der Todesfälle betrug ohne Abrundung 70 610, sodaß das Verhältnis der Todesfälle zu den Zugängen noch krasser war, als es dem Schreiben Glücks' zu entnehmen wäre. Doch damit nicht genug. In der Zusammenstellung figuriert noch die Zahl von 9 267 Häftlingen, die in den Lagern hingerichtet wurden. Die Hinrichtungen betrugen also 11,6 % der Gesamtzahl der Todesfälle. Durch einen Federzug, oder besser ohne einen Finger zu rühren, konnte man bereits die Sterblichkeit um 11,6 % geringer machen. Man brauchte einfach in jenen 6 Monaten keine 50 Menschen täglich zu ermorden. Hinrichtungen wurden dabei oft von den SS-Lagerärzten durchgeführt, sodaß deren Betrauung mit der Senkung der Todesrate ein makabres Paradox ist.

Und insoweit es um die »natürlichen« Todesfälle geht – das heißt um den langsamen Lagermord – war der Befehl ein typisches »Abhaken« der ganzen Angelegenheit. Der SS-Lagerarzt vermochte die Ernährung der Häftlinge genausowenig zu verbessern wie die vom Kopelewschen sowjetischen Kommandanten apostrophierten sowjetischen Lagerärzte (o., S. 162) »mit Piroggen, Suppen und Grützen zu heilen« – es sei denn, die einen und die anderen hätten die genannten Nahrungsmittel herbeizaubern können. Keine ärztliche Kontrolle in einem NS-KZ konnte die geringe Portion Brot vergrößern oder die dünne, oft gänzlich ungenießbare Lagersuppe nahrhafter machen. Arbeitsbedingungen zu verbessern bedeutete, die Arbeitszeit zu verkürzen und die Arbeit selbst weniger erschöpfend zu machen. Das eine wie das andere kam, angesichts eindeutiger Befehle von oben, nicht in Frage. Auf die allgemeinen Existenz- und somit Gesundheitsverhältnisse der Häftlinge, wie Kleidung, genügende Schlafenszeit, genügend Platz für Schlaf und Erholung in den Baracken usw. konnten die SS-Lagerärzte keinen Einfluß ausüben, auch wenn sie es wollten.

So blieb das ganze auf dem Papier – und ganz wörtlich auf einem anderen Blatt wurden weiterhin düstere Todesstatistiken aufgeschrieben. Nur sehr langsam, zögernd und deutlich unwillig wurden die Bedingungen für die Häftlinge gebessert und die Sterblichkeit zurückgedrängt – wobei immer wieder andere Faktoren diese Entwicklung hemmten und zunichte machten. Die Ernährung blieb schlecht, war manchmal überhaupt keine[199] und verdünnte sich dann noch mehr wegen der Überfüllung der Lager im Zuge der Massenverhaftungen ab 1943 und dann der Evakuierung der Gefängnisse und der Lager in den von der NS-Besatzung befreiten Gebieten, obwohl diese Evakuierung und Überfüllung bei weitem nicht der einzige Grund des mörderischen Lagerhungers war, wie es die neonazistische Propaganda und ihre Meineidshelfer zu behaupten pflegen[200].

In der zweiten Hälfte des Jahres 1944 gab es dann bereits für viele Häftlinge in Groß-Rosen, in den normalen Baracken wie im Krankenrevier, ein schmales Bett für 2–3 Mann, was einen noch mehr akuten Schlafmangel nach sich zog.

Und doch bleibt der Satz Hannah Arendts wahr: »Vernichtungen wurden systematisch durch Gas, nicht durch Verhungern betrieben«, in dem Sinne, daß das letztere keine eigentliche Absicht war. Den besten Beweis dafür liefern wieder die Selektionen auf der Auschwitzer Rampe (o., S. 33): Niemand wird schließlich behaupten wollen (wenn das auch von der faschistisch-kommunistischen Propaganda in Polen – vgl. o., S. 134 – sinngemäß behauptet wird), daß die SS sich die Mühe gab, die arbeitsfähigen jüdischen Opfer von den nichtarbeitsfähigen zu trennen, nur um die letzteren in den Gaskammern und die ersteren durch Verhungern zu ermorden.

Um all die Widersprüche zu begreifen, muß man auch den in einem totalitären Regime jeweils vorhandenen, folgenschweren Dualismus in Betracht ziehen, der gerade auf den KZs und deren Opfern mit voller Wucht lastet. Ich meine den Dualismus der Produktivität und Rentabilität einerseits und der Sicherheit andererseits. Der jeweilige terrorpolizeiliche Sicherheitsapparat ist im großen wie im kleinen nur daran interessiert, möglichst viele Menschen einzusperren und von den Eingesperrten möglichst viele umzubringen, um möglichst weitgehende Sicherheit und Ruhe für das herrschende Regime zu gewährleisten – und für sich selbst Verdienste, Beweise seiner Unentbehrlichkeit für das Regime, in der Folge also die Abhängigkeit des Regimes von seinen Diensten. Allem Wirtschaftlichen bringt dieser Apparat souveräne Gleichgültigkeit, bestenfalls souveräne Unkenntnis entgegen, die in Sowjetrußland – und auch im Mao-China – seit eh' und je, noch viel stärker als in Nazideutschland, in der universellen Erklärung aller wirtschaftlichen Schwierigkeiten und Mißerfolge durch »Sabotage« ihren Ausdruck findet. In Wirklichkeit hätte es niemand fertiggebracht, die wirtschaftlichen Ziele der Sklavenarbeitslager so zu sabotieren, wie es der Sicherheitsapparat selbst in beiden großen KZ-Systemen tat und in Sowjetrußland immer noch tut.

Die allgemeine Seite dieser Erscheinung habe ich eigentlich schon geschildert: Und zwar die »Feind«-Einstellung gegenüber den Häftlingen mit der daraus resultierenden schlechten Behandlung und Ernährung, die einen Schwund der Arbeitskraft der Häftlinge zur Folge hatte. In beiden Systemen kamen dazu gewisse »ideologische« Momente. In Nazideutschland war es vor allem der Mord auch an denjenigen Juden, die für das Dritte Reich und seine Kriegsmaschine arbeiteten, sowie die erwähnten zahlreichen Hinrichtungen von Häftlingen, die zwar als Arbeitssklaven hätten nützlich sein können, deren Tod jedoch die höhere SS-Sicherheitsräson forderte. Darüber hinaus jedoch dachte die SS seit 1942 kaum daran, gegen das wirtschaftliche Interesse die politischen Häftlinge zu diskriminieren und eher auf ihre Fachkenntnisse zu verzichten, als ihnen eine leichtere Arbeit und damit ein erträglicheres Los im Lager zu gönnen. Ohne die Häftlings-Fachkräfte – Ingenieure, Techniker und Handwerker, aber auch Ärzte, Schreiber, Dolmetscher u. a. m. – wäre das Funktionieren der NS-KZs in ihrer Sklavenarbeitslager-Periode kaum denkbar. Das ideologische Hauptziel der sowjetischen Terrorpolizei im GULag war dagegen meistens, die inhaftierten Fachkräfte auch noch im Lager möglichst zu drangsalieren und zu verfolgen, in der Regel auf Kosten der wirtschaftlichen Ziele. So hat es etwa in Norilsk vor 1939 Jahre gebraucht, ein Bauleiter nebst seinem Stab wurde erschossen, bevor das Bedürfnis nach Buntmetallen so akut wurde, daß man dem neuen Bauleiter Sawenjagin qualifizierte Arbeitskräfte bewilligte, die auf den Solowezker Inseln nutzlos eingingen: »Sawenjagin und Wolochow«, berichtet Karlo Štajner, »unterschieden sich von den früheren Leitern durch ihre Einsicht, daß man einen Großbetrieb nicht mit Terrormaßnahmen allein aufbauen kann. Um die Ingenieure und Techniker zur Arbeit anzuspornen, gewährten sie ihnen kleine Privilegien: bessere Wohnräume, besseres Essen und ähnliche Vergünstigungen. Nach Auffassung des NKWD sollten politische Gefangene in der Regel Schwerarbeit leisten, leichtere Arbeit sollten nur Kriminelle bekommen. Sawenjagin und Wolochow brachen mit diesem Prinzip; sie lagen ständig im Kampf mit der sogenannten Dritten Abteilung des NKWD, der es nicht paßte, daß politische Gefangene – Ingenieure und Techniker – in geheizten Räumen Pläne zeichneten und Berechnungen machten, statt draußen den ewigen Frostboden mit der Spitzhacke aufzugraben. Bald war es so weit, daß das NKWD Sawenjagin und Wolochow mit der Absetzung drohte; man begnügte sich aber damit, Sawenjagin einen zweiten Gehilfen aufzuzwingen, einen gewissen Jeremejew, der darauf zu achten hatte, daß es den politischen Gefangenen nicht zu gut ging«[201].

Für Mangel an Produktion wurde man also erschossen; für Verwendung von Fachkräften trotz erreichter Produktion drohte die Absetzung (und in der Folge Verhaftung). Dreizehn Jahre später, Anfang 1952, bekam die Leitung eines KZ-Elektrowerkes aus Moskau den Befehl, alle dreihundertfünfzig Ingenieure, die politische Gefangene waren, durch kriminelle Techniker zu ersetzen. Es erwies sich jedoch als unmöglich, wenn die Lieferung des Stroms nicht zum Erliegen kommen sollte[202].

Diese Beispiele möchten genügen, um die Rolle des Sicherheitsapparates, des größten Schädlings der wirtschaftlichen Ziele in den sowjetischen KZs, zu illustrieren.

Es bleibt mir, gegenüber der in der Literatur ziemlich heftigen Meinungsverschiedenheit Stellung zu beziehen, ob die KZ-Sklavenarbeit im Endergebnis wirtschaftlich und rentabel war. Die Anhänger der bejahenden Antwort berufen sich vor allem darauf, daß man die KZ-Arbeitssklaven – im Gegensatz zu den Sklaven früherer Zeiten – nicht zu kaufen brauchte, sondern sie umsonst hatte. Einige glauben sogar, darauf den Widerspruch gegen den Begriff »Sklaven« in bezug auf KZ-Zwangsarbeiter gründen zu müssen. Ich glaube, hier liegt ein Mißverständnis vor. Die Sklaverei hatte seit den prähistorischen Zeiten bis zum 19. Jahrhundert in den nordamerikanischen Südstaaten recht verschiedene Formen. Wenn man jedoch nach den wesentlichen Merkmalen sucht, findet man sie alle bei uns KZ-Häftlingen.

Kaufen und Bezahlen gehören nicht dazu. Ich habe davon berichtet, daß man in alten Zeiten Kriegsgefangene und Sträflinge zu Sklaven machte und daß man auch Jagd auf Sklaven in besetzten Ländern veranstaltete – alles so, wie es die Sowjets und die Nazis praktizierten und die ersteren bis heute in beschränktem Umfang praktizieren. Daß die einen wie die anderen ihre KZ-Sklaven umsonst haben konnten, ist eine optische Illusion. Um der Sklaven habhaft zu werden, sie zu behalten, zu überwachen und zur Arbeit anzutreiben, brauchten die beiden totalitären Systeme je einen ungeheuerlich komplizierten und äußerst kostspieligen Polizeiapparat. Sie mußten ganze Divisionen zu diesem Zweck abkommandieren – besonders die Sowjets, die ihre Häftlinge viel mehr fürchteten und noch fürchten als die Nazis, obwohl sie die Geographie und das Klima als besondere Wächter haben. Auch wenn wir die von Gustav Herling berechnete Zahl von einer Million Wachmannschaften in den sowjetischen KZs während des Krieges als zu hoch annehmen – »ungefähr eine Million ausgebildete Soldaten, (die) für den Krieg ausfielen«[203] – war der Ausfall doch sehr beträchtlich. Die SS bemühte sich, möglichst wenig und möglichst frontuntaugliche Männer im KZ-Wachdienst zu verwenden, aber auch hier haben diese Abteilungen der Kriegsstärke des Dritten Reiches Abbruch getan.

Wirtschaftlich gesehen fällt jedoch viel mehr für Sowjetrußland ins Gewicht, daß in langen Jahrzehnten des Friedens hunderttausende junger Männer im besten produktiven Alter dem Produktionsprozeß entzogen wurden und werden, um Millionen von Arbeitssklaven zu bewachen und zur Arbeit anzutreiben, deren Produktivität denkbar gering ist und deren Leistung denkbar wenig taugt. Man braucht nicht unbedingt selbst als Sklave gearbeitet und solche Arbeit gesehen zu haben, um sich bewußt zu werden, wie unvorstellbar unwirtschaftlich eine solche Arbeit ist und sein muß. Einerseits die riesigen Kosten der Transporte, der Bewachung, der Bekleidung, Ernährung und Unterbringung, mögen die letzteren noch so elend sein. Andererseits der Sklavenarbeiter, der eben durch diese elenden Lebensbedingungen nur mit einem Bruchteil seiner natürlichen Kräfte überhaupt arbeiten kann und aus schierem Selbsterhaltungstrieb mit nur einem Bruchteil dieses Bruchteils arbeiten wird. Auch dieser winzige Bruchteil der Kräfte des Sklavenarbeiters wird in der geschilderten Art von Arbeitsantreibern meistens unzweckmäßig und im weitesten Sinne verschwenderisch eingesetzt. Und der Sklave, meistens ein Todfeind des Regimes, das ihn in Sklaverei hält, schadet und sabotiert, wo er nur kann: Sei es, daß er Rohstoffe und Materialien aller Art bewußt verschleudert und zum Ausschuß macht, sei es, daß er etwa bei der Erzeugung der Munition in die Hülsen hineinspuckt. Es gibt tausend Möglichkeiten und unzählige Berichte darüber.

Im sowjetischen KZ-System gab und gibt es noch einen Faktor, der ebenso für die Todesrate der Häftlinge wie für die weitgehende Wertlosigkeit der von ihnen geleisteten Arbeit verantwortlich ist: Das System der »Normen«, des Arbeitssolls. Die Arbeit in den NS-KZs war oft, besonders in den letzten Jahren, *an sich* nicht tödlich. Sie war es erst in Verbindung mit anderen Bedingungen des Häftlingslebens, vor allem mit der Ernährung, die nicht einmal zum bloßen Leben, geschweige denn für einen Arbeiter zur Erhaltung seiner Kräfte genügend war. Es gab zwar Bewachung, Geschrei und Knüppel, aber nur selten die Möglichkeit, die Leistung zu kontrollieren: und die – elende – Ernährung wurde an sich nicht von der Leistung abhängig gemacht.

Auch im NS-System gab es gelegentlich an verschiedenen Stellen ein Arbeitssoll. So berichtet etwa Ernst Wiechert über den Steinbruch von Buchenwald in der Vorkriegszeit: »Das System bestand darin, daß der Vorarbeiter abends ›über den Bock ging‹ [d. h. geprügelt wurde], sobald die Arbeitsleistung nicht erfüllt war ...«[204].

Einige Jahre später wurde Margarete Buber-Neumann in der Schneiderei von Ravensbrück an ihre Erfahrungen im sowjetischen KZ erinnert: »Jedes ›Band‹ hatte sein festgesetztes Pensum. Wurde es nicht erfüllt, gab es Prügel, Strafstehen und Meldungen [d. h. Strafmeldungen, auf die eine Lagerstrafe folgte]. Der Anweisungshäftling trieb, die Aufseherin keifte, der SS-Mann schlug. Als ich da an der Maschine saß und drohend das Wort ›Pensum‹ hörte, wurde die Zeit in Burma wieder lebendig, wo auf uns genauso der Schrecken des nichterfüllten Pensums lastete. In Sibirien erzwang man seine Erfüllung durch verkürzte Brotrationen, in Ravensbrück mit Prügel, Strafstehen und Meldungen«[205].

Das Soll war jedoch in dem NS-KZ-System eher eine sporadische Erscheinung, wenn vorhanden, dann lokal bestimmt, ohne Berechnung von Prozenten u. dgl. Die Regel war einfaches, brutales, direktes Antreiben zum Schuften. Anders in den sowjetischen KZs. Die »Norm«, das Soll, ist der allgemeine gegenwärtige und allmächtige Faktor der sowjetischen Unwirtschaft, ein wichtiger Bestandteil der Zwangsjacke, die es ihr unmöglich macht, sich zu einer normalen Wirtschaft zu entwickeln.

Rein ökonomisch gesehen ist die »Norm« das größte Hindernis auf dem Wege zur Qualität, da sie nur die Quantität in Betracht zieht, und so zu Ergebnissen und Folgen führt, die einem normal denkenden Menschen schier unmöglich scheinen. Am unglaublichsten ist wohl, wie man in diesem System für gute Arbeit bestraft, für schlechte belobigt und belohnt wird.

»Dann sollten wir Wäsche flicken«, erzählte Susanne Leonhard. »Die ›Norm‹ war fünfzehn Männerhemden und zwölf Unterhosen. Ich arbeitete den ganzen Tag ohne Pause und brachte höchstens die Hälfte fertig. ... Ich konnte nie und nirgends lernen, nur auf Quantität statt auf Qualität der Arbeit zu sehen und galt überall als schlechte Arbeiterin, weil ich ›viel zu ordentlich‹ arbeitete.

Wieviel Werte vergeudet werden mit dieser Arbeit ›auf Lagerart‹, das interessiert im Lager niemanden. Es werden nur Zahlen verlangt. Die auf Lagerart geflickte Wäsche hält nicht einen Tag, die auf Lagerart genähten Handschuhe zerreißen beim ersten Griff nach der Axt, in den auf Lagerart gewaschenen Männerunterhosen krabbeln Läuse herum, das ist ganz einerlei. Wenn nur die vorgeschriebene Anzahl ausgebessert, genäht und gewaschen ist«[206].

»So kam es«, berichtet Elinor Lipper von einer Leidensgenossin, »daß

sie, die die fleißigste von allen war, die die beste und gründlichste Arbeit lieferte, immer die niedrigsten Prozente hatte. Denn die Arbeitsnormen in der Sowjetunion – sowohl für Freie als für Gefangene – sind nicht so sehr auf Qualität wie auf Quantität abgestellt«[207].
Helmut Gollwitzer beschreibt, wie kriegsgefangene deutsche Landser in Sowjetrußland Kartoffeln ernten sollten, wozu man lauter Landwirte ausgewählt hatte. Die wurden dann zuerst durch Kürzung ihrer Rationen dafür bestraft, daß sie zwar die zugewiesene Fläche sehr sorgfältig abgeerntet, dabei aber »die Normfläche« nicht geschafft hatten; und dann dafür belohnt, daß sie zwar nicht größere Kartoffelmengen ernteten, jedoch das ganze zugewiesene Quartal oberflächlich »erledigten«. »Frage nicht, wieviel Kartoffeln wieder mit eingepflügt worden sind – das Herz hat uns geblutet«, berichtete einer von ihnen.
»Ab und zu«, bemerkt Gollwitzer, »erscheint dann in der Zeitung des Rayons [= des Kreises] ein Artikel, in dem angeprangert wird, wie schlecht die Felder abgeerntet seien, einen Schuldigen läßt man darüber stolpern, und im übrigen ändert sich nichts, weil den Direktoren in der Zange des Planes nichts anderes übrig bleibt, weil die Kritik sich nur an die Folgen, aber nicht an die Wurzel des Übels selbst, nämlich an den Plan und an den kommunistischen Aberglauben von der Möglichkeit und dem Heil einer zentralen Planung heranwagen darf . . . Wer aber aus solcher selbst verspürten Verantwortung sich um das Allgemeine wie um sein Eigenes sorgt, der kommt im Sowjetsystem bald unter die Räder. Er tut damit genau das, was die offizielle Erziehung täglich von ihm verlangt, – und was die tägliche Erfahrung ihm, wenn er nicht untergehen will, radikal abgewöhnt«[208]. All das galt und gilt in noch viel größerem Maße für einen KZ-Häftling.
Es ist dabei für den sowjetischen KZ-Häftling bei weitem nicht so, daß er grundsätzlich durch bloße schlechte Arbeit die sinnlose, quantitative »Norm« äußerlich »erfüllen« kann. Bei Erdarbeiten, beim Holzfällen u. a. m. sind die Quantitäten leichter nachprüfbar. Dann werden dem Häftling jene »niedrigsten Prozente« zum Verhängnis, da sie ja, wie wir bereits gehört haben, eine Kürzung der Tagesration nach sich ziehen; die über dem Häftling stets schwebende Gefahr des Erschöpfungs- und Hungertodes rückt dann viel näher. Es gab auch Fälle, wo auf eine Nichterfüllung der »Norm« die Todesstrafe stand.
Das System der direkten Abhängigkeit der kargen Ernährung von der Leistung ist unmenschlich, und zwar nicht nur im übertragenen Sinne von »grausam«, sondern ganz wörtlich: Es erniedrigt zutiefst den Menschen, indem es ihn als an sich nicht würdig erachtet, überhaupt ernährt zu werden. Gleichzeitig ist dieses System mehrschichtig absurd. Die zwei ersten Schichten des Absurden bestehen darin, daß ein Mensch durch Entzug eines Teiles seiner bereits kargen Kost dafür bestraft wurde, daß er entweder gut arbeitet, oder Unmögliches nicht leistet. Die Unmöglichkeit besteht manchmal in technischen, vom Sklavenarbeiter

gänzlich unabhängigen Gegebenheiten (vgl. o., S. 150); in der Regel jedoch darin, daß die »Norm« schlicht und einfach nicht zu bewältigen ist.

Dies konnte auch und kann bis heute zur Ursache auch eines der unzähligen unsinnigen Elemente der sowjetischen Plan-Unwirtschaft haben, das eine Polin vor bereits vierzig Jahren so erlebt hat: »Was mich betraf, die ich vorher beim Buddeln in der Erde, bei der Herstellung von Perlen und als Schlosser gearbeitet hatte, wie konnte ich vom ersten Tag der Arbeit in der Schneiderwerkstatt an zu einer geschickten Schneiderin werden, imstande, ich sage nicht 100 %, aber mindesten 50 % der ›Norm‹ zu erreichen?«[209]
Zahlreiche Berichte aus verschiedenen Zeiten, aus verschiedenen Lagern und Arbeitsgebieten bestätigen die Richtigkeit der Beurteilung Solschenizyns: »... Es ist ja aller staatlichen Normen gemeinsame Eigenschaft, nicht fürs reale irdische Leben geschaffen zu sein, sondern für irgendein mondfernes Ideal. Diese Normen kann ein selbstloser, gesunder, satter und munterer Mensch nicht schaffen! Wie soll ein zerquälter, schwacher, hungriger und bedrückter Sträfling damit zu Rande kommen?«[210] Die nächste Schicht des Absurden liegt also dort, wo ein schwacher und hungriger Sklave eine für einen starken und satten Arbeiter unerfüllbare Aufgabe nicht bewältigt – und dafür noch hungriger, somit noch schwächer gemacht wird, wodurch er zur Erfüllung der Aufgabe noch unfähiger wird.

Noch tiefer im Absurden liegt das bereits (o., S. 90) erwähnte, lange Zeit totale, nun sehr weitgehende Verbot, in sowjetischen KZs Lebensmittelpakete zu empfangen. Es sollte und soll dazu dienen, den Häftlingen den Zugang zu zusätzlicher Ernährung zu vermauern und sie zu zwingen, diese ausschließlich auf dem Wege der »Übererfüllung der Normen« zu suchen. Wir hören aus manchem Bericht, daß dies in einzelnen Fällen psychologisch gewirkt hat: Es fanden sich Häftlinge, die bereit waren, übermenschliche Anstrengungen zu tun, um so das größere Stück Brot, die größere Portion Grütze u. dgl. zu erschuften, obwohl sie von Kameraden gewarnt wurden, daß die Kalorienrechnung letztlich zu ihren Ungunsten ausfallen müsse. Und natürlich wirkte sich dieser scheinbare Ansporn auch in solchen Fällen physiologisch und somit wirtschaftlich negativ aus: Die »Sturmarbeiter« starben an allgemeiner Erschöpfung nur noch schneller, als ihre etwas schlechter ernährten, aber viel weniger arbeitenden Kameraden.

Am 7. Juni 1972 beschloß das Präsidium des Obersten Sowjets der UdSSR ein Dekret, das u. a. Strafen für Personen festsetzte, die Häftlinge von »Arbeitsbesserungsanstalten«, also von sowjetischen KZs, Geld, Alkohol u. a. – sowie Lebensmittel »illegal, heimlich übergeben oder zu übergeben versuchen«. In diesem Zusammenhang schickten die Mitglieder der Akademie der Wissenschaften der UdSSR, Leontowitsch und Sacharow, ein Telegramm an den Vorsitzenden des Obersten Sowjets, Mitglied der Akademie der Wissenschaften, Milljonschtschikow. Hier lesen wir u. a.: »Die durch das Dekret eingeführte Strafbarkeit der illegalen Übergabe von Lebensmittel an Häftlinge ist ein offizielles Zeugnis für das in unseren Lagern und Gefängnissen existierende System chronischen Hungers. Niemand wird zur illegalen Übergabe von irgendetwas greifen, wenn keine Notwendigkeit dazu besteht ... Das Dekret schafft die Möglichkeit, die tragische Lage der Häftlinge, die wir aus zahlreichen glaubwürdigen Quellen kennen, noch schlimmer zu machen, indem es Durchsuchungen der Gefangenen und ihrer Besucher einführt. Wir fordern die Abgeordneten zum Obersten Sowjet auf, gegen die Bestätigung des schändlichen Dekrets vom 7. Juni 1972 zu stimmen. Wir fordern die Abgeordneten auf, sich für eine Reform der Besserungsarbeitsgesetzgebung einzusetzen, mit dem Ziel, der unerträglichen Folterung der Häftlinge mit dem Hunger ein Ende zu setzen«. Die Erklärung von Leontowitsch und Sacharow wurde den Abgeordneten vorenthalten und das Dekret bestätigt[211].

So stoßen wir endlich bis zur tiefsten Schicht des Absurden vor: Ein Mensch ist zum Sklaven gemacht worden, man hat ihm die unerfüllbare Aufgabe aufgebürdet, mit der Hungerration des Lagers zu leben und zu arbeiten – und ihn dann Unmögliches leisten lassen. Ihm diese Leistung durch zusätzliche Ernährung – auf Kosten seiner Angehörigen – zu erleichtern oder gar zu ermöglichen, macht man unmöglich oder gar strafbar. Und wenn er dieses Bündel der Unmöglichkeiten nicht bewältigt, wird er durch Reduzierung der Hungerration auf ein Bruchteil davon oder gar durch direkte Hinrichtung ausgelöscht. Mit anderen Worten, die Verwaltung der Lager, die staatliche Terrorpolizei und durch sie der totalitäre Staat selbst haben sich die Mühe gegeben, einen Menschen, der ein nützlicher Sklavenarbeiter hätte sein können, zu transportieren, einige Zeit zu ernähren, bewachen zu lassen (d. h. ja seine Bewacher zu ernähren, einzukleiden, einzuquartieren, zu bewaffnen usw.) – alles nur, um diesen Menschen in den beschriebenen Teufelskreis zu stürzen, sich selbst seiner und seiner Arbeitskraft zu berauben und jene Unkosten als puren Verlust abzubuchen. Ich habe hier die staatlichen Instanzen, die so etwas tun, mit neutralen Bezeichnungen beschrieben, da diese Orgie des Absurden zwar im sowjetischen KZ-System in größeren Ausmaßen, viel länger und infolge der allgemeinen Anwendung der »Normen« noch viel krasser gefeiert wird, jedoch auch dem NS-KZ-System alles andere als fremd war.

Das maoistische System der »Normen« scheint nach dem mir zugänglichen Bericht eine bis zum Irrsinn betriebene Perfektionierung des sowjetischen zu sein. Den Häftlingen wurden in der Mao-Zeit nicht mehr gewöhnliche »Stachanowzen«, d. h. Rekordarbeiter, als Vorbild hingestellt, sondern solche, die über ihrer Arbeit vergessen haben, was es heißt, zu essen oder zu schlafen, die zwanzig oder gar dreißig Stunden an ihren Maschinen standen, wobei sechzehn oder achtzehn Stunden

Arbeit pro Tag die Regel bildeten. Bei solchen Vorbildern wurde den Häftlingen etwa erklärt, daß sie vom nächsten Tag an ihr Soll um Hundert Prozent erhöhen sollten – und wer es nicht schaffte, wurde als Bummelant und Saboteur behandelt und mit Einzelhaft bestraft, natürlich bei Kürzung der Hungerration. »Die Strafration wurde von den Aufsehern willkürlich bemessen«[212].

Ich habe hier unterlassen, das sowjetische System der »Brigaden« eingehend zu behandeln, das darin besteht, daß nicht der einzelne Sklavenarbeiter, sondern vor allem eine »Brigade« eine Norm zu erfüllen hat, wodurch alle Häftlinge zu Antreibern eines jeden Kameraden gemacht werden[213]. Neben dieser ungeheuerlich großen Verschwendung von Menschenkräften, menschlicher Gesundheit und im unvermeidlichen Endergebnis von Menschenleben – eigentlich nur halb gewollt, eher dem Sklavereisystem sozusagen innewohnend –, gab es im NS-KZ-System einen bewußten, einkalkulierten Verbrauch an Häftlingsleben für tödlich wirkende Arbeiten. Ich habe das Beispiel des Groß-Rosener Arbeitslagers Dyhernfurth a. d. Oder angeführt (o., Anm. 88). Hier wurden Häftlinge zwar als Zug-, aber gleichzeitig als verbrauchbare Nutztiere gebraucht. Es war eine Art total unmenschlicher »Sparsamkeit«, wenn man zu diesem Zweck u. a. die sowieso zu Tode Verurteilten verwendete. Dieselbe Art von Lagern gibt es heute, in viel größerem Umfang, in Sowjetrußland. Avraham Shifrin nennt sie »Vernichtungslager«. Ich kann mich mit dieser Bezeichnung nicht einverstanden erklären; erstens, weil sie ein zusätzliches Durcheinander in die sowieso nicht eindeutigen, auf die KZs bezogenen Begriffe bringen müßte; und zweitens, weil die Vernichtung von Menschenleben hier nicht der eigentliche Zweck, wie eben in einem Vernichtungslager, sondern die einkalkulierte Folge und Wirkung des wirklichen Nutzzweckes ist. Vielleicht könnte man sich auf »besonders tödliche Konzentrationslager« einigen.

Es handelt sich um sowjetische KZs, in denen Häftlinge entweder zur Reinigung der Düsen von Atom-U-Booten oder zur Uranförderung, Uranreinigung u. dgl., zur Herstellung von atomaren Sprengköpfen oder schließlich zu Arbeiten verwendet werden, wo sie nicht einer Strahlenbelastung, aber anderen tödlichen Folgen von besonders gesundheitsgefährdenden Arbeiten ausgesetzt werden – in allen Fällen ohne entsprechende Schutzbekleidung und sonstige Schutz- und Vorsichtsmaßnahmen. Shifrin stellt eine Liste von 41 solchen Lagern in Sowjetrußland zusammen und teilt mit, daß das israelische Forschungszentrum für Gefängnisse, psychiatrische Gefängnisse und Zwangsarbeits-Konzentrationslager in der UdSSR auf diesem Gebiet besondere Ermittlungen durchgeführt hat. Eine der Basen der sowjetischen Atom-U-Boote, wo man Häftlinge – also Menschen – auf diese Art und Weise verbraucht, befindet sich in den Häfen Sewerodwinsk und Mirnyj am

Arktischen Ozean. Der erste Name bedeutet »Norddüna-Stadt«, der zweite – »Friedens-Stadt«.

Von dem sozusagen allgemeinen gesundheitlichen Verschleiß der Häftlinge der sowjetischen KZs in den vergangenen Jahrzehnten und bis heute war bereits die Rede (o., S. 148). Der Bericht der Amnesty International stellt fest (S. 182): »Die Verbindung von minderwertigem, schlecht zubereitetem, hastig gegessenem Essen mit schwerer Arbeit unter ungesunden Bedingungen in einem rauhen Klima führt bei vielen Gefangenen zu chronischen Erkrankungen«. Es ist zu bemerken, daß derselbe Satz Wort für Wort vor etwa vierzig Jahren über die NS-KZs hätte gesagt werden können.

In diesen letzteren gab es schließlich, neben der Verwendung der Häftlinge als Last- und Zugtiere, eine besondere Art und Weise, sie als Nutztiere zu verwenden, die eine große Anzahl von Menschenleben gekostet hat: und zwar als Versuchstiere.

Häftlinge der NS-KZs wurden zu verschiedensten, vor allem medizinischen Experimenten gebraucht. In Auschwitz suchte Dr. Carl Clauberg nach einer praktischen Methode, ganze Völker unfruchtbar zu machen, um so gewisse Völker ohne Massentötungen aussterben zu lassen. Parallel dazu führte Dr. Josef Mengele dort »Zwillingsforschung« durch, um es dazu zu bringen, daß jede deutsche Frau mindestens Zwillinge gebäre[214].

In Dachau ließ Dr. Sigmund Rascher Häftlinge in einem Schwimmbecken oder im Freien zu Tode frieren oder in einer besonderen Luftdruckkammer an den Folgen plötzlicher künstlicher Höhenunterschiede mit geplatzten Lungen sterben, was vermeintlich der Suche nach Methoden der Rettung von abgeschossenen Fliegern dienen sollte. In Ravensbrück machten Prof. Dr. Karl Gebhardt, Dr. Herta Oberheuser u. a. junge Frauen zu Krüppeln durch versuchsartige Knochentransplantationen, künstliche Infizierungen u. a.[215]. Zwischen Dezember 1943 und Juli 1944 haben »Groß-Ernährungsversuche« etwa 200 Häftlingen des KZs Mauthausen das Leben gekostet[216]. Von 1943 an gehörte die »Strafkompanie« des KZ Sachsenhausen mit ihrem vollen Bestand dem sog. »Schuhläufer«-Kommando an, das auf einer besonderen Versuchsstrecke von 700 m Wehrmachtsschuhwerk auf seine Haltbarkeit prüfen mußte. Die Häftlinge mußten täglich 40 km marschieren, wobei sie einen Militärtornister mit 15 kg Sandlast trugen. Sie mußten sich auch hinlegen, in Kniebeugen gehen, robben und springen auf der Stelle, all das ohne Rücksicht auf den Zustand der Schuhläufer. Als die Strafkompanie nicht mehr ausreichte, wurde das Kommando aus Neuzugängen ergänzt[217]. Eine umfassende Monographie über alle von den Nazis an KZ-Häftlingen geführten Versuche ist längst überfällig.

Von Humanversuchen in sowjetischen KZs wissen wir nichts; neuerliche Berichte über sowjetische Humanversuche hängen nicht direkt mit sowjetischen KZs zusammen[218].

174

In maoistischen KZs sind Häftlinge zu verhältnismäßig harmlosen Versuchen mit verschiedenen Ersatz-Lebensmitteln verwendet worden (die oft nicht der Ernährung, sondern der Füllung des Magens ohne Nährwert dienen sollten). Bei älteren und schwächeren Insassen hatten diese Versuche allerdings tragische Folgen [219].

Und doch kann man wieder nicht behaupten, all das habe gedient und diene bloß der Ausrottung der Häftlinge. Die emotionellen Einstellungen gegenüber den totalitären Regimes, die völlig verständlich sind – auch wenn es sich um den ein Dritteljahrhundert zurückliegenden Nationalsozialismus handelt, geschweige denn um den bis heute wütenden Sowjetkommunismus – dürfen wir uns schließlich nicht das Vermögen rauben, Tatsachen zu sehen und Erscheinungen zu analysieren.

Der Totalitarismus in seinem willensüberspannten, wahnwitzigen Streben nach absoluter Macht auch über die Wirklichkeit (vgl. o., S. 140 f.) versucht u. a. – nicht gerade sein geringstes Unterfangen –, zu bestimmen, wer ein Mensch sein darf. Nach seinem Willen haben bestimmte Menschen, Gruppen und Völker nicht als Menschen zu gelten, keine Menschen zu sein, sondern Ungeziefer (vgl. o., S. 74, 85 ff.) bzw. Nutztiere (vgl. o., S. 142).

Hier ist vielleicht die gedankliche und programmatische Verbindung zwischen der totalitären Versklavung und der Massenvernichtung von Menschen zu suchen, zwischen den NS-Konzentrationslagern und Vernichtungslagern. (Die sowjetischen KZs waren, wie wir wissen, abwechselnd und z. T. auch gleichzeitig beides zugleich.) Man muß sich nur in eine Ungeisteshaltung hineindenken, für die ein Mensch nur dann ein Mensch sein darf und ist, wenn er von den Herrschenden, von der Sowjetmacht, von der nationalsozialistischen Macht dazu sozusagen ernannt wird – und zwar auf Abruf. An sich ist jeder bloßes »Menschenmaterial«, »Masse Mensch« (s. u., S. 244, Anm. 100) – Mensch insofern, daß man ihm mehr oder weniger in menschlicher Sprache (vgl. o., S. 143) mehr oder weniger menschliche Arbeit befehlen kann, für die er ja menschliche Eignungen und Befähigungen besitzt. Man kann ihm sogar befehlen, eine Doktorarbeit anstelle seines Aufsehers zu schreiben (vgl. u., S. 235) – wie man einem besonders dressierten Tier im Zirkus befehlen kann, auf Hinterbeinen zu laufen oder auf einem Rad zu fahren. Dabei hat er noch den Vorteil, daß der totalitäre Peitschenknaller ihm seine Kunststücke nicht mühsam beibringen muß (wozu er gar nicht fähig wäre).

Bei näherem Zusehen stellen wir fest, daß es in einer totalitären Welt eigentlich keine Menschen gibt. Es gibt nur jeweils einen »Gott« – ob er Lenin, Stalin, Hitler oder Mao heißt (manchmal ist es eine klägliche, von einer »Priester«gruppe vorgeschobene Ersatzgottheit namens Gomułka oder Husák) – sowie Wesen, die sind, wozu sie der »Gott« im Augenblick oder endgültig bestimmt: Übermenschen, Untermenschen, Nutztiere, Ungeziefer. Letzteres wird, logischer- und natürlicherweise, ausgemerzt; Nutztiere werden entsprechend ausgenutzt – es handelt sich dabei nicht um einen Mordrausch an sich, sondern um eine inhumane Logik und Konsequenz. Sie erscheint nur deshalb als inkonsequent und muß es auch in der Praxis sein, weil sie sich von vornherein in einem Widerspruch zur Wirklichkeit befindet und diese bezwingen will, was ja unmöglich ist.

Wir kehren zurück zum Thema, von dem wir uns übrigens kaum entfernt haben; wir haben nur das bisher so wenig untersuchte Wesen der ganzen Problematik betrachtet, statt uns auf bloße Registrierung unbegreiflicher Taten und Tatsachen zu beschränken. Die menschliche Sprache ist um genaue Bezeichnungen für all das Geschilderte verlegen. So bleibt uns der alte, umfassende Begriff der »Sklaverei« als die einzige mögliche Lösung, oder doch wenigstens als Hilfsbegriff.

Es bleibt unübersehbar, daß in dem, was ich hier als Sklavenarbeitslager qualifiziert habe, die Arbeit der Sklaven, deren Leistung und Nutzen für die Sklavenhalter das wichtigste war bzw. ist – und nicht ein bloßes Mittel zu deren »Vernichtung durch Arbeit«, ein Schlagwort, das m. E. viel zu sehr in Betracht gezogen wird.

Die hier erörterten Widersprüche mit ihren tödlichen Folgen bleiben unleugbar. Wie ich jedoch nachzuweisen versucht habe, wurzeln diese Widersprüche im Wesen der beiden Phänomene selbst, die sich in den Sklavenarbeitslagern vermählen: Die Sklaverei und der Totalitarismus. Wobei der letztere seiner Natur nach eine ungeheuerliche, vielgestaltige, moderne Erweiterung der ersteren ist.

Anmerkungen

IV. Zweite Funktion: Sklavenarbeitslager

1 P. Istrati, Rußland nackt, S. 80 f. Vgl. das. die Kapitel II., III., IV., Die tragische Existenz der Arbeiter (1., 2., 3.) mit der reichlichen Dokumentation aus der sowj. Presse Ende der 20er Jahre.
2 St. Swianiewicz, Forced Labour ..., S. 36.
3 P. Istrati Auf falscher Bahn, 16 Monate in Rußland (1930), S. 123.
4 E. Wiechert, Der Totenwald, S. 93.
5 Der oben, Anm. 57 zitierte prominente liberale deutsche Publizist beschrieb in demselben Artikel das, was Stalin mit »acht bis zehn Millionen Menschen« des sowj. Bauerntums tat: »Er schaffte sie samt und sonders in unbewohnte Einöde, wo sie verhungerten«. (Vgl. S. 121). Und dann lesen wir: »Stalins Ungeheuerlichkeiten [...] haben, wer weiß, die neue Gesellschaft zusammengeschweißt. Halten *wir* den Preis für zu hoch, so zählt das nicht«.
   Man stelle sich vor, jemand würde behaupten, Hitlers Massenmord an den Juden und seine sonstigen Massenmorde hätten die deutsche Volksgemein-

schaft zusammengeschweißt, und es zähle nicht, daß Außenstehende den Preis für zu hoch halten.

6 Zit. C. I. Gerstenmaier, Die Stimme der Stummen S. 71. Vgl. u., S. 118 f..

7 R. Conquest, Am Anfang starb Genosse Kirow, S. 592 f.

8 Vgl. R. Conquest, Am Anfang ..., S. 434; A. Solschenizyn, Der Archipel GULAG, Bd. 2, S. 566; A. Shifrin, UdSSR Reiseführer ..., S. 212, 300 ff.

9 Einige Informationen über die heutige KZ-Lage im Gebiet Tjumen bringt A. Shifrin, UdSSR Reiseführer ..., S. 300 ff.

10 Es war vor der nach NS-Muster durchgeführten Reorganisierung und Straffung des internen Regimes der sowj. KZs (o. S. 94). Übrigens erklärt sich dieser für den Häftling eines NS-KZs unvorstellbare Vorgang durch die äußeren Umstände: Keines der NS-KZs lag in einer menschenleeren, frostigen Öde, wo man nirgendwohin fliehen konnte, wo man auf Schritt und Tritt Dokumente kontrollierenden Patrouillen begegnete – es war eine Art »mittlere Lagerzone« (über die »kleine« und die »große Zone« vgl. o. S. 62).

11 I. Solonjewitsch, Die Verlorenen, Bd. 2, S. 262 ff.

12 A. Solschenizyn, Der Archipel GULAG, Bd. 2, russ. S. 100 ff., dt. S. 95 ff. Der letzte zitierte Abschnitt – von »Ich habe ...« – wurde aus mir unerklärlichen Gründen in der deutschen Übersetzung (S. 98) ausgelassen.

13 »In allen Erfolgsbereichen der Sowjetunion ist von Zement die Rede, von Eisen und Stahl, von neuen Staudämmen, Kraftwerken, Raketen und nie von Menschen«, bemerkt der österreichische Altkommunist Ernst Fischer. Komet H. 56/57 (1973–1974), S. 40.

14 W. Churchill, The Second World War, Vol. IV, p. 447 s.; Der Zweite Weltkrieg, Bd. 4, S. 103 f. (Gespräch Churchill–Stalin in Moskau 1942).

15 R. Lorenz, Sozialgeschichte der Sowjetunion, I, 1917–1945 (1976), S. 205, 346.

16 A. a. O., S. 205; A. B. Ulam, Stalin, S. 320 ff.

17 I. Solonjewitsch, Die Verlorenen, Bd. 1, S. 89; Bd. 2, S. 339; Bericht von Anna Skripnikowa bei A. Solschenizyn, Der Archipel GULAG, Bd. 3, S. 358. Vgl. B. Roeder, Der Katorgan, S. 200; L. Trepper, Die Wahrheit, S. 44.

18 S. Leonhard, Gestohlenes Leben, S. 388 ff.

19 Micropaedia, Vol. III (1977), S. 61, Stichwort »concentration camp«.

20 »Corrective labour camps«, ohne Anführungsstriche oder Kommentar.

21 A. Solschenizyn, Der Archipel GULAG, Bd. 3, S. 361 (vgl. dort das ganze Kapitel »Die Bauernpest«).

22 A. a. O., Bd. 1 S. 65; St. Swianiewicz, Forced Labour ..., S. 108.

23 A. Solschenizyn, Der Archipel GULAG, Bd. 3, S. 364, 366. Vgl. auch Bd. 2, S. 130 – sowie hier S. 160 ff.

24 R. Conquest, Am Anfang starb Genosse Kirow, S. 407.

25 Die Tschetschenen wurden bekanntlich 1944 (wie die Krimtataren, Kalmücken, Inguschen u. a. m.) aus ihrer Heimat total deportiert. Vgl. R. Conquest, (The Nation Killers, 1970) Stalins Völkermord (1974).

26 É. Lipper, Elf Jahre in sowj. Gefängnissen u. Lagern (1950), S. 210. Vgl. auch (C.) Atholl, The Conscription ..., S. 70; I. Solonjewitsch, Die Verlorenen, Bd. 1, S. 384.

27 I. Solonjewitsch, a..O., S. 129, 384; B. Solonjewitsch, Als Arzt im Zwangsarbeitslager, in: Und du Siehst die Sowjets Richtig, S. 147.

28 M. D. Schargorodski, Nakasanije po sowjetskomu ugolownomu prawu [Die Strafe im sowj. Strafrecht, russ.], Moskwa 1958, S. 83 f. – nach M. Heller, Konzentrazionnyj mir ..., S. 111 f. (dt. S. 108 f.).

29 Vgl. bes. E. Georg, Die wirtschaftlichen Unternehmungen der SS, S. 38 f.

30 G. Bortoli, Als Stalin starb, S. 185, Nach R. Conquest, Kolyma, S. 40,

»viermal so groß wie Frankreich« – oder größer (die Grenzen waren ziemlich unbestimmt und änderten sich im Laufe der Zeit).

31 Vgl. G. Bortoli, a.a.O.; P. Barton, L'institution ..., S. 115f.

32 A. Solschenizyn, Der Archipel GULAG, Bd. 2, S. 72ff.

33 Boris Sapir in: D. J. Dallin, B. I. Nicolaevsky, Forced Labour ..., S. 181.

34 A. Kuusinen, Der Gott stürzt seine Engel, S. 238f. (Die Autorin schreibt den Namen »Fränkel«).

35 Die deutsche Übersetzung läßt übrigens S. in bezug auf den Inhalt jener vermeintlichen Audienz noch entschiedener klingen als im russ. Orig.: »Das Stenogramm dieses Gesprächs wird niemals publik werden, es hat einfach gar keines gegeben, *doch so viel ist klar,* daß Frenkel vor dem Vater der Völker die berauschenden Perspektiven des sozialistischen Aufbaus vermittels der Arbeitskraft der Häftlinge ausgebreitet hat« [Hervorh. v. Verf.]. Abgesehen davon, daß der bei Solschenizyn so oft bis zum ärgerlichen getriebene Sarkasmus im Orig. noch stärker ist (»Vater der Völker« wird mit großen Buchstaben geschrieben, welche Nuance sich im Deutschen nicht wiedergeben läßt; es ist nicht vom »sozialistischen Aufbau«, sondern vom »Aufbau des Sozialismus«, »postrojenija sozialisma« die Rede, usw.) – bedeutet die entscheidende Formulierung »no jasno« eigentlich »es ist doch klar ...«, eine Vermutung (im Sinne »so muß es doch gewesen sein«), nicht eine Behauptung.

36 Es sei ein von den mir bekannten, krassen Beispiele der Selbstzensur und Desinformation im Westen angeführt. Am 27. Dezember 1977 meldete der Norddeutsche Rundfunk, daß Valentin González, genannt »El Campesino«, der legendäre General aus dem spanischen Bürgerkrieg, von General Franco in Abwesenheit zum Tode verurteilt, nach Spanien zurückgekehrt wäre. Es fehlte in der Meldung jeder Hinweis darauf, daß es nicht jenes faschistische Todesurteil war, das das Leben González' bedrohte, als er zweimal aus Sowjetrußland, »dem Grab meiner Illusionen« (»tumba de mis illusiones«, V. González, Yo escogí la esclavitud, S. 74) floh; als er, nach der ersten Flucht von den Sowjets aus dem Iran entführt, in die »eisige Hölle« (»El infierno helado«, a.a.O., S. 141 u. a.) eines sowj. KZs in Workuta verschickt wurde; und als er schließlich bei der zweiten Flucht heil durch den sowj. Kugelhagel kam, in dem sein Fluchtgenosse fiel ... Es fehlte jeder Hinweis darauf, daß González' Buch über seine Erlebnisse und auch über das fürchterliche Schicksal der spanischen republikanischen Flüchtlinge in Sowjetrußland in mehreren Sprachen, darunter in Deutsch, bereits Anfang der fünfziger Jahre – und dessen hier zitierte erste spanische Ausgabe in Barcelona gerade im November 1977 erschienen war.

37 A. Hitler, Mein Kampf, S. 322f.

38 Wir haben es hier mit der von Rauschning in seinen »Gesprächen mit Hitler« angewandten Methode zu tun, Äußerungen Hitlers vermeintlich wörtlich zu zitieren, Äußerungen anderer Personen dagegen in indirekter Rede. Da es sich kaum um eine wörtliche Wiedergabe Hitlerscher Äußerungen handeln kann, vermindert das leider den unschätzbaren Dokumentarwert des Werkes, ohne jedoch die Authentizität des Inhalts in Frage zu stellen.

39 H. Rauschning, Gespräche mit Hitler (1940), S. 39–47.

40 Heloten im eigentlichen Sinne (vgl. oben, S. 42ff.) gab es natürlich nur in Sparta, das übrigens kaum eine »Demokratie« war. Der SS-Führer meinte hier allgemein die Sklavenschicht; wie er überhaupt das ganze Bild der antiken Sozialordnung für NS-Bedürfnisse vereinfachte – oder eher diese Vereinfachung beigebracht bekommen hatte.

41 E. Kogon, Der SS-Staat, S. 20.

42 Nürnb. Dok. NO-2585, zit. nach den VfZ, 1958, S. 296.

43 H. Himmler, Wesen und Aufgabe der SS. und der Polizei, Nürnb. Dok.

1992 (A)–PS, Der Prozeß, ..., Bd. 29, S. 217 (Orig. S. 146). Vgl. Wolfgang Langhoff, Die Moorsoldaten (versch. Ausg.).
44 Vgl. E. Georg, Die wirtschaftlichen Unternehmungen der SS, S. 17 u. a.
45 Himmler versucht hier gegenüber den Offizieren der Waffen-SS die wahrheitswidrige Version aufrechtzuerhalten, die er auch fast vier Jahre früher den Vertretern der Wehrmacht vorsetzte – wie Anm. 43, S. 219, (Orig. S. 148) – daß KZ-Häftlinge durchweg »Abhub von Verbrechertum, von Mißratenen« wären. Diese Version versuchen bis heute die neonazistischen Veröffentlichungen aufrechtzuerhalten. Vgl. weiter unten, S. 206.
46 In den oben ausgelassenen Sätzen bezeichnet Himmler die Häftlinge als »diese negativsten Menschen«.
47 Nürnb. Dok. 1918-PS, Der Prozeß ..., Bd. 29, S. 107 f.
48 D. Baudis, R. Günther u. a, Siemens-Rüstung-Krieg-Profite, S. 43.
49 Facsimile bei L. Poliakov, J. Wulf, Das Dritte Reich und die Juden, S. 67, und bei R. Schnabel, Macht ohne Moral, S. 227.
50 »I. G. Farbenindustrie Aktiengesellschaft, Werk Auschwitz, den 15. Mai 1941, Merkblatt über den Einsatz von Konzentrationslager-Häftlingen zur Ausführung von Arbeiten in unserem Werk«. Nach: R. Schnabel a.a.O., S. 235.
51 Nürnb. Dok. 129–R, Der Prozeß ..., Bd. 38, S. 364 f.
52 Eigentlich »Tschernjawin«; ich übernehme die engl. Transkription des Namens, die der Gelehrte u. seine Frau benutzten, als sie nach der Flucht der Familie nach Finnland ihre Berichte in England veröffentlichten.
53 Tatiana Tchernavin, Escape from the Soviets (1933, 1934), S. 63. Über solchen Handel mit Sklaven-Spezialisten vgl. auch Atholl, Conscription ..., S. 66; Dallin/Nicolaevsky, Forced Labor ..., S. 241 f.
54 M. Heller, Stacheldraht der Revolution, S. 134.
55 Im Orig. die nicht erläuterte russ. Abkürzung »OKB«, »Opytnoje ...« bzw. »Ossoboje konstruktorskoje bjuro«.
56 A. Shifrin, UdSSR Reiseführer ..., S. 59, 118 ff.
57 Vgl. etwa V. Kravchenko, Ich wählte die Freiheit, S. 528 ff.
58 Vgl. bes. die Sammelbände Buchenwald u. SS im Einsatz.
59 Diese für den westlichen Leser – der seit Jahrzehnten mit der kommunistischen »Antifaschismus«-Legende gefüttert wird – merkwürdige Bezeichnung ist vollkommen exakt. Es handelt sich um die im Westen kaum beachtete, im kommunistischen Lager höflich-schamhaft übersehene Tatsache, daß die poln. extremen Nationalisten und Faschisten zwei wenig zahlreiche – sie waren nie zahlreich – aber einflußreiche Gruppen bilden, davon eine in der kommunistischen Partei selbst. Der Führer der zweiten Gruppe, der im kommunistischen Polen politisch und wirtschaftlich einflußreichen sog. Vereinigung PAX, Bolesław Piasecki (1915–1979), vor 1939 Führer der faschistischen Gruppierung »ONR Falanga« [Obóz Narodowo-Radykalny – Radikal-Nationales Lager], wurde 1971 von Edward Gierek in den Staatsrat, das höchste Gremium der kommunistischen »Volksrepublik« Polen berufen. Es ist bereits die Bezeichnung »Komfaschismus« geprägt worden.
60 Ich darf hinweisen auf meinen Leserbrief an die Ztschr. Freiheit u. Recht, Die Stimme der Widerstandskämpfer für ein freies Europa, H. 1/79.
61 Vgl. bes. P. M. Kaiser, Monopolprofit und Massenmord im Faschismus, Zur ökonomischen Funktion der Konzentrations- und Vernichtungslager im faschistischen Deutschland, Blätter f. deutsche und internationale Politik, H. 5/75. Der Gipfel des umfangreichen, unglaublich verworrenen Artikels ist auf S. 575 zu finden:
»... c) eine dritte Phase schließlich der ›Endlösung der Judenfrage‹, d. h. der totalen Verschleppung und Konzentration aller Juden, Kriegsgefange-

nen, Zwangsarbeiter usw. in 15 großen KZs und über 1500 Arbeitslagern (1942 bis 1945)«.

Somit bestünde die »Endlösung der Judenfrage« nicht darin, daß Juden hingemordet wurden, was tatsächlich geschah – sondern in der »totalen Verschleppung« usw. von Kriegsgefangenen u. a., und zwar »in KZs und Arbeitslager« (wo, wie wir wissen – o., S. 51 f. – kein Unterschied bestand!), was bekanntlich bis 1945 nicht geschah. Dies nur als Beispiel und Probe, was alles zu diesen Fragen veröffentlicht wird – und als Beleg für die Notwendigkeit der umfassenden Forschung und Aufklärung. Ich hatte bereits eine studentische Diplomarbeit zu begutachten, die den zitierten Artikel als ernsthafte Quelle benutzte.

62 Der Prozeß ..., Bd. 19, S. 230.

63 I. Solonjewitsch, Die Verlorenen, Bd. 1, S. 263 ff. (Kapitel »Ich bin ein Menschenhändler«).

64 Jerzy Gliksman, Tell the West [Sagt dem Westen, engl.] – zit. bei P. Barton, L'institution concentrationnaire ..., S. 216 f.

65 J. Scholmer, Die Toten kehren zurück, S. 80, Vgl. R. Conquest, Kolyma, S. 22, 74.

66 K. Štajner, 7000 Tage in Sibirien, S. 464.

67 A. Solschenizyn, Der Archipel GULAG, Bd. 1, S. 528. Im russ. Orig. (S. 555) lautet die Frage genau: »Na, was für eine Ware habt ihr gebracht?« (Nu, kakoj towar priwjesli?)

68 Vgl. G. Herling, Welt ohne Erbarmen, S. 50; V. González, Yo escogí la esclavitud, S. 107; V. Kravchenko, Ich wählte die Freiheit, S. 442 (engl. S. 336).

69 E. Kupfer-Koberwitz, Die Mächtigen und die Hilflosen, Bd. 1, S. 250 f.

70 Aussage von Rudolf Höß gegenüber einem Vertreter des Kriegsministeriums der USA, Warschau, 12.3.1947, Nürnb. Dok. NI-4424, nach: Dokumente zur Rolle der IG Farbenindustrie im Faschismus, S. 57.

71 IG Farben an Krupp, 14.9.1942, nach: Dokumentations- und Informationsblatt der Zentralen Forschungsstelle »Kampf der deutschen Chemiearbeiter ...«, 13.4.1961, Nr. 3.

72 Buchenwald ..., Abb. 71; R. Schnabel, Macht ohne Moral, S. 322.

73 W. Kiedrzyńska, Ravensbrück [poln.], S. 150.

74 Eig. Beob. u. viele Berichte.

75 Vgl. E. Georg, Die wirtschaftlichen Unternehmen der SS, S. 116, über die Prämien.

76 E. Georg, a.a.O.

77 Aus dem »Auszug aus der Lagerordnung«, Aufdruck auf Häftlingsbriefformularen, von welchen ich mehrere Originale im Besitz habe.

78 Buchenwald ..., S. 240 f.

79 R. Schnabel, Macht ohne Moral, S. 233.

80 Ich meine dabei nicht die – allzu selbstverständlichen – moralischen Aspekte, sondern allein schon die rein technischen: Inanspruchnahme von unschätzbaren, kriegswichtigen Transportmitteln, von ganzen Abteilungen der Polizeikräfte, von Munition u. a. m. für kriegsfremde Zwecke; Ermordung unzähliger für die deutsche Wehrmacht emsig arbeitender Handwerker bei gleichzeitigem akuten Mangel an Arbeitskräften; usw. usf.

81 Vgl. o., S. 73.

82 Abgedr. bei C. I. Gerstenmaier, Die Stimme der Stummen, S. 321 – aus Die Welt, 17.10.1969.

83 E. Kogon, Der SS-Staat, S. 360, Vgl. u., S. 226 über die »Heiligkeit« der Befehle Himmlers – soweit sie Tötung von Häftlingen geboten, nicht verboten.

84 Im Sammelband: Dokumenty i materiały, Tom I, [poln., Dokumente im Originalwortlaut], S. 33.

85 A. Dolgun, P. Watson, An American in the GULAG, S. 287.

86 E. Wiechert, Der Totenwald, S. 41.

87 Vgl. J. Lester, To Be a Slave, S. 121.

88 Im KZ Groß-Rosen wurden Häftlinge, deren Todesbefehle inzwischen zur Bestätigung nach Berlin geschickt worden waren, in das Arbeitslager Dyhernfurth II verschickt, in die zur IG-Farben gehörenden chemischen Werke »Luranil« und »Anorgana«. Sie lebten oft nicht lange genug, um hingerichtet zu werden; sonst wurden sie im Zustand äußerster Erschöpfung nach Groß-Rosen zur Hinrichtung gebracht. Eig. Beob. Vgl. Pohl an Kranefuß, 15.1.1944, bei R. Schnabel, Macht ohne Moral, S. 236 f.; R. Sasuly, IG Farben, S. 125; o., S. 132 f.

89 Wie Anm. 84.

90 Nürnb. Dok. NO-1544, zit. M. Broszat, Die NS-KZs, a.a.O., S. 142 f.

91 H. Gollwitzer, ... und führen, wohin du nicht willst, S. 179.

92 Nach einem »Kaffee« zwischen 4 und 5 Uhr morgens bekamen die Häftlinge damals erst um 12 ihre Tagesration Brot mit winzigen Zutaten. 1940 in Dachau dauerte dieselbe Zeitspanne von 6 bis 12 Uhr 30 – E. Kupfer-Koberwitz, Die Mächtigen ..., Bd. 1, S. 186. Es bedeutete also 6–7 Stunden schwerer Arbeit auf nüchternen Magen, ein totaler Unsinn vom Standpunkt der Interessen der »Arbeitgeber« – umso mehr, da nachdem man nach einer so langen Hungerperiode erst gegessen hatte, eine physiologisch leicht erklärbare Schwächeperiode eintrat (das Blut fließt vom Gehirn in den Magen), sodaß man sich kaum auf den Beinen halten konnte. (Es heißt bei mir bis heute »Leitmeritzer Schwäche«.) – Der Unsinn hatte übrigens Tradition: Amerikanische Negersklaven bekamen ihr Frühstück um 12, nachdem sie vom Tagesanbruch an auf den Feldern gearbeitet hatten. Josiah Henson, Father Henson's Story of his own Life [Vater Hensons Geschichte seines eigenen Lebens, amer.] (1962), S. 177, zit. bei J. Lester, To Be a Slave, S. 65.

93 S. Szmaglewska, Dymy nad Birkenau [Rauchsäulen über ...], 5. poln. Ausg., S. 28 ff.

94 Sozialististscheskij Wjestnik [Sozialist. Nachrichten, russ.], New York, 1946, Nr. 9 – zit. D. J. Dallin, B. I. Nicolaevsky, Forced Labor ..., S. 27 f. (wo der Name vom russischen Englisch als »Shchekach« transkribiert wurde). Vgl. hier, S. 155.

95 P. Koch, R. Oltmanns, Die Würde des Menschen, S. 146; A. Shifrin, UdSSR Reiseführer ..., S. 175, 178.

96 Wie o., Anm. 51. Hervorh. d. Orig.

97 J. Tenenbaum, Race and Reich, S. 155 f.

98 Vgl. A. Solschenizyn, Der Archipel GULAG, Bd. 2, S. 62 u. 93 (Bild).

99 E. Kogon, Der SS-Staat, S. 102.

100 Verballhornung von »Konterrevolutionär«.

101 N. N. Krasnow, Verborgenes Rußland, S. 192, 196.

102 A. Amalrik, Unfreiwillige Reise nach Sibirien, S. 122 f.

103 Vgl. o., S. 73, Lenins Befehl, ein provinzielles »Triumvirat von Diktatoren« einzusetzen.

104 Im Bereich der sowj. KZs übliche Abkürzung für »Sakljutschonnyj« (Häftling).

105 A. Solschenizyn, Der Archipel GULAG, Bd. 2, S. 565.

106 A. Krakowiecki, Kolyma, le bagne d'or, Paris 1952 (mir nicht zugänglich).

107 D. J. Dallin, B. I. Nicolaevsky, Forced Labor ... S. 120, 123.

108 E. Lipper, Elf Jahre in sowj. Gefängnissen und Lagern, S. 207 f.

109 Vgl. etwa I. Solonjewitsch, Die Verlorenen, Bd. 1, S. 237 f., 268, 281.

110 A. Krakowiecki, Kolyma, le bagne d'or, S. 219 ff. – zit. P. Barton, L'institution concentrationnaire ..., S. 215. Vgl. H. Gollwitzer, ... und führen ... S. 161; A. Solschenizyn, Der Archipel GULAG, Bd. 2, S. 119.
111 E. Lipper, Elf Jahe ... S. 183.
112 Diese zynische »Parole« ist in den heutigen sowj. KZs allgemein verbreitet. Bei Shifrin, S. 179 finden wir sie etwa in einem Bericht aus dem strengen Lager Biriljusa, Bez. Krasnojarsk, aus dem Jahre 1975 ff.
113 A. Shifrin, UdSSR Reiseführer ...S. 167.
114 A.a.O., S. 189. Wie die Gesundheit von sowj. KZ-Häftlingen ruiniert wird, vgl. auch etwa für die 50er Jahre A. Dolgun, P. Watson, An American in the GULAG, S. 361; für die 60er Jahre: A. Martschenko, Meine Aussagen, S. 226; für die 70er Jahre: Die Aussage von Simon Kudirka bei Hardmann/Wippermann, 24 Zeugen, S. 153; Polit. Gefangene i. d. UdSSR, S. 211 ff.
115 Dallin/Nicolaevsky, Forced Labor ..., S. 13; The Dark Side of the Moon, S. 108; W. Schalamow, »Kant«, in Kolymskije rasskasy [Kolymaer Erzählungen, russ.], S. 48 ff., in »Artikel 58« S. 41 f.
116 A. Shifrin, UdSSR Reiseführer ..., S. 165.
117 I. Solonjewitsch, Die Verlorenen, Bd. 1, S. 383 f.
118 L. Christians, Piekło XX wieku, S. 41.
119 Famine Disease ..., S. 14. Vgl. Buchenwald ..., S. 139 f, wo von 1700 Dänen die Rede ist. In diesem Fall scheinen mir dänische Angaben genauer zu sein.
120 Famine Disease ..., S. 30.
121 H. Heller, E. Dicker, Some Renal Effects ...
122 A. Kajzer, A. Ostoja, Za drutami śmierci, S. 154 f.
123 Eig. Beob. (Groß-Rosen, Sommer 1944).
124 Wie o.; K. Hart, I am alive, S. 55 (Auschwitz). Vgl. etwa R. Conquest, Kolyma, S. 130.
125 »Wie aber die Bäume fällen, wenn es weder Sägen noch Äxte gibt? Ein technisches Problem? Eine Lappalie für uns: Man binde Stricke um den Baum und lasse abwechselnd zwei Brigaden daran ziehen, mal hin mal her, um *die Wurzeln zu lockern!*« So beschrieb es vierzig Jahre später Alexander Solschenizyn, Der Archipel GULAG, Bd. 2, S. 85.
126 Vgl. o., S. 147 f., u. S. Mora, P. Zwierniak, La justice soviétique, S. 94.
127 I. Solonjewitsch, Die Verlorenen, Bd. 1, S. 185.
128 P. Barton, L'institution concentrationnaire en Russie, S. 207.
129 T. Meray, Politik ohne Gnade (1965), erster Satz.
130 Hermann Remmele, Die Sowjetunion, Bd. 1 (1932), 2., durchges. Aufl. 14.–30. Tsd., S. 5. Für die deutschen wie für die sowj. Kommunisten bleibt Remmele bis heute – wie andere in Sowjetrußland ermordete oder an die Nazis ausgelieferte deutsche Kommunisten – eine Unperson.
131 A.a.O., S. 9.
132 Zit. A. Solschenizyn, Der Archipel GULAG, Bd. 2, S. 84.
133 Vgl. A. Solschenizyn, a.a. O., S. 559.
134 Aus einem Aktenvermerk Martin Bormanns über Äußerungen Hitlers zur NS-Polenpolitik vom 2. Oktober 1940: »Unbedingt zu beachten sei, daß es keine ›polnischen Herren‹ geben dürfe; wo polnische Herren vorhanden seien, sollten sie, so hart das klingen möge, umgebracht werden ... Noch einmal müsse der Führer betonen, daß es für die Polen nur *einen* Herren geben dürfe, und das sei der Deutsche; zwei Herren nebeneinander könne es nicht geben und dürfe es nicht geben, daher seien alle Vertreter der polnischen Intelligenz umzubringen. Dies klinge hart, aber es sei nun einmal das Lebensgesetz«. Nürnb. Dok. 172-USSR, Der Prozeß ..., Bd. 39, S. 510 f. – Aus der Geheimrede Himmlers vor Gauleitern und anderen Parteifunktio-

nären, Berlin 29.2.1940: »Wir mußten zunächst dem Gegner seine führenden Köpfe nehmen, das waren die Leute im Westmarkenverband, in den aufständischen Verbänden [es müßte heißen: ›in den Aufständischenverbänden ‹, es handelt sich nicht um aufständische Verbände, sondern um Verbände der Veteranen der Aufstände in Posen und Oberschlesien von 1918–1921 gegen Preußen – d. Verf.], das war die polnische Intelligenz. Die mußten weg, da half nun nichts ... Ebenso scheußlich, wie es ist, ebenso notwendig ist es gewesen und wird es auch in vielen Fällen noch sein, daß wir es durchführen«. H. Himmler, Geheimreden ..., S. 128. Aus der Ansprache Himmlers an das Offizierkorps der Leibstandarte-SS »Adolf Hitler«, Metz 7.9.1940: »... in Polen ... wo wir die Härte haben mußten – Sie sollen das hören und sollen das aber auch gleich vergessen [SIC!] –, tausende von führenden Polen zu erschießen«. Nürnb. Dok. 1918-PS, Der Prozeß ..., Bd. 29, S. 104 (Orig. S. 7).
»Ich gestehe ganz offen, daß das einigen tausend Polen das Leben kosten wird, vor allem aus der geistigen Führerschicht Polens«, erklärte der »Generalgouverneur« Reichsminister Dr. Hans Frank auf einer Polizeisitzung in Krakau über die sog. AB-Aktion (Außerordentliche Befriedungsaktion) – am 30. Mai 1940, einige Tage nachdem Himmler seine hier zitierte Denkschrift verfaßt hatte. Hans Frank, Tagebuch (Archiv des Justizministeriums, Warschau), Band »Arbeitssitzungen 1940, II–XI«, Bl. 4/5; (Hans Frank), Das Diensttagebuch des deutschen Generalgouverneurs in Polen 1939–1945, hrsg. v. Werner Präg u. Wolfgang Jacobmeyer, Quellen und Darstellungen zur Zeitgeschichte, Band 20 (1975), S. 211. (Es ist hier nicht der Platz, die merkwürdige Art dieser – an sich äußerst wertvollen – Veröffentlichung zu besprechen, in der der Name des Autors auf der Titelseite überhaupt nicht erscheint, und wo der Sachtitel falsch ist: Hans Frank war »Generalgouverneur« nicht »in Polen« sondern in einem Teil vom NS-besetzten Polen.)

135 Die Ausführungen Himmlers weisen in diesem Punkt eine solche Ähnlichkeit mit den sich dreißig Jahre früher auf Esten und Letten beziehenden Plänen von Hermann Teistler – Otto Richard Tannenberg (Pseud.), Groß-Deutschland die Arbeit des 20. Jahrhunderts, Leipzig 1911, S. 151ff. –, daß eine Entlehnung äußerst wahrscheinlich ist.

136 VfZ, 1957, S. 197f. Himmler vermerkte: »Der Führer las die 6 Seiten durch und fand sie sehr gut und richtig« (ebd, S. 195), was kaum verwundern kann, da die Denkschrift ja eine Art Ausführungsbestimmungen zu den Ansichten Hitlers darstellte – vgl. o., S. 129 f.

137 R. Höß. Kommandant von Auschwitz, S. 152 [Hervorh. v. mir, AJK]. Vgl. o., S. 43 ff., 130.

138 Vgl. die angeführte Studie von Chr. Kleßmann. In den letzten Jahren entstand im kommunistisch beherrschten Polen, neben den offiziellen, eine freie Untergrund-Universität.

139 A. Solschenizyn, Der Archipel GULAG, Bd. 3, S. 64.

140 Buchenwald ... S. 40, 221, vgl. Abb. 66.

141 W. Schalamow, »Artikel 58«, S. 105, vgl. S. 59.

142 E. Wiechert, Der Totenwald, S. 146.

143 Buchenwald ..., S. 41.

144 Hier irrt Solschenizyn – vgl. weiter unten, S. 157.

145 A. Solschenizyn, Der Archipel GULAG, Bd. 2, S. 224. Vgl. o., S. 143.

146 Bernard Pares, A History of Russia, S. 39.

147 »WRjemjenno Ispolnjajuschtschij Dolshnost LOschadi«. A. Solschenizyn, Der Archipel GULAG, Bd. 2, dt. S. 36 (wo übersetzt »provisorischer Pferdevertreter«), russ. S. 34. Vgl. das., S. 60 bzw. 61.

148 Zit. a.a.O., dt. 85, russ. 88.
149 I. Solonjewitsch, Die Verlorenen, Bd. 1, S. 187.
150 R. Lorenz, Sozialgeschichte der Sowjetunion I, 1917–1945, S. 205.
151 E. Kogon, Der SS-Staat, S. 96, Vgl. Buchenwald..., S. 221.
152 Pers. Ber.; J. Gumkowski, T. Kułakowski, Zbrodniarze hitlerowscy..., S.
    132.
153 Proces Amona Goetha, S. 476.
154 NSKK = Nationalsozialistisches Kraftfahrkorps.
155 Buchenwald..., S. 226. Vgl. auch Br. Bettelheim, Aufstand gegen die Mas-
    se, S. 147 f.
156 E. Kupfer-Koberwitz, Die Mächtigen..., Bd. 1, S. 96 f.
157 V. Kravchenko, I chose Justice, S. 240.
158 Vgl. hier, S. 157.
159 E. Lipper, Elf Jahre..., S. 189.
160 A. Solschenizyn, Der Archipel GULAG, Bd. 2, S. 119, vgl. S. 559.
161 A.a.O., Bd. 1, S. 523.
162 St. Swianiewicz, W cieniu Katynia [Im Schatten von Katyn, poln.], (1976),
    S. 269.
163 N. N. Krasnow, Verborgenes Rußland, S. 5.
164 Bao Ruo-wang, Gefangener bei Mao, S. 233.
165 Bericht d. ehem. Majors Le Van Dap – Erhard Haubild, Sechs Jahre
    [1975–1981] im Lager A 30 [i. d. Provinz Phu Khanh],»Wir waren immer
    hungrig«, In vietnamesischer Umerziehungshaft, FAZ, 22.9.1981. Den
    neuesten Bericht in Buchform über den »vietnamesischen Gulag«, frz. und
    dt. erschienen, konnte ich leider nicht mehr verwerten.
166 »In Bukowskijs Baracke hing [ein Plakat] das Bild einer weinenden Mutter,
    die ihren Sohn beschwor: ›Mein Sohn, bitte arbeite, um deine Freiheit wie-
    derzubekommen‹«. W. Bukowskij, Der unbequeme Zeuge, hrsg. v. Corne-
    lia I. Gerstenmaier, S. 46 f. – Bei Eduard Kusnezow, Lagertagebuch, S. 61,
    lesen wir: »6. Dezember [1970]. Meine ersten fünfzehn Tage Karzer erhielt
    ich wegen eines zweifelhaften Witzes. Ich war nach der Nachtschicht vom
    Lärm in der Baracke geweckt worden: der Gruppenleiter hielt Politunter-
    richt zum Thema: ›Arbeit adelt den Menschen‹. Der Teufel (der mich häu-
    fig heimsucht) gab mir einen Aphorismus ein, den sofort die ganze Baracke
    wußte: ›Arbeit machte aus dem Affen einen Kommunisten‹«. (Eine An-
    spielung auf die Arbeit von Fr. Engels, Anteil der Arbeit an der Mensch-
    werdung des Affen, zuerst veröff. 1896).
167 M. Słowikowski, Oświęcim, Wspomnienia [Auschwitz, Erinnerungen]
    S. 6.
168 Ich habe hier keinen Platz, um diese zum ureigensten Wesen des Sowjetsy-
    stems gehörende Erscheinung zu analysieren, das ja sozusagen selbst eine
    riesige falsche Versprechung ist. Von den mir bekannten Autoren hat sich
    Hellmut Gollwitzer am gründlichsten mit dieser Erscheinung befaßt. In
    seinem Erinnerungsbuch aus der sowj. Kriegsgefangenschaft, ... und füh-
    ren wohin du nicht willst (1951), schreibt er auf S. 20: »Langsam erfaß-
    ten wir eine erste Lektion im Umgang mit Sowjetmenschen: die Wertlosig-
    keit ihrer Versprechungen«. Und auf S. 88: »Wir lernten nun ..., daß es
    eine Lüge gibt, die auf die Hilfestellung der Wahrheit verzichtet und ganz
    schlicht an keine Realität mehr anknüpft«. Vgl. das., S. 38, 87, 152,163 ff.,
    238 ff.; sowie I. Solonjewitsch, Die Verlorenen, Bd. 1, S. 232, 263; The
    Dark Side of the Moon, S. 61; V. Kravchenko, I chose Justice, S. 301; E.
    Lipper, Elf Jahre ..., S. 257; D. J. Dallin, B. I. Nicolaevsky, Forced Labor
    ..., S. 213; A. Sentaurens, Dix-sept ans dans les camps soviétiques, S.
    117 f., 132, 292 (eine brutal gebrochene persönliche Versprechung Sta-
    lins); K. Štajner, 7000 Tage in Sibirien, S. 162 f., 291, 303 f. J. Wigmans,

Einer von Millionen, S. 173, 175, – von der Geschichte der sowj. Politik seit 1917 nicht einmal zu reden.

169 G. Herling, Welt ohne Erbarmen, S. 42 (wo das Datum irrtümlich mit 1936 angegeben wird). Vgl. die Aussage von Boris A. Filistinski in: Sklavenarbeit in Rußland, S. 78; P. Barton, L'institution concentrationnaire..., S. 226; A. Solschenizyn, Der Archipel GULAG, Bd. 2, S. 114. Vgl. a. o., S. 94.

170 E. Lipper, Elf Jahre..., S. 191.

171 Hier irrt Kravchenko, da er, in Sowjetrußland lebend, den Umfang der Verhaftungen in der Zeit der Kollektivierung und in derjenigen der »Großen Säuberung« nicht erfahren konnte; in jenen Perioden hatte er noch keinen Zutritt zu offiziellen Kreisen.

172 V. Kravchenko, Ich wählte die Freiheit, S. 529 (engl. S. 404. Da die deutsche Übersetzung dem amerikanischen Original oft nicht gerecht wird, bediene ich mich hier vornehmlich des letzteren). Der Autor beurteilt das etwas zu pauschal; er unterscheidet nicht zwischen zivilen Zwangsarbeitern und KZ-Sklavenarbeitern im Dritten Reich. Die erstere Kategorie war ihm offenbar unbekannt, obwohl in Sowjetrußland ebenfalls vorhanden. Nicht alle deportierten Polen, Ukrainer, Weißruthenen, Esten, Letten, Litauer, kamen in KZs; ein Großteil von ihnen wurde, als »Sondersiedler« in verschiedenen Gebieten Sowjetrußlands, zu einer Art »freier« (also nicht inhaftierter) Zwangsarbeiter gemacht.

173 V. Kravchenko, Ich wählte die Freiheit, S. 531 (engl. S. 406).

174 »Social worker«, in der dt. Übers. völlig sinnentstellend »sozialistischer Arbeiter«.

175 A. a. O., S. 541 bzw 414.

176 Ich verdanke dieses Bild dem ital. Autor des Kindermärchens vom »Zwiebelchen«, Giovanni Rodari.

177 Vgl. darüber noch im nächsten Kapitel.

178 In der dt. Übers. »Verhaftungsprogramme«, was dem weiter im Text erwähnten »Sowjetjargon« (»Soviet lingo«, in der dt. Übers. »Sowjetsprache«) nicht gerecht wird. Es handelt sich ja um den in der sowj. Unwirtschaft allgegenwärtigen und allumfassenden »Plan«.

179 Wie o., Anm. 175.

180 M. Begin, White Nights, S. 208.

181 Nürnb. Dok. PS-1063(d) u. L-041, Der Prozeß..., Bd. 26, S. 701 ff. u. Bd. 27, S. 437 ff. Abgedr. auch in: Ursachen u. Folgen..., Bd. 19, S. 291 f. Vgl. D. Majer, »Fremdvölkische«, S. 898.

182 Vgl. (C.) Atholl, The Conscription..., S. 72.

183 Karlo Štajner, 7000 Tage in Sibirien, S. 162 f., ist z. B. im sowj. KZ einem von den rumänischen Soldaten begegnet, die nach der Besetzung Bessarabiens durch die Sowjets mit sowj. Passierscheinen nach Hause geschickt – und dann unterwegs, wegen versuchten unerlaubten Grenzübertritts (sic) zu fünf Jahren KZ verurteilt wurden.

184 St. Swianiewicz, W. cieniu Katynia, S. 116. Nach S. Mora, P. Zwierniak, La justice soviétique. S. 101, die sich ebenfalls auf sowj. Mithäftlinge berufen, fand diese Besserung in den Jahren 1938–39 statt, 1940 wäre bereits eine große Verschlechterung eingetreten. Beides könnte in bezug auf bestimmte Lagerkomplexe wahr sein.

185 Nach Berichten der aus Sowjetrußland, aus der Deportation und aus den KZs Zurückkehrenden war Jahre nach dem Kriege die amerikanische »swinaja tuschonka«, die Schweinefleisch-Konserve, eine Art Legende. Viele Russen träumten damals von einem dritten Weltkrieg, der nach ihren Vorstellungen damit beginnen würde, daß amerikanische Flugzeuge kommen und Sowjetrußland mit Schweinefleischdosen bombardieren würden:

»Swinujutuschonku budut brassatj!« (Sie werden Schweinefleisch-Konserven herunterwerfen!)
186 Vgl. bes. P. Barton, L'institution concentrationnaire..., S. 263 ff., 301 ff.
187 Vgl. z. B. A. Ekart, Echappé de Russie, S. 254 ff.
188 L. Kopelew, Aufbewahren für alle Zeit! (1975), S. 327.
189 Es müßte heißen »echt totalitär« – vgl. u., S. 164, darüber, was »der Reichsführer-SS befohlen hat«.
190 J. Wigmans, Einer von Millionen, S. 93, 107.
191 1944 hörten die Häftlinge in den NS-KZs immer wieder, daß sie nach dem Kriege zum Wiederaufbau der deutschen Städte herangezogen werden würden. Eig. Beob., Pers. Ber.
192 »Erziehungsmaßnahmen« sind natürlich eine verlogene Beschreibung dessen, was ich oben (S. 99 ff.) beschrieben habe, – der seelischen und physischen Drangsalierung zur Brechung des Menschen.
193 Nürnb. Dok. NO-385, zit. M. Broszat, NS-KZs ... in: Anatomie des SS-Staates, Bd. 2, S. 141.
194 Nürnb. Dok. 2171-PS, nach Buchenwald..., S. 150 f.
195 Mikrofilm Bundesarchiv Koblenz, erwähnt bei Gisela Rabitsch, Das KL Mauthausen, in: Studien..., S. 78. Vgl. das., S. 70.
196 Am 29. Mai 1942 – also ein halbes Jahr vor dem Sklavenjagdbefehl Müllers (o., S. 161) – beantwortete Himmler das Schreiben Pohls vom 30. April (o., S. 132, 144) in dem Sinne, »daß er mit allen Neuerungen einverstanden sei, aber glaube, daß die KL doch auch weiterhin eine Erziehungsfunktion haben und die Möglichkeit der Entlassung bieten müßten. ›Es könnte sonst der Gedanke aufkommen, daß wir Menschen verhaften, oder wenn sie verhaftet sind, drinnen behalten, um Arbeiter zu haben ‹«. Nürnb. Dok. NO-717, nach: M. Broszat, Die NS-KZs, a.a.O., S. 150.
Und in der Denkschrift vom Ende Mai 1940 (o., S. 152) – etwas mehr als ein Jahr vor dem Beginn des Völkermordes an den Juden – lehnte Himmler »die bolschewistische Methode der physischen Ausrottung eines Volkes aus innerer Überzeugung als ungermanisch und umöglich« ab – VfZ 1957, S. 197. Am 6. Oktober 1943, in Himmlers Rede vor Reichs- und Gauleitern im besetzten Posen, hieß es dann: »Es trat an uns die Frage heran: Wie ist es mit den [jüdischen] Frauen und Kindern? – Ich habe mich entschlossen, auch hier eine ganz klare Lösung zu finden. Ich hielt mich nämlich nicht für berechtigt, die Männer auszurotten – sprich also, umzubringen oder umbringen zu lassen – und die Rächer in Gestalt der Kinder für unsere Söhne und Enkel groß werden zu lassen. Es mußte der schwere Entschluß gefaßt werden, dieses Volk [die Juden] von der Erde verschwinden zu lassen«. [Vgl. oben, S. 71, 83, 85 f.; u., S. 193] H. Himmler, Geheimreden..., S. 169.
197 Vgl. bes. V. Klemperer, »LTI«, Die unbewältigte Sprache, Aus dem Notizbuch eines Philologen (1969); J. Wulf, Aus dem Lexikon der Mörder, »Sonderbehandlung« und verwandte Worte in nationalsozialistischen Dokumenten (1963); D. Sternberger, G. Storz, W. E. Süskind, Aus dem Wörterbuch des Unmenschen (1957); N. Blumental, Słowa niewinne [Harmlose Worte, poln., m. Dokumenten in dt. Sprache] (1947).
198 Daß die neonazistische Propaganda diesen Befehl weidlich ausgeschlachtet hat, braucht uns hier nicht zu bekümmern.
199 Am 21. März 1944 kamen wir nach einer 24stündigen Fahrt in Groß-Rosen an – hungrig (die Verpflegung für die Fahrt bestand aus zwei Scheiben Brot) und nach dem »Bad« vor Kälte zitternd. Und doch waren wir nicht imstande, das »Mittagessen«, eine Schüssel stinkender, stechender, halbverfaulter Unkrautstengel in den Mund zu nehmen, obwohl es ja warmes Essen war. Gegessen hat an jenem Tag übrigens kaum jemand im La-

ger. Ich muß sagen, daß dieses »Gericht« damals zum letzten Mal serviert wurde.

200 Diesen Unsinn hat leider auch Hannah Arendt, Elemente und Ursprünge totaler Herrschaft (1955), S. 654, Anm. 106, irgendwo aufgeschnappt und unter die leider zahlreichen groben Irrtümer ihres sonst äußerst interessanten Buches eingereiht. Wer ihr z. B. gesagt haben mag, daß »die zu Skeletten abgemagerten Menschen für die deutschen Konzentrationslager nicht typisch gewesen« seien, ist unerklärlich. Sie scheint mit keinem einzigen Häftling eines KZs gesprochen zu haben. Dafür berufen sich jetzt gerne neonazistische Veröffentlichungen auf sie.

201 K. Štajner, 7000 Tage in Sibirien, S. 106 f.

202 A. Sentaurens, Dix-sept ans dans les camps soviétiques, S. 310.

203 G. Herling, Welt ohne Erbarmen, S. 276.

204 E. Wiechert, Der Totenwald, S. 85.

205 M. Buber-Neumann, Als Gefangene bei Stalin u. Hitler, S. 342.

206 S. Leonhard, Gestohlenes Leben, S. 123 f. Vgl. das., S. 157 f., 167 f., 174.

207 E. Lipper, Elf Jahre ..., S. 196.

208 H. Gollwitzer, ... und führen ..., S. 290 f.

209 Bei S. Mora, P. Zwierniak, La justice soviétique, S. 289 f.

210 A. Solschenizyn, Der Archipel GULAG, Bd. 2, S. 152. Vgl. bes. P. Barton, L'instituton concentrationnaire ..., S. 220 ff.

211 Chronika ..., Nr. 26 vom 5. 7. 72; Politische Gefangene i. d. UdSSR, S. 170.

212 Bao Ruo-wang, Gefangener bei Mao, S. 102 f., 87.

213 Vgl. bes. A. Solschenizyn, Der Archipel GULAG, Bd. 2, S. 109 f., 197.

214 »Wir *haben die Pflicht zu entvölkern,* wie wir die Pflicht der sachgemäßen Pflege der deutschen Bevölkerung haben«, erklärte Hitler im Vertrautenkreise im Frühjahr 1934. »Es wird eine Technik der Entvölkerung entwickelt werden müssen. Was heißt entvölkern, werden Sie fragen. Ob ich ganze Volksstämme beseitigen wolle? Jawohl, so ungefähr, darauf wird es hinauslaufen ... nicht indem ich sie ausrotten lasse, sondern nur indem ich systematisch verhindere, daß sich ihre große natürliche Fruchtbarkeit auswirkt. Beispielsweise indem ich die Männer jahrelang von den Frauen getrennt halte ... Es gibt viele Methoden, einen unerwünschten Volksstamm systematisch und verhältnismäßig schmerzlos, jedenfalls ohne viel Blutvergießen, zum Aussterben zu bringen«. H. Rauschning, Gespräche mit Hitler (1940), S. 129 (franz. – Hitler m'a dit – bereits 1939). Vgl. o., S. 85.

215 Über diese Experimente und deren Folgen s. vor allem A. Mitscherlich u. F. Mielke, Medizin ohne Menschlichkeit, Dokumente des Nürnberger Ärzteprozesses, hrsg. u. kommentiert von ... (versch. Ausg., zuerst als Das Diktat der Menschenverachtung ... u. Wissenschaft ohne Menschlichkeit ...) S. a. Studien ..., S. 38, 73, 122 ff.; E. Kogon, Der SS-Staat, S. 146, 161, 170 ff.; W. Poller, Arztschreiber in Buchenwald, S. 219 ff.; Buchenwald ..., S. 142 ff., 159; Damals in Sachsenhausen, S. 37 ff., 53 f.; H. G. van Dam, R. Giordano, KZ-Verbrechen ..., S. 316 f.; M. Buber-Neumann, Als Gefangene bei Stalin und Hitler, S. 285 ff. (u. in anderen Werken über Ravensbrück); E. Kupfer-Koberwitz, Die Mächtigen ..., Bd. 2, S. 125, 163; u. a. m.

216 G. Rabitsch, Das KL Mauthausen, in: Studien ..., S. 73.

217 Damals in Sachsenhausen, S. 53 f.

218 Luba Markisch, Giftgasversuche an lebenden Menschen, in: Hardmann/ Wippermann, 24 Zeugen (1976), S. 206 ff.

219 Bao Ruo-wang, Gefangener bei Mao, S. 207, 211 ff.

V. Häftlinge, Bewacher, Nutznießer

Bei dieser Analyse der KZ-Einrichtung ist es weder notwendig noch möglich, alle Kategorien von Menschen aufzuzählen und zu beschreiben, die KZ-Haft erlitten haben bzw. erleiden, alle wirklichen oder angeblichen Gründe von deren Inhaftierung zu untersuchen, geschweige denn alle aus verschiedenen Berichten bekannten Einzelschicksale, und sei es nur in repräsentativer Beispielhaftigkeit, zu schildern. Ebensowenig ist es hier möglich, alle Kategorien von Schergen anzuführen und aufzuzählen.

Dabei stößt man übrigens nicht nur auf den Rahmen der hier vorgenommenen Analyse der KZ-Einrichtung, sondern auf die so schwer bestimmbaren Grenzen des Themas »Konzentrationslager« überhaupt. Bevor nämlich ein Häftling in ein KZ eingeliefert wird und die eigentliche KZ-Haft mit allem, was dazu gehört, zu erleiden beginnt, durchläuft er mehrere Etappen seines Leidensweges: Verhaftung, Gefängnis, Verhöre, meistens mit Folter verbunden, Transport ... Nicht alle diese Etappen, die vom Standpunkt des Häftlings ein Ganzes bilden, gehören zum eigentlichen Thema »KZ«. So muß man bei der Untersuchung der Einrichtung KZ einige Kettenglieder der Leidenskette übergehen, das im tatsächlichen Geschehen und in der Empfindung des Häftlings selbst ununterbrochen verlaufende Erleben und Erleiden in logisch abstrakte Teile zerlegen und einige von diesen bei der Behandlung dieses Themas außer Betracht stellen.

Indem ich damit ja auch meine eigenen tagelangen Verhöre und das, was mir dabei widerfahren ist, außer Betracht lasse, hoffe ich der von gewisser interessierter Seite unvermeidlichen Bezichtigung zu entgehen, ich wolle die Leiden von uns KZ-Häftlingen verkleinern und einen Teil davon totschweigen. Besagte interessierte Seite möchte bedenken, daß ich dabei einen verhältnismäßig größeren Teil der sowjetischen, als der NS-Verbrechen außer Betracht stelle, da jahrelanger Gefängnisaufenthalt und auch nicht selten jahrelange Verhöre, sowie eine Kombinierung und Alternierung der Gefängnis- mit der KZ-Haft, vielfach häufiger bei den Sowjets als bei den Nazis feststellbar sind. Unter den Häftlingen der beiden großen totalitären KZ-Systeme (und im geringeren Umfang aller KZ-Systeme, wobei der »geringere Umfang« selbstverständlich nicht für Mao-China gilt) kann man vom Standpunkt der Gründe bzw. Zwecke der Inhaftierung die folgenden Hauptkategorien unterscheiden:
Zuallererst die politischen Gegner und die quasi-Gegner des jeweiligen politischen Systems sowie die ihm politisch Gefährlichen (oder mögli-

cherweise oder vermeintlich Gefährlichen). Zweitens Menschen einer bestimmten sozialen bzw. Volkszugehörigkeit oder einer bestimmten sozialen bzw. nationalen Abstammung. Eine Zwischenkategorie bilden die Angehörigen und Verwandten der Gegner und Gefährlichen, von der »Sippenhaftung«, die meistens die Form der Sippenhaft annimmt, betroffen. Drittens Menschen eines bestimmten oder auch überhaupt eines religiösen Bekenntnisses. In sehr vielen Fällen sind die Überschneidungen dieser drei ersten Kategorien kaum genau abzugrenzen. Die vierte und letzte Hauptkategorie von Menschen, die aus einem Grund in KZs inhaftiert wurden/werden, sind Kriminelle, was übrigens einer Erläuterung bedürfen wird. Fünftens diejenigen, die überhaupt nicht aus einem Grund, sondern zu einem Zweck inhaftiert wurden (m. W. kaum noch werden), nämlich als benötigte Sklavenarbeiter (vgl. o., S. 160 f.).

Die politischen Gegner sind in totalitären Systemen zunächst bei der Machtergreifung, Führer und Mitglieder anderer politischer Parteien, die mit der betreffenden totalitären Einpartei rivalisiert haben; dann, nachdem die siegreiche Einpartei alle anderen Parteien aufgelöst und verboten hat, die Vertreter der in einem demokratischen Staat legal und offen betriebenen politischen Opposition. Diese kann durch das illegale und gewaltsame Tun der totalitär Regierenden dazu gezwungen werden, in den Untergrund zu gehen (und gegebenenfalls zur Gegengewalt zu greifen). Dasselbe überträgt sich analog auf die Vertreter des politischen Lebens der vom totalitären Staat überfallenen und besetzten bzw. zum Teil oder in der Ganzheit annektierten fremden Staaten. Die Grenze zwischen aktiven polischen Gegnern und den politischen Gefährlichen, möglicherweise oder vermeintlich Gefährlichen läßt sich nicht präzise ziehen, da sie vom subjektiven Dafürhalten und der totalen Willkür des siegreichen totalitären Regimes bestimmt wird.

Die Sowjetkommunisten betrachteten bald sämtliche Mitglieder anderer politischer Parteien als festzusetzende Gegner, wobei noch kurze Zeit die Mitglieder der linken Parteien – also Menschewiki, Sozialrevolutinäre und Anarchisten, jedoch nie die Mitglieder der anderen russischen Parteien – als »politische Gefangene« mit geringen Haftvergünstigungen angesehen und behandelt wurden. Dann hörte auch das auf (vgl. o., S. 77 f.), und seit über fünfzig Jahren werden in Sowjetrußland »Politische« im Vergleich zu Kriminellen als eine viel schlimmere Art der Häftlinge betrachtet und dementsprechend behandelt.

So allumfassend war bekanntlich die NS-Verfolgung der politischen Parteien nicht. Mitglieder der mit dem neuen Reichskanzler Hitler zusammenarbeitenden Deutschnationalen Volkspartei wurden grundsätzlich unbehelligt gelassen, besonders, wenn sie in die NSDAP eintraten. Dasselbe galt für die Mitglieder anderer Parteien und auch für zahlreiche Mitglieder der SPD. Bei der grausamen Verfolgung der Sozialdemokratie und besonders auch der Kommunistischen Partei Deutschlands war es auch für deren einfache Mitglieder möglich, in die NSDAP aufgenommen zu werden und nunmehr unbehelligt zu bleiben. Dagegen blieb die Mitgliedschaft in einer nichtbolschewistischen Partei für die Sowjetkommunisten mit wenigen Ausnahmen ein ewig haftender Makel und ein unausweichlicher Grund für KZ-Haft. Dasselbe galt für alle innerkommunistischen Fraktionen und »Abweichungen«, vor allem für die wirklichen und vermeintlichen Trotzkisten. Die wirklichen wurden dann in den KZs fast durchweg hingemordet. Von den quasi-Gegnern der totalitären Systeme war bereits die Rede (o., S. 98 f.). Ihnen muß man noch die Denunzierten zuzählen, da in einem totalitären System – ganz besonders galt das für Sowjetrußland in den stalinistischen Jahrzehnten – die Denunziation nicht ein bloßer Anlaß zu Ermittlungen, sondern bereits ein Ersatz-Schuldbeweis ist. Die Kategorie der politisch Gefährlichen war im NS-Reich wenig zahlreich. Sie beschränkte sich auf einige Menschen aus dem zweiten Glied der früheren politischen Parteien, die man in ruhigen Zeiten nie aus dem Auge ließ und in besonders gespannten Lagen in den KZs sozusagen sicherstellte: So geschehen beim Beginn des Zweiten Weltkrieges und dann nach dem 20. Juli 1944.

In Sowjetrußland sind alle Abarten dieser Kategorie kaum aufzuzählen. Um sich in dem riesigen, seit Jahrzehnten zusammengetragenen und bekanntgewordenen Material überhaupt zurechtzufinden, muß man m. E. eine Trennungslinie ziehen. Und zwar zwischen denjenigen, die aus gut erkennbarem (wenn auch für den Bürger eines jeden anderen Staates manchmal unglaublichen) Grund ihrer Freiheit beraubt wurden – und denjenigen, die aus bisher nicht erklärbaren Gründen massenweise verhaftet und in KZs verschickt, wenn nicht ermordet wurden. Zu den ersteren zähle ich ebenfalls diejenigen, die den Sowjets aus irgendwelchem erkennbaren politischen Grund unliebsam waren und unter dem erstbesten Vorwand inhaftiert wurden. Wie etwa deutsche Sozialdemokraten, die sich in der sowjetischen Besatzungszone der Zwangsvereinigung der SPD mit der KPD zur SED widersetzt haben [1].

Die bei weitem zahlreichste und dem Bürger des Westens am wenigsten begreifliche Kategorie der sowjetischen Inhaftierten bildeten – in den Jahren nach dem Zweiten Weltkrieg – die Untertanen des Sowjetimperiums, die das Leben in Europa gesehen hatten.

Um das überhaupt zu verstehen, muß man alle (im Westen immer noch nicht selten spukenden) Trugbilder vom »Paradies der Arbeiter und Bauern« beiseite schieben und vergessen, und sich bewußt werden, welch ein Abgrund zwischen dem Lebensstandard des ärmsten Einwohners des zivilsten Europas und demjenigen des Durchschnittseinwohners Sowjetrußlands zu Anfang des Zweiten Weltkrieges bestanden hat (vgl. auch o., S. 121 u. S. 109, Anm. 57). Ich weiß nur zu gut, daß es die Vorstellungskraft eines Einwohners des heutigen Westeuropas vielfach übersteigt. Es handelt sich um eine der historischen Erscheinungen, über die ein auf dem überreich vorhandenen Material aufgebautes Studium längst überfällig ist – und wie ein primitives Greuelmärchen aufgenommen werden würde.

Diese unvorstellbare Wirklichkeit des materiellen und sowjetischen Elends im ersten Vierteljahrhundert der sowjetischen Unwirtschaft hat nur die Bevölkerung der von Sowjetrußland im Bündnis mit Hitler überfallenen und annektierten Länder kennengelernt: Bessarabiens, Estlands, Lettlands, Litauens und des östlichen Teils Polens, entweder an Ort und Stelle oder in der millionenhaft erfolgten Verschleppung ins Innere Sowjetrußlands. Ganz besonders an Ort und Stelle war zu beobachten, wie die einmarschierenden sowjetischen Soldaten unzählige ganz gewöhnliche Lebens- und Genußmittel sowie Gebrauchsgegenstände entweder überhaupt nicht kannten oder als längst nur erträumte Schätze betrachteten – und mitgehen ließen[2].

Dabei gehörten besonders die östlichen Gebiete Polens (das damals so genannte »Polen B«) kaum zu den entwickeltsten und wohlhabendsten Regionen Europas. Nahrungsmittel aber und viele lebensnotwendigen Dinge konnte (wer Geld hatte) »soviel kaufen, wieviel er wollte – sogar wenn er Brot kaufte ...«

Hier liegt die Erklärung für die sonst für einen normalen Menschen kaum begreifliche sowjetische Inhaftierung nicht nur aller zurückkehrenden Kriegsgefangenen und Zwangs-»Ostarbeiter«, sondern auch jene der sowjetischen Matrosen und Soldaten, die während des Krieges in Schweden interniert waren[3]. Bereits bei den Kriegsgefangenen vermag man nach zivilisierten Maßstäben keine Schuld zu entdecken (ich meine dabei nicht diejenigen, die sich von der NS-Seite anwerben ließen – das ist ein Problem für sich). Kein zivilisiertes Land bestraft seine Soldaten dafür, daß sie in Kriegsgefangenschaft geraten sind, oder wirft ihnen vor, daß sie unbedingt einen Selbstmord hätten vorziehen sollen. Bei den in ein neutrales Land durch höhere Gewalt Verschlagenen und dort gemäß dem Völkerrecht Internierten fiel es auch einem sowjetischen Untersuchungsrichter nicht leicht, zu behaupten, sie hätten sich eher das Leben nehmen sollen. So wurden sie nicht wegen »Landesverrat«, sondern bald darauf wegen »antisowjetischer Propaganda« verhaftet und in KZs verschickt, als sie sich der Schilderung des Lebens im kapitalistischen Schweden schuldig machten.

»Bitter und härter«, schreibt Solschenizyn (a. a. O.), »wurde bestraft, wer in Europa gewesen war, und sei's nur als Ost-Sklave: Er hatte einen Zipfel europäisches Leben gesehen und hätte darüber erzählen können; solche Erzählungen aber, für unsereins immer schon ein Greuel ... hätten in den verwüsteten, zerrütteten Nachkriegsjahren um so unangenehmer geklungen«. Mit den letzten Worten verrät Solschenizyn, daß er, in Sowjetrußland lebend, auch nicht ganz begriff und sich nicht voll dessen bewußt war, worum es eigentlich ging. »In den verwüsteten, zerrütteten Nachkriegsjahren« konnte man gerade in den kommuni-

stisch beherrschten Ländern alle Folgen der kommunistischen Unwirtschaft den tatsächlichen Folgen der NS-Besatzung zurechnen. Man versucht es immer noch; im vierten Jahrzehnt nach Hitlers Tod haben »die
Folgen des Krieges und der Besatzung« immer noch »hohen explikati-
ven Wert«, wie einer meiner akademischen Lehrer zu spotten pflegte.
Was die Sowjetmacht fürchten mußte – und immer noch fürchtet – das
war und ist der Vergleich des elenden sowjetischen Lebens im tiefsten
Frieden, inmitten von hochposaunten angeblichen Erfolgen des sog.
sozialistischen Aufbaus, mit der Freiheit und Sattheit der arbeitenden
Bevölkerung der sog. kapitalistischen Länder. Dieser Unterschied damals, bis 1939, muß dem jungen Offizier Solschenizyn nicht bewußt gewesen sein. »Wie wenig überzeugend«, schrieb Elinor Lipper fast ein
Vierteljahrhundert vor Solschenizyn Buch, »muß das Märchen vom
glücklichen und freien Leben in der Sowjetunion für die eigenen Machthaber sein, wenn sie auch die geringste Kunde über das Leben im Ausland wie die Pest für ihre Bürger fürchten! ... Es ist die Möglichkeit
eines Vergleichs zwischen dem Leben des eigenen Volkes und jener im
Ausland, wovor man Angst hat und Angst haben muß«[4].
Dasselbe galt für befreite sowjetische Häftlinge der NS-KZs. Vor und
nach ihrer Inhaftierung konnten sie sehen, wie Menschen in anderen
Ländern lebten. Dasselbe galt für die auch mit bestem Willen und in
prosowjetischster Stimmung zurückkehrenden russischen Emigranten
und ihre Nachkommen usw. usf. Sie alle waren, und sind es noch immer, gefährlich für das sowjetische Regime.
Die Sippenhaftung ist von den Nazis eher nur in besonderen Fällen angewandt worden; in Deutschland selbst nur gegenüber den Angehörigen und Verwandten der Verschwörer des 20. Juli 1944. In den besetzten Gebieten verordneten die Nazis sehr oft und grausam Kollektivstra-
fen, wie in ganz Polen, in Lidice, Oradour und zahllosen anderen Orten
und Städten, aber nur selten gezielte Strafen gegen die nächsten Angehörigen. Eine Ausnahme bildeten die Strafen für das Verstecken jüdischer Mitbürger in Polen und für Hilfeleistung an sie; in solchen Fällen
wurde die gesamte polnische Familie einschließlich Kinder hingerichtet
und dieser Mord öffentlich bekanntgemacht. Eine sehr unvollständige
Liste enthält 600 Namen von polnischen Familien und Einzelpersonen,
die solchen Kollektivmorden zum Opfer fielen. Es passierte auch z. B.,
daß die ganze Familie eines aus Auschwitz entflohenen polnischen
Häftlings, einschließlich Kleinkinder und Säuglinge, in das KZ gebracht wurden, um hingerichtet zu werden[5].
Im Sowjetsystem wäre es wiederum unmöglich, alle Anwendungen der
Sippenhaft aufzuzählen, die meistens die Form der Sippen-KZ-Haft annahm. Bei der Kollektivierung kann man nicht einmal von Sippenhaftung reden; da waren tatsächlich ganze Sippen von vornherein geweiht
und konnten nur selten dem Tode entrinnen, wenn auch die direkten
Hinrichtungen eher den Männern vorbehalten waren. In den Jahren der

»Großen Säuberung« war die Verhaftung aller Angehörigen und Verwandten, oft auch der Freunde und Bekannten, die eiserne Regel. Dabei hatte die sowjetische Terrorpolizei ein beharrliches Gedächtnis. So wurde im Juni 1937 – zusammen mit dem Marschall Tuchatschewski und sechs weiteren Generälen, am Anfang des sowjetischen Massenmordes an den sowjetischen Offizieren – der Kommandeur des Militärbezirks Weißruthenien, Geronim Uborewitsch hingerichtet (inzwischen voll rehabilitiert).»Uborewitsch stammte aus einem kleinen Dorf in Litauen. Seine Familie blieb dort wohnen und führte ein bäuerliches Leben, während der Bruder in Rußland ein berühmter Mann wurde und schließlich zugrunde ging. 1940 annektierte die Sowjetunion Litauen. Das NKWD konnte Uborewitschs Familie nicht in Ruhe lassen. Obwohl sie fast alle seit 1917 keinen Kontakt mit Uborewitsch mehr gehabt hatten, wurden sein Bruder, vier Schwestern und deren Kinder ins Arbeitslager[6] oder in die sibirische Verbannung geschickt. Die Überlebenden kehrten erst in den späten 50er Jahren ins sowjetische Litauen zurück«[7].

Es ist schwer zu sagen, inwieweit hier der Gedanke an mögliche Rache der Anverwandten für den Inhaftierten oder Hingerichteten eine Rolle spielte. Eines der Gebiete, wo der Brauch der Blutrache seit alten Zeiten üblich war, ist der Kaukasus – aus dem Jossif Dschugaschwili, selbstgenannt Stalin, stammte. Andererseits war bereits zu Anfang des 18. Jahrhunderts in Europa bekannt, was damals »der Amsterdamer Bürgermeister Nicolaus Witsen . . . als erfahrener Rußlandkenner« dem Philosophen Leibniz erklärte: ». . . Es herrscht dort die Sitte, die Frauen, die Kinder und selbst alle Verwandten der Hingerichteten nach Sibirien und in die entferntesten Gegenden zu schicken«[8].

Volkszugehörigkeit und Abstammung waren bekanntlich der Grund für die NS-Vernichtung der Juden – obwohl man hier über der vermeintlichen »rassischen« Komponente nicht die religöse übersehen darf. Wie in dem früheren Vorbild der späteren »Nürnberger Gesetze«, dem 1912 veröffentlichten Vorschlag des Vorsitzenden des Alldeutschen Verbandes, Justizrat Heinrich Claß[9], so auch in diesen »Gesetzen« selbst, fehlt jede Definition der Juden als »Rasse«. Sie wird durch eine besondere Konstruktion ersetzt – durch die erbliche Belastung mit dem religiösen Bekenntnis der Vorfahren einige Generationen zurück. Dabei behauptet Claß, wie nach ihm die Nazis, daß nicht die Religion, sondern eben »die Rasse« der Juden das Ausschlaggebende wäre[10].

Noch weitere Völker wurden als solche von den Nazis der Vernichtung geweiht. Neben den Juden widerfuhr das den Zigeunern. Die nächsten an der Reihe waren die Polen und die Tschechen. Die Nazis haben sie zwar noch nicht so pauschal hingemordet wie Juden und Zigeuner – sie brauchten sie noch (vgl. o., S. 152 f.). Massenmorde gab es jedoch im besetzten Polen in Unzahl, und auch sonst wurden Polen bei jedem Anlaß in KZs verfrachtet. Es war eigentlich ganz selbstverständlich, daß

der Befehl, soundsoviele arbeitsfähige Häftlinge in KZs zu bringen (oben, S. 161) vor allem bedeutete, Polen massenhaft und wahllos einzufangen. Pole zu sein bedeutete im NS-Machtbereich noch nicht ein einziges, letztes Schicksal, wie Jude oder Zigeuner zu sein; es bedeutete jedoch jedes mögliche böse Schicksal bis Verhängnis. Und die totale Vernichtung der Polen war bereits – wenn auch noch nicht in Einzelheiten – für absehbare Zeit geplant[11]. Ähnliche Pläne bestanden bereits für die Tschechen. Wir wissen übrigens, daß der Gedanke, sämtliche Polen bzw. auch sämtliche Tschechen »in Konzentrationslager im östlichen Sibirien« bzw. »nach Rußland-Sibirien« zu verfrachten, in den extrem-nationalistischen Kreisen in Deutschland seit Anfang der zwanziger Jahre im Umlauf war (o., S. 83 f.).
Andere Völker hatten ihre Plätze auf der NS-Leiter der Unterprivilegierung, Benachteiligung und Drangsalierung. Man kann jedoch nicht sagen, daß außer bei Juden und Zigeunern die bloße Volkszugehörigkeit bereits Anlaß zu Verfolgungsmaßnahmen gewesen wäre, wenn sich auch das, besonders gegenüber den slawischen Völkern, immer deutlicher anbahnte.
Desto weniger läßt sich das für den NS-Machbereich von bloßer Abstammung sagen. Die einzige Abstammung, die von den Nazis beanstandet wurde und zu Verfolgungsmaßnahmen schlimmster Art führte, war die jüdische. Ein zweiter Fall ganz besonderer Art war die deutsche Abstammung von Menschen, die keine Deutschen waren und sein wollten, sondern Polen bleiben: ihnen drohte zumindest KZ. Sonst jedoch war die aktuelle Volkszugehörigkeit, nicht die Abstammung, von Bedeutung. Polen waren der Vernichtung geweihte Untermenschen, jedoch keiner von den unzähligen Deutschen polnischer Abstammung wurde bloß wegen dieser Abstammung von den Nazis behelligt. Übrigens war unter diesen polnischstämmigen Deutschen mancher stramme Nazi, um nur die KZ-Kommandanten Baranowski und Chmielewski zu nennen.
Mit »Abstammung« meine ich Fälle, wenn ein Mensch zu einem anderen Volk gehört, als seine Vorfahren – also eben Deutsche polnischer, Polen deutscher Abstammung u. a. m. Dabei ist noch zu unterstreichen, daß die unausgegorene und widersprüchliche natiorassistische[12] Doktrin der Nazis – außer in den Fällen der Juden und Zigeuner – eher auf die politische Einstellung des einzelnen als auf seine Volkszugehörigkeit und »Rasse« sah. Ein norwegischer oder gar französischer (also nichtgermanischer) Faschist und SS-Mann wurde vorbehaltlos als Waffenbruder anerkannt – jeder, auch germanische, Widerstandskämpfer (Deutscher, Däne, Holländer, Norweger) rücksichtslos hingemordet oder ins KZ geworfen, was oft dasselbe bedeutete (vgl. o., S. 149). Es ist zu wenig bekannt, daß der Begriff »Untermensch« bereits 1933 auf deutsche Gegner des NS bezogen wurde[13]. Osteuropäer, besonders Slawen, wurden zwar pauschal als »minder-

194

wertig« eingestuft – auch hier aber wurden Kroaten und Serben in den nach der Zerschlagung Jugoslawiens entstandenen Marionettenstaaten, und noch mehr Slowaken, als Verbündete anerkannt. Hitler hatte größte doktrinäre Bedenken gegen die Bewaffnung der Vertreter der Sowjetvölker[14], es ist aber schließlich dazu gekommen. Sogar Polen wollten die Nazis letzten Endes gegen die Sowjets bewaffnen, hier jedoch stießen bereits die ersten Fühler der Werbung ins Leere[15].

Im sowjetischen Machtbereich spielte nicht die politisch-ideologische Einstellung (geschweige denn bloßer guter Wille eines fremden Nichtkommunisten), sondern Rasse, Volkszugehörigkeit und Abstammung die entscheidende Rolle bei weitestgehenden Verfolgungen, Inhaftierungen und Hinrichtungen. Das entscheidende Kriterium war entweder eine fremde Staatsangehörigkeit oder die Zugehörigkeit zu bzw. Abstammung von einem Volke, das seinen nationalen Staat außerhalb der Grenzen Sowjetrußlands besaß. Dies besagte nicht, daß etwa alle Russen sowjetischer Staatsangehörigkeit vor Verfolgung, KZ und Hinrichtung sicher gewesen wären – bekanntlich traf das Gegenteil in Millionen von Fällen zu. Jedoch war jedes der genannten Merkmale mit einem Haftbefehl und Urteil praktisch gleichbedeutend.

Das entsetzliche Schicksal der Juden in den Jahren des Zweiten Weltkrieges scheint Grund genug zu sein, um dessen sowjetische Seite zuerst zu erwähnen. Terrence Des Pres sagt selbst von seiner interessanten »Anatomie des Lebens in den Todeslagern«: »Dieses Buch behandelt im hohen Maße das Schicksal der Juden, denen es wie in den deutschen so in den russischen Lagern am schlechtesten ging«[16] Es gibt hier einen symbolischen Namen – eine Gestalt, von der kaum jemand weiß, die kaum jemand je erwähnt[17]. Die polnische Dokumentation, aus der man das tragische Schicksal dieses Juden erfahren kann, ist in keiner Bibliothek der Bundesrepublik Deutschland zu finden. Und letzten Endes wurde jener Mann vom NS-Deutschland in sein sowjetisches Schicksal getrieben, wie auch alle jene, von denen weiter die Rede ist. Ein den sowjetischen KZs entronnener Pole, K. W., ein 1908 geborener Angestellter, berichtet über jene symbolische Gestalt: »In dem 17. Lager[18] war die Sterblichkeit sehr groß ... Es gab auch viele Fälle von Selbstmorden. Im September 1940, in der Baracke wo ich lebte, erhängte sich ein Wiener Jude, Frischhof[19], in der Nacht an seiner Pritsche. Die Deutschen hatten ihn 11 Monate in Dachau gehalten; er hatte jene Inhaftierung ertragen; hier dagegen konnte er nicht standhalten ... Es starben auch viele andere Personen, vor allem Juden; ich erinnere mich nicht mehr an ihre Namen«[20].

Juliusz Margolin berichtet von einem polnischen Juden, mit dem er zusammen im »48. Planquadrat« des Weißmeerkanals inhaftiert war und der 7 Monate Dachau von 1939 hinter sich hatte – das er im Vergleich zu dem sowjetischen KZ viel günstiger beurteilte[21]. Dasselbe berichtet Menachem Begin von seinem Haftgenossen im Petschor-Lag, einem jüdischen Arzt, der einige Jahre in Dachau inhaftiert gewesen war[22]. Elinor Lipper lernte in Kolyma eine Jüdin aus Wilna kennen, die 1946 von einem sowjetischen Gericht für einen Versuch, zu ihrem Bruder nach Rumänien zu entkommen, zu 10 Jahren KZ verurteilt worden war. (Eine Ausreiseerlaubnis hatte man ihr verweigert.) Die Frau war 1941 bei der Massenerschießung Wilnaer Juden durch die Nazis mit dem Leben davongekommen, indem sie unter Leichen – darunter die Leichen ihrer zweier Kinder – liegengeblieben war. Ihr Mann war schon vorher ermordet worden. »Keiner ihrer Freunde, keiner ihrer Verwandten war übrig geblieben« – jener längst totgeglaubte Bruder in Rumänien war der letzte Mensch, den sie auf der Welt hatte[23].

»Einer meiner Pritschennachbarn«, berichtet Karlo Štajner, »war ein polnischer Jude. Als die Deutschen Polen besetzten, wollte er über die Grenze nach Rußland gehen, um nicht in ein Vernichtungslager der Nazis zu kommen. Gleich an der Grenze wurde er vom NKWD verhaftet. Man brachte ihn nach Kiew, wo das Sondertribunal ihn wegen unerlaubten Grenzübertritts zu fünf Jahren Lager verurteilte. Er kam nach Norilsk, unternahm einen Fluchtversuch, wurde bei Igarka wieder eingefangen und sollte jetzt vors Lagergericht gestellt werden, um eine neue Strafe zu empfangen. Podolski, so hieß der Mann, wurde von der Wache ganz besonders gequält, weil er Jude war ... Eines Tages vertraute Podolski mir an, daß er versuchen wollte, vom Arbeitsplatz zu flüchten. Ich riet ihm ab und führte ihm die Sinnlosigkeit seines Vorhabens vor Augen – Fluchtversuche endeten meistens tragisch. Er entgegnete, sie würden ihn nicht noch einmal lebend erwischen ... Sie fanden ihn an der Stelle, wo die glutflüssige Schlacke aus der Großgießerei abgelagert wurde. Als Podolski umzingelt war und erkannte, daß es kein Entrinnen mehr gab, sprang er mitten in die kochende Masse. Nur eine Rauchwolke stieg auf. Er hatte Wort gehalten: Lebend bekamen sie ihn nicht«[24].

»Alexejewka«, berichtet Gustaw Herling-Grudziński, »ist nur dem Namen nach ein ›Straflagpunkt‹. In Wirklichkeit hat man dorthin, wie einen Sprottenschwarm ins Netz, ausländische Häftlinge hineingetrieben, die noch keine Zeit gehabt haben, sich im Lager irgendetwas zu Schulden kommen zu lassen, darunter das Lumpenproletariat aus dem nördlichen Stadtteil Warschaus[25], das hierher durch den heiligen Fluß Bug[26] aus der Nazihölle ins Sowjetparadies geflohen ist. Diese jüdischen Tagelöhner, Schäftemacher, Heimarbeiter und Straßenhändler starben in Alexejewka wie Fliegen, und Andrzej K. sah sie oft, wie sie im Müllhaufen nach faulen Kohlblättern oder Kartoffelschalen wühlten ... Nach der Septemberniederlage [Polens] brach die jüdische Jugend aus dem nördlichen Stadtteils Warschaus und aus den Ghettos[27] der kleinen, von den Deutschen besetzten polnischen Städte wie ein Schwarm aufgescheuchter Vögel zum Bug auf, die Älteren ihrem Schicksal in Kremato-

196

rien und Gaskammern weihend[28] und für sich Rettung und ein besseres Schicksal in der ›Heimat des Weltproletariates‹ suchend, die sich plötzlich Warschau auf weniger als hundert Kilometer näherte. In den Wintermonaten 1939–1940 war der Bug auf seiner ganzen Länge der Schauplatz schauerlicher Szenen, die einen Vorgeschmack dessen gaben, was sich schon unaufhaltsam näherte, um die Millionen der Einwohner Polens in eine langsame Agonie zu stürzen. Die Deutschen hielten die Flüchtlinge nicht auf, sondern gaben ihnen auf den Weg, mittels Knüppel und Gewehrkolben, einen letzten Anschauungsunterricht ihrer Philosophie des ›Rassenmythos‹; auf der anderen Seite der Demarkationslinie standen in langen Pelzmänteln, in Budjonnyj-Pickelhauben[29] und mit aufgepflanzten Bajonetten die Wächter des ›Klassenmythos‹ und hießen die in das Gelobte Land Flüchtenden mittels Loslassung von Wolfshunden oder mit dem Feuer von Maschinenpistolen willkommen ... Die meisten kehrten unter die deutsche Besatzung zurück, wo sie in den nächsten paar Jahren fast restlos in den Krematorien von Auschwitz, Majdanek, Belsen und Buchenwald starben[30], ein Teil jedoch gab nicht auf und erwartete starrköpfig einen günstigen Augenblick. Manchmal trennte sich nachts von der gestaltlosen Masse der Menschenmenge ein Schatten, lief einige hundert Meter durch die verschneite Ebene und dann, vom Strahl des Scheinwerfers von sowjetischer Seite gefangen, fiel er mit dem Gesicht in den Schnee, von einer Maschinengewehrgarbe getroffen ... Im Juni 1940 ... begannen Hunderte von Güterzügen des echtesten jüdischen Lumpenproletariats[31] aus polnischen Städten und Städtchen – Arbeiter, Handwerker, Heimwerker, Hausierer – in Gefängnisse, Lager und in die Verbannung zu entführen. Als sie in den Lagern erschienen, wurden sie zu den verbittertsten Gegnern des Sowjetkommunismus, noch mehr unversöhnlich, als alte russische und als ausländische Häftlinge. Mit einer bei niemandem sonst anzutreffenden Verbissenheit und Leidenschaft übertrieben sie jetzt ihren Haß, wie sie vorher ihre Liebe übertrieben«[32]. Ähnlich war das Schicksal der deutschen Juden, die vor Hitler in die baltischen Republiken geflüchtet waren und dort von dem sowjetischen Überfall überrascht wurden[33]. Johan Wigmans hat als Leichenfahrer einmal einen ganzen Wagen nackter Leichen von verhungerten Frauen aus dem in der Nähe des seinigen liegenden Lagers für ungarische und österreichische Judenfamilien in die Leichengrube fahren müssen[34].

Gegenüber den deutschen Juden wirkte in Sowjetrußland das erwähnte Merkmal der fremden Staatsangehörigkeit, gepaart mit der eigentümlichen sowjetischen Logik, die zwar in der Zeit des nazi-sowjetischen Anti-Europa-Bündnisses nazifeindliche Handlungen nach Schema N als sowjetfeindlich genauso ahndete, die jedoch im NS-Deutschland nach Schema S weiterhin etwas sowjetfeindliches erblickte: »Von einem [sowjetischen] Untersuchungsrichter wird der Ausspruch überliefert: ›Die jüdischen Flüchtlinge sind Hitlers Agenten im Ausland‹[35]. Die

Besetzung der Tschechoslowakei durch die Deutschen führte dazu, daß man auch die Tschechen als deutsche Agenten betrachtete«[36].

Nach dem sowjetischen Überfall auf Polen im September 1939 und nach der mit dem Dritten Reich vereinbarten Annexion des größeren Teils des damaligen polinischen Staatsgebietes wurde allen Einwohnern die sowjetische Staatangehörigkeit aufgedrängt. Im Rahmen der polnisch-sowjetischen Abkommen in der zweiten Hälfte von 1941 wurde sowjetischerseits den ethnischen Polen − nicht aber den Ukrainern, Weißruthenen und Juden polnischer Staatsangehörigkeit − die letztere wieder zuerkannt. Nicht aber auch Polen jüdischer Abstammung. Wegen Widerspruchs gegen die sowjetischen Rassevorschriften wurden zahllose Personen verhaftet bzw. auch in KZs inhaftiert. Ab 1943 wurde diese Zwangseinbürgerung auch auf nichtjüdische Polen erstreckt. In Gefängnissen bekamen mitinhaftierte Kriminelle des betreffenden Geschlechts den Befehl, widerspenstige polnische Staatsbürger so lange in den Zellen zu mißhandeln, bis sie nachgeben[37].

Dabei entschied über das Judentum im Verständnis der sowjetischen Behörden nicht etwa das religiöse bzw. nationale Bekenntnis der betreffenden Person, sondern die rassische Abstammung, und zwar nach nicht bekannten eigenen sowjetischen Rassevorschriften. Wer Jude gewesen war im polnischen Staat, das bestimmte die sowjetische Terrorpolizei[38]. Juden gab es auch unter den vielen Hunderten deutscher und österreichischer Kommunisten, die 1939/40 von den Sowjets an die Nazis ausgeliefert wurden: »Das Prinzip des gegenseitigen freiwilligen Austauschs von Landsleuten wurde vom NKWD dahingehend interpretiert, daß auch die Auslieferung deutscher Kommunisten in russischen Gefängnissen an die Gestapo einbegriffen war − viele von ihnen waren jüdischer Abstammung«[39]. »Unter den Abgeschobenen befanden sich die Witwe des Dichters Erich Mühsam[40] und der Komponist Hans David, ein Jude, der schließlich im Konzentrationslager Maidanek vergast wurde«[41].

Die vollständige Geschichte des Antisemitismus in Sowjetrußland − geschweige denn des gesamten kommunistischen Antisemitismus, etwa im kommunistisch beherrschten Polen bis heute − würde natürlich den Rahmen dieser Analyse sprengen. Die sowjetischen Juden bilden in den letzten Jahrzehnten einen nicht unbeträchtlichen Teil der Häftlinge der sowjetischen KZs[42].

Auch die Schicksale der Polen in allen totalitären und sonstigen KZs vor, während und nach dem Zweiten Weltkrieg (einschließlich des polnischen KZs Bereza) gehören nicht hierher, sondern in eine umfassende und umfangreiche Monographie. Hier sind sie nur ein besonders bezeichnendes Beispiel für gewisse Kategorien der Verfolgten und gewisse Arten der Verfolgung.

Wie gesagt, machte die polnische Volkszugehörigkeit in den Augen der Nazis − und auch bereits mancher ihrer Vorgänger (o., S. 83 ff.) − eigentlich todeswürdig; die polnische Abstammung jedoch blieb von deutschen Natiorassisten unbeanstandet. Ein sich zum Deutschtum bekennender Nachkomme polnischer Vorfahren und ein germanisierter Pole waren für die Nazis Deutsche wie alle anderen auch.

Anders war es im sowjetischen Machtbereich mit russifizierten Polen und mit Russen polnischer Abstammung. Deren Zahl war und ist – infolge historischer Vorgänge, die hier nicht zu erläutern sind – viel beträchtlicher, als das mit westlichen, slawische Familiennamen nicht leicht unterscheidenden Augen erkennbar ist.

Etwa 1933 begannen Verhaftungen, Hinrichtungen und Selbstmorde unter den polnischen Kommunisten in Sowjetrußland – Polen aus der Kommunistischen Partei Polens und mehr oder weniger russifizierten Mitgliedern der sowjetischen KP. Seit 1925 existierte unweit von Schitomir in der Ukraine, um die Kleinstadt Dowbysch, damals in »Marchlewsk« umbenannt[43], ein »Autonomer Polnischer Bezirk«. Im Sommer 1937 wurde er von NKWD-Truppen umstellt, die gesamte Bevölkerung entweder in KZs oder nach dem nördlichen Kasachstan deportiert, sämtliche irgendwie höher Qualifizierten ermordet. Studenten u. a. wurden in ihren Studienorten u. dgl. aufgespürt. Die genaue Zahl der Opfer ist nicht bekannt[44]. Verhaftet wurden und verschwanden spurlos auch zahllose Ukrainer polnischer oder teilweise polnischer Abstammung bzw. mit polnischer Verwandtschaft bzw. mit Verwandten in Polen. Von den etwa 4 000 polnischen Veteranen der »Oktoberrevolution« und des russischen Bürgerkrieges wurden 1937/38 über 3 000, meistens zusammen mit Angehörigen, direkt oder in KZs ermordet.

Es ist nicht feststellbar, wie die gegen in Sowjetrußland lebende Polen sowie Russen und Ukrainer polnischer Abstammung angewandten sowjetischen Rassevorschriften genau lauteten – mit anderen Worten, wie entfernt die polnische Abstammung sein mußte, um nicht mehr zu schaden. Ein polnischer Großvater, nach dem polnischen Aufstand von 1863 nach Sibirien deportiert, konnte noch 1937 seine Enkel in ein sowjetisches KZ bringen.

Im Sommer 1938 wurde die Kommunistische Partei Polens von der Komintern – also praktisch von der sowjetischen Führung – aufgelöst. 1937–38 wurden sämtliche Führer der Partei sowie fast alle polnischen Kommunisten im sowjetischen Machtbereich (wie etwa der futuristische Dichter Bruno Jasieński und seine Frau) verhaftet und ermordet oder in den KZs umgebracht. Viele wurden zu diesem Zweck aus dem Ausland nach Moskau befohlen – nur wenige weigerten sich zu kommen. Die totale Unselbständigkeit und Moskauhörigkeit des polnischen Kommunismus ging bei einzelnen so weit, daß 1940 im NS-KZ Buchenwald ein Teil der dort inhaftierten polnischen Kommunisten sich weigerte, der kommunistischen Untergrundorganisation des Lagers beizutreten, mit der Begründung, daß angesichts der vom Genossen

Stalin befohlenen Auflösung der Partei polnische Kommunisten sich nicht organisieren dürften[45].

In derselben Zeit wurden in Sowjetrußland polnische Kommunisten in sowjetische KZs verschickt, die aus dem NS-besetzten Teil Polens dorthin geflüchtet waren, und zwar vorrangig diejenigen, die mit Stolz vorbrachten, sie hätten mehrere Jahre polnisches Gefängnis für kommunistische Untergrundtätigkeit hinter sich. (Die KPP war nämlich in Polen vor dem Krieg verboten.) Für sowjetische Untersuchungsbeamte war es einfach unvorstellbar, daß der polnische Staat aktive Kommunisten zwar zu Gefängnisstrafen verurteilte, sie aber dann nach Abbüßung der vom Gericht zudiktierten Strafe laufen ließ. Für die Entlassung einmal verhafteter politischer Feinde eines Staates konnte es für einen sowjetischen Beamten nur eine Erklärung geben: Die Entlassenen hatten sich verpflichtet, als politische Polizeispitzel zu fungieren.
Dasselbe Schicksal, mit derselben Begründung, wurde den Rechtsanwälten zuteil, die jene Kommunisten vor polnischen Gerichten verteidigt hatten: Auch daß normale, legale Verteidigung vor einem Gericht zugelassen werden kann, konnte ein sowjetischer Beamter schlicht und einfach nicht begreifen[46].
Sowjetrußland annektierte im Herbst 1939, im Einvernehmen mit dem Dritten Reich, 201 090 qkm, also mehr als die Hälfte des damaligen polnischen Staatsgebietes, mit etwa 6 Millionen Polen und etwa 8 Millionen Menschen anderer Volkszugehörigkeit (darunter annähernd 5 Millionen Ukrainer, je etwa 1,1 Millionen Juden und Weißruthenen). Die Zahl der ständigen polnischen Einwohner der annektierten Gebiete war niedriger; man muß aber eine schwer bestimmbare Zahl von Polen dazu rechnen, die in den ersten 17 Tagen des September 1939 vor der NS-Wehrmacht in östlicher Richtung geflohen waren.
Bis zum 22. Juni 1941 wurden aus jenen Gebieten 1,8 bis 2,5 Millionen Menschen nach Sowjetrußland, entweder nach Mittelasien oder in die KZs des hohen Nordens deportiert (an die Hunderttausend wurden an Ort und Stelle ermordet). Verschleppt wurden so gut wie alle Flüchtlinge aus Mittel- und Westpolen, sämtliche höher Gebildete, sämtliche Vertreter des öffentlichen Dienstes, Kaufleute, Gutsbesitzer. Deren Familien gingen oft erst nachträglich (und zwar nicht zur Familienzusammenführung) auf Transport. Die Mehrzahl der Deportierten waren Polen; es befanden sich darunter auch die meisten Juden und zahlreiche Ukrainer und Weißruthenen. Bereits im Februar 1940 – inmitten des unvergeßlichen strengen Winters – waren zahlreiche Dörfer total entvölkert. Die Zahl der Polen, die Sowjetrußland dann nicht mehr lebendig verlassen haben, wird auf 750–800 000 geschätzt, natürlich mit einem hohen Anteil von Kindern.
In derselben Zeit, inmitten desselben strengen Winters, wurden viele Hunderttausende von Polen von den Nazis aus den vom NS-Deutschland annektierten (»ins Reich eingegliederten«) polnischen

Westgebieten Großpolen (Posen) und Pommerellen nach Mittelpolen (dem »Generalgouvernement«) deportiert; Zehntausende wurden an Ort und Stelle ermordet (vgl. o., Anm. 134) und viele gleich in NS-KZs verschickt. Bereits seit September 1939 bestanden zwischen dem Dritten Reich und Sowjetrußland Vereinbarungen, die Zusammenarbeit in der Bekämpfung polnischer »Agitation« und Widerstandsbewegung (»polnischer Banden«) betreffend[47]. In der folgenden Zeit gab es periodische Konferenzen der Gestapo und der sowjetischen NKWD, z. B. in Zakopane in der Hohen Tatra.

Polen, die aus dem sowjetischen Machtbereich fliehen wollten, um gegen das Dritte Reich zu kämpfen, wurden belehrt, das bedeute, gegen die Sowjetunion kämpfen zu wollen[48] – und aus diesem Grunde in sowjetische KZs verschickt. Nach dem Überfall des NS-Komplizen auf Sowjetrußland wurden die Polen zunächst über Nacht zu Mitschuldigen des Angreifers (vgl. weiter u.) – sie wurden manchmal beschuldigt, an diesem Überfall direkt schuldig zu sein[49]. »Vor dem Ausbruch des russisch-deutschen Krieges wurden wir als ›antideutsche Faschisten‹[50] und Feiglinge angesehen[51], vom Ende Juni bis Ende Juli als prodeutsche Faschisten und nicht so große Feiglinge, in den ersten Tagen des August als Freiheitskämpfer und Verbündete«[52].

Die Verleumdung des polnischen Opfers des nazistisch-sowjetischen Überfalls und Völkermordes wurde von der kommunistischen Propaganda nach dem Kriege fortgesetzt. Am 2. Februar 1949 behauptete der amerikanische kommunistische Propagandist Albert Kahn, als meineidiger Zeuge im Prozeß Victor Kravchenkos gegen Les Lettres Françaises vor einem Pariser Gericht, daß u. a. »Tausende von Polen, von polnischen Faschisten (des milliers de Polonais, de Polonais fascistes)« beim Überfall des Dritten Reiches auf die Sowjetunion Schulter an Schulter mit der deutschen Wehrmacht gekämpft hätten[53]. In Wirklichkeit hat kein Pole je mit der Waffe für Hitler gekämpft[54]; polnische Streitkräfte kämpften vom ersten bis zum letzten Tag des Zweiten Weltkrieges an allen Fronten, zu Lande, zur See und in der Luft gegen die Nazis. Beim Überfall des NS-Verbündeten auf Sowjetrußland gab es Abertausende von Polen nicht in den Reihen der Angreifer, sondern in NS-KZs oder bereits in nationalsozialistischen Massengräbern bzw. in sowjetischen KZs oder bereits in sowjetischen Massengräbern[55]. Aber – jene aus den sowjetischen KZs sind dann herausgekommen und gaben Zeugnis (vgl. o., S. 17). Und eben um dieses Massenzeugnis zu entkräften und zu diskreditieren, wurden die Verleumder mobilisiert. Es ist bezeichnend, daß Albert Kahns beeidigte Version – oder eher Vision – kaum sonst verbreitet und besonders in Polen nie veröffentlicht wurde.

Nach dem polnisch-sowjetischen Abkommen vom 30. Juli 1941 wurden viele Polen und polnische Staatsbürger anderer Volkszugehörigkeit, vor allem Juden, aus Gefängnissen und KZs entlassen, was jedoch keineswegs die Regel war. In vielen Fällen mußten die Inhaftierten um ihre – nach dem Abkommen und nach der sowjetischen »Amnestie« eindeutig zwingende – Freilassung mit Hungerstreiks u. dgl. kämpfen, wobei wir natürlich nur einige von den mit Erfolg gekrönten Fällen solcher Kämpfe kennen. Dabei wurden unter den polnischen und polnisch-jüdischen Häftlingen eifrig »deutsche Spione« gesucht. Auf die Frage, warum gerade Juden und Polen nach Ansicht der sowjetischen Terrorpolizei den Nazis helfen sollten, gibt es genausowenig eine Antwort, wie auf diejenige, wie ein Häftling in einem sowjetischen KZ mit den Nazis Verbindung haben und was er als Spionagematerial hätte liefern können[56].

Zahlreiche polnische Juden bzw. Polen jüdischer Abstammung wurden wiederverhaftet und in KZs geschickt, weil sie von den sowjetischen Behörden eben als sowjetische (Zwangs-)Bürger angesehen wurden – und somit nach sowjetischem Recht durch Kontakte zu Vertretern eines »fremden Staates«, d. h. zur polnischen Botschaft, ein politisches Verbrechen begangen hatten.

Gleich nach dem Abbruch der diplomatischen Beziehungen zu der polnischen Exilregierung im Frühjahr 1943 (unter dem willkommenen Vorwand, daß die Polen das Schicksal der in Katyn Ermordeten klären wollten) begannen die sowjetischen Behörden erneute Massenverhaftungen von Polen, die nicht die Möglichkeit gehabt hatten, mit der polnischen Armee in den Iran zu entkommen. Den verhafteten Polen folgten nun in die sowjetischen KZs die Sowjetbürger, die mit ihnen Verbindungen und Kontakte gehabt hatten. »Da hatte sich Sikorski mit Stalin überworfen; schwupp! schnappten sie sich in Elgen dreißig Polinnen und ließen sie alle in einer einzigen Nacht erschießen«[57].

Und so ging es weiter: 1944 wurden polnische Widerstandskämpfer, die an der Seite der Roten Armee in Ostpolen gekämpft hatten, gleich divisionenweise in sowjetische KZs verschleppt; dann folgten, einzeln und in Schüben, diejenigen aus dem übrigen Polen[58].

Eine Analyse der sowjetischen Polenpolitik liefert erst den Schlüssel zu einem wirklichen Verständnis der sowjetischen Politik schlechthin in den dreißiger Jahren – zu der einzig möglichen Interpretation, die nicht voller Widersprüche steckt. Die sowjetische Führung strebte von Anfang an ein allseitiges Übereinkommen mit Hitler, von dem die Vernichtung Polens eine Art Eckstein sein sollte. Die beschriebenen Verhaftungen und Liquidierungen vor dem August 1939 könnte man fast sämtlich als handfeste Angebote an Hitlers Adresse betrachten, wobei der totalen Auflösung der Kommunistischen Partei Polens eine besondere Bedeutung zukommt: Es ist der einzige bekannte Fall von totaler Auflösung einer kommunistischen Partei durch den Kreml und ebenfalls der einzige Fall einer totalen Vernichtung eines Staates und einer Nation in sowjetischen Plänen. Es ist schier unmöglich, hier keinen direkten und eindeutigen Zusammenhang zu sehen.

Auch die weiteren, zahlenmäßig noch gewichtigeren Tatbestände des versuchten sowjetischen Völkermordes an der polnischen Nation haben nur eine unübersehbare und unmißverständliche Bedeutung: Wie bereits gesagt, sollten sie Hitler zeigen und zeigen jetzt dem Historiker, daß Sowjetrußland unwiderruflich auf Hitlers Seite getreten war. Dasselbe wurde damals übrigens von sowjetischer Seite auch auf andere Weise demonstriert: »Wer«, fragt Solschenizyn, »bemerkte die 30 000 Tschechen, die 1939 aus der besetzten Tschechoslowakei ins blutsverwandte slawische Reich flohen? ... Sie wurden allesamt in nördliche Lager gebracht ...«[59]

Man darf sich nicht diese klare Sicht durch eine falsche, ideologische Interpretation trüben lassen, die natürlich seit dem 22. Juni 1941 durch beharrliche Anstregungen der sowjetischen Propaganda unterstützt wird, und zwar durch den angeblich unversöhnlichen Gegensatz zwischen dem Kommunismus und dem Nationalsozialismus bzw. Faschismus. In Wirklichkeit war und ist der Gegensatz zwischen den freiheitlich-demokratischen Staatsordnungen und den totalitären Regimes unüberbrückbar, und die Abneigung der deutschen Natiorassisten gegen slawische Völker war kaum zu überwinden. Sonst ist die Zuneigung der beiden Totalitarismen füreinander[60], die in ihrem gemeinsamen Haß auf Freiheit und Demokratie und auf deren Verkörperung in der angelsächsischen Welt die stärkste Wurzel hatte, kaum zu übersehen. Deren deutlichstes äußeres Symptom sind ihre einander so ähnlichen riesigen KZ-Systeme.

Eine weitere Nationalität und Abstammung, die geahndet wurde[61], war die deutsche. In der sowjetischen Behandlung der Deutschen, Deutschstämmigen und aus Deutschland Kommenden stellt man übrigens eine so weitgehende Parallelität zu derjenigen der Polen, Polnischstämmigen und aus Polen Kommenden (bzw. der aus Polen Geholten), daß man nur mit vielen Vorbehalten und Einschränkungen den deutschen Überfall auf Sowjetrußland als Begründung gelten lassen kann. Angehörige der Nation, die von Sowjetrußland im Bündnis mit Hitler überfallen worden war, sind allzu lange mit den Angehörigen der Nation gleichgestellt worden, die erst später unter Hitler Sowjetrußland überfallen hat. Übrigens wäre auch sonst kaum einzusehen, warum deutsche Kommunisten oder gar deutsche Juden für den NS-Überfall auf Sowjetrußland büßen sollten – und gar noch Jahre im voraus.

Verfolgungen, Verhaftungen, Verschickungen in sowjetische KZs und Hinrichtungen betrafen nämlich bei jenen Deutschbefleckten dieselben Kategorien von Menschen, wie bei den Polnischbefleckten, nur teilweise mit erklärlich anderer Chronologie: Sowjetbürger deutscher Volkszugehörigkeit bzw. deutscher Abstammung, wobei manchmal der Klang eines angenommenen Namens genügte[62], deutsche Kommunisten und deutsche Juden, aus dem Dritten Reich geflüchtet und in Sowjetrußland

Zuflucht suchend; kurz, alle, die irgendetwas mit dem Deutschtum oder mit Deutschland zu tun hatten.

Es ist zu bemerken, daß bis zum 22. Juni 1941 grundsätzlich nur – polnisch- bzw. deutschbefleckte – Hitlergegner verfolgt, inhaftiert und ermordet wurden. Mit jenem Tag wurde der Verfolgungskreis auf alle Arten der Deutschbefleckten erweitert, ohne daß die Hitlergegner automatisch ausgeschlossen würden. »Bestimmend war allein die *deutsche Herkunft;* Helden des Bürgerkriegs, alte Parteimitglieder – sie waren Deutsche und mußten in die Verbannung«[63]. Das tragische Schicksal der Wolgadeutschen ist eher bekannt[64]. Eine Angleichung aller Deutschbefleckten war »die sogenannte deutsche Baracke, die während des Krieges eingeführt wurde. In ihr wurden Deutsche aus Deutschland, aus dem Wolgagebiet, aus den sibirischen und kaukasischen Dörfern, Juden aus Deutschland, außerdem Österreicher, Rumänen, Ungarn, Finnen, Letten – also ›feindliche Ausländer ‹, die aber bis auf ganz seltene Ausnahmen die Sowjetbürgerschaft besaßen – konzentriert«[65]. Wenn man bedenkt, daß jene »feindlichen Ausländer«, wenn sie nicht Sowjetbürger der betreffenden Volkszugehörigkeit bzw. Abstammung waren, nur geflüchtete, in Sowjetrußland inhaftierte Gegner Hitlers und des Faschismus sein konnten, entdeckt man weitere Kategorien von »... beflecktem«, wobei wieder nur sowjetisch-natiorassistische Kriterien den Ausschlag gaben.

Während des Krieges wurde es zur Regel, daß es für Deutschbefleckte keinen Platz im Krankenrevier der sowjetischen KZs gab, daß sie – gleich Trotzkisten, Finnen u. a. – nicht als arbeitsunfähig anerkannt wurden u. a. m.[66]. Finnische Abstammung war bereits in früheren Jahren oft belastend[67] »Finnland«, berichtet Solschenizyn, »ließ uns die abgetretenen Gebiete ohne Bevölkerung zurück[68], dafür wurden in Karelien und Leningrad alle Personen finnischer Herkunft ausgehoben und zwangsumgesiedelt«[69].

Ich will die Beispiele nicht weiter mehren, was ich noch lange tun könnte. Die Geschichte der sowjetischen KZs beweist zusätzlich, daß ein tiefverwurzelter nationaler Chauvinismus, Rassismus und alle möglichen Vorurteile gegenüber jeder möglichen nationalen und rassischen Herkunft zu den wichtigsten Elementen der sowjetkommunistischen Politik gehören. Und neben ihnen – ein antiquierter, der gesamten kommunistischen Propaganda auf diesem Gebiet widersprechender Glaube an Blutsbande und nationale Bindungen, die von der sowjetischen Terrorpolizei als die dauerhaftesten und stärksten angesehen werden.

Soziale Zugehörigkeit und soziale Herkunft wurden von den Nazis in Deutschland selbst nicht verfolgt, außer bei besonderen Anlässen, wie etwa in der Zeit nach dem 20. Juli 1944, als jeder preußische Adlige, jeder Berufsoffizier u. a. m. von vornherein verdächtig waren. Anders war es in bezug auf Nationen, die als nächste Opfer des NS-Völkermor-

des vorgemerkt waren. Besonders in Polen wurde von den Nazis (wie gleichzeitig, bis zum Sommer 1941, von den Sowjets) die Gebildetenschicht hingemordet bzw. in KZs verschickt (vgl. o., S. 182, Anm. 134) Daß soziale »Klassen«-Zugehörigkeit von den Sowjetkommunisten von vornherein geahndet und daß die Angehörigen der besitzenden und der gebildeten Schichten von ihnen von Anfang an unbarmherzig ausgerottet wurden, ist zu sehr bekannt, um es noch besprechen zu müssen. Übrigens wissen wir schon, daß die frühen leninistisch-trotzkistischen sowjetischen KZs für »Gauner, Reiche, Parasiten, fremde Klassenelemente« u. ähnl. bestimmt waren (oben, S. 74 ff., aber auch S. 77). Weniger bekannt ist jedoch, daß entfernte soziale Herkunft auch noch nach zwanzig Jahren sowjetischer Herrschaft ein Grund für KZ-Haft war. In der »Großen Säuberung« von 1937 bekam z. B. ein einfacher Heizer namens Dotzenko zehn Jahre KZ, da sein Vater ein Fürst gewesen sein sollte, der vor der Revolution über zweitausend Hektar Land besessen hätte. Dotzenko, ein einfacher Arbeiter, hatte nie im Leben einen Fürsten gesehen. Victor Kravchenko, der darüber berichtet, selbst bereits sowjetisch erzogen, merkt nicht, daß hier nicht nur die Wahnwitzigkeit der vorgebrachten Behauptung in die Augen springt, sondern auch die Absurdität dessen, daß diese Behauptung eine *Anklage* sein sollte: Ein Mann wurde zu zehn Jahren KZ verurteilt, da er (was natürlich niemand glaubte, aber was als Begründung einer solchen Strafe genügte!) der Sohn eines Mannes sein sollte, der zwanzig Jahre früher Großgrundbesitzer gewesen wäre . . . Mit anderen Worten: Zehn Jahre KZ für bloße Abstammung, die dazu noch erfunden war.
Von religiösen Bekenntnissen als solchen wurden von den Nazis nur einige Sekten verfolgt und in die KZs geschickt, vor allem die »Zeugen Jehovas« oder »Ernste Bibelforscher«, in den Lagerstatistiken als »Bifo« bezeichnet. Eigentlicher Grund der Verfolgung war die Weigerung, Dienst mit der Waffe zu tun. Die merkwürdige Logik der Nazis ließ sie auch polnische »Bibelforscher« in die KZs verschicken, anstatt sie als die einzigen Polen zu prämiieren, die keine Waffe gegen Hitler in die Hand nehmen wollten. Sonst haben die Nazis eine Unzahl von Geistlichen inhaftiert – katholische Priester wurden in den letzten Jahren des Dritten Reiches im KZ Dachau konzentriert – und auch Unzählige ermordet, jedoch nicht bloß als Geistliche, sondern als Menschen, die sich auf irgendeine Weise der NS-Macht in Deutschland oder in den besetzten Ländern widersetzt hatten.
In Sowjetrußland war lange Zeit der Glaube und das Praktizieren einer Religion Grund genug, in ein KZ verschickt zu werden, wie vor allem dem großen Werk Solschenizyns zu entnehmen ist. Wie Anatolij Lewitin-Krasnow 1975 auf dem Internationalen Sacharow-Hearing in Kopenhagen unterstrich, hat die während des Zweiten Weltkrieges erfolgte, durch die Kriegslage erzwungene Wende in der sowjetischen Antikirchenpolitik niemanden von den bereits Verhafteten gerettet:

»... Nicht ein einziger der verhafteten Bischöfe, von denen es mehrere Hundert gab, und kein einziger der verhafteten Geistlichen oder Mönche oder Nonnen – und von diesen gab es mehr als 100 000 – wurden zurückgeschickt. Sie wurden alle in den Lagern physisch vernichtet«[70]. Im Einvernehmen mit Hitler bemächtigte sich 1940 Sowjetrußland der überwiegend protestantischen bzw. katholischen Länder Estland, Lettland und Litauen, wo seitdem auf sowjetische Art und Weise die Religion verfolgt wird. Wie bei demselben Anlaß Jonas Juraschas feststellte: »In Litauen dürfen die Priester nicht einmal ihren wichtigsten Amtspflichten nachkommen. Es ist den Priestern streng verboten, Kindern Unterricht zu erteilen, sie zu firmen, Kranken und Sterbenden beizustehen und Beerdigungen vorzunehmen ... In Litauen ist es nicht möglich, ohne Billigung und Zustimmung der KP und des KGB[71] in ein Priesterseminar einzutreten ... In Litauen ist es verboten, Bücher, Broschüren oder Zeitungen mit religiösem Inhalt zu veröffentlichen, zu drucken oder zu verteilen.«[72] »Verboten« bedeutet in Sowjetrußland mindestens soviel wie »darauf steht KZ.«

»... Die [sowjetischen] Konzentrationslager« schrieb unlängst der mit dem Friedenspreis des Deutschen Buchhandels für 1977 ausgezeichnete polnische Philosoph im Exil, Leszek Kolakowski, »sind voll von Menschen, die für ›religiöse Propaganda‹ verurteilt wurden, die Kirchen werden systematisch vernichtet, ein Priester begeht ein kriminelles Verbrechen, wenn er, zum Beispiel, sich zu einem sterbenden Menschen mit der letzten Ölung begibt, und es ist eine *rechtliche* Pflicht der Eltern die Kinder in kommunistischer, also atheistischer Gesinnung zu erziehen, widrigenfalls sie mit der Zwangswegnahme der Kinder bedroht sind«[73].

Die Inhaftierung von Kriminellen in KZs ruft vielleicht die größten Mißverständnisse hervor. Es wird nämlich oft angenommen, daß wenigstens dies »in Ordnung« war bzw. ist und der betreffenden totalitären Regierung nicht vorzuwerfen ist. Die neonazistische Propaganda profitiert von diesem Mißverständnis, indem sie die NS-KZs durch die verbreitete Behauptung vermeintlich zu verharmlosen sucht, daß unter den Häftlingen 80 % Kriminelle waren – was mit der Wahrheit nichts zu tun hat. Sie waren eine kleine Minderheit, wobei es für die Charakterisierung der KZs gar nicht so wichtig ist, den richtigen Prozentsatz zu ermitteln. Es muß nämlich denkbar deutlich gesagt werden, daß die Inhaftierung in einem NS-KZ in absolut jedem Falle und auch dem größten Verbrecher gegenüber ein krasses und unentschuldbares Unrecht war, und zwar aus zweierlei Gründen.

Erstens, was hauptsächlich das Mißverständnis ausmacht, wurde im NS-Deutschland kein Verbrecher für seine Taten in ein KZ geschickt, sondern immer »für Vorstrafen«. Mit anderen Worten, jeder in einem NS-KZ inhaftierte Verbrecher hatte vorerst seine vom Gesetz vorgeschriebene und von einem Gericht zudiktierte Strafe abgebüßt – und wurde erst dann, entweder direkt vom Gefängnis, oder gar in Freiheit der SS übergeben. Es geschah in zahllosen Fällen, daß Menschen, die ihre letzte (oder gar einzige) Vorstrafe längst abgebüßt, seit langer Zeit sich keiner Gesetzesübertretung schuldig gemacht und ein ordentliches Leben geführt hatten, plötzlich und willkürlich verhaftet und in ein KZ eingeliefert wurde. Welche Willkür dabei herrschte, kann ich persönlich bezeugen: Nach den Karteien des KZ Groß-Rosen, zu denen ich Zutritt hatte, gab es dort »Berufsverbrecher«[74], die eine, und solche, die bis zu neunzehn Vorstrafen gehabt hatten. Mit anderen Worten, die KZ-Haft war für Kriminelle in der Theorie »Vorbeugungshaft«, in Wirklichkeit eine zusätzliche, willkürlich zudiktierte, außergesetzliche Strafe.

Und dabei – zweitens – eine unmenschliche Strafe, die kein zivilisierter Staat dem schlimmsten Verbrecher zudenken könnte. Man kann über die Todesstrafe für Mörder diskutieren; es ist jedoch nicht diskutierbar, daß Aushungern, sinnlose oder die Kräfte übersteigende Arbeit, rohe und grausame Mißhandlungen bis zum Totschlagen, kurz, alles was das Schicksal eines KZ-Häftlings beinhaltete, und das unbefristet, in einer gesitteten Gemeinschaft für irgendjemand in Frage kommen darf. Im Fall der sowjetischen KZs fällt der erste Punkt insofern weg, als die KZ-Haft eine vermeintlich vom Gericht zudiktierte, befristete Strafe sein soll. Über die sowjetischen Gerichte, über die Unwirklichkeit der Fristen und auch über den Charakter des sowjetischen Strafgesetzes habe ich hier schon einiges gesagt. Was man aber auch davon halten sollte, der oben angeführte zweite Grund bezieht sich voll und ganz auch auf die sowjetischen KZs der Vergangenheit und Gegenwart: Sie sind auch für schlimmste Verbrecher eine unmenschliche, in einem zivilisierten Staat undenkbare Strafe.

Eine besondere Abart der »Kriminellen« waren bekanntlich in den NS-KZs Homosexuelle – ein weiteres Beispiel merkwürdiger NS-Logik, die nicht nur eine nicht schuldhafte Veranlagung unter Strafe stellte, sondern auch Homosexuelle für Jahre in Männerlager einsperrte, wo sonst oft nicht so veranlagte Männer homosexuell wurden.

Es gab einen grundsätzlichen Unterschied zwischen den NS- und den sowjetischen KZ-Häftlingen, oder besser, zwischen der Stellung eines KZ-Häftlings im NS- und im sowjetischen System. Im NS wurden zwar bei weitem nicht nur »Staatsfeinde«, genauer, Feinde des NS-Staates, in KZs inhaftiert. Es gab, besonders unter den deutschen Häftlingen, verschiedenste Elemente[75], die wegen kleiner, oder dem totalitären Staat eigener Vergehen[76] inhaftiert wurden. Dasselbe galt für die Polen, die oft namen- und wahllos, nach Massenrazzien oder in sonstigen großen Schüben in die NS-KZs verfrachtet wurden[77].

Es war jedoch nicht möglich, daß ein aus dem KZ entlassener Deutscher – von Nichtdeutschen nicht einmal zu reden! – im NS-Staat hätte irgendwie aufsteigen können. In der letzten Periode des Krieges wurden zahlreiche wehrfähige Häftlinge zu der Waffen-SS »entlassen« – aber diese Beförderung zum Kanonenfutter war auch das Höchste, was einem NS-KZ-Häftling gegönnt wurde. Es wurden vor dem 20. Juli 1944 im Dritten Reich kaum Offiziere verhaftet und in KZs geschickt – daß aber ein solcher Offizier nach verhältnismäßig kurzer Zeit hätte entlassen und zum Armeegeneral und Marschall befördert werden können und in höchste Funktionen aufrücken, ist für die NS-Verhältnisse undenkbar. Dagegen war Rokossowski, 1937–41 in Workuta inhaftiert, bei weitem nicht das einzige Beispiel dieser Art, wenn auch vielleicht das bekannteste.

Ich vermag es nicht zu erklären. Es gab zwar in NS-KZs loyale Nationalsozialisten, die für irgendwelche Vergehen inhaftiert wurden[78] – deren Zahl war jedoch verschwindend klein im Vergleich zu derjenigen der loyalen Kommunisten in den sowjetischen KZs. Die ersteren hatten übrigens keine Möglichkeit mehr, ihre durch die KZ-Haft unberührte Loyalität unter Beweis zu stellen – im Gegensatz zu den Kommunisten, die oft, ein sowjetisches KZ hinter sich, sogar wenn sie formell mit dem Sowjetkommunismus gebrochen haben, darauf bedacht sind, sich nicht etwa auf die Seite der Freiheit und der Demokratie zu stellen.

Damit kommen wir zu einer besonders wichtigen und zahlreichen Kategorie der sowjetischen KZ-Häftlinge in den Jahrzehnten zwischen etwa 1935 und 1955 – zu den absolut loyalen, für nichts und wieder nichts inhaftierten, wenn nicht direkt hingerichteten Kommunisten. Unter »Kommunisten« verstehe ich dabei – angesichts des elitären Charakters der sowjetischen KP – nicht nur formelle Parteigenossen, sondern alle Anhänger und Parteigänger des Sowjetkommunismus.

In den NS-KZs waren Kommunisten viel weniger zahlreich vertreten: Die 150 000, die von den Nazis in Deutschland inhaftiert wurden und von denen 30 000 ums Leben kamen[79], stellen einen Bruchteil der Zahl der in sowjetischen inhaftierten bzw. der in ihnen oder sonst von der Sowjetmacht ermordeten Kommunisten dar. Ja sogar wenn es um deutsche Kommunisten geht, sprechen die Zahlen eine düster eindeutige Sprache: »Von 23 KP-Führern der Weimarer Zeit, die eines gewaltsamen Todes starben, wurden vier vor 1933 ermordet, acht von Hitler und zehn von Stalin«[80]. Es müßte eigentlich heißen: Acht von den Nazis, zehn von den Sowjets; weder Hitler noch Stalin waren alleinstehende und eigenhändig mordende Killer. (Daß in dem ganzen Kontext das Propaganda-Modewort »Antikommunismus« jeden Sinn verliert, sei nur am Rande vermerkt. Ist Antikommunist, wer totalitäre Systeme verurteilt, die Menschen, darunter auch Kommunisten, unterdrücken, verfolgen, und innerhalb wie außerhalb von Konzentrationslagern massenhaft morden – oder wer u. a. Kommunisten massenhaft verfolgt und mordet? Und sind heutige Kommunisten, Anhänger eines Systems, das so viele Kommunisten ermordet hat, Antikommunisten oder schlicht und einfach Selbstmörder?)

Wieder muß ich die Formel gebrauchen: Eine Untersuchung der mörderischen jahrelangen Massenterrorwelle in Sowjetrußland in der zweiten Hälfte der dreißiger Jahre, die in der Literatur meistens als »Große Säuberung« bezeichnet wird, würde den Rahmen dieser Analyse sprengen[81]. Und doch muß ich mich damit befassen, da sie nicht nur zu meinem Thema allgemein gehört, sondern auch speziell zu dem Punkt »Gründe der Inhaftierung in sowjetischen KZs«.

Das Hauptmerkmal dieser Jahre in der Geschichte des seit der sowjetkommunistischen Machtergreifung in Rußland und den von Rußland unterjochten Ländern andauernden Terrors (vgl. o., S. 73 f., 77) – und auch in der Geschichte der Verfolgungen und des Terrors auf dieser Welt überhaupt – besteht nicht darin, daß man damals in Sowjetrußland bewußt unschuldige Menschen massenhaft inhaftierte und hinrichtete. In dieser Hinsicht war nur der Umfang dieses Geschehens etwas nie Dagewesenes. Einmalig war dagegen, daß man vorbehaltlos dem herrschenden Regime ergebene und erprobte Funktionäre und Parteigänger jeder Art und jeder hierarchischen Stufe massenhaft unter Anschuldigungen inhaftierte und hinrichtete, von denen Untersuchungsbeamte wie Untersuchungsgefangene gleichermaßen wußten, daß sie frei erfunden bis absurd und wahnwitzig waren. In diesem vollen Bewußtsein auf beiden Seiten zwangen die ersteren die letzteren mit allen, noch so unmenschlichen Mitteln, sich des frei Erfundenen, Absurden und Wahnwitzigen schuldig zu bekennen.

Es war die größte, grausamste und mörderischste Tragikomödie, die je auf dieser Erde gespielt worden ist. Die Frage nach deren Sinn und Zweck ist zu einem riesigen, von der Geschichtswissenschaft bisher nicht gelösten Problem der Weltgeschichte geworden. Um das Ausmaß der Unerklärlichkeit der ganzen Erscheinung vor Augen zu führen, müßte ich eigentlich sämtliche bekannten Beispiele der erwähnten Anklagen anführen, um deren Unsinnigkeit zu demonstrieren. Es wäre jedoch zu platzraubend und letzten Endes einfach langweilig, da gewisse Motive sich endlos wiederholen.

Neben seltenen Gipfeln des Wahnwitzes, die eigentlich humoristisch klingen würden[82], wenn hinter ihnen nicht Hinrichtungen oder langsames Sterben in sowjetischen KZs stünden, waren die allermeisten der bekannten Anklagen phantasielos und schematisch: »Konterrevolutionäre Tätigkeit« bzw. ». . . Propaganda« oder ». . . Agitation«, bzw. ». . . Organisation«; »Vorbereitung zum bewaffneten Aufstand«, »Vorbereitung des Terrors« und »Spionage«.

Die Anklagen dieser letzteren Art werden vielleicht alle am besten durch diejenige charakterisiert, die Margarete Buber-Neumann anführt: »Spionage für irgendein Land«[83]. Gerade weil sie von der totalen Phantasielosigkeit eines sowjetischen Untersuchungsbeamten zeugt (und wahrscheinlich auch von seinem Bildungsmangel), scheint sie mir ein ausgezeichnetes Zeugnis dafür zu sein, daß Phantasiebegabung bei der

Formulierung jener aus der stickigen Luft des stalinistischen Sowjetrußlands gegriffenen Anklagen unentbehrlich war.

Damit nicht genug: Die Beschuldigten wurden oft mit grausamen Mitteln gezwungen, nicht nur ein vorfabriziertes Geständnis zu unterschreiben, sondern es auch selbst zu erdichten und »Beweise«, d. h. erfundene Einzelheiten zu liefern, um dem Untersuchungsbeamten die bei der Formulierung der Anklage unentbehrliche Phantasiebemühung zu ersparen. Oft, aber bei weitem nicht immer, wurde dabei auf eine gewisse äußere Glaubwürdigkeit der Geständnisse geachtet. Schematisch, wie die Anklagen, waren auch die Urteile, die man damals in den Zellen so beschrieb: »Sagst du Ja, sagst du Nein, ganz egal, fünf Jahre sind dein«[84].

Wenn es jedoch auch wahr ist, daß kein Leugnen helfen konnte und daß auch Nachweise der offenbaren Wahrheitswidrigkeit und Absurdität der betreffenden Anklage wirkungslos blieben, so war doch die Erreichung eines »Geständnisses« das Hochziel aller Untersuchungen. Ich unterstreiche: eines Geständnisses, und nicht einer Beweiskette. Die Berichte der Überlebenden sind darin einig, daß man außer den erpreßten Geständnissen nur ein zweites »Beweismittel« anwandte: genauso erpreßte, belastende Aussagen von Mitgefangenen und Mitangeklagten. Und daß man nach wirklichen Beweisen überhaupt nicht suchte, daß man Hausdurchsuchungen nur ganz oberflächlich und irgendwie zum Schein vornahm, daß gefundene Schriftstücke in Säcke gepackt wurden und für immer verschwanden, ohne sich je auf die Untersuchung auszuwirken. Alles deutet darauf hin, daß sie summarisch vernichtet wurden. Solschenizyn hat im Mai 1945 gesehen, wie sich in dem Moskauer Hauptquartier der sowjetischen Terrorpolizei, der Lubjanka, verschiedenste Manuskripte zu Bergen türmten – und auch, wie es aus einem Schornstein der Lubjanka Ruß von verbrannten Papieren regnete[85]. Wir haben keinen Grund, anzunehmen, daß bei den noch vielfach zahlreicheren Verhaftungen der Jahre 1937/38 anders verfahren wurde.

Verwertet wurde höchstens eine Veröffentlichung eines der bereits hingerichteten oder verdammten »Volksfeinde«, sei es Bucharin, sei es Trotzki, bzw. ein Buch, wo diese lobend erwähnt worden waren. Dann aber war der Besitz einer solchen Veröffentlichung eigentlich nicht ein Beweis, sondern bereits der Tatbestand selbst.

Die häufigste, stereotype Eröffnung eines ersten Verhörs lautete: »Liefere die Organisation aus! Wer hat dich angeworben?! Wen hast du angeworben?!« Ich bin jedoch in keinem Bericht darauf gestoßen, daß die Untersuchungsbeamten tatsächlich nach einer wirklichen Organisation geforscht hätten. Im Gegenteil, es drängt sich direkt die Überzeugung auf, daß sie es gerade peinlichst vermieden, daß sie nichts so scheuten, als eine wirkliche »Organisation« ausfindig zu machen, eine wirkliche Verschwörung aufzudecken.

All dies bedeutet im Endergebnis einen Knäuel logischer Widersprüche, der alles, was wir sonst von totalitären Systemen mit ihren inneren Widersprüchen wissen, weit hinter sich läßt. Man hat bisher keine befriedigende Antwort auf die Frage gefunden, warum das sowjetische Regime in der zweiten Hälfte der dreißiger Jahre mit solcher Hartnäckigkeit daran ging, Millionen seiner Funktionäre, Spezialisten, Offiziere, praktisch die gesamte bereits im Sowjetstaat mit größter Mühe ausgebildete Schicht von Beamten und Fachleuten nebst deren Familien, und daneben praktisch sämtliche erreichbaren ausländischen Kommunisten, hinzumorden oder (was nur zu oft dasselbe bedeutete) in mörderische KZs zu verschicken. Und zwar unter Anklagen, die nichts weiter waren, als durchsichtige, für Ankläger wie für Angeklagte offenbare Vorwände.

Die dem sowjetischen Regime wohlgeneigten Autoren, an denen im Westen nie Mangel herrschte, versuchen die apologetische These aufzustellen, die »Große Säuberung« diente dazu, die feindliche »Fünfte Kolonne« in Sowjetrußland zu vernichten. Die These widerspricht nicht nur allen bekannten Berichten, sondern auch notorischen Tatsachen, und versucht außerdem sowjetischer zu sein als die Sowjetmacht selbst. In keinem bekannten Bericht ist nämlich davon die Rede, daß wirkliche Spione, Diversanten, Saboteure, wirkliche NS-Agenten in jenem Riesenfang in die Netze der sowjetischen Geheimpolizei geraten wären. Es ist dagegen geschichtsnotorisch, daß eine rein einheimische »Fünfte Kolonne« in Sowjetrußland im Zweiten Weltkrieg unvergleichlich zahlreicher war, daß es unter den Sowjetbürgern mehr Kollaborateure mit den Deutschen gegeben hat, als in allen anderen von den Nazis besetzten und unbesetzten Ländern. Dafür gibt es – außer allgemein bekannten Tatsachen, wie die Bildung verschiedener uniformierter und auch bewaffneter Verbände, für die die »Wlassow-Armee« ein Sammelbegriff ist – einen unwiderlegbaren und unbestreitbaren Beweis: Die sowjetischen Kriegsromane und -filme wimmeln von verschiedensten Kollaborateuren und Verrätern. Die Sowjetmacht hat während und nach dem Krieg zahllose wirkliche und vermeintliche Kollaborateure drakonisch bestraft – es wurde für diese 1943 die längst abgeschaffte, in der Zarenzeit berüchtigte Strafart »Katorga«, also schwerste Zwangsarbeit, wiedereingeführt[86]. Volksgruppen und ganze Völker wurden auf typisch totalitäre, im Sowjetkommunismus noch häufiger als im Nationalsozialismus angewandte Weise, kollektiv bestraft und für Kollaboration mit den Deutschen in Verbannung und KZs geschickt. Daß dabei vor allem diejenigen litten und starben, die sich kaum einer Kollaboration schuldig gemacht hatten – nämlich die Kinder [87] –, sei nur am Rande vermerkt.

Die ganze deutsche Volksgruppe in Sowjetrußland wurde davon rein präventiv betroffen, bevor sie sich irgendwie der Kollaboration mit den Nazis schuldig machen konnte – und zwei Jahre, nachdem die Große

Sowjetische Enzyklopädie (Bd. 41 von 1939) »die grenzenlose Treue des werktätigen Volkes der Wolgadeutschen Autonomen Sozialistischen Sowjetrepublik zur Sache des Kommunismus« gepriesen hatte[88].

Die Behauptung von der Vernichtung einer vermeintlichen »Fünften Kolonne« in der »Großen Säuberung« wird von seiten der Sowjetmacht selbst nicht erhoben. Im Gegenteil, in kommunistischen Enzyklopädien finden wir zahllose Lebensläufe von »rehabilitierten«, seinerzeit »infolge von Verleumdungen«, «in den Bedingungen des Kultes der Persönlichkeit Stalins« u. dgl. hingerichteten Kommunisten[89]. Zwar gebraucht man oft merkwürdige bis sinnlose Euphemismen, deren Inhalt ist jedoch durchsichtig und eindeutig genug.

Es sind zwar bei weitem nicht alle Opfer des sowjetischen Massenmordes an sowjetischen und ausländischen Kommunisten »rehabilitiert« worden (von anderen Opfern ganz zu schweigen), besonders auch kein einziger von den ermordeten bzw. den Nazis ausgelieferten deutschen Kommunisten. Die Nicht-»Rehabilitierten« sind jedoch zu wörtlichst totgeschwiegenen »Unpersonen« geworden und werden nicht etwa von sowjetischer Seite als angebliche Agenten der Nazis genannt.

Es gibt unter den »Rehabilitierten« eine große Zahl einer besonderen, erwähnenswerten Kategorie von Menschen, deren Schicksal in Sowjetrußland das sowjetische System genauso charakterisiert, wie das Schicksal ihrer Kollegen in Nazideutschland das NS-System: Die Schriftsteller. Von den 700 sowjetischen Schriftstellern, die 1934 am ersten Schriftstellerkongreß teilnahmen, haben nur noch fünfzig den zweiten Kongreß von 1954 erlebt. Mehr als 600 wurden in Gefängnissen und KZs inhaftiert, die meisten kamen um, darunter so herausragende wie Isaak Babel, Ossip Mandelstam und Boris Pilnjak; neben ihnen andere eminente Vertreter der Kultur und der Wissenschaft, wie etwa der Schöpfer des neuen sowjetischen Theaters, Wsjewolod Meyerhold oder der große Biologe Nikolaj Wawilow. Die äußerst vorsichtig betriebene »Rehabilitation« bedeutete jedoch nicht das Ende der Zeit, in der »die russische Prosa in die Lager ging[90]. Wie Cornelia I. Gerstenmaier 1972 feststellte: »Bis in unsere Tage hat sich die kulturelle Selbstverstümmelung des Sowjetsystems erhalten. Sie begann in der nachstalinistischen Ära mit der Diffamierung Pasternaks, ging über die Verurteilung Sinjavskijs, Daniels und anderer Schriftsteller bis zum jüngsten ›Fall Solženicyn‹«[91].

Der Unterschied zu Nazideutschland besteht darin, daß im Dritten Reich NS-Schriftsteller überhaupt nicht verfolgt wurden. Die deutschen nicht-nationalsozialistischen Schriftsteller wurden genauso verfolgt, wie es die Sowjetkommunisten mit russischen nichtkommunistischen Schriftstellern taten, nur daß die Deutschen mehr Gelegenheit zur Emigration hatten und sie auch benutzten. Viele wurden trotzdem verhaftet. Außerdem veranstalteten die Nazis öffentlich das, was in Sowjetrußland (und später auch im Dritten Reich selbst) in viel größerem

Umfang, aber heimlich getan wurde: die berüchtigte Bücherverbrennung vom Mai 1933. Die dem Sowjetkommunismus mehr abgeneigten Autoren, die dessen verbrecherischen Charakter (natürlich nur in Beschränkung auf den sog. Stalinismus) hervorheben wollen, machen die sowjetischen Verbrechen der späten dreißiger Jahre zum totalen Wahnwitz durch die Behauptung, daß es im damaligen Sowjetrußland überhaupt keine Verschwörungen gegen die Sowjetmacht, ja kaum deren Gegner gegeben habe. Diese Behauptung ist, entgegen den Absichten ihrer Vertreter, letzten Endes objektiv prosowjetisch. Was aber viel wichtiger erscheint – sie ist logisch kaum annehmbar. Und schließlich stützt sie sich, wie mir scheint, auf unzureichende Quellen und widerspricht in der Folge den Tatsachen.

Es ist nämlich logisch nicht annehmbar, daß in einem Lande, in dem die Macht von einer Minderheit durch brutale Gewalt erobert und zwanzig Jahre lang auf dieselbe Weise erhalten worden war;

daß einige Jahre nach einem langjährigen, grausamen Bürgerkrieg durch einen eigenartigen zweiten hindurchgegangen war, in dem zehn bis fünfzehn Millionen Bauern aus allen Völkern dieses Vielvölkerreiches hingemordet und alle übrigen in eine Art staatlicher Leibeigener verwandelt worden waren;

wo seit zwanzig Jahren die Verfolgungen aller möglichen politischen und religiösen Gruppierungen und sozialen Gruppen unaufhörlich im Gange waren –

daß in diesem, an Konspirationen und Aufstände gegen die Unterdrückung seit jeher gewohnten und darin geübten Lande es gerade in jenem Augenblick keine Verschwörungen, keine Untergrundorganisationen, keinerlei Umsturzpläne gegeben haben soll. Und ich meine echte und einheimische, nicht durch »fremde Agenten« und fremdes Geld angezettelte.

Dabei denke ich nur an die europäischen Länder und Völker des Sowjetimperiums. Was in den asiatischen, mohammedanischen Völkern vor sich ging, die ihre Freiheit, ihren Glauben und ihre Sitten gegen die Sowjetmacht verbittert verteidigten und es immer noch tun, können wir nicht einmal vermuten. Wir wissen jedoch, daß auch dort die »Große Säuberung« fürchterlich gewütet hat.

Man muß, wie mir scheint, bedenken, daß jene sonderbare Behauptung sich auf Berichte Entkommener stützt, die entweder Kommunisten oder Ausländer oder, recht oft, beides zugleich waren. Weder in dem einen noch in dem anderen Charakter können sie von möglichen Verschwörungen und antisowjetischen Untergrundorganisationen etwas gewußt haben; es wäre schierer Selbstmord gewesen, sie einzuweihen. Genausowenig können davon Autoren jüngerer Generation wissen, wie Alexander Solschenizyn, damals noch ein junger Kommunist von knapp zwanzig; oder Roy Medwedew, ein damals zwölfjähriger Junge aus kommunistischer Familie und selbst bis heute treuer Kommunist. Eine der wenigen Ausnahmen bildet der bereits erwähnte Bericht von Iwan L. Solonjewitsch. Er war Russe, weißruthenischer bäuerlicher Herkunft; die ganze Familie war von Anfang an antisowjetisch eingestellt, und zwar nicht aus »klassenmäßigen« Gründen, sondern weil sie klar sah, was der Kommunismus Rußland brachte (nicht klar sahen später die Solonjewitsch in ihrer Verzweiflung, was der Nationalsozialismus bedeutete, das aber steht auf einem anderen Blatt). Solonjewitsch begegnete 1934 in den Lagern des Weißmeer-Ostsee-Kanals u. a. ein paar Dutzend Studenten der Moskauer Kunstmalerakademie, die alle wegen »Terror« inhaftiert waren – nachdem 52 Studenten, die zu dem inneren Kreis ihrer Untergrundorganisation gehört hatten, erschossen worden waren. Studenten der Chemie hatten eine Bombe angefertigt; die bei der Renovierung der Dekoration im Moskauer Künstlertheater beschäftigten Kunstmalerstudenten wollten sie von der Bühne in Stalins Loge werfen[92]. Alles wie nach dem Vorbild von Alexander Iljitsch Uljanow, Lenins älterem Bruder, und seinen Genossen, die 1887, lange vor der Geburt dieser Studenten, den Zaren Alexander III. mit einer Bombe töten wollten.

»Man könnte sagen«, schreibt Solonjewitsch über die Lagerjugend, »daß hier die Creme der antisowjetischen[93] Jugend sich versammelt hatte – wenn die wirkliche Creme nicht im Jenseits oder auf den Solowezki-Inseln wäre. Die Stimmungen dieser Gruppen waren somit nicht für die *ganze* Sowjetjugend charakteristisch – doch waren sie es immerhin für sechzig bis siebzig Prozent. Selbstverständlich kann bei solcher Statistik nicht von Genauigkeit die Rede sein, doch bildete diese scharf antisowjetisch gesinnte Jugend eine erdrückende Mehrheit in der Freiheit, vom Lager gar nicht zu sprechen«[94].

Ein Vertreter jener studentischen Lagerjugend sagte einmal zu dem Autor: »Ihr Aussehen ist so skeptisch. Ne-e, in Rußland ist alles fertig. Es fehlt nur eins – ein Signal. Und dann in zwei Tagen – ist alles zum Teufel! Was für ein Signal? – Egal was für eins. Meinetwegen der Krieg!«[95]

Aufgrund dieser und anderer Gespräche und Erfahrungen schrieb Solonjewitsch in der Einführung zu seinem Bericht: »... Eine Tatsache bleibt für mich völlig außer Zweifel: das Land erwartet den Krieg, um sich zu erheben. Vor irgendeiner Verteidigung des ›sozialistischen Vaterlandes‹ durch das Volk kann nie und nimmer die Rede sein. Im Gegenteil: Mit wem auch der Krieg geführt werde und was für Folgen eine militärische Niederlage auch nach sich ziehen mag – alle Seitengewehre und Heugabeln, die irgendwie in den Rücken der Roten Armee hineingestoßen werden können, werden unbedingt hineingestoßen. Das weiß jeder Bauer, wie es jeder Kommunist weiß. Jeder Bauer weiß, daß er gleich nach den ersten Schüssen des Krieges zunächst und in erster Linie den nächsten Vorsitzenden des Dorfsowjets, des Kolchos und andere mehr umbringen wird, und diese sind sich darüber absolut im kla-

ren, daß sie gleich in den ersten Tagen des Krieges wie Hammel abge-
schlachtet werden ...« Denn »Menschen ... die im Zwangsarbeitslager
oder im Kolchos sitzen« wissen: »... schlechter als im Sowjetvaterland
wird es ihnen nirgendwo ergehen ...«[96]
In dem Exemplar, das ich benutzt habe, hat ein anonymer Leser bei diesen Sätzen ein großes Fragezeichen an den Rand gestellt. Und der einzige mir bekannte Autor, der diese Sätze je zitiert hat – Roy
Medwedew[97], der es übrigens auf seine eigene Weise tut[98] – kommentiert triumphierend: »Diese Propheten des Untergangs wurden freilich
durch den wirklichen Verlauf der Ereignisse drastisch widerlegt«.
Nun, Solonjewitisch, wie viele andere, konnte 1934 weder den sowjetischen Wahnsinn der »Großen Säuberung«, noch den NS-Wahnsinn der
»Untermenschen-Politik« gegenüber den sowjetischen Kriegsgefangenen und der Bevölkerung der besetzten sowjetischen Gebiete vorausse-
hen. Das hätte niemand vermocht. Der erste genannte Wahnsinn änderte ziemlich wesentlich die Verhältnisse in Sowjetrußland, die sozialen Strukturen und sogar die Zusammensetzung der Gesellschaft. Der
zweite zeigte den sowjetischen Soldaten und den sowjetischen Völkern,
daß es ihnen doch irgendwo noch schlechter ergehen kann, als im Sowjetvaterland.
Es bleibt jedoch das bestgehütete und meistgefürchtete öffentliche Geheimnis der Sowjetmacht und des Kommunismus überhaupt seit 40 Jahren, daß es im Sommer 1941 kaum sowjetische Soldaten gab, die für das
verhaßte Unterdrückungs-, Hunger- und Mordregime kämpfen wollten; und daß die Zivilbevölkerung, besonders in den Grenzländern
Ukraine und Weißruthenien (von den baltischen Ländern, deren sich
Sowjetrußland gerade auf unbeschreiblich grausame Weise bemächtigt
hatte, nicht einmal zu reden) die deutschen Armeen als Befreier erwartete und begrüßte. Ich habe im NS-KZ mit zahlreichen ehemaligen Soldaten der Roten Armee, Russen, Ukrainern und Weißruthenen gesprochen. Inwieweit es möglich war, unter vier Augen und außer Hörweite
eines anderen Sowjetbürgers darüber zu reden, und insofern ich inzwischen das Vertrauen des betreffenden Leidensgenossen gewonnen hatte, sagten sie alle dasselbe. Außer verschiedenen anderen Zeugnissen[99]
spricht übrigens dafür eine notorische, unleugbare Tatsache, und zwar
die Millionenzahl der sowjetischen Kriegsgefangenen, die im ersten
Kriegshalbjahr in deutsche Hände nicht so sehr fielen, wie eher marschierten.
Dann zwang der verbrecherische Wahnsinn der NS-»Volkstums-
politik«[100] die sowjetischen Soldaten und die Bevölkerung, den Sowjetstaat als das doch geringere von den zwei fürchterlichen Übeln zu verteidigen; und auch dann noch geschah alles, was ich oben (S. 211) über
die Kollaboration der Sowjetmenschen mit den Deutschen angeführt
habe.
Daß die Sowjetmacht 1941 genau das wußte, wovon Solonjewitsch

1934 schrieb – ja, daß sie noch mehr wußte, da inzwischen die »Große Säuberung« die Feindschaft gegen das Regime im Lande bis über den Siedepunkt gebracht hatte – das beweist die am Anfang des Krieges gestartete Reihe von präventiven Terroraktionen seitens des Sowjetstaates. Ein derartiger präventiver Terror gegenüber der eigenen Bevölkerung bei einem feindlichen Überfall sucht seinesgleichen in der Geschichte. Und mehr vielleicht als alle Verhaftungen und Erschießungen, besagt die allgemeine Wegnahme aller Rundfunkempfänger, eine Maßnahme, die sonst nur von den Nazis in besetzten Ländern (und dann wieder von den kommunistischen Behörden 1945 in Polen) getroffen wurde. Es würde schwerfallen, einen besseren Beweis dafür zu finden, wie total die Sowjetmacht der gesamten Bevölkerung des Landes mißtraute, wie sehr sie in dieser eine einzige feindliche »Fünfte Kolonne« sah.

Diese Tatsachen und diese Erwägungen führen mich zu einer Hypothese, die mir den großen Vorteil zu haben scheint, daß sie alle Absonderlichkeiten, den ganzen scheinbaren Widersinn der »Großen Säuberung« unwidersprüchlich erklärt. Es muß nämlich im Sowjetlande nach siebzehn Jahren Sowjetmacht mit allem unbeschreiblichen und unvorstellbaren Unglück, das sie brachte, lauter Feindseligkeit, brodelnden Aufruhr, Verschwörung und Haß gegen »die Partei Lenins und Stalins« gegeben haben. Wieviel die Herrschenden selbst darüber wußten, werden wir nie erfahren. Es ist nicht auszuschließen, daß sie noch mehr vermuteten, vor allem an bereits organisiertem Widerstand, als wirklich da war. Daß sie Angst vor einem Krieg gehabt hätten, ist kaum zu glauben angesichts der bewußt auf den Krieg und auf die Vernichtung Polens im Bunde mit Deutschland zielenden Politik, die sie seit eh und je trieben. Wovor sie aber eine grenzenlose Angst haben müssen, das war das eigene Volk und dessen unversöhnliche Feindschaft.

Deshalb setzten sie jene beispiellose Welle des namenlosen, allgemeinen Terrors in Bewegung, bei dem es den Untersuchungsbeamten befohlen worden sein muß, unsinnige, von der Wirklichkeit möglichst weit entfernte Anklagen zu erheben. Bei der seit zwanzig Jahren andauernden Unsinnigkeit der sowjetischen Wirklichkeit, bei der immer größeren Entfernung dessen, was diese Untersuchungsbeamten täglich in der Zeitung lasen, die »Die Wahrheit« (»Prawda«) hieß, von dem, was sie täglich am eigenen Leibe erlebten; bei dem seit zwanzig Jahren den Sowjetmenschen eisern eingehämmerten bedingungslosesten Gehorsam der Gedanken, der Worte und der Tat – muß es diesen Sowjetbeamten viel weniger abstrus erschienen sein, als es uns heute erscheint. Der Sowjetkommunismus hatte sich ja ein Land unterworfen, in dem bereits der Zarismus jahrhundertelang unter der Parole »gehorchen, nicht überlegen!« (sluschatj, da nje rassuschdatj) geherrscht hatte.

Es muß diesen Untersuchungsbeamten verboten worden sein, nach wirklichen, tatsächlichen Verschwörungen und Widerstandsorganisationen zu fahnden, nach Beweisen zu suchen. Es muß ihnen befohlen worden sein – mit welcher Begründung auch immer, oder ganz einfach ohne Begründung –, alle möglichen tatsächlichen Beweise zu vernichten und statt dessen mit allen Mitteln sinnloseste Geständnisse herauszupressen. Der Grund scheint mir klar und einleuchtend zu sein: Es mußte vermieden werden, daß der »Apparat«, daß die mittleren und unteren »Organe« der Terrorpolizei Kenntnis über das erlangen, was nur die höchsten Spitzen des Sowjetstaates wissen durften: Daß nämlich die übergroße Mehrheit der Sowjetbevölkerung davon träumte oder gar danach trachtete, das verhaßte Sowjetregime zu stürzen. Denn es hätte dann nur allzu vielen Beamten der Terrorpolizei der rettende Gedanke kommen können, das sinkende Sowjetschiff beizeiten zu verlassen, sich auf die stärkere Seite des Volkes zu schlagen und sich so selbst vor dem Schicksal des Regimes zu retten.

Diese Annahme hat recht vieles für sich, auch angesichts der mehrmals erfolgten Auswechslung der Schergen durch Verhaftung und Hinrichtung, von den obersten Chefs der Geheimpolizei – Jagoda, Jeschow – bis zu kleinen Untersuchungsbeamten. Der Gedanke liegt nahe, daß sich die oberste Spitze dadurch die zusätzliche Sicherheit verschaffte, daß niemand zuviel an unerwünschter Kenntnis der Verhältnisse im Lande erwerben konnte, daß niemand außer der obersten Spitze des Unterdrückungsstaates eine Übersicht hatte. Es wurde so ein blutiges Chaos geschaffen, in dem sich niemand mehr auskennen konnte und niemand mehr wußte, worum es eigentlich ging.

Und es scheint darum gegangen zu sein, das gesamte riesige Sowjetreich und dessen sämtliche Völker im Interesse der weiteren Ausübung der unbeschränkten Macht durch eine Handvoll von gewissenlosen Führern zu terrorisieren, alle möglichen existierenden Verschwörungen und Widerstandsorganisationen blind, durch breitgestreute Verhaftungen zu zerschlagen: alle möglichen Anführer möglicher Aufstände gegen die kommunistische Tyrannei zu vernichten« oder in fernen KZs unschädlich zu machen.

Das würde auch die verbissene Verfolgung aller noch so loyalen Ausländer und Fremdvölkischen erklären: Ohne es zu wollen, gewissermaßen ohne es selbst zu wissen, waren sie vom Standpunkt der Sowjetmacht potentielle Erreger eines Aufbegehrens der sowjetischen Volksmassen, Zeugen und lebendige Zeugnisse von einer Welt, wo Menschen Brot, Kleider und Schuhe hatten, wo sie denken, reden und überhaupt leben durften (vgl. o., S. 192 ff.)

Ich bin weit davon entfernt, dies für mehr als eine *mögliche* Erklärung zu halten. Wie jedoch gesagt, scheint mir diese Hypothese alle äußerlichen Unsinnigkeiten des sowjetischen Geschehens der Jahre 1935–1939 auf eine rationelle und unwidersprüchliche Weise zu erklären.

Sonst bleibt uns nur, eine Unzahl von schier unglaublichen Tatsachen zu registrieren und so zu tun, als ob sie einen Sinn ergäben. Vielleicht hat sogar der bestens Wissende – Jossif Stalin – gerade diese Hypothese in seinen berühmten und scheinbar unbegreiflichen Worten chiffriert, mit der fortschreitenden Festigung des Sozialismus verschärfe sich der Klassenkampf.

Es gab übrigens einige Jahre später jene kleine, analoge Aktion auf der Seite des anderen, des NS-Totalitarismus – die vom Gestapo-Chef befohlenen großen Razzien im besetzten Polen Anfang 1943 (o., S. 160 f.). Die NS-Terrorpolizei war sich dessen bewußt, daß bei einer wahllosen Massenverhaftung von Polen in arbeitsfähigem Alter nach reiner Wahrscheinlichkeitsrechnung eine große Zahl von Mitgliedern der polnischen Widerstandsbewegung – in der NS-Sprache der »widerstandsfähigen Asozialen« – verhaftet würde, die man so, ohne die zusätzliche Mühe der Verhöre und der Suche nach Beweisen durch Unterbringung in KZs nicht nur »wirtschaftlich nützlich«, sondern auch politisch und militärisch unschädlich machen konnte.

Wenn man von der Frage nach den Opfern zu derjenigen nach den Schergen übergeht, stößt man auf dieselben, bereits (o., S. 188 f.) beschriebenen Schwierigkeiten. Wie aus dem dort Gesagten folgt, müssen wir die Gefängniswärter sowie die Verhörenden, also gewisse Kategorien von Schergen, die nicht direkt zum Thema KZ gehören, außer Betracht lassen, auch wenn sie im subjektiven Empfinden des Häftlings sehr wohl zu den für sein Schicksal Verantwortlichen zählen. Andererseits müßten bei einer gründlichen Untersuchung des Themas KZ zwei Kategorien von Schreibtischtätern – es wäre vielleicht erlaubt, von Schreibtisch-Schergen zu sprechen – in Betracht gezogen werden, von denen der Häftling so gut wie nichts wußte, die er kaum je zu Gesicht bekam, die jedoch für sein Schicksal wichtiger waren als die bloßen Ausführer derer Befehle. Und zwar diejenigen, die die Verhaftung befahlen sowie diejenigen, die die Einlieferung in ein KZ anordneten. Somit decken sich die von den Häftlingen direkt erlebten und dadurch in ihren Erinnerungen groß herausgestellten Kategorien von Schergen nicht ganz mit dem, was bei einer umfassenden Analyse der KZ-Einrichtung untersucht werden müßte.

Hier nämlich sieht das – in chronologischer Reihenfolge – so aus, daß zuerst die die Verhaftung Befehlenden betrachtet werden müßten (wobei, je nach Wichtigkeit der zu verhaftenden Person und somit auch der zu treffenden Entscheidung, der Ur-Befehl auf entsprechend hoher Stufe gegeben wird und weitere Stufen nach unten durchläuft); dann die tatsächlichen, sozusagen physisch Verhaftenden; dann diejenigen, die die Verschickung in ein KZ vorbereiten und sie anordnen; dann das Transport-Begleitkommando ins KZ; dann die uniformierten KZ-Bewacher, die sich in den sowjetischen und in den NS-KZs auf eine nicht identische Art und Weise in eigentliche Aufseher und in bloße, bei Flucht schießende Wachposten teilen; schließlich die Häftlings-

Aufseher, welche Einrichtung nicht nur zwischen den sowjetischen und den NS-KZs, sondern auch zwischen verschiedenen Lagern des betreffenden KZ-Systems verschiedentlich war bzw. ist.

Die ersten drei Kategorien gehören im sowjetischen und gehörten im NS-Regime zu den für die beiden Regimes so charakteristischen allmächtigen Terrorpolizeien: Die die Verhaftung Befehlenden zu ihrer mittleren bis oberen, die sie Ausführenden zu deren unteren Organen (bei politisch sehr wichtigen Verhaftungen konnte bzw. kann der erwähnte Ur-Befehl von den höchsten Instanzen des totalitären Staates kommen). Der Begriff »Terrorpolizei« ist dabei eine vielfältige Vereinfachung, deren man sich mangels besserer Bezeichnungen und Beschreibungen bedienen muß, die die Totalitarismus-Forschung uns bisher nicht geliefert hat.

Allgemein verwendet wird hier die Bezeichnung »Geheimpolizei«, die jedoch kaum zutreffend ist. Geheimpolizei ist bereits jede normale, rechtsstaatliche Kriminalpolizei, deren Beamten in Zivilkleidern statt in Uniformen wirken, also ihren Polizeibeamten-Status aus verständlichen Gründen verheimlichen. Die Geheimhaltung der Funktionäre ist nur ein, weder wichtigstes noch allgemeines Merkmal einer totalitären Terrorpolizei. Ihre Existenz ist nur allzu bekannt und ihre Rolle wird – besonders in Sowjetrußland – nur allzu öffentlich gespielt. Selbstverständlich hatten bzw. haben die Terrorpolizeien unzählige geheime Aktivitäten und Mitarbeiter. Was sie aber von jeder Kriminalpolizei und jeder Spionageabwehr jedes Rechtsstaates völlig unterscheidet, das ist ihr an kein Recht gebundener und von keinen rechtsstaatlichen Organen überwachter Charakter. Eine totalitäre Terrorpolizei[101] ist kaum noch eine Polizei, schon aus dem genannten Grunde. Eine Polizei ist ein normales rechtsstaatliches Organ, der Kontrolle übergeordneter rechtsstaatlicher Organe unterstellt, an allgemeine Gesetze und an ein besonderes Polizeirecht gebunden. Und – vor allem – ein ausgesprochen ausführendes Organ. Wogegen die Terrorpolizei eines totalitären Staates viel eher dem Staate befiehlt, als von ihm Befehle empfängt – und sogar viel eher die das nominelle Monopol der Macht besitzende Partei beherrscht, als daß sie von dieser beherrscht würde.

Man muß übrigens darauf hinweisen, daß die Terrorpolizeien der totalitären Systeme oft nicht »...Polizei« heißen, sondern entweder einen den Begriff »Sicherheit« enthaltenden Namen tragen (»Komitee für Staatssicherheit« im heutigen Sowjetrußland) und offiziell als »Sicherheitsorgane« bezeichnet werden – oder gar einen völlig nichtssagenden Namen bekommen (»Politische Hauptverwaltung«, GPU, im Sowjetrußland der 20er Jahre).

Im NS-Reich war die eigentliche Polizei und auch die Terrorpolizei – die »Sicherheitspolizei« und die »Geheime Staatspolizei« – ein untergeordnetes Organ weder des Staates noch der Partei, sondern einer besonderen Organisation mit politisch-ideologischen, militärischen und polizeilichen sowie mit den Zügen eines Ordens und eines Geheimbundes: der »Schutzstaffel«, der SS. »... Die SS mit ihrem RSHA« [Reichssicherheitshauptamt], schrieb 1960 H. G. Adler, »ist nicht eigentlich der Staat, sondern ein Geheimbund, der ihn fast unbeschränkt beherrscht und das Privilegium der Willkür genießt, die von keiner objektiven Rechtsordnung normiert oder kontrolliert ist«[102]. Außer der Bezeichnung »Geheimbund«, zu der dasselbe zu sagen wäre wie zur »Geheimpolizei« − wie ich selbst sagte, besaß die SS unzweifelhaft auch die Züge eines Geheimbundes: sie war aber alles andere als geheim − ist diese Beschreibung ausgezeichnet und paßt auch fast vollkommen auf die sowjetische Entsprechung der SS, die vielnamige sowjetische Terrorpolizei, die ich, schon wegen dieser sie von der SS unterscheidenden Vielnamigkeit, weiterhin einfach so bezeichnen muß. Es kann hier nicht meine Aufgabe sein, die zwillingshafte Ähnlichkeit der beiden zu analysieren − oder die feststellbaren Unterschiede (vgl. o., S. 125 f.). Ich beschränke mich auf Stichworte: Übergeordnete Rolle gegenüber der eigentlichen Polizei und eigentlich (z. T. inoffiziell, durch eingeschleuste eigene Leute) gegenüber dem ganzen Staatsapparat; Durchdringung des gesamten staatspolitischen Lebens; totale Herrschaft über das eigene Volk und die Völker der unterjochten Länder mit dem besagten Privilegium der totalen Willkür; Verfügung über Konzentrationslager, als dessen äußerster Ausdruck, als Quelle wirtschaftlicher Macht usw.; eigene bewaffnete Verbände, der Armee gegenüber privilegiert, wenn ihr nicht gar übergeordnet (letzteres mehr in Sowjetrußland als in Nazideutschland, wo entsprechend einer anderen militärisch-politischen Tradition und infolge der z. T. bewahrten staatlichen Kontinuität die SS sich zuerst noch als Fronttruppe bewähren mußte); Züge eines Geheimbundes und einer festgefügten politisch-sozialen Kaste mit Erneuerung durch Rekruten-, oder eher Novizenwerbung. Von der maoistischen »Geheimpolizei« wissen wir viel zu wenig, um hier Vergleiche anzustellen. Es gibt jedoch ein Stichwort, das für alle drei gilt, von ihnen selbst gegeben; das dazu dient, ihrer Willkür eine höhere Würde zu verleihen und sie in ein Gewand makelloser Berechtigung zu hüllen: »Allwissenheit und Unfehlbarkeit«. In allen drei Systemen hörten bzw. hören die Verhafteten, daß diejenigen, die sie verhaftet haben, »alles wissen«; daß die Verhaftung an sich bereits ein Beweis der Schuld sei, da ja Unschuldige nicht verhaftet werden − und in allen drei Systemen gelang es, diese Ansichten weitgehend dem unterjochten »Staatsvolk« und z. T. auch den unterdrückten Völkern einzuimpfen. Dies sollte übrigens jenen Völkern nicht zur Last gelegt werden. Der Mensch zieht eine beruhigende Selbsttäuschung der erschütternden Wahrheit vor, daß er selbst und sein ganzer Staat in die Hände von gewissenlosen Verbrechern geraten ist; der Mensch glaubt lieber, daß sein unbescholtener Nachbar ein Verbrecher, ein Saboteur, ein Spion, ein Werkzeug der dunkelsten Mächte gewesen ist, als daß er bereit wäre, der schrecklichen Wahrheit ins Auge zu sehen, daß auch er selbst und jeder seiner Angehörigen noch in dieser Nacht völlig schuldlos verhaftet, gefoltert, in ein KZ geworfen und gar hingerichtet werden könne. Über die Täuschungen bezüglich der totalitären Regimes, denen sich Menschen innerhalb und außerhalb der Machtbereiche dieser Regimes, allen unerschütterlichen Beweisen und unübersehbaren Tatsachen zum Trotz, hingaben und hingeben, könnte man leicht viele dicke Bände schreiben.

Die Verschickung in ein KZ wurde im NS-System von einer anonymen »Leitstelle« der Polizei angeordnet: Für die »Politischen Schutzhäftlinge« von einer Stapo-[= Staatspolizei-]Leitstelle, für die »kriminellen Vorbeugungshäftlinge« von einer Kripo-Leitstelle. Von den entsprechenden sowjetischen Stellen, einschließlich der Gerichte, war bereits die Rede (o., S. 57 ff.).

Die Transport-Begleitkommandos, wenn auch scheinbar problemlos, sind in mancher Hinsicht nicht ohne Interesse. Interessant kann bereits ihre rein personelle Zusammensetzung sein. So wurde mein eigener Transport aus Kielce nach Groß-Rosen im März 1944 von Kosaken aus dem kaukasischen Nachitschewan eskortiert, die zwar deutsche Uniformen trugen, jedoch kein Wort Deutsch verstanden. Einige Transporte von polnischen Widerstandskämpfern gegen die Nazis in sowjetische KZs, ebenfalls 1944 und im nächsten Jahr, sollen von SS-Männern eskortiert worden sein, die ebenfalls deutsche SS-Uniformen trugen und in diesem Falle kein Wort Russisch verstanden[103]. Man darf annehmen, daß ihnen diese Tätigkeit ihre Gefangenschaft versüßte. Denn in beiden Fällen handelte es sich natürlich um Kriegsgefangene, die mehr oder weniger unter Zwang in den Dienst des Gegners getreten waren.

Die Haltung des Begleitkommandos gegenüber den Häftlingen spielt eine Rolle, die im direkten Verhältnis zu der Länge der Fahrt steht. Ich habe darüber bereits gesprochen (o., S. 125, 147, 164).

Es gibt hier − im Bereich der sowjetischen KZ-Transporte − eine Einzelheit, die sich in unzähligen Berichten so dringend wiederholt und über lange Jahrzehnte so unabänderlich bleibt, daß es unmöglich ist, sie nicht zu erwähnen. Ich meine das sinn- und zwecklose, durch reine Trägheit und Faulheit der Begleitkommandos verursachte Quälen der transportierten Häftlinge mit *Durst*.

Die polnische Schriftstellerin, die noch vor dem Ende des Krieges die unzähligen Berichte der nach Sowjetrußland deportierten und später durch den Gang der Ereignisse aus Sowjetrußland befreiten Polen studierte[104], stellte für die Deportationstransporte der Jahre 1939−1941 fest: »In bezug auf Wasser war freilich die Lage absolut drastisch. Man kann gleich sagen, daß es in keinem Zug, zu keiner Zeit, in keiner Temperatur so etwas gegeben hat wie die kleinstmögliche Menge von Wasser, die ein menschliches Wesen davor hätte bewahren können, an brennendem Durst zu leiden.

Die Gefühllosigkeit (callousness) der Konvoisoldaten gegenüber allen verzweifelten Bitten um Wasser ist schwieriger zu begreifen als alles andere. Das Recht jedes Lebewesens auf Trinkwasser ist etwas so Elementares und so allgemein Anerkanntes, sogar im Dschungel, daß es fast unmöglich scheint, daß irgendein menschliches Wesen, das nicht vor besonderen Gefühlen des Zorns oder der Rachsucht bewegt wird und sich nicht selbst dadurch in Gefahr des Wassermangels bringen würde, fünfzig oder sechzig unter solchen Bedingungen verschlossenen Menschen hartnäckig einen Eimer Wasser verweigern würde. Es ist jedoch eine Tatsache, daß sich diese Männer weigerten, es zu tun und fähig waren, in einer solchen Haltung während Fahrten zu verharren, die vier, fünf oder sechs Wochen dauerten. Es gab Tage, wo vierundzwanzig Stunden lang kein einziger Tropfen von irgendetwas Trinkbarem in die Waggons gereicht wurde. Es gab sogar Fälle, wo das sechsunddreißig Stunden dauerte. Die Zuteilung, wenn sie kam, bestand dann aus einem, manchmal zwei Eimern für den ganzen Waggon, nie mehr. Menschen verloren den Verstand durch diese Qual. Kleine Kinder waren nicht einmal imstande, aus geschwollenen Kehlen einen Schrei hervorzubringen. Im Frühsommer und im Sommer, bei der Fahrt über die gesengten Landschaften der Ukraine und der Zentralwüsten, wurde der Gipfel der Qual erreicht, der weder geschätzt noch beschrieben werden kann. Die Waggons, in die kein Licht und keine Luft gelangen konnte, wurden dennoch leicht das Opfer von Sandstürmen. Zungen wurden schwarz und hingen aus gespenstischen Rachen und Kehlen. Auf alles flehen, auf alle Vorhaltungen, Ausbrüche oder Tobsuchtsanfälle antworteten die Soldaten nur mit Flüchen oder Schlägen«. In einem Transport vom Ende Juni 1941 — bereits nach dem Nazi-Überfall auf Sowjetrußland — wurden (neben zahllosen anderen Mordfällen) vier Polen nur dafür erschossen, daß sie um etwas mehr Wasser bettelten[105].

Ich möchte nicht den Eindruck erwecken, daß dies nur die Polen traf. Einige Jahre früher, wie Elinor Lipper berichtet, »brüllten wir oft stundenlang im Chor: ›Wasser, Wasser, einen Schluck Wasser, Wasser, Wasser . . . ‹, ohne daß sich irgend jemand darum bekümmert hätte«[106].

Über die großen Deportationen aus Estland im Juni 1941 lesen wir: »Fast ohnmächtig vor Durst streckten die Menschen in der heißen Sommersonne die Hände zwischen den Eisenriegeln hindurch und baten um Essen, aber öfter noch um etwas zu trinken. Ihre Bitten waren vergebens; die Wachen weigerten sich, die Türen zu öffnen oder auch nur einen Becher Wasser durch die Fenster zu reichen. Einige Menschen verloren infolge der Hitze und des Durstes den Verstand; eine Reihe von Kindern starben . . .« usw.[107].

Einige Jahre später, gleich nach dem Kriege, erlebte Lew Kopelew dasselbe: »Erstickende Enge. Würgender Durst. Würgender Gestank.

Ständig demütige Bitten: ›Lieber Chef – Wasser!‹ ›Bürger Soldat, bitteschön, die Kehle ist schon ganz verdorrt ...‹ ›Wasser!‹«[108]
Und so war es auch in den sechziger und in den siebziger Jahren[109].

»Mitte 1979 berichteten Gefangene«, lesen wir in der Studie der Amnesty International, »daß im April 1979 in Kasan 17 Gefangene in einem *woronok*[110] erstickt seien, der in der Sonne stehengelassen wurde, ohne daß jemand sich um die Bitte der Gefangenen, hinausgelassen zu werden, gekümmert hätte«[111].

Zu der Durstfolter kam und kommt eine andere Folter, die mit jener eng zusammenhängt – physiologisch für den Häftling, als eine weitere Folge der Faulheit beim Konvoisoldaten: Man läßt die Gefangenen in den Stolypin-Waggons[112], den fahrenden Zellengefängnissen, möglichst wenig oder gar nicht auf die Toilette. Wer weniger trinkt, braucht weniger auszutreten; und das eine wie das andere bedeutet Mühe für den Konvoisoldaten: Wasser muß geschleppt, der Häftling auf die Waggontoilette geführt werden[113].

Eine entsprechend große Rolle spielt dann die Haltung der Lagerbewacher gegenüber den Häftlingen (vgl. o., S. 141 ff.). Was zu analysieren bliebe, ist die Struktur der persönlichen Verantwortlichkeiten. Es ist eine Frage, die bezüglich der SS praktisch zu lösen man ab 1944 die Gerichte zwang, ohne daß die Wissenschaft ihnen bis zum heutigen Tage eine ausreichende, praktische, geschweige denn theoretische Hilfe geleistet hätte.

Bei allen Verbrechen in KZs (sowie natürlich in NS-Vernichtungslagern) handelt es sich nicht einmal um sog. Organisationsverbrechen. Normalerweise hat ein Strafgericht mit einem einzelnen, höchstens mit einer Bande von mehreren Übeltätern zu tun – und darauf ist auch jedes zivilisierte Strafgesetz zugeschnitten. Und bereits in dem zweiten Falle ist der entsprechende strafbare Anteil an der betreffenden Tat – umso weniger an der betreffenden kriminellen Tätigkeit – nicht leicht festzustellen und in der Strafmessung zu würdigen. In einem zentral organisierten riesigen Apparat, der eigens zu dem Zweck geschaffen worden ist, Abermillionen von Verbrechen auf riesigen Gebieten des betreffenden totalitären Machtbereiches zu begehen, wird die persönliche Verantwortung des einzelnen, auf die einzig und allein der Gesetzgeber es seinerzeit abgesehen hat, kaum noch sichtbar.

Das normale Rechtsverfahren befaßt sich in den allermeisten Fällen mit einer verhältnismäßig leicht feststellbaren Einzeltat, mit der der Angeklagte in direkten, auch sachlichen (was die Motive zu dieser konkreten Tat betrifft) Zusammenhang gebracht werden kann. Es ist ganz undenkbar, daß ein Gericht voraussetzen oder annehmen könnte, ein Angeklagter hätte eine Anzahl Morde begangen, von denen man im einzelnen nichts weiß.

Die Umstände der in einem KZ begangenen Taten sind denkbar anders. Es ist in den meisten Fällen gerichtsnotorisch[114], daß dort eine Unzahl von Morden begangen worden ist. Man weiß aber nicht mehr davon, als daß es geschehen ist.

Sonst bleibt nur die Frage, die Hermann Zolling zum Titel seiner Beschreibung der Auschwitzer Ortsbesichtigung durch das Frankfurter Schwurgericht wählte:»Wer zählt die Toten, nennt die Namen?«[115] Im Prozeß gegen die Sachsenhausener SS-Schergen Sorge und Schubert 1958–59 vor dem Schwurgericht in Bonn sagte treffend der Staatsanwalt Horn:»Niemand wird zum Massenmörder, wenn nicht eine innere Bereitschaft, eine innere Einstellung zur Tat, eine Bereitschaft zu Mißhandlungen, eine Bereitschaft zu Tötungen, eine innere Einstellung zu Mißhandlungen vorhanden ist. Nicht ohne Überlegung suchte man sich zum Dienst in den Konzentrationslagern, wie ich oben bereits ausgeführt habe, eine besondere Art von Menschen aus, gefühlsrohe und primitive Menschen, bei denen man diese Bereitschaft voraussetzen konnte«[116]. Das vielleicht krasseste Beispiel dafür ist der Kommandant des KZs und des Vernichtungslagers Auschwitz, Rudolf Höß, der bereits 1923 an einem grausamen Mord teilgenommen hatte[117].

Andererseits darf man nicht die Freiwilligkeit der Funktionäre der totalitären Gewaltapparate unterschätzen. Wenn sich jemand derartige Persönlichkeiten, wie Lenin, Stalin, Hitler oder Himmler zu geheiligten Autoritäten nimmt, kann er das unmöglich als Entschuldigung oder gar Rechtfertigung der Taten anführen, die er dann willig auf Befehl dieser sonderbaren Götter begeht.

Ein polnischer Staatsanwalt und bekannter Strafrechtler, Prof. Jerzy Sawicki, formulierte das m. E. zutreffend Anfang 1947 in seiner Schlußrede im Prozeß des NS-»Gouverneurs« des besetzten Warschau, Ludwig Fischer, in Warschau:»Man darf sich nicht selbst ein Idol schaffen, vor ihm niederknien, freiwillig vor ihm im Staub kriechen, sich bewußt im Schmutz wälzen, und dann die Verantwortung für diese Selbstschändung von sich streifen. Hier entscheidet nicht der Befehl in dem Augenblick, wo das Verbrechen begangen wurde, sondern der Augenblick, wo man die bindende Obergewalt des Führers für sich angenommen und anerkannt hatte«[118].

Dies wurde über NS-Verbrecher gesagt, paßt jedoch ebenso genau auf sowjetische und andere, einem »Führer« oder einer vergotteten Partei bzw. Sekte folgende und gehorchende Verbrecher.

Die Frage, ob in jenem Augenblick die späteren SS-Verbrecher wissen konnten, welche Obergewalt sie anerkannten und welcher Befehlsgewalt zu folgen sie sich bereit erklärten, hat wieder ein amerikanisches Gericht trefflich entschieden:»Der Einwand vom ›höheren Befehl‹«, lesen wir in der Urteilsbegründung im Prozeß der Einsatzgruppen der SS vom 10. April 1948,»bedarf zu einer Gültigkeit des Nachweises entschuldbarer Unwissenheit über seine Rechtswidrigkeit. Der Matrose, der freiwillig auf einem Seeräuberschiff fährt, kann nicht einwenden, er sei sich der Wahrscheinlichkeit nicht bewußt gewesen, daß er bei der

Beraubung und Versenkung anderer Schiffe mitzuwirken haben werde. Wer bereitwillig einem rechtswidrigen Unternehmen beitritt, wird wegen der natürlichen Entwicklung dieses rechtswidrigen Unternehmens unter Anklage gestellt. Welcher SS-Mann könnte sagen, daß er sich der Einstellung Hitlers gegenüber den Juden nicht bewußt war?«[119].

So sind wir bei der Frage des Befehls angelangt – einer für den Totalitarismus im allgemeinen, für die Problematik der KZs im besonderen zentralen Frage (vgl. o., S. 78). Eines der Hauptmerkmale des Totalitarismus, vielleicht dessen Merkmal schlechthin, auf jeden Fall seine grundsätzliche Ausgangsposition besteht darin, daß er (wenn auch nicht immer offen) alles positive, allgemeingültige Recht aufhebt und durch willkürlich erlassene, oft geheimgehaltene Anordnungen und Befehle ersetzt. Diese haben zwar oft die äußere Form eines Rechtsaktes (»Erlasse«, »Dekrete«), bringen jedoch keine Rechtssicherheit, weil sie die Macht selbst nicht binden, weil niemand sich darauf zu seinen Gunsten berufen darf und weil – was besonders für den sowjetischen Machtbereich galt und gilt – die Befolgung einer Anordnung von gestern schon heute oder morgen strafbar sein kann. Das totalitäre Regime vermeidet dabei oft mit Vorbedacht, für wichtigste Gebiete überhaupt eine rechtliche Regelung zu treffen. Ich kenne kein besseres Beispiel, und gleichzeitig keinen mehr schlagenden Beweis dafür, als das berüchtigte Schreiben Himmlers an den SS-Obergruppenführer Berger vom 28. Juli 1942, in dem wir lesen: »Ich lasse dringend bitten, daß keine Verordnung über den Begriff ›Jude‹ herauskommt. Mit all diesen törichten Festlegungen binden wir uns ja selber nur die Hände«[120]. Ich brauche kaum daran zu erinnern, daß die Antwort auf die Frage, wer Jude ist, damals eine Entscheidung über Leben und Tod von Menschen bedeutete. Himmler hätte kaum deutlicher sagen können, daß die SS sich die unbeschränkte Entscheidungsfreiheit über Leben und Tod vorbehielt. Das ist eben, was H. G. Adler so treffend »Privilegium der Willkür« genannt hat (o., S. 220). Es bedeutet in der Praxis, daß alles, aber auch alles durch jeweilige Einzelbefehle geregelt und entschieden werden soll.

KZs und Vernichtungslager waren dabei eines der ersten und wichtigsten Gebiete, wo Befehle jedes Recht ersetzten. So z. B. erklärte im Verlauf des erwähnten Frankfurter Prozesses der Angeklagte, SS-Obersturmführer Karl Höcker, Adjutant des Lagerkommandanten von Auschwitz: »Es gab für das Lager in der Frage der Rechtmäßigkeit dieser Befehle keinen Zweifel. Was vom Reichssicherheitshauptamt kam, war ein rechtmäßiger Befehl«[121]. Einige Monate später, im Verlauf desselben Prozesses, fand ein SS-Jurist – SS-Untersturmführer Dr. Gerhard Wiebeck – eine Formulierung dafür: »[Staatsanwalt] KÜGLER: ›Haben sie die Zuständigkeit derer untersucht, die für die Vergasung verantwortlich waren?‹ Dr. WIEBECK: ›Damals interessierte uns das nicht. Es handelte sich dabei um justizfreie Hoheitsakte ‹«[122].

»Wo Begriffe zu furchtbar sind, dort zur rechten Zeit stellt das Wort sich ein« – an eine solche Formulierung hat nicht einmal Mephisto denken können.

Schon damals, in Auschwitz, sprach der spätere Angeklagte Josef Klehr die Befehle heilig: »Aber jeder Befehl ist mir heilig, muß auch ausgeführt werden, so lange wir Soldaten sind«, schrieb er in einem Brief vom 15. April 1943 an einen ehemaligen, zur Front eingezogenen Häftling[123]. Einige Jahre später schrieb Klehrs damaliger Kommandant, Rudolf Höß: »Seine [Himmlers] grundsätzlichen Befehle im Namen des Führers waren heilig ... Was der Führer befahl bzw. für uns sein ihm Nächststehender, der RFSS – war immer richtig«. Von Himmler spricht Höß als von dem Mann, «zu dem ich so hoch hinaufsah, zu dem ich solch festes Vertrauen hatte, dessen Befehle, dessen Äußerungen mir Evangelien waren«[124].

Diese Aussagen lassen bereits die immer wieder vorgebrachte Entschuldigung und Verteidigung der SS-Verbrecher – die Berufung auf einen angeblichen »Befehlsnotstand«[125] – in sich zusammenfallen. Um sie zumindest einigermaßen gelten zu lassen, müßte ein Angeklagter beweisen können, er habe von dem ihm Befohlenen so wenig getan, wie nur menschlich möglich. Die bisher abgeurteilten SS-Männer haben sich jedoch kaum eine solche Einstellung zugeschrieben. Um die bereits zitierten Aussagen als Beispiel zu nehmen: Es wird hier mehr oder weniger unwillkürlich zugegeben, daß nicht von einem inneren Widerspruch, geschweige denn von einer widerspenstigen, nur erzwungenen Ausführung der Befehle die Rede war. Wo der Befehl eines vorgesetzten Verbrechers direkt heilig gesprochen wird, wo er jegliches Recht und jegliche Moral ersetzt, da kommt nichts anderes in Frage, als eine hundertzwanzigprozentige Ausführung auch der verbrecherischsten und unmenschlichsten Befehle.

Man kann jedoch das ganze Problem des angeblichen »Auf-Befehl-Handelns«, des vielgenannten und wenig analysierten Befehlsnotstandes auch von mehr sachlicher Seite betrachten. Wenn sich nämlich ein Täter auf einen vermeintlichen Befehl als den zwingenden Grund seiner Tat beruft, bildet es schon einen ungeheuerlichen Unterschied, ob ihm eine einzelne Tat direkt, oder ob ihm solche Taten allgemein, durch Übermittlung eines »höheren Befehls« befohlen worden waren.

Wenn man den SS-Gemeinplätzen über die »auf Befehl« begangenen Taten auf den Grund geht, zeigt es sich, daß jene Gemeinplätze so gut wie jedes Inhalts entbehren. Wie seinerzeit der »Befehl«, so wird nun das »Auf Befehl« zu einer magischen, alles erklärenden und rechtfertigenden, wieder einfach »heiligen« Formel. Man spürt direkt, wie sich die Angeklagten über die Sturheit und den Stumpfsinn derer ärgern, die das weder empfinden noch begreifen können, die noch etwas zu vermelden haben, wo es doch »auf Befehl« war und damit alles gesagt ist[126].

Damit will man aber auch die Gerichte und die öffentliche Meinung glauben lassen, daß die SS eine Art der Orwellschen »1984«-Welt war, wo jeder kleinste Blockführer in einem KZ unaufhörlich von dem Großen Bruder Himmler fernüberwacht und zu brutalen Taten herumkommandiert wurde. In Wirklichkeit gleicht jede Befehlsgewalt in ihrem hierarchischen Aufbau nicht einer schmalen Kolonne, sondern einer Pyramide: Die wenigsten Befehle werden ganz oben, die allermeisten ganz unten erteilt. Das freie Ermessen jedes SS-Aufsehers in den NS-KZs war ganz ungeheuerlich, und das Schicksal unzähliger Häftlinge hing nicht von »Befehlen von oben« ab, sondern von Launen und Schrullen eines Lagerkommandanten, eines Schutzhaftlager- oder gar eines Blockführers in erster und praktisch letzter Instanz. So wenig man alles den kleinen Schergen anlasten darf, so wenig man die Schuld der Lenin, Stalin, Hitler übertreiben kann, die schließlich erst in ihren KZ-Staatssystemen diesen Schergen die Macht verliehen und sie auf die Menschen losließen – so wenig darf man die Rolle der Schergen selbst unterschätzen, und zwar von einem Dserschinskij, einem Himmler, einem Berija, bis zum letzten Büttel. Und so wenig kann man die Richtigkeit der Feststellung Solschenizyns übersehen: »Gäbe es keine Wachtruppen – gäbe es auch kein Lager!«[127]
Für die Anbeter der Befehle Stalins und Berijas kam die ungefährliche Zeit der Abrechnung, als im November 1962, mit dem Erscheinen des »Iwan Denissowitsch« von Alexander Solschenizyn (vgl. o., S. 18) eine kurze und blasse Stunde der halben Wahrheit über die Verbrechen des Sowjetkommunismus geschlagen hatte.
Dann schrieb eine gewisse Anna Filipowna Sacharowa, seit 1950 im Dienst der sowjetischen Terrorpolizei, die Lageraufseher »führten nur aus, was in Statuten, Instruktionen und Befehlen von ihnen gefordert wurde. Die Leute, die damals gedient haben, dienen auch heute noch, vielleicht daß zehn Prozent neue hinzugekommen sind, und sie wurden für gute Leistungen prämiiert und gelten als gute Kräfte«[128].
Mit anderen Worten: Hier wird von gut informierter Seite öffentlich erklärt, daß im Jahre 1963, sieben Jahre nach der ersten Verdammung der sowjetkommunistischen Verbrechen unter Stalin durch Chruschtschow, inmitten der vermeintlichen chruschtschowschen »Entstalinisierung«, sowjetische KZs weiterhin mit Schergen aus den vergangenen Jahren besetzt waren. Und Wladilen Sadornyj, der zwei Jahre Dienst in den KZs hinter sich hatte, erklärte über diese Schergen: »Man darf den Jungs keine Schuld geben. Sie waren Soldaten, sie haben ihre Pflicht gegenüber der Heimat erfüllt, und wenn auch an diesem unsinnigen und schrecklichen Dienst nicht alles verständlich war – aber sie hatten einen Eid geleistet, und ihr Dienst war nicht leicht«[129].
Der unbeugsame ukrainische Historiker Walentyn Moros, nach vier Jahren eines sowjetischen KZs in Mordowien (1965–69) am 1. Juli 1970 erneut verhaftet und »wegen antisowjetischer Agitation und Pro-

paganda« zu 6 Jahren Gefängnis, 3 Jahren KZ und 5 Jahren Verbannung verurteilt[130], schrieb in seinem 1967 im sowjetischen KZ Jawas verfaßten »Bericht aus dem Berija-Reservat«: »Wenn man sie aber hört – an allem war Berija schuld, und sie führten nur Befehle aus«[131]. So bleibt eigentlich nur der bittere Kommentar Solschenizyns: »Keiner von ihnen wurde gerichtlich verfolgt und wird es je werden. Weshalb sollte man sie auch verfolgen? Sie haben doch nur Befehle ausgeführt. Man kann sie doch nicht mit Nazis vergleichen, die nur Befehle ausgeführt haben«[132]. In einem kann man sie wirklich nicht mit den Nazis vergleichen. Die NS-KZs gehören nämlich der Vergangenheit an, seit über 36 Jahren werden nur noch die Schuldigen verfolgt und bestraft. Die sowjetischen KZs, wo die Schuldigen nie verfolgt und bestraft – ja kaum bloßgestellt wurden – sind ein Teil dieser vergangenen 36 Jahre und ein Teil der Gegenwart. Mehrere Jahre nach jener kurzen sowjetischen Stunde der halben Wahrheit erklärten wieder sowjetische KZ-Bewacher dem Häftling Anatolij Martschenko: »›Es wird befohlen, und ich schieße oder schlage; es ist doch ein Befehl!‹ ›Ja, was sollte ich denn tun?‹, fragte ein anderer«[133]. Martschenko, heute 43jährig, der seit 1960 bereits neun Jahre in sowjetischen KZs verbracht hat, wurde im September 1981 zu zehn Jahren KZ und fünf Jahren Verbannung verurteilt.

Bereits dadurch, daß man den KZ-Bewachern einredet, sie seien »Soldaten« und leiten »einen nicht leichten Dienst« an der Heimat, »für das Wohl des Volkes«[134], »für die Verteidigung der Sowjetunion« (o., S. 141) und was dergleichen veredelnde Umschreibungen des Schergendienstes mehr sind, werden sie in ihren eigenen Augen erhoben. Dazu kommt jedoch, neben all den materiellen Vorteilen, eine besondere Belohnung für KZ-Bewacher: Ihre verhältnismäßige Erhöhung durch die Erniedrigung der Häftlinge.

Beide schaffen ein für schwache Köpfe berauschendes Mißverhältnis. Ein nicht einmal halbgebildeter, oft kaum des Lesens und Schreibens kundiger Bursche bekommt eine Macht über andere Menschen, die sämtliche Regierungschefs der zivilisierten Welt zusammen nicht haben (und auch nicht haben möchten, da sie eben zivilisierte Menschen sind). Und diese Macht darf er ausüben über Politiker, Arbeiterführer, Künstler, Schriftsteller, Gelehrte, Journalisten, Ärzte, Richter, Rechtsanwälte ... Mit diesen, ihn tausendfach überragenden Menschen, darf er tun, was ihm beliebt. Die Versuchung, diese Menschen niederzutrampeln, wo er doch nie träumen könnte, zu ihnen menschlich hinaufzusteigen, ist einfach unwiderstehlich. Sie wirkt bereits gegenüber einem einfachen Arbeiter, der die Würde seiner ehrlichen Arbeit trägt und den uniformierten Nichtsnutz geistig und charakterlich, und oft schon durch seinen athletischen Körperbau, überragt.

Ein sowjetischer Lagerkommandant, der Major Gusak, »liebte es, frühere Offiziere der Armee, eminente Professoren oder sonst eine gestürzte Berühmtheit, zu beleidigen und zu verhöhnen, über sie zu stolzieren und die Umkehrung der Rangordnung zu genießen«, berichtet Alexander Dolgun[135]. Hier sehen wir übrigens, wie die vermeintlichen »Soldaten« im KZ Soldatentum respektieren. Beide große KZ-Systeme hatten ein identisches Ritual der Erniedrigung der Häftlinge: »Es gab im Lager einen strikten Befehl, daß man beim Anblick eines Aufsehers seine Mütze im Abstand von fünf Schritt abzunehmen und sie unten zu lassen hatte, bis man zwei Schritt an ihm vorbei war. Manche Wachen gingen wie mit geschlossenen Augen herum und scherten sich nicht drum, aber andere machten sich einen Spaß draus. Wieviele Kumpels waren allein deshalb in den Bau geflogen!«[136].

Diese Beschreibung aus dem sowjetischen KZ schildert so genau das Entsprechende aus dem NS-KZ (mit seinem fast sprichwörtlich gewordenen »Mützen ab«![137]), daß der Gedanke aufkommen muß, die Sowjets haben in diesem Punkt NS-KZ-Brauchtum übernommen[138]. Nur daß es kaum SS-Männer gab, die »wie mit geschlossenen Augen herumgingen«. Übernommen wurde auch die Unterwerfungsformel »bitte eintreten zu dürfen«, »bitte – dies und jenes – zu dürfen«[139]. So lautete die Formel in den NS-KZs 1944 – früher mußte man sagen »bitte gehorsamst... zu dürfen«[140].

Wir berühren hier einige der Hauptelemente des Totalitarismus – seines innersten Wesens wie seines bewußten Programms.

Die Riesigkeit der im Grunde so primitiven Untaten des Totalitarismus verdeckt uns nur zu oft seinen vielleicht wichtigsten Zug: seine Engstirnigkeit und Kleinlichkeit. Die erstere gehört zum innersten Wesen des Totalitarismus, der ja gerade alles, aber auch alles in der unübersehbaren und endlos verwickelten Wirklichkeit monokausal, mit einer einfachen, für kleine Hirne leicht faßbaren und mit »wissenschaftlichem« Firnis versehene Formel erklären, alles auf sie zurückführen will, sei es »Rassegedanke« sei es »Produktionsverhältnisse«; und das gesamte menschliche Leben in ein entsprechendes Schema hineinzwängen – sei es »Herrenvolk«, sei es »Diktatur des Proletariats«. Dabei bedeuten die beiden letzten Herrschaftsformeln praktisch dasselbe: Wer vom »deutschen Herrenvolk« redet, will nämlich einer der Herren des deutschen Volkes werden; wer die »Diktatur des Proletariats« anzustreben angibt, will ein Diktator über das Proletariat werden oder einer seiner Gehilfen. In beiden Fällen sind die KZs das wichtigste Mittel des Herrschens. Inwieweit sich die Führer und ihre Statthalter selbst in den Glauben an ihre Lehre hineinversetzen können, bleibt unerforschlich und für uns hier unerheblich. Ungeheuer wichtig ist jedoch zu erkennen, daß diese Führer – nicht nur die nationalsozialistischen, über die das schon längst gesagt worden ist, sondern auch die sowjetkommunistischen – wildgewordene Kleinbürger sind, keine großzügigen Völkerhirten, sondern wie durch ein Vergrößerungsglas verwandelte, mechanisch vergrößerte kleinstädtische Spießer-Wüteriche.

Spießig und für Spießer war und ist jene totalitäre »Einheit«, die alles vorschreibt, für alles Normen setzt und jede Abweichung im Benehmen, in Wortwahl, Kleidung und Meinung ahndet, wobei im Hintergrund das KZ lauert. Ein Spießer haßt eben alles, was anders und ungewöhnlich ist. Er liebt das Übliche, beim Denken wie beim Essen, in allem vergöttert er die Durchschnittlichkeit.

So war und ist gut spießerisch auch die rachsüchtige Mißgunst der totalitären Diktatoren und ihres Anhangs gegen alle überdurchschnittliche Menschen, gegen Fachleute, Spezialisten, Könner (vgl. o., S. 152 ff.) – und ganz vordergründig gegen Geistesschaffende und Künstler. Diese Haltung ist nur zu begreiflich. Die Geistesschaffenden sind ja ihrer Natur nach – wenn sie sich selbst treu bleiben und sich nicht geistig prostituieren – die unabhängigsten Menschen der Welt und somit ein Widerspruch gegen die totale »Gleichschaltung« und Dienstverpflichtung, die den Grundsatz eines Totalitarismus bilden. Die Wissenschaftler mit ihren ewigen Zweifeln und Vorbehalten, mit ihrer Sicht für komplizierte Zusammenhänge der Wirklichkeit, sind lebendige Sprengkörper für die sprichwörtliche »furchtbare Vereinfachung« des Totalitarismus mit seiner einheitlichen, von oben vorgeschriebenen Meinung über alles. Ja, mit ihrer grundsätzlichen Bindung an die Wahrheit sind sie deren natürliche Verbündete gegen die verschachtelte, nebelhafte Irrealität, in der ein Totalitarismus leben muß.

Genausowenig können sich Künstler ihre Kunst von sturen Funktionären vorschreiben lassen, wenn sie überhaupt schöpferisch bleiben wollen – was eigentlich eine Tautologie ist. Sonst nämlich stellen sie sich viel niedriger als die weiland Hofnarren, da ihnen nicht einmal die Narrenfreiheit verbleibt.

Außerdem waren und sind beide Kategorien dieser lästigen Menschen ein Objekt des Neides: Schöpferische Künstler von seiten des gescheiterten Möchtegerngenies der bildenden Künste, Adolf Hitler; Wissenschaftler von seiten des Möchtegerngenies alles Wissens, Jossif Stalin. Und jeder Höhergebildete von seiten eines Viertelgebildeten, zum Doktor oder gar Professor ernannten Funktionärs; jeder gebildete KZ-Häftling von seiten eines Möchtegern-Schreibkundigen KZ-Bewachers – usw. Der Konzeption der scheinbaren Erhöhung durch Erniedrigung anderer sind wir bei Ernst Hasse (o., S. 43) begegnet. Den deutschen Arbeitern sollte ihr vermeintlicher »Anspruch auf Zugehörigkeit zum deutschen Herrenvolke« dadurch bewahrt bleiben, daß man Menschen anderer Völker zu »Heloten« machen würde. Die Alldeutschen waren bereits Vertreter einer natiorassistischen totalitären Ideologie, obwohl sie natürlich gegenüber der späteren totalen Propaganda und Gewalt des Nationalsozialismus, und erst recht des Sowjetkommunismus, noch reichlich naive Anfänger waren – und Theoretiker geblieben sind. Umso besser jedoch kann man an ihnen einen Grundzug des Totalitarismus beobachten, der zum Wesen seiner kleinbürgerlichen Engstirnigkeit gehört und ob der quantitativen Großräumigkeit seines verbrecherischen Tuns so oft übersehen wird: Ein Totalitarismus setzt sich nämlich zum eigentlichen Hauptzweck, das eigene Volk zu versklaven. Die totalitären Ideologen wie die totalitären Führer sind in der Regel in der eigenen Heimat gescheiterte Existenzen – wie praktisch alle Nazigrößen mit Hitler weit an der Spitze – oder gar Außenseiter aus einer Minderheit, wie der Georgier Dschugaschwili-Stalin (man darf dabei nicht vergessen, daß Uljanow-Lenin nur zu einem Viertel Russe war und sich womöglich mehr als Deutscher empfand). Haß- und Rachegefühle gegenüber der Nation, die sie in der einen oder anderen Weise »verstoßen« hat, werden zum Hauptmotiv des Strebens nach deren Beherrschung und Unterjochung – um sie dann als Werkzeug des nimmersatten Machthungers zu mißbrauchen.

Die anderen Völker dienen den Totalitären zur weiteren Befriedigung jenes wahnsinnigen Machthungers – dies ist jedoch gleichzeitig auch eine Form und ein Mittel der Versklavung des eigenen Volkes.

Zum Teil folgen die Totalitären den alten Vorbildern von Vielvölkertyranneien, wie etwa das Habsburgerreich oder der Zarismus, die spanische oder kroatische Regimenter bzw. Kosaken und Tscherkessen gegen die anderen ihnen untertanen Völker schickten, als diese meuterten. Die KZ-SS bestand in den letzten Jahren des Krieges zum beträchtlichen Teil aus verschiedensten »Beutedeutschen« oder gar Nichtdeutschen[141], die aus angeworbenen kriegsgefangenen Rotarmisten formierten bewaffneten Verbände wurden vornehmlich gegen Widerstandskämpfer eingesetzt, wie etwa gegen jugoslawische und polnische Partisanen und Warschauer Aufständische.

Solche Hilfsverbände wurden von den Nazis auch bei dem Völkermord an den Juden gebraucht, besonders bei der Niederschlagung des Aufstandes im Warschauer Ghetto im April 1943.

In den sowjetischen KZs waren es seit eh und je zum großen Teil Männer aus entlegen lebenden asiatischen Völkern – und die Methode wird weiterhin praktiziert: »Zur Bewachung in den mordwinischen Lagern« berichtet Anatolij Martschenko (S. 90), »wurden vor allem nationalen Minderheiten zugehörige Soldaten und Leute aus entfernt gelegenen Republiken herangezogen (nur aus den baltischen Staaten dürfen sie nicht stammen!), denn sie konnten kaum Russisch« (und sich, außer allem anderen, mit den meisten Häftlingen nicht verständigen).

Im Nationalsozialismus trat noch eine zusätzliche Konzeption deutlich hervor. Er trieb bewußt und planmäßig die Deutschen in die Zange zwischen dem eigenen Terror und dem emsig hervorgerufenen Haß der unterdrückten Völker. Viele Maßnahmen in den besetzten Ländern dienten ganz offenbar nichts anderem, als eben dem Hervorrufen des Gefühls der Demütigung und folglich des Hasses gegen die Deutschen. Und beim Hervorrufen des Gefühls eines totalen Angewiesenseins auf die SS – mit vollem Namen »Die Schutzstaffel«! – bildeten die zahllosen Kriegsgefangenen, Fremdarbeiter und Häftlinge ein wichtiges Element, vor deren Wut und Rache sich die Deutschen nur von der SS geschützt wähnen sollten.

Analoges hören wir übrigens auch aus Sowjetrußland[142]. Hier wie dort wurde bzw. wird eifrig die Angst vor den KZ-Häftlingen als gefährlichen, grausamen und zu allem fähigen Verbrechern verbreitet.

Gleichzeitig versuchte der Nationalsozialismus nach Hasses Rezept den Deutschen dadurch ein Gefühl beizubringen, ein »Herrenvolk« zu sein, daß man eine riesige Skala der Sklavereistufen schuf, auf der die Deutschen das dubiose Privileg hatten, ganz oben zu stehen. So gab es in dem NS-Reich unter dem deutschen Arbeiter, der in dem Staat der »Nationalsozialistischen Deutschen Arbeiterpartei« ganz unten rangierte, eine ganze Leiter von »freien« Zwangsarbeitern, angefangen mit den höher stehenden Verbündeten, wie die Italiener, über die westlichen, wie die Franzosen, bis zu den mit »P« gekennzeichneten Polen und den mit »Ost« gekennzeichneten Sowjetbürgern. Daneben stand die Stufenleiter der KZs, auf der – neben der Sondersprosse der SS – obenauf zivile deutsche Ingenieure, Techniker, Meister und Arbeiter standen, die in den Betrieben die Arbeit der KZ-Häftlinge beaufsichtigten und leiteten, dann deutsche Häftlinge, dann wieder Menschen aus dem Westen und Norden, über die Polen und Sowjetbürger bis zu der allerniedrigsten sozialen Stufe, die es in diesem Reiche gab: einem jüdischen KZ-Häftling.

Es ging dabei nicht unbedingt um direkte Behandlung – Häftlinge aus Westeuropa wurden oft schlechter behandelt als Polen und Russen – sondern um eine nicht leicht zu erklärende Stellung in der eigentümlichen sozialen Struktur des Lagers. Ein »Russenblock« war ein Schimpfwort, und die Juden waren kaum aussprechbar. Eine analoge Hierarchie gab es und gibt es in Sowjetrußland. Jewgenija Ginsburg schreibt darüber: »Unser alter Jakow Michalytsch[143] ... verfertigte eine Aufstellung, die er ›Die soziale und politische Ordnung von Kolyma‹ nannte. Nach dieser Aufstellung ergaben sich nicht weniger als zehn verschiedene Gesellschaftsklassen. Häftlinge, ehemalige Häftlinge, solche mit und solche ohne bürgerliche Ehrenrechte, Verbannte auf Zeit, Siedler auf Zeit und Strafkolonisten auf Lebenszeit, Siedler mit Sonderstatus auf begrenzte und auf unbegrenzte Zeit. An der Spitze dieser Pyramide standen jene Deutschen, die gleichzeitig Siedler und Parteimitglieder waren. Die Aufstellung trug die Überschrift: ›Der dornige Weg zur klassenlosen Gesellschaft ‹«. Und über den Leiter eines Sowchos – eines staatlichen Landwirtschaftsbetriebes – dem Häftlingssklavinnen aus dem Kolymaer Lager Elgen zur Ausbeutung überlassen wurden, bemerkt die Autorin: »Jene ›Jakobsleiter‹, auf deren unterster Sprosse die Häftlinge standen und durch den Großen Vater, den Weisesten der Weisen[144], gekrönt wurde – irgendwo in der Mitte, aber näher zur

Spitze hin, hatte der privilegierte Sowchos-Leiter seinen Platz –, schien ihm völlig unverrückbar und so alt wie die Welt«[145].

Beide Schilderungen betrachten übrigens die sowjetischen KZ-Häftlinge als eine »Gesellschaftsklasse« bzw. »Sprosse der ›Jakobsleiter‹«, ohne die hier teilweise geschilderte reiche Gliederung innerhalb dieser Kategorie nach Strafparagraphen, Staats- und Volksangehörigkeit, Abstammung u. a. m. zu berücksichtigen.

Außer diesem eigentümlichen Rassismus gibt es in der sowjetischen KZ-Welt eine Haltung, die in allen Häftlingen eine andere Art von Lebewesen erblickt, als in »freien« Sowjetbürgern: »Volksfeinde sind für uns keine Menschen. Mit denen kann man machen, was man will«, bekam Jewgenija Ginsburg 1938 von einem Untersuchungsbeamten zu hören[146]. Eine indirekte Replik finden wir in den Worten der Autorin über die sowjetischen Sicherheitsbeamten: »Sie verhielten sich alle wie Sadisten ... Ich jedenfalls finde keine Worte, um den Gesichtsausdruck derjenigen zu schildern, die bereits Unmenschen geworden«[147]. Mit anderen Worten: Eine Sowjetkommunistin aus hohen Parteikreisen und ein sowjetischer Untersuchungsbeamter hielten sich gegenseitig für Unmenschen bzw. für keine Menschen.

Über den bereits erwähnten Sowchos-Leiter bemerkt Jewgenija Ginsburg: »Kaldymow war kein Sadist. Unsere Leiden bereiteten ihm kein Vergnügen. Wir waren für ihn einfach nicht vorhanden, weil er uns aus innerster Überzeugung nicht als Menschen betrachtete«[148]. St. Swianiewicz wurde im April 1942 zur Zentralverwaltung der Ust'-Wym-Lager überstellt, um formell entlassen zu werden. Er mußte etwa 50 km im Schneeregen auf einer offenen Lore fahren, da es für den Bewacher »undenkbar« war, einen Häftling zusammen mit Freien reisen zu lassen. Am nächsten Tage, als Sw. seine Entlassungspapiere bereits erhalten hatte, wurde der Leiter des Lagerbades von einem NKWD-Funktionär scharf getadelt, weil er erlaubt hatte, daß die Kleider dieses freien Menschen zusammen mit denjenigen der Häftlinge entlaust wurden. »Ich habe damals erfahren«, schreibt Professor Swianiewicz, »daß eine Laus, die sich in den Kleidern eines freien Menschen aufhält, bereits dadurch einen einigermaßen höheren Status erlangt und nicht auf einem Haufen mit den Läusen liquidiert werden darf, die das Blut von Sklaven saugen«[149].

Über eine analoge Episode mit dem verlausten Hemd eines freien Elektrikers berichtet ein anderer Professor aus Ostmitteleuropa und Häftling eines sowjetischen KZs, der Este Ernst Tallgren. Dieser bemerkt dazu, daß die Lage der freien Angestellten gegenüber den Häftlingen »den Gedanken aufkommen läßt, die Häftlinge seien niedrigste Wesen, die zu einer untergeordneten Menschenkategorie gehören, und bereits ein Kontakt mit ihnen sei für einen freien Menschen eine Beleidigung. Es wird als unzulässig angesehen, daß ein Nichthäftling dasselbe Essen zu sich nimmt wie ein Häftling, unter demselben Dach schläft oder zu dem Häftling irgendwelche freundlichen Beziehungen unterhält«[150].

Der Makel der KZ-Haft kann dabei – nach dem uralten Muster der Sklavenhalter-Gesellschaften – auch an dem Freigelassenen haften bleiben: »Der Lehrerin Dejewa«, berichtet Solschenizyn, »wurde wegen ›moralischer Verlotterung‹ gekündigt: Sie habe das Ansehen des Lehrerstandes geschädigt, indem sie einen entlassenen Häftling zum Mann genommen (der im Lager ihr Schüler war!). Nicht unter Stalin ist's geschehen – schon unter Chruschtschow!«[151]
Zur Ehre der Deutschen, vor allem der deutschen Arbeiter, muß man deutlich sagen, daß sie kaum auf diesen vergifteten Leim gekrochen sind. Um der Wahrheit willen muß jedoch vermerkt werden, daß es viele Deutsche gab, die der Versuchung auf verschiedene Weise unterlagen. Und um gerecht zu sein, muß man erwähnen, daß Vertreter anderer Völker in analogen Umständen auch eine entsprechende Mentalität entwickelt haben[152].
Solchenizyn beschreibt folgendermaßen die Haltung des Bewachungspersonals und deren Familien in den sowjetischen KZs: »Selbst ein Ferkel sich zu halten, verletzt irgendwie den Anstand: Ist's denn nicht erniedrigend für die Gattin des Soundso, es mit eigenen Händen zu füttern? (eben drum braucht man das Personal aus dem Lager)«[153].
Am 4. Oktober 1943 klagte Himmler in seiner Rede an die SS-Gruppenführer im besetzten Posen: »Ein Beispiel: Irgendeine Familie wohnt im Osten. Nun hat sie Arbeitspersonal in reichen Mengen. Man holt sich diesen Russen und holt sich jenen Russen oder eine Russin. Das ist ja herrlich, ist ja wunderbar. Die Frau Gemahlin tut nichts mehr, sie kocht nicht mehr und klopft keinen Teppich mehr. Wozu denn, wir sind ja das Herrenvolk. Keiner bedenkt, wer diese Arbeitskraft bezahlt, die besser in einer Munitionsfabrik angewendet wäre. In einer Übergangszeit, ehe Obergruppenführer Pohl sie bekam, – Eicke war ja ins Feld gegangen – war das in den Konzentrationslagern wegen der unklaren Befehlsverhältnisse auch so. Da gab es manche Familie, die hatte da einen Häftling und dort einen Häftling, eine andere Familie hatte auf einmal neue Möbel und was weiß ich alles ... Bringen wir all unseren Männern heute im Krieg und später im Frieden eines bei, daß Arbeit nicht schändet. Es ist ja vielfach der Fall, daß einer in dem Augenblick, wo er – sagen wir mal – Unterscharführer ist, er selbstverständlich keinen Koffer mehr tragen und dies und jenes nicht mehr kann. Er kann nur zur Beaufsichtigung dort stehen ... Vor allem müssen wir dann verhindern, daß jeder sagt: Dienstmädchen, nein, das kann eine Deutsche nicht, da muß eine Fremde her. Das würde dazu führen, daß wir uns dann wie die alten Römer selig ein Sklavenvolk anschaffen, mit dem wir uns dann rassisch verderben würden«[154].
Himmler scheint es ernst gemeint zu haben und uns den Beweis zu liefern, daß auch die höchsten totalitären Würdenträger zu beschränkt

sind, um die unvermeidlichen Wirkungen ihrer sogenannten Ideologie vorauszusehen. Denn es war ein vollkommen logischer Gedanke, daß ein »Herrenvolk« nicht selbst arbeitet, sondern dazu seines »Sklavenvolkes« bedarf. Himmler selbst hatte im Juni 1942 vor ungefähr demselben Auditorium von der Notwenigkeit von »Sklaven« und »Arbeitssklaven« gesprochen – und er übersetzte dabei nur in die Sprache der Praxis, was Hitler selbst zehn Jahre früher formuliert hatte (vgl. o., S. 71 und 130). Die Folgen dieser NS-Theorien – und der NS-Praxis – konnten nicht ausbleiben. Isa Vermehren beschreibt eine SS-Aufseherin aus dem Ravensbrücker »Zellenbau«: »... Frau Boedecker war ebenfalls der Prototyp der Aufseherinnen, aber in einer anderen, weniger dramtischen, dafür aber allgemeineren Art. Sie war ein typisches Opfer der verlogenen Werbung für diesen Beruf, deren Angebot ihrer abgründigen Trägheit so gewaltigen Vorschub geleistet hatte. Ihr war es zu tun um die freie Wohnung, die gute Verpflegung, die leichte Arbeit ... Wie merkwürdig sah es aus in den Köpfen dieser verführten Mädchen: Frau Boedecker wünschte für sich mit großer Selbstverständlichkeit ein kleines Haus mit einem Garten, wo sie friedlich leben wollte. Die Haus- und Gartenarbeit sollte ein dienstbarer Geist, eine Polin oder Russin verrichten, und auf Befragen, was sie dann tun wolle, gab sie ganz harmlos zur Antwort: ›Die Blumen in die Vasen stellen‹«[155]. Die entsprechende Haltung und das entsprechende Verhalten der Lager-SS hat Eugen Kogon sehr treffend als »Drohnendasein der SS« bezeichnet und beschrieben[156].

Nicht die geringste Quelle der Bereicherung im weitesten Sinne für die Aufseher war der Umstand, daß sie alle denkbaren qualifizierten Sklaven zur Verfügung hatten – in den sowjetischen KZs immer noch haben –, die sie für sich selbst oder auf ihre Rechnung arbeiten lassen konnten/können. Dienstleistungen von Schneidern, Schustern, Tischlern, Schlossern, Friseuren, Kellnern, Dienstboten, Buchbindern, Zimmer- und Kunstmaler usw. usf. standen/stehen ihnen frei zur unbeschränkter Verfügung, entlohnt – wenn überhaupt – mit Sonderportionen aus der Häftlingsküche oder aus dem für solchen Zweck eingehaltenen Teil der Häftlingspakete bzw. mit diesen oder jenen Vergünstigungen. Es ist nicht möglich, alle Arten dieser Dienstleistungen aufzuzählen, geschweige denn zu beschreiben. Sie reichten bis zu Doktorarbeiten, die Häftlinge für SS-Männer schrieben[157]. Bezüglich der sowjetischen KZs teils wissen wir, teils können wir annehmen, daß in den so ähnlichen Bedingungen die Verhältnisse nicht anders waren und sind – besonders bei der viel weniger strengen Aufsicht von oben in dem territorial unvergleichlich größeren Gebiet, auf die die sowjetischen KZs verstreut waren und sind.

»Eines der zynischen und absurden Momente von Auschwitz war die Existenz einer Malerwerkstatt«, wo verhaftete Künstler »Auftragsarbeiten für die SS und ansonsten Bilder mit unverfänglichen Sujets und für den Bestand des ›Museums‹ malten«, stellt Marina Stütz fest[158]. Eines der zynischen und absurden Momente von Marijsk bei Nowossibirsk war in derselben Zeit die Existenz einer Malerwerkstatt, wo verhaftete Künstler – darunter die Polin R. M., die darüber berichtet[159] – Auftragsarbeiten für Funktionäre der sowjetischen Terrorpolizei malten. Der einzige Unterschied ist eben nur, daß wir über das Treiben der sowjetischen Terrorpolizei in den sowjetischen KZs seit 1918 bis heute unverhältnismäßig weniger wissen als über das Treiben der SS in den NS-KZs 1933–1945.

Über dieser sozusagen direkten, persönlichen, vielseitigen Ausbeutung der Häftlinge (zu der noch vielseitiges und mannigfaltiges Bestehlen der Häftlinge kam/kommt) dürfen wir nicht, wie es so oft geschieht, die massenhafte, sozusagen unpersönliche Ausbeutung ihrer Arbeit durch die Unternehmer vergessen. Sie war zwar weniger spektakulär – der Häftling hatte unvergleichlich mehr mit SS-Männern, und besonders mit Häftlingsfunktionären (vgl. u., S. 237 ff.) zu tun, als mit irgendwelchen Vertretern der privaten Firmen –, und doch hatte sie unvergleichlich größere Ausmaße und schrecklichere Folgen. Dasselbe gilt bis heute für die Ausbeutung durch staatliche sowjetische Unternehmen. Von den NS-KZs, wo das leichter übersehbar ist, könnte man sagen, daß ein Häftling zur Hälfte Opfer der SS und zur anderen eines oder mehrerer Privatunternehmer war. Die SS-Männer, also Individuen, von Funktionshäftlingen nicht einmal zu reden, waren bloße Werkzeuge (was sie natürlich moralisch nicht entlastet und ihren kläglichen Anteil an der Ausbeutung ihrer Mitmenschen nicht entschuldigt).

Die Behandlung der Häftlinge durch die Unternehmen in den diesen zugewiesenen Arbeitslager (vgl. o., S. 51 f.) war in der Regel schlecht bis sehr schlecht, wobei es, wie bei jeder Regel, Ausnahmen gab. Eine zweite Regel scheint gewesen zu sein, daß diese Behandlung desto schlechter war, je größer das betreffende, die Sklavenarbeit der Häftlinge ausbeutende Unternehmen war.

Bei dem staatlichen Charakter der die Sklavenarbeit der Häftlinge der sowjetischen KZs ausbeutenden sowjetischen Unternehmen sowie bei der Knappheit von genauen Berichten darüber, hätte es keinen Sinn, analoge Erwägungen über diese anzustellen. Sie bildeten und bilden im Unterschied zu privaten deutschen Unternehmen im Dritten Reich – einen untrennbaren Teil des staatlichen sowjetischen Systems, genauso wie die Terrorpolizei, und tragen somit einen schwer trennbaren Bestandteil der Schuld an dem Geschehen in den von diesem System geschaffenen KZs.

Daß kühle wirtschaftliche Berechnung nicht nur bei den ungebildeten SS-Männer fehlte und daß sturer Menschenhaß und blinde Ausbeutungswut auch bei den in Frage kommenden deutschen Unternehmen überhandnahmen, vermag ich nicht zu erklären. Ich kann nur diese Tatsachen aus eigenen Beobachtungen illustrieren – die den Erfahrungen zahlloser anderer Häftlinge entsprach.

Im Sommer 1944 leitete die Kommandantur des KZs Groß-Rosen eine Untersuchung in die Wege, als sie feststellte, daß die Sterblichkeit in den einem der weltbekanntesten und größten deutschen Konzerne zugewiesenen, etwa 5000 Häftlinge fassenden Arbeitslagern Markstädt-Fünfteichen a. d. Oder weit über den Durchschnitt stieg. Ich war Dolmetscher bei der Vernehmung eines polnischen »Capos« aus jenen Lagern, und so erfuhr ich – und durch mich als Dolmetscher die Kommandantur des KZs – daß die betreffende Firma SS-Männer und Capos bestochen hatte, damit sie die Häftlinge über alle Maßen und mit brutalsten Mitteln zur Arbeit antrieben. Die Sorge der Kommandantur entsprang genausowenig irgendwelchen humanitären Gefühlen, wie die Pflichtübung des SS-WVHA in Sachen Häftlingssterblichkeit (s. o., S. 163 ff.). Man schrieb jedoch 1944, die Sklavenjagdgründe in den besetzten sowjetischen Gebieten waren verlorengegangen, andere weitgehend erschöpft – man mußte mit Sklaven sparen.

Ich war Zeuge, als am Ostersonntag 1945 im AL Leitmeritz ein Ingenieur aus einer anderen bis heute in der Bundesrepublik prosperierenden Firma mit einem Knüppel in der Hand und in Begleitung eines bissigen Schäferhundes auf dem großen Ausladebahnhof für Baumaterialien und Kohle erschien. Der Herr Ingenieur wütete einige Stunden lang auf dem großen Platz, wo Häftlinge ausgeladene Baumaterialien stapelten, hetzte den Hund auf sie und bearbeitete sie mit dem Knüppel. Ein Häftling, von dem Hund zerfleischt, mußte weggetragen werden, einige andere hatten Platzwunden von dem Knüppel. (Ich selbst hatte das Glück, oben auf einem Bretterstapel zu arbeiten.)[160]

Es war bereits eine Zeit, als jeder Häftling leicht bemerken konnte, daß den SS-Männern alles immer gleichgültiger wurde und daß sie nur an die Beschaffung von Zivil-, wenn nicht gar Häftlingskleidern für eine Flucht vor der Sühne dachten. (Ein SS-Führer in Dachau hatte bereits Ende Februar 1943 – keine vier Wochen nach Stalingrad – eine vollständige Häftlingskleidung vorrätig.)[161] Die Vertreter der Privatfirmen dagegen bemühten sich bis zum allerletzten Augenblick, aus den Häftlingen das allerletzte herauszuholen. Und wieder waren Häftlinge auch für manche Firma nicht nur Zug- und Last-, sondern auch Versuchstiere[162].

»Funktionshäftlinge«, in deutschen Gefängnissen mit einer Verballhornung eines mittelalterlich-lateinischen Wortes »Kalfakter« oder »Kalfaktor« genannt, sind wohl in allen Haftanstalten der Welt bekannt. In den beiden großen KZ-Systemen wurde die Zahl der Funktionen und die mit manchen von ihnen verbundene Macht über Mithäftlinge außerordentlich erweitert; und die Einrichtung der Häftlingsfunktionen selbst gewann neben der Bedeutung eines technischen und organisatorischen Hilfsmittels – bereits von viel größerer Reichweite, als je in den Gefängnissen – diejenige eines gewichtigen Machtmittels in den Händen der betreffenden Terrorpolizeien.

Man muß vor allem drei Arten von »Funktionen« unterscheiden, die wir in abgewandelter Gestalt in die sowjetischen wie in den NS-KZs antreffen. Zum ersten – verschiedenartige privilegierte Stellungen und Beschäftigungsarten, die leichtere, wettergeschützte und Nebeneinkommen ermöglichende Arbeiten bedeuteten/bedeuten, aber an sich mit keiner formellen Macht über Mithäftlinge verbunden waren/sind: sei es Koch, sei es Häftlingsarzt, sei es Friseur, technischer Zeichner oder Kellner in der SS-Kantine. Ich treffe absichtlich eine so buntgemischte Auswahl von Beispielen, um zu zeigen, wie verschiedene Möglichkeiten es hier gab und gibt.

Zu der zweiten Kategorie gehörten besonders in den NS-KZs verschiedene Arten von »Schreibern«, als von Verwaltungs- und Büroangestellten in verschiedenen Schreibstuben (»Häftlingsschreibstube« im Lager selbst, Schreibstube des Rapportführers, des Krankenreviers, die Poststelle u. a. m.). Eine direkte Macht über Mithäftlinge verliehen diese Funktionen nur sporadisch, den Schreibern des Krankenreviers etwa bei der Aufnahme von Kranken u. dgl. Eine größere Macht übten die zu dieser Kategorie zu rechnenden Krankenpfleger aus. (Unter »Macht« verstehe ich vor allem die mehr oder weniger direkte Möglichkeit, die Schicksale der Mithäftlinge zu beeinflussen oder zu bestimmen, etwa bei Verschickungen in andere Lager, das Befugnis, sie zu beschimpfen und zu mißhandeln, und die Möglichkeit, sie zu bestehlen und zu berauben. Am wenigsten wichtig ist das äußerliche Herumkommandieren.)

Die dritte Kategorie, die den Häftlingen der beiden großen KZ-Systeme am schrecklichsten in Erinnerung haftet, bilden zwei Hierarchien der eigentlichen Häftlings-Vorgesetzten: die Wohnbaracken- und Lagerhierarchie, im Lager selbst herrschend (in den NS-KZs die »-ältesten« – Lagerälteste, Blockälteste, Stubenälteste) sowie die Arbeitshierarchie (in den NS-KZs die »Capos«[163] und Vorarbeiter).

Die einzelnen technischen und organisatorischen Unterschiede zu den entsprechenden Erscheinungen in den sowjetischen KZs, die übrigens eine viel längere Geschichte haben und verschiedene Verwandlungen durchmachten, sind für eine allgemeine Analyse weniger wichtig. Bei dem sowjetischen »Plan-« und »Normen«system ist die Funktion eines »Brigadiers« in manchem anders, als die eines »Capos«; es steht daneben die wichtige Verwaltungs- und faktische Machtfunktion des »Normirowschtschik«, des Normenberechners – usw. Eine sowjetische KZ-»Brigade« unterscheidet sich jedoch sonst kaum von einem NS-KZ-»Arbeitskommando«. So ist auch mancher »Capo« aus einem NS-KZ nach dem Kriege in einem sowjetischen KZ »Brigadier« geworden[164].

Ein sehr wichtiger Unterschied ist dagegen die von mir bereits (o., S. 166 f.) erwähnte Bevorzugung und Privilegierung der Kriminellen gegenüber den Politischen im sowjetischen KZ-System.

Die zwischennationalen Reibungen, Konflikte, Rivalitäten und Kämpfe in den multinationalen sowjetischen und NS-KZs warten immer noch auf eine eingehende Schilderung und Analyse, wie vom Standpunkt der Absichten und Ziele der jeweiligen Kerkermeister so vom Standpunkt des Benehmens der einzelnen nationalen Gruppen und der späteren Folgen in Gestalt der verbliebenen guten und schlechten Gefühle.

Ich muß hier leider ein lange Reihe von Problemen und Erscheinungen unbesprochen lassen, die mit der Geschichte des KZs zusammenhängen – so vor allem sämtliche Reaktionen der äußeren Welt auf die einzelnen KZ-Systeme, die Geschichte der Verschleierung, Enthüllungen und des Immer-Wieder-Vergessens der Weltmeinung, besonders was die sowjetischen KZs in dem vergangenen halben Jahrhundert betrifft. Ebenfalls kann ich hier manches Ereignis nicht schildern, das zur vertieften Analyse der unmenschlichen Seite der KZ-Systeme und der Staatssysteme, die sie geschaffen haben, unerläßlich ist. Ich erwähne nur die Vorgänge während der Evakuierungen der betreffenden KZs vor den anrückenden feindlichen Truppen: der sowjetischen im Sommer 1941, der nationalsozialistischen vom Sommer 1944 an. Hier wie dort wurden Häftlinge, oft auf grausamste Weise, massenhaft ermordet, nur um sie nicht in die Hände der Gegner fallen zu lassen.

Anmerkungen

V. Häftlinge, Bewacher, Nutznießer

1 Ein Beispiel: Fritz Schulz aus Chemnitz, Livre blanc . . ., S. 111.
2 V. Kravchenko, I chose Freedom, S. 344 (Ich wählte die Freiheit, S. 452, wo die Übers. leider sehr ungenau ist), sowie L. Kopelew, Aufbewahren für alle Zeit!, S. 428, erzählen, wie 1940 die staatlichen sog. »offenen Geschäfte« (für zuteilungsfreie Waren zu nicht gebundenen Marktpreisen) mit Beutewaren aus Polen, Finnland, den baltischen Staaten und Bessarabien überschüttet waren: »Kleider, Schuhe, Zigaretten, Schokolade, Zwieback, Käse, Konserven, hundert andere Dinge ganz offenbar nichtsowjetischer Herkunft . . .« (Kravchenko); und wie in der »sozialistischen« Hauptstadt (Anführungsstriche von Kravchenko) verblüffende Geschichten über die erbeuteten »Wunder der kapitalistischen Produktion« im Umlauf waren und Tausende von Sowjetbeamten mit Beuteeleganz prunkten. – »Komm, hier ist es kein Leben, jes ist einfach ein schönes Märchen!« sagte ein Offizier der sowj. Terrorpolizei seiner in Moskau verbliebenen Frau, er sie aus Wilna anrief – S. Mora, P. Zwierniak, La justice soviétique, S. 164. – 1933, nachdem die Familie Tchernavin nach Finnland floh, fanden zwischen dem Sohn und der Mutter u. a. folgende Dialoge statt: »Was ist das, Mutter? Makkaroni. Aber es ist weiß«. »Mutter, was für einen Markt die

hier haben, du kannst es Dir nicht vorstellen! Das erste Mal, als ich es sah, glaubte ich, daß es nicht wirklich ist ... Und Du kannst soviel kaufen, wieviel Du willst – sogar wenn Du Brot kaufst«. T. Tchernavin, Escape from the Soviets, S. 314 u. 319 – vgl. auch S. 293, 316 ff.

3 Vgl. A. Solschenizyn, Der Archipel GULAG, Bd. I, S. 89 f. (s. dort, S. 90, Anm., die tragikomische Fortsetzung der ganzen Angelegenheit); A. Ekart, Echappé de Russie, S. 402 f.

4 E. Lipper, Elf Jahre ..., S. 35. Vgl. auch V. González, Yo escogí ..., S. 122; A. Ekart, Echappé de Russie, S. 400 ff., 412.

5 Vgl. Z. Rozanski, Mützen ab ..., S. 30 f.; u. S. 21.

6 D. h. natürlich ins KZ – ein Beispiel mehr für die nimmermüde Verharmlosung und Euphemisierung der sowj. Verbrechen auch dann, wenn man sie genau beschreibt und eindeutig verurteilt.

7 A. B. Ulam, Stalin (1977), S. 427.

8 G. Stökl, Russische Geschichte, S. 350, Vgl. o., S. 186, Anm. 196.

9 »Die Forderung muß sein: die landansässigen Juden werden unter Fremdenrecht gestellt ... Jude im Sinne des geforderten Fremdenrechts ist jeder, der am 18. Januar 1871 der jüdischen Religionsgemeinschaft angehört hat, sowie alle Nachkommen von Personen, die damals Juden waren, wenn auch nur ein Elternteil jüdisch war oder ist«. [Im Orig. alles nach dem Doppelpunkt gesperrt]. Daniel Frymann (Pseud.) Wenn ich der Kaiser wär'. Politische Wahrheiten und Notwendigkeiten (1912), S. 75.

10 »Das A und O der Maßregeln gegen die jüdische Zersetzung lautet aber: *Die Rasse ist der Quell der Gefahren* – die Religion spielt keine andere Rolle, als daß sie ein Ausfluß der Rasse ist«. A.a.O., S. 38 (Hervorh. im Orig.)

11 Vgl. bes. Himmler an Greifelt, 12.6.1942, VfZ 1958, S. 325; Himmlers Rede vor den Oberabschnittsführern und Hauptamtschefs der SS, Berlin 9.6.1942, H. Himmler, Geheimreden 1933 bis 1945 ..., S. 158 und S. 242 – sowie zahllose andere Äußerungen, bes. im Tagebuch vom »Generalgouverneur« Hans Frank. Vgl. auch o., S. 84 f., 152 f.

12 So müßte man sie eigentlich bezeichnen. Es war kein echter »Rassismus«, da ihm nicht irgendein definierbarer Rassebegriff zugrunde lag, sondern entweder (bei den Juden) die Religion bzw. erbliche Belastung mit der Religion der Vorfahren, oder – bei allen anderen – einfach die Zugehörigkeit zu einer Nation. Ich fürchte, wir haben uns allzu sehr von dem bloßen Schlagwort »Rasse« blenden lassen und haben nicht genug die Wirklichkeit der NS-»Ideologie« analysiert.

13 (W. A. M.) Schäfer, Konzentrationslager Oranienburg, S. 9, 30.

14 Das Dogma, daß Deutschland keine Militärmacht an seiner Ostgrenze dulden dürfe, stammte bei Hitler vielleicht aus der Broschüre Großdeutschland und Mitteleuropa um das Jahr 1950, Von einem Alldeutschen (2 Auflagen 1895), deren Autor höchstwahrscheinlich Ernst Hasse war (vgl. oben, S. 42 ff.) Daselbst finden wir die bei Hitler auftauchende Unterscheidung zwischen »volldeutschen Bürgern« und »Staatsangehörigen« sowie manchen anderen Gedanken, der bei Hitler wiederzufinden ist.

15 1944 wurden im NS-besetzten Warschau in einem Freiluftkino Filme über die »europäischen Freiwilligen gegen den Bolschewismus« gezeigt. Über die Leinwand marschierten norwegische, französische und sonstige SS-Männer und dann erschien eine riesige Aufschrift: »A gdzie Polacy?« (Und wo sind die Polen?) Worauf die versammelte Menge mit einer Stimme brüllte: »W Oświęcimiu!« (In Auschwitz!) (Pers. Ber.)

16 T. Des Pres, The Survivor, S. VII. Vgl. o., S. 30.

17 Und wenn man es in einem Leserbrief an eine liberale Zeitschrift tut, fällt der Leserbrief der redaktionellen Zensur zum Opfer.

18 Im Lagerkomplex Unschlag-Ssuchobeswodnaja, östlich von Moskau.

19 Im franz. Text »Frisckhof«, was ein Fehler zu sein scheint.
20 S. Mora, P. Zwierniak, La justice soviétique, S. 314.
21 Zit. bei M. Heller, Konzentrazionnyj mir …, S. 261, Anm. 14.
22 M. Begin, White Nights, S. 204.
23 E. Lipper, Elf Jahre …, S. 248 f.
24 K. Štajner, 7000 Tage in Sibirien, S. 222 f. Vgl. das., S. 370 f., 452 f.
25 Der nördl. Teil Warschaus war bis 1939 überwiegend von jüdischer Bevölkerung bewohnt, weshalb auch dann die Nazis gerade dort den »Jüdische Wohnbezirk«, das berüchtigte Warschauer Ghetto, einrichteten.
26 Der Bug war ab 1939 die Grenze zwischen dem NS- und dem sowj. Besatzungsgebiet in Polen und daher wurde er zum »heiligen Fluß« für Juden, die vor den Nazis zu den Sowjets fliehen wollten.
27 Hier im Sinne der freiwillig gebildeten Wohnviertel der strenggläubigen und jiddischsprachigen jüdischen Bevölkerung.
28 Es müßte natürlich in der logischen Reihenfolge »in Gaskammern und Krematorien« heißen; übrigens wußten das damals nicht einmal die künftigen Mörder, geschweige denn die fliehenden Opfer.
29 Gemeint ist der charakteristische gespitzte sowj. Helm, der entfernt an die Pickelhaube erinnerte.
30 Vgl. o., Anm. 28. Buchenwald wird hier eher symbolisch erwähnt, es starben dort verhältnismäßig wenige Juden.
31 Der Autor gebraucht das Wort wohl nicht in seiner marxistischen, sondern in der wörtlichen Bedeutung eines Proletariats, das in Lumpen geht – was auf die Massen der ärmsten Juden in Polen vor dem Kriege vollkommen zutrifft.
32 G. Herling-Grudziński, Inny świat, S. 67, 173 ff. (Hier in meiner Übersetzung aus dem Poln.; die Übersetzung in G. Herling, Welt ohne Erbarmen, S. 65, 175 ff. ist leider unbrauchbar.) Vgl. S. Mora, P. Zwierniak, La justice soviétique, S. 161 f.; S. Leonhard, Gestohlenes Leben, S. 455 f.; Livre blanc …, S. 124 ff.; A. Solschenizyn, Der Archipel GULAG, Bd. 2, S. 344.
33 Livre blanc …, S. 62, 124.
34 J. Wigmans, Einer von Millionen, S. 76. Bei S. Mora, P. Zwierniak, La justice soviétique, sind zwischen den S. 128 u. 129 einige Aufnahmen aus Sowjetrußland 1942 evakuierter jüdischer u. poln. Kinder zu sehen, die lebendigen Skeletten gleichen.
35 Vgl. bei S. Mora, P. Zwierniak, La justice soviétique, S. 216 f., den Bericht eines aus dem nazibesetzten Warschau geflüchteten und im sowjetischbesetzten Lemberg verhafteten poln. Juden, der angeklagt wurde, »ein Spion der Gestapo« zu sein.
36 R. Conquest, Am Anfang starb Genosse Kirow, S. 516. Vgl. u., S. 202, über die Polen als deutsche Spione.
37 Vgl. Paulina Watowa [Gattin d. poln. Dichters Aleksander Wat], Paszportyzacja, ZH 1972, H. 21. Die Autorin selbst wurde in d. Zelle des Gefängnisses von Alma-Ata – Hauptstadt der Sowjetrepublik Kasachstan – von sowj. kriminellen Frauen schwer mißhandelt; u. a. litt sie noch lange an einer gebrochenen Rippe.
38 Seit 1967/68 bestimmte das wieder in Polen die kommunistische Terrorpolizei. »Jude«, »jüdischer Abstammung« oder »jüdisch versippt« (wenn man etwa einen jüdischen Schwiegervater hatte) bedeuteten seitdem im kommunistisch beherrschten Polen, außer wenigen Paradefällen, Berufsverbot und Verbannung.
39 A. B. Ulam, Stalin, S. 489.
40 Der bekanntlich 1934 v. d. Nazis im KZ Oranienburg bestialisch ermordet worden war. Kreszentia »Zenzl« Mühsam war zweimal v. d. sowj. Behörden verhaftet u. beim zweitenmal zu 8 Jahren sowj. KZ verurteilt worden –

M. Buber-Neumann, Als Gefangene bei Stalin und Hitler, S. 165 f. Vgl. S. Leonhard, Gestohlenes Leben, S. 87 f.
41 R. Conquest, Am Anfang starb Genosse Kirow, S. 517.
42 Vgl. bes. R. W. Schloß, Laß mein Volk ziehen; E. Kusnezow, Lagertagebuch; Polit. Gefangene in der Sowjetunion.
43 Zu Ehren von Julian Marchlewski (1866–1925), eines poln. Bolschewiken, der seinerzeit – als »Julian Karski« in der dt. Sozialdemokratie tätig war.
44 Die Stadt heißt heute wieder Dowbysch. Die Geschichte, ja die seinerzeitige Existenz von »Marchlewsk« und des »Autonomen Polnischen Bezirks« in der sowj. Ukraine ist den heutigen kommunistischen Enzyklopädien unbekannt.
45 Czarnecki Wacław, Zygmunt Zonik, Buchenwald walczacy [Kämpfendes B., poln.] (Warschau, etwa 1970). Ich habe das Buch nicht zur Hand, ich habe es in Polen begutachtet.
46 Vgl. M. Begin, White Nights, S. 82 f.
47 Der volle Text des sowj.-deutschen Protokolls vom 20./21. Sept. 1939 wurde m. W. zum erstenmal (in poln. Übers.) in ZH, H. 27, 1974, S. 169 ff. veröffentlicht (in Auszügen bei J. W. Brügel, Stalin u. Hitler, Pakt gegen Europa, 1973, S. 127 f.) Das Orig. befindet sich im AA-Archiv, Sign. A. A. Film 215/1 S. 146371-73.
48 »Das geht auf dasselbe hinaus«, erklärte ein sowjetischer Untersuchungsbeamter Gustaw Herling-Grudziński und schlug ihn ins Gesicht, als er fragte, ob im Protokoll die Worte »gegen die Sowjetunion« nicht durch die Worte »gegen Deutschland« ersetzt werden könnten. G. Herling-Grudziński, Inny świat, S. 17; G. Herling, Welt ohne Erbarmen, S. 13. Vgl. in der dt. Ausg., S. 271, den offenen Brief des Autors an Dr. A. N. Trajnin (vgl. o., S. 14), veröff. im Manchester Guardian v. 3. 9. 1949. Vgl. auch M. Begin, White Nights, S. 55.
49 Vgl. The Dark Side of the Moon, S. 136.
50 Russisch im poln. Orig.
51 In der dt. Ausg. hier »... weil wir uns den Deutschen ohne Widerstand ergeben hatten« (es müßte heißen »hätten«) u. weiter oben »Anti-Nazi-Faschisten«.
52 G. Herling-Grudziński, Inny świat, S. 185.
53 Le Procès Kravchenko, Bd. 1, S. 389.
54 Vgl. auch o., Anm. 15 Die einzige quasi-Ausnahme war einer der von den Nazis in den besetzten Ländern gebildeten Hilfsverbände, die von den Nazis selbst so genannte Polnische Polizei, ein aus käuflichen Elementen der polnischen Polizei gebildeter Verband. Von den Polen verächtlich »Dunkelblaue Polizei« (Granatowa Policja) nach der Farbe ihrer Uniformen genannt, was als ein Schimpfwort empfunden wurde und wird, fungierten diese Männer normalerweise als eine Hilfspolizei für die Polizeikräfte der Besatzungsmacht (ähnlich der jüd. Polizei in d. Ghettos). Sie nahmen auch schändlicherweise teil an der Niederschlagung des Aufstandes im Warschauer Ghetto im April 1943, wobei eine Anzahl von ihnen durch die Kugeln jüdischer und auch polnischer Widerstandskämpfer gefallen ist. Der Kommandant dieses Verbandes sowie diejenigen, die sich durch besonderen Eifer hervortaten, wurden nach Urteilen der poln. Untergrundgerichte liquidiert.
55 In dem weltbekannten Massengrab von Katyn wurden rund 4200 poln. Offiziere entdeckt, d. h. eine Drittel der nach 1939 in Sowjetrußland verschollenen poln. Berufs- und Reserveoffiziere. Es wird vermutet, daß die übrigen von den 12–15000 Verschollenen von der sowj. Terrorpolizei in Balogoje u. in Djergatschi bei Charkow ermordet und verscharrt worden sind. (»Dem Gegner seine führenden Köpfe nehmen« hat das für seinen

Teil Heinrich Himmler genannt, vgl. o., S. 183, Anm. 134). Vgl. bes. J. Czapski, Unmenschliche Erde. – Bei A. Solschenizyn, Der Archipel GU-LAG, Bd. 2, S. 124, Anm., lesen wir z. B.: »Von der Solotistyj-Grube [Solotistyj = Golden] wurden 186 Polen entlassen (aber 2100 waren im Jahr zuvor hingebracht worden)«.

56 Ich bitte den Leser um Verständnis, daß ich mich in solche Erwägungen und Erläuterungen einlasse. Ich bin jedoch bereits in Gesprächen etwa der erstaunten Frage begegnet, »mit welcher Begründung« die Sowjets damals jene Hunderttausende von Polen verschleppt haben.

57 A. Solschenizyn, Der Archipel GULAG, Bd. 2, S. 126.

58 Vgl. etwa J. Wigmans, Einer von Millionen, S. 193 f.

59 A. Solschenizyn, Der Archipel GULAG, Bd. 1, S. 84.

60 Bei Hitler etwa in H. Picker, Hitlers Tischgespräche im Führerhauptquartier 1941–42 (versch. Ausg.) mit Händen zu greifen.

61 Vgl. A. Solschenizyn, Der Archipel GULAG, Bd. 3, S. 372.

62 A. a. O., Bd. 1, S. 85, Anm.; A. Dolgun, P. Watson, An American in the Gulag, S. 228. Vgl. J. Ginsburg, Gratwanderung, S. 50.

63 A. a. O., S. 85.

64 Vgl. R. Conquest, Stalins Völkermord, S. 62 ff.; B. Roeder, Der Katorgan, S. 135; E. Lipper, Elf Jahre …, S. 154 ff.; S. Leonhard, Gestohlenes Leben, S. 495 ff.

65 E. Lipper, Elf Jahre …, S. 118. Vgl. J. Ginsburg, Gratwanderung, S. 51.

66 S. Leonhard, Gestohlenes Leben, S. 317, 325.

67 Vgl. Atholl, Conscription of a People, S. 175 f.

68 Es handelt sich um die nach dem sowj. Überfall auf Finnland 1939/40 diesem von Sowjetrußland entrissenen Gebiete in Karelien.

69 A. Solschenizyn, Der Archipel GULAG, Bd. 1, S. 84.

70 A. Lewitin-Krasnow, Die Lage der Religion in der UdSSR, in: Hardmann/ Wippermann, 24 Zeugen, S. 108. Vgl. das., 2. Kapitel sowie S. 136 ff.

71 Komitee für Staatliche Sicherheit – der jetzige Name der sowj. Terrorpolizei.

72 J. Juraschas, Die Unterdrückung der litauischen Nation und die Verfolgung der katholischen Kirche Litauens, a. a. O., S. 141.

73 L. Kołakowski, Pomyślne proroctwa …, Kultura, H. 12/78, S. 10.

74 Die Abkürzung »B. V.« bedeutete zuerst »Befristete Vorbeugungshaft«; sie wurde jedoch bald als »Berufs-Verbrecher« verstanden.

75 »Was trug in den KL nicht alles die Bezeichnung ›Politisch‹«, bemerkt E. Kogon, Der SS-Staat, S. 48. Vgl. dort weiter.

76 Etwa »Schwarzhörer«, also Menschen, die unerlaubt ausländischen Rundfunk gehört hatten. In Sowjetrußland wurde nach dem Nazi-Überfall der Besitz von Rundfunkempfänger und »unabhängiges« Hören von Rundfunksendungen – außer per Drahtfunk – gänzlich verboten.

77 So etwa ein großer Teil der nach dem Warschauer Aufstand 1944 aus der Stadt vertriebenen Bevölkerung, etwa 60 000 Personen.

78 Vgl. E. Kogon, Der SS-Staat, S. 48 u. o., S. 199. Ich habe selbst einen Mithäftling, einen ehemaligen SA-Mann erlebt (ich kann mich nicht mehr entsinnen, ob ich je gewußt habe, wofür er einsaß), der u. a. an einem Abend nach dem 20. Juli 1944, unter vier Augen mit mir, also aufrichtig und nicht, um sich gut anschreiben zu lassen, seiner Empörung gegen deutsche Offiziere Ausdruck gab, die gegen den Führer die Hand erhoben hatten.

79 Diese Zahlen werden offiziell in der DDR genannt.

80 Ossip K. Flechtheim, Kommunismus in Deutschland 1918–1975, in: Die Sowjetunion, Solschenizyn u. d. westl. Linke (1975), S. 97.

81 Zur »Großen Säuberung« vgl. bes. R. Conquest, Am Anfang starb Genos-

se Kirow; J. Carmichael, Säuberung; R. A. Medwedew, Die Wahrheit ist unsere Stärke; A. Weissberg-Cybulski, Hexensabbat.
82 Vgl. etwa o., S. 205; V. Kravchenko, I chose Justice, S. 276; J. Carmichael, Säuberung, S. 170 f.; A. Solschenizyn, Der Archipel GULAG, Bd. 1, S. 80 ff.
83 M. Buber-Neumann, Als Gefangene bei Stalin und Hitler, S. 45.
84 »Skashesch da, skashesch njet, wsjo rawnó, tjebjé pjatj ljet«. S. Leonhard, Gestohlenes Leben, S. 89 (meine Übers.).
85 A. Solschenizyn, Der Archipel GULAG, Bd. 1, S. 138.
86 Vgl. A. Solschenizyn, Der Archipel Gulag, Bd. 3, Fünfter Teil: Die Katorga kommt wieder. In kommunistischen Enzyklopädien wird das Stichwort »Katorga« entweder ganz umgangen, oder sie wird nur als alte zaristische Einrichtung beschrieben.
87 Über die Krimtataren vgl. R. Conquest, Stalins Völkermord, S. 115 f. sowie Andrej Grigorjenko in: Hardmann/Wippermann, 24 Zeugen, S. 173.
88 Zit. nach R. Conquest, a.a.O., S. 63–65.
89 Bereits zwischen 1954 und Februar 1956 – also noch bevor der verbrecherische Charakter des sowj. Systems in den dreißiger bis fünfziger Jahren von Chruschtschow auf dem 20. Parteikongreß der KPdSU zugegeben wurde – waren 7679 hingerichtete höhere sowj. Persönlichkeiten »rehabilitiert« worden. R. Conquest, Am Anfang starb Genosse Kirow, S. 315.
90 Aus einem Gedicht von Boris Sluzkij, das in Sowjetrußland in der Untergrundliteratur (»Samisdat«) verbreitet wird – nach M. Heller, Konzentrazionnyj mir ..., S. 179.
91 C. I. Gerstenmaier, Die Stimme der Stummen, S. 24 f. (In dem Werk werden russ. Namen in der konventionellen Transliteration angegeben.) Die oben erwähnte Zahl von 600 wurde hier durch einen Druckfehler zu »6 000«.
92 I. Solonjewitsch, Die Verlorenen, Bd. 1, S. 148–150.
93 »Sowjetistisch« statt »sowjetisch« – diese Form war in den zwanziger und dreißiger Jahren in Deutschland gebräuchlich.
94 A.a.O., S. 207. Man muß bemerken, daß es sich um das Lager vor der »Großen Säuberung« handelt, die eine große Zahl der loyalsten Sowjetkommunisten in die Lager brachte.
95 A.a.O., S. 229. Vgl. auch etwa S. 156 ff.
96 A.a.O., Bd. 1, S. 17 ff.
97 R. A. Medwedew, Die Wahrheit ist unsere Stärke, S. 612. Es ist hier eine andere deutsche Übersetzung, und sie unterscheidet sich geringfügig von der von mir zitierten.
98 Ohne den Autor oder die Quelle zu zitieren, schreibt er verächtlich: »Ein Konterrevolutionär, der kurz vor dem Krieg [in Wahrheit, die keine Stärke des Leninisten Medwedew ist, sieben Jahre vor 1941 – d. Verf.] aus einem Lager nach Finnland entkam ...« etc. Es wird weder erläutert, was für ein Lager das war, noch, daß S. dort zusammen mit seinem Sohn und seinem Bruder inhaftiert waren, noch, daß sie alle für die Absicht inhaftiert waren, aus Sowjetrußland zu fliehen, noch schließlich, daß alle drei aus dem Lager und aus dem Lande flohen. Der Satz »Das weiß jeder Bauer, wie es jeder Kommunist weiß«, hat M. aus ihm bestens bekannten Gründen ausgelassen.
99 Vgl. etwa V. González, Yo escogí ..., S. 51 ff., 112; A. Kuusinen, Gott stürzt seine Engel, S. 231; E. Kusnezow, Lagertagebuch, S. 155; G. Fischer, Soviet Opposition to Stalin (1952), S. 4 f.; J. Czapski, Unmenschliche Erde, S. 27 ff.
100 Himmler sagte in seiner Rede bei der SS-Gruppenführertagung im besetzten Posen am 4. Oktober 1943: »Wir haben damals die Masse Mensch

nicht so gewertet, wie wir sie heute als Rohstoff, als Arbeitskraft werten. Was letzten Endes, wenn ich in Generationen denke, nicht schade ist, was aber heute wegen des Verlustes der Arbeitskräfte bedauerlich ist: Die Gefangenen sind nach Zehntausenden und Hunderttausenden an Entkräftung, an Hunger gestorben«. Nürnb. Dok. 1919–PS, Der Prozeß..., Bd. 29, S. 110. Himmler verschwieg, daß die sowj. Kriegsgefangenen ebenfalls nach Zehntausenden erschossen wurden, u. a. in NS-KZs.

101 Ich möchte unterstreichen, daß diese Bezeichnung Herrn Prof. Dr. Martin Kriele und mir unabhängig voneinander eingefallen ist. Ich will nicht behaupten, daß nur uns beiden – ich bin jedoch sonst nirgends auf diese Bezeichnung gestoßen.

102 H. G. Adler, Theresienstadt 1941–1945, S. 638.

103 Pers. Ber.

104 Ich darf daran erinnern – o., S. 17 f. – daß die Zahl dieser Berichte in die Zehntausende ging.

105 The Dark Side of the Moon, S. 66 f., 72. Vgl. S. Mora, P. Zwierniak, La justice soviétique, S. 89, 95.

106 E. Lipper, Elf Jahre..., S. 73 f.; vgl. S. 257.

107 Andres Küng, (Estland en studie i imperialism) Estland zum Beispiel, Nationale Minderheit und Supermacht (1973), S. 87. Man bemerke die gewöhnliche Verharmlosung des schwedischen Originaltitels zugunsten des sowjetischen Imperialismus. Und daß die Esten (wie auch die Letten und die Litauer) in ihrer Heimat langsam zur »nationalen Minderheit« werden, ist eben eine Folge der Politik dieses unmenschlichen Imperialismus.

108 L. Kopelew, Aufbewahren für alle Zeit!, S. 285, vgl. 358.

109 A. Martschenko, Meine Aussagen, S. 21; E. Kusnezow, Lagertagebuch, S. 181.

110 Wörtlich »Rabe« – ein lastwagenähliches Fahrzeug zum Transport der Gefangenen.

111 Politische Gefangene in der UdSSR, S. 159 f.

112 P. A. Stolypin, Erfinder dieser Waggons, war 1906–11 ultrareaktionärer zaristischer Innenminister und gleichzeitig Ministerpräsident.

113 Vgl. bes. A. Solschenizyn, Der Archipel GULAG, Bd. 1, S. 467 ff. u. 539.

114 Alle diese Erwägungen beziehen sich direkt auf die stattgefundenen und noch stattfindenden Prozesse gegen NS-KZ-Verbrecher. Bekanntlich wurde kein einziger sowj. KZ-Verbrecher je von einem ordentlichen, öffentlichen Gericht abgeurteilt, und es ist kaum zu erwarten, daß das je geschehen könnte. Jedoch läßt sich alles, was ich hier sage, im Kern auf KZ-Mörder aus jedem KZ-System beziehen.

115 Quick, 10.1.1965. Es handelte sich um den Prozeß der Mitglieder der Lager-SS u. d. Kapos v. Auschwitz, der 1963–65 in Frankfurt stattfand. Vgl. H. Langbein, Der Auschwitz-Prozeß; B. Naumann, Auschwitz.

116 Zit. bei H. G. van Dam u. R. Giordano (hrsg.), KZ-Verbrechen vor deutschen Gerichten, S. 253.

117 Vgl. d. Anm. v. M. Broszat in: R. Höß, Kommandant in Auschwitz, S. 37.

118 T. Cyprian, J. Sawicki, Oskarżamy, S. 153.

119 Fall 9, Das Urteil im SS-Einsatzgruppenprozeß ... S. 101.

120 Abgedr. bei L. Poliakov, J. Wulf, Das Dritte Reich und seine Denker, S. 26. Vgl. D. Majer, »Fremdvölkische«..., S. 426 f., bezüglich der Polen.

121 H. Langbein, Der Auschwitz-Prozeß, S. 214; B. Naumann, Auschwitz, S. 46.

122 Langbein, a. a. O., S. 337; Naumann, a. a. O., S. 322.

123 A. a. O., S. 745. Vgl. o., S. 140 f..

124 R. Höß, Kommandant in Auschwitz, S. 125, 148.

125 Vgl. dazu Kurt Hinrichsen, »Befehlsnotstand«, in: A. Rückerl (hrsg.) NS-Prozesse, S. 131–162.
126 Vgl. etwa die Äußerungen vom ehemaligen Auschwitzer Rapportführer Kaduk, von dem ehem. Schutzhaftlagerführer SS-Hauptsturmführer Franz Hofmann u. d. ehem. SS-Sanitäter Klehr im Auschwitz-Prozeß – Langbein, a.a.O., S. 278, 240, 711. Die Beispiele ließen sich beliebig vermehren.
127 A. Solschenizyn, Der Archipel GULAG, Bd. 3, S. 225.
128 Zit. a.a.O., Bd. 3, S. 480. Vgl. das., S. 499 f.
129 Zit. a.a.O., S. 225.
130 Moros wurde Ende April 1979 mit vier anderen polit. Häftlingen – darunter Eduard Kusnezow u. Alexander Ginsburg – gegen zwei in den USA inhaftierte sowj. Spione ausgetauscht.
131 In: Polit. Gefangene i. d. Sowjetunion, S. 35.
132 A.a.O., S. 65 f.
133 A. Martschenko, Meine Aussagen, S. 90.
134 So begründete Menschinski, damals Dserschinskis Stellvertreter, in einem Gespräch mit W. G. Koroljenko (nach dessen Brief an Gorki) die Morde der Tscheka. (Der Brief wurde veröff. i. d. Ztschr. Nakanunje, Lit. Beilage vom 21.5.1922, zit. nach M. Heller, Konzentrazionnyj mir ..., S. 73). – Vgl. die Äußerungen Himmlers, o., S. 131.
135 A. Dolgun, P. Watson, An American in the GULAG, S. 305. Vgl. das., S. 373 f., über die Schicksale zweier sowj. Generale in einem anderen sowj. KZ; A. Kuusinen, Der Gott stürzt seine Engel, S. 242, über das Schicksal des späteren Marschalls Rokossowski in Workuta; A. Martschenko, Meine Aussagen, S. 261; eine bezeichnende Szene aus Dachau bei E. Kupfer-Koberwitz, Die Mächtigen ..., Bd. 1, S. 173 ff.; sowie o., S. 156.
136 A. Solschenizyn, Ein Tag ..., S. 27, Vgl. ders., Der Archipel GULAG, Bd. 3, S. 60 u. 490; A. Dolgun, P. Watson, a.a.O., S. 296.
137 Die Formel wurde u. a. zum Titel von Erlebnisberichten aus NS-KZs in versch. Sprachen ausgewählt.
138 Über sowj. KZs heute vgl. A. Shifrin, UdSSR Reiseführer, S. 126. Vgl. o., S. 100.
139 A. Solschenizyn, Der Archipel GULAG, Bd. 3, S. 268.
140 B. Bettelheim, Aufstand gegen d. Masse, S. 146; E. Kupfer-Koberwitz, Die Mächtigen ..., Bd. 1, S. 149 f.
141 Isa Vermehren, Reise ..., S. 39, berichtet über den »Zellenbau« auf dem Gelände des KZ Ravensbrück (vgl. o., S. 54): »... Zogen zwölf junge SS-Männer, ›Beutegermanen‹, ins Haus, die je zu sechst den ›Wach- und Schließdienst‹ besorgten«. Zu den schlimmsten Peinigern im KZ Groß-Rosen gehörten 1944 SS-Unterscharführer mit nichtdeutschen Familiennamen oder andere mit eher kümmerlichen Deutschkenntnissen (welches Trauma sie an den Häftlingen abreagierten).
142 »Und es sind die Konvoisoldaten, die die Bewohner vor diesen Tieren schützen. Die edlen Konvoisoldaten«. A. Solschenizyn, Der Archipel GULAG, Bd. 3, S. 220.
143 Familiär für Jakow Michajlowitsch Umanskij.
144 Gemeint ist natürlich Stalin.
145 J. Ginsburg, Gratwanderung, S. 293, 100.
146 Vgl. o., S. 74 ff., 85 ff.; u., S. 250; sowie R. Conquest, Am Anfang ..., S. 419; A. Solschenizyn, Der Archipel GULAG, Bd. 3, S. 527; M. Heller, Konzentrazionnyj mir ..., S. 267.
147 J. Ginsburg, Marschroute eines Lebens, S. 59, 57.
148 J. Ginsburg, Gratwanderung, S. 99 f.
149 St. Swianiewicz, W cieniu Katynia, S. 202 f.
150 In: D. J. Dallin, B. I. Nicolaevsky, Forced Labor ..., S. 18.

151 A. Solschenizyn, Der Archipel GULAG, Bd. 3, S. 456.
152 Vgl. etwa bei Phyllis Argall, Prisoner in Japan, S. 245, über die Engländer aus der Kolonie Hong-Kong.
153 A. Solschenizyn, Der Archipel GULAG, Bd. 2, S. 554.
154 Nürnb. Dok. 1919–PS, Der Prozeß ..., Bd. 29, S. 159 f., 163 f.
155 I. Vermehren, Reise ..., S. 69 f. Vgl. etwa P. Makucewicz, I escaped from Germany, S. 15; Nürnb. Dok. NO–2703, zit. bei I. Kamenetsky, Secret Nazi Plans ..., S. 204; Schriftwechsel des SS-Oberscharführers Schweikert mit der Ghettoverwaltung Lodz (»Litzmannstadt«), bei N. Blumental, Słowa niewinne [Dokumente in dt. Sprache], S. 57 f.
156 E. Kogon, Der SS-Staat, S. 290 ff.
157 A.a.O., S. 302, 161.
158 M. Stütz, Überleben u. widerstehen, Zeichnungen von Häftlingen des Konzentrationslagers Auschwitz 1940–1946, Begegnung mit Polen, H. 3/79, S. 6.
159 In: S. Mora, P. Zwierniak, La justice soviétique, S. 308 ff.
160 Ich habe der betreffenden Firma zum 30. Jahrestag der Befreiung des Lagers brieflich gratuliert. Ich bekam keine Antwort. – Ich weiß noch den Namen des Herrn Ingenieurs. Der Name des Hundes war mir nie bekannt.
161 E. Kupfer-Koberwitz, Die Mächtigen ..., Bd. 2, S. 128.
162 Nürnb. Dok. NI–7184, zit. bei J. Sehn, Konzentrationslager Oświęcim-Brzezinka ...,S. 89 f.
163 »Capo«, ital. »Haupt«, »Chef«. Die Bezeichnung wurde zuerst in Dachau von den in Süddeutschland beschäftigten ital. Arbeitern übernommen.
164 Vgl. z. B. Polit. Gefangene i. d. Sowjetunion, S. 89.

VI. Staat, Archipel, Universum – Institution?

Eugen Kogon hat bekanntlich seiner zuerst 1946 erschienenen Studie über »Das System der deutschen Konzentrationslager« den Titel »Der SS-Staat« gegeben, der zum geflügelten Wort werden sollte. Das epochemachende Werk Alexander Solschenizyns über die sowjetischen Konzentrationslager, das fast dreißig Jahre später in drei Bänden erschien, trägt den weltbekannten Titel »Der Archipel GULAG«, der ebenfalls ein Begriff und ein geflügeltes Wort geworden ist. Gleichzeitig mit Kogon veröffentlichte in Frankreich David Rousset sein Werk über die NS-Konzentrationslager, betitelt »L'Univers concentrationnaire«, »Das konzentrationäre Universum.« Er wollte durch diesen Titel ausdrücken, daß die NS-KZs eine Welt für sich, ein abgesondertes Universum gewesen war – und er hat wieder einen weltbekannten Begriff geprägt. Wenige Jahre später, als Rousset zu seinem Kampf gegen sowjetische, maoistische und überhaupt jede Art von Konzentrationslager antrat, sprach er meistens von der »institution concentrationnaire«, der »konzentrationären Institution«, von der Institution der Konzentrationslager.

Es stellt sich die Frage, ob man nicht eher einfach von der Einrichtung der Konzentrationslager sprechen sollte, wie ich es auch oben im Text getan habe. Ich verneine die Frage hier ganz bewußt. Es geht mir darum, möglichst deutlich zu unterstreichen, daß die KZs, wie ich bereits eingangs (o., S. 13) gesagt habe, keine Randerscheinungen, keine unbedeutenden Geschwüre am sonst gesunden Körper des betreffenden Staates sind – wenn es auch mit einem scheinbar wenig gefährlichen Geschwür beginnen und bei ihm bleiben kann. Sie werden grundsätzlich zu einer – natürlich mit negativem Vorzeichen – rechtlichen Institution, zu der Unrechtsinstitution schlechthin. Da zu ihrer Natur als wesentlichstes Charakteristikum eine willkürliche und widerrechtliche Freiheitsberaubung gehört, sind sie nur dort möglich, wo das rechtsstaatliche System zumindest stark angeschlagen, wenn nicht in totaler Auflösung begriffen ist. Die KZs sind gleichzeitig Symptome und Wirkstoffe dieser Auflösung. Ihr Wachstum bedeutet und bestimmt, in einer Rückkopplung fortschreitender Unrechtsstaatlichkeit, den weiteren Zerfall des Rechtsstaates, wo den Zerfallsbeginn ihre Entstehung ermöglicht und bewirkt hat. In derselben Rückkopplung wird das Wachstum und die Entwicklung der KZs dort aufgehalten, wo der Rechtsstaat noch nicht in totaler Auflösung begriffen ist, wo eine – wenn auch angeschlagene – Rechtsstaatlichkeit sich noch jenem Wachstum widersetzen kann.

Da die abstrakte Rechtsstaatlichkeit sich nicht selbst verteidigen kann, bedeutet das, daß einerseits die Bürger noch imstande sind, sich allzu weitgehende Rechtsbrüche seitens der Regierenden nicht gefallen zu lassen, daß die Gesellschaft als Ganzes noch intakt genug ist, um solchen Rechtsbrüchen Halt zu gebieten – und daß besonders auch die Staatsorgane selbst noch nicht korrupt bzw. nicht ausgewechselt genug sind, um jedem, auch dem rechtswidrigsten und ruchlosesten Befehl Folge zu leisten.

Ein Beispiel einer Entwicklung auf vollkommene Rechtlosigkeit hin bietet der NS-Staat, in dem bis zuletzt in bezug auf Reichsdeutsche gewisse (wenn auch schwindende) Rechtsnormen und -formen gewahrt wurden – und in dem die Juden erst 1941 total vogelfrei wurden (auch dann noch mit gewissen Vorbehalten und Einschränkungen für gewisse Kategorien reichsdeutscher Juden).

Ein Beispiel der möglichen Rückläufigkeit einer solchen Entwicklung bietet der Sowjetstaat nach dem Tode Stalins. Im sog. Stalinismus, also in der höchsten Entwicklung der sowjetischen Rechtlosigkeit, war es den Häftlingen nicht einmal erlaubt, Einsicht in sowjetische Gesetzestexte zu nehmen. Jetzt können und dürfen sie sich darauf berufen, wenn auch nur zu oft vergeblich (s. weiter unten). Diese Möglichkeit, sich auf Gesetze zu berufen, und der Gebrauch, der neuerdings davon in kommunistisch beherrschten Ländern gemacht werden kann und gemacht wird, sind Beispiele für das erwähnte »Sich-nicht-bieten-lassen«, das ich bewußt nicht als »Widerstand« bezeichne. Diese Bezeichnung möchte ich für die fälschlich »illegal« genannte, d. h. völlig konspirative und außerhalb der öffentlich proklamierten Verhaltensnormen[1] stehende, wenn auch nicht unbedingt gewaltsame[2] Tätigkeit vorbehalten wissen.

Es sind gleichzeitig Beispiele für eine rückläufige Entwicklung zur Rechtsstaatlichkeit hin, für deren teilweise Wiederherstellung, nachdem der Gipfel der Rechtlosigkeit in Sowjetrußland in einer für die höchsten Parteispitzen selbst unerträglichen Weise überschritten worden war; wenn auch inzwischen die seit 1956 von so vielen Autoren proklamierten diesbezüglichen Hoffnungen sich als Täuschungen erwiesen haben – und erweisen mußten. Wieder waren die KZs das wesentlichste Merkmal und der Maßstab: Deren Nicht-Auflösung war ein vollkommen genügendes (wenn auch bei weitem nicht einziges) Zeichen, daß im Sowjetstaat zwar der Unrechtsstaatlichkeit, aber auch der Rechtsstaatlichkeit Grenzen gesetzt wurden und daß die letzteren sich als viel enger erwiesen.

In den in den späten Jahren der Regierung Stalin geschaffenen autonomen Provinzen des Sowjetimperiums, die äußerlich als souveräne Staaten drapiert sind (und nach außen als solche auftreten), ließ sich die Rechtsstaatlichkeit zwar weitgehend anschlagen und vermindern, jedoch nie, auch vor 1956, nicht völlig beseitigen – je nach Land, nach den Möglichkeiten des in jedem Land zu leistenden und tatsächlich geleisteten Widerspruchs. So ist es etwa in Polen nie zu solchen Schauprozessen gekommen, wie derjenige gegen Slansky in der Tschechoslowakei und gegen Laszlo Rajk in Ungarn, wenn es auch genug schlimme Verfolgungsmaßnahmen und rechtswidrige Todesurteile gab. Ein KZ-System von den Ausmaßen des sowjetischen wurde in keinem dieser Länder eingerichtet (s. u., S. 262 f.). Dagegen wurden anfangs zahllose Bürger in sowjetische KZs deportiert.

Das Schwinden der Rechtsstaatlichkeit im NS-Staat und deren totales Verschwinden in den nationalsozialisch besetzten Ländern sowie im Sowjetstaat ist von einem riesigen Ausbau des jeweiligen KZ-Systems begleitet worden – ja eigenlich bestand es zum großen Teil gerade darin. So kann man feststellen, daß Totalitarismus und Konzentrationslager zwei Seiten einer und derselben Erscheinung sind: einer totalen Rechtlosmachung der Menschen.

»Sie berufen sich gerne auf Gesetze«, erklärte im November 1973 Hauptmann Tartaschow von der sowjetischen Terrorpolizei dem KZ-Häftling Wjatscheslaw Tschornowil, einem ukrainischen Journalisten. »Aber Sie sind ein Staatsverbrecher. Sie haben sich gegen den Sowjetstaat geäußert, und deshalb gelten für Sie überhaupt keine Gesetze«[3]. Vom rein juristischen Standpunkt her gesehen sind diese Sätze absurd und in sich widersprüchlich. Man kann nicht jemanden zum Verbrecher, dazu noch zum Staatsverbrecher erklären und gleichzeitig für ihn keine Gesetze gelten lassen, denn ohne gültige Gesetze gibt es keine Verbrecher – und keinen Staat. Ein Staat kann nur existieren und zum Verbrecher kann man nur werden aufgrund geltender Gesetze. Einerseits kann man nicht Verbrecher sein, wenn man das geltende Strafgesetz nicht übertreten hat; andererseits hätte das gesamte Gesetz über die Strafprozeßordnung keinen Sinn und Zweck, wenn man es nicht auf vermutliche oder tatsächliche Verbrecher anwendet. Die gesamte Strafprozeßordnung – was von Nichtjuristen so oft mißverstanden bzw. übersehen wurde – dient gerade und ausschließlich dem Zweck, zuerst festzustellen, ob die verdächtigte bzw. angeklagte Person ein Verbrecher ist, und erst dann bei der festgestellten Schuld das dem Gesetz möglichst entsprechende Strafzumaß festzusetzen. Sie ist es, die jeden Menschen vor willkürlicher Verfolgung schützt, da sie dazu zwingt, seine Schuld gemäß dem eindeutig formulierten, allgemein gültigen und ordnungsgemäß verkündeten Wortlaut des Gesetzes objektiv zu prüfen – und über jeden vernünftigen Zweifel hinaus genau zu beweisen. Mit anderen Worten, sie soll verhindern, daß jemand von den Regierungsorganen willkürlich »zum Verbrecher ernannt« wird, indem ihm eine Tat zur Last gelegt wird, die er nicht begangen hat, bzw. indem eine von ihm wirklich vollbrachte Tat oder getane Äußerung gesetzwidrig »zum Verbrechen ernannt« wird.

Ich wähle eine solche Formulierung nicht von ungefähr. Ernennungen, die auf gewissen Ebenen eine krasse Form der Willkür darstellen, spielen in totalitären Systemen ein große Rolle. So wurden Reichstagsmitglieder im NS-Staat und werden Parlamentsmitglieder in allen kommunistisch regierten Ländern (von Scheinwahlen abgesehen) ernannt, nicht gewählt. Deshalb gebrauche ich den Begriff einer sozusagen umgekehrten Ernennung: Es gehört nicht weniger Willkür dazu, jemanden zum Vertreter des Volkes zu bestimmen, das ihn nicht gewählt und als Vertreter nicht gewollt hat, als dazu, jemanden zum Verbrecher zu bestimmen, der entweder ein überhaupt frei erfundenes Verbrechen begangen haben soll oder des tatsächlich begangenen Verbrechens nicht schuldig ist, oder etwas getan bzw. gesagt hat, was nachträglich zu einem Verbrechen erklärt wird. Dies widerspricht nämlich allen Begriffen, an die wir — so sehr, daß eigentlich kaum noch bewußt — gewöhnt sind, und die sich in der abendländischen Kultur in über zweitausend Jahren aus der ursprünglich römischen Rechtsauffassung und aus dem Christentum mit seinen jüdischen Wurzeln entwickelt haben.

In dieser Kultur gab es auch in dunkelsten Zeiten den Begriff des Rechts, das die Grundlage der Beziehungen zwischen den Menschen und auch die Grundlage jeder Macht bildet — ja, das über dieser Macht steht. Im jüdisch-christlichen Glauben ist Gott vor allem und über allem Gesetzgeber und Richter: Am Anfang dieses Glaubens stehen die Gesetzestafeln vom Sinai, am Ende der Welt das Jüngste Gericht. Selbst Gott darf und wird danach über den Menschen nicht willkürlich bestimmen, sondern wird ihn richten — nach den Gesetzen, die er selbst gegeben hat. So, wie auch jeder Fürst des Abendlandes auch ein Richter war. Und auch der absoluteste darunter war immer gehalten, dem Gesetz zu folgen, auch demjenigen, das er selbst verkündet hat; widrigenfalls er zum Tyrannen wurde. Es ist bekannt, wieviel Platz in der Gedankenwelt des Abendlandes die Frage des Widerstandes gegen die Tyrannei und des Tyrannenmordes einnahm, die noch im Dritten Reich nachklang.

All dem liegt seit jeher der Gedanke zugrunde, der zuerst (leider nur für den Adel) in Polen 1425 — ein halbes Jahrtausend vor Lenin, Hitler und Stalin — als Gesetz formuliert wurde: »Neminem captivabimus nisi jure victum«, »wir (König) werden niemanden verhaften, es sei denn, er wäre rechtlich überführt«. In der erwähnten Form der zivilisierten Strafprozeßordnung ist das inzwischen zum allgemeinen Rechtsgut des Abendlandes, ja zum Augapfel des Rechtsstaates und der Menschenrechte geworden. In jenen, von mir als typisches Beispiel gewählten Worten des sowjetischen Hauptmanns der Terrorpolizei begegnen wir, wie gesagt, einer völlig verschiedenen Gedanken- und Begriffswelt.

Man muß noch voranstellen, daß es sich in keinem Fall um eigene Formulierungen oder gar um eigene Ansichten des genannten Hauptmannes handeln dürfte. Ein Funktionär des Sowjetstaates würde nie wagen, eine so gewichtige Erklärung einem Häftling gegenüber zu tun, wenn er nicht wüßte, daß diese den offiziellen Ansichten entspricht und daß er sie einem Häftling gegenüber machen darf – ja, wenn er nicht jene Feststellung in genau diesen Worten häufig bei den unzähligen und endlosen »politischen Schulungen« zu hören bekommen hätte, die jeder Sowjetmensch, auch jeder sowjetische Häftling, und ganz besonders jeder Funktionär des Staatssicherheitsapparates im Sowjetstaat über sich ergehen lassen muß.

Und schon ganz undenkbar ist es, daß ein solcher Funktionär vom eigenen selbständigen Nachdenken und Überlegen her zu der Ansicht gekommen wäre, daß den politischen Häftlingen gegenüber im Sowjetstaat, im Gegensatz zu der offiziell proklamierten Version, keine Gesetze gelten – und diese Ansichten dann überhaupt, geschweige denn einem Häftling gegenüber, laut geäußert hätte.

Mit anderen Worten, die zitierte Äußerung drückt die offizielle Ansicht aus, die den Häftlingen der sowjetischen KZs gegenüber kaum verheimlicht wird und werden soll. Und zwar nicht aus Zynismus – in der abgrundtiefen Verlogenheit der sowjetischen Propaganda könnte man kaum Spuren von Zynismus entdecken, der ja eine Form von Offenheit ist, also von etwas, was dem Wesen des Totalitarismus überhaupt, und des sowjetischen Totalitarismus im besonderen zutiefst fremd und zuwider ist. So handelt es sich um eine tatsächliche, aufrichtige Rechtsauffassung, die nur der unseren und praktisch jeder möglichen wirklichen Vorstellung vom Recht zuwiderläuft.

Das auslösende Moment der rechtsbedingten Sanktionen gegen einen Menschen in einem Rechtsstaat ist nämlich ein von ihm begangener, feststellbarer und nach den prozeduralen Regeln der Wahrheitsfindung eindeutig festgestellter Rechtsbruch. In einem politischen Staatssystem, das sich der KZs im eigenen Lande als eines Terror-Mittels bedient (nennen wir es kurz ein KZ-Staatssystem), sind die KZs nicht nur ein rein polizeilich-technisches Mittel, gewisse Bürger des Landes – nämlich die jeweiligen Insassen von KZs – rechtlos zu machen, sondern ein allgemein politisches Mittel zur Rechtlosmachung aller Landeskinder. Diese Rechtlosmachung besteht nicht darin, daß der betreffende Bürger in einem gegebenen Augenblick verhaftet und in ein KZ verschickt wird – sondern darin, daß es jedem Bürger zu jeder Zeit widerfahren kann, und daß somit alle Bürger stets rechtlos sind.

Das Zündungsmoment, das diese in einem KZ-Staatssystem vorhandene allgemeine Rechtlosigkeit gegen einen konkreten Menschen zur Explosion bringt, ist dessen Abstempeln zum »Feind« (vgl. o., S. 140 ff.). Abgesehen von den langen Jahren der sowjetischen »Großen Säuberung« (o., S. 209 ff.), wo jenes Wort überhaupt jede Bedeutung verlor und nur als ein nachträgliches Etikett für willkürlichst Verhaftete diente, hatte es im NS und hat bis heute im Sowjetkommunismus eine bestimmte und gut erkennbare, wenn auch nicht dem normalen Gebrauch entsprechende Bedeutung.

Ein »Feind« ist nämlich in einem totalitären Staat nicht nur und nicht

einmal vorrangig ein eindeutiger und erklärter ideologischer oder politischer Gegner. Diese werden nämlich – natürlich wenn sie für die Gewalt des betreffenden Totalitarismus nicht erreichbar sind und für Inhaftierung in dessen KZs nicht in Frage kommen – als politische Partner mit einigem Respekt behandelt, oft mit demonstrativer Liebenswürdigkeit umgarnt. Ich meine dabei nicht nur ausländische Staatsmänner, Politiker und Wirtschaftskapitäne, sondern z. B. auch Vertreter der Kirchen im Inland in kommunistisch beherrschten Ländern. »Feinde« sind vor allem und durchweg diejenigen, die man in den letzten Jahren im Westen, weitgehend richtig, »Dissidenten« zu nennen pflegt – also, um es ganz kurz auszudrücken, Menschen anderer Meinung. Sie sind nämlich, vom Standpunkt der betreffenden totalitären Ideologie, Feinde der von ihr angestrebten, offiziell bereits hergestellten und unverbrüchlichen »moralpolitischen Einheit der Nation«, deren äußerer Ausdruck die »Nationale Front« ist – so im Kommunismus; bzw. der »Volksgemeinschaft« des »Ein Volk, ein Reich, ein Führer« (wobei den eigentlichen Inhalt dieser Parole deren drittes Glied bildet) – so im Nationalsozialismus und ähnlich bei anderen Faschismen. Andersdenkende, organisatorisch und vor allem gedanklich nicht »Gleichgeschaltete«, sind eine lebendige Verneinung und somit auch Bedrohung jener »Einheit«, jenes totalen Monopols der Macht über Menschen, Gedanken und Sachen, und schließlich über die Wirklichkeit selbst, die das Wesen des Totalitarismus ausmacht (vgl. o., S. 140). In seiner Hagener Rede zum Volkstrauertag 1975 kommentierte Christian Graf von Krockow diese »Einheits«bestrebungen folgendermaßen: »Der Ausgang ist bekannt und er ist folgerichtig: Weil es die totale Idylle der totalen Gemeinschaft im modernen Zeitalter nicht geben kann, weil sie nur scheinbar hergestellt werden kann und durch die totale Unterdrückung der Freiheit und Vielfalt der Anschauungen und Interessen, die sich zum Konflikt organisieren – darum muß, wenn die absolute Harmonie mißlingt, irgendwer die Schuld daran tragen, und es gilt, den Schuldigen ausfindig zu machen, zu verfolgen und auszurotten ... Weil die totale Harmonie und Konfliktlosigkeit unter den Bedingungen der modernen Industriegesellschaft selbst schon ein Wahn ist, der Wirklichkeit radikal widerstreitet, darum findet die Idylle der Volksgemeinschaft ihre notwendige und unausweichliche Ergänzung im Konzentrationslager und im Krieg ... Wer sich dem Menschheitsheil widersetzt, der gibt sich als Menschheitsfeind zu erkennen und muß deshalb entweder bekehrt – oder vernichtet werden. So entstehen folgerichtig die Freund-Feind-Klischees; es gibt nur noch Gerechte und Ungerechte, die Kinder des Lichts und die Kinder der Finsternis, und folgerichtig mündet auch der Kampf um die künftige totale Harmonie in den totalen Kampf«[4].
Hier können wir jene merkwürdige Rechtsauffassung begreifen, die in den Worten des sowjetischen Terrorpolizeihauptmanns enthalten ist. Wie bereits gesagt, setzt in einem demokratischen Rechtsstaat nur eine

konkrete Übertretung eines bestimmten, allgemeingültigen Gesetzes Sanktionen gegen den Rechtsbrecher in Gang, die weiterhin im Rahmen der allgemeingültigen Gesetze bleiben müssen und von ihnen geregelt werden. So darf vom Standpunkt des konkret geltenden Rechts und kann vom Standpunkt der Staats- und Rechtstheorie keine Handlung der demokratischen Rechtsstaatsgewalt den Rahmen der Gesetze verlassen; es kann und darf dementsprechend kein Mensch für außerhalb der Gesetze stehend – für »vogelfrei« – erklärt werden.

In einem totalitären Staat gibt es eben nur »Gerechte und Ungerechte«, was man auch wortwörtlich als »mit Rechten Ausgestattete« und »aller Rechte Beraubte« verstehen kann (die zustehenden Rechte, wovon noch die Rede sein wird, sind jederzeit widerrufbar). Nicht konkrete Rechtsbrüche werden mit konkreten Rechtssanktionen geahndet – sondern die Tatsache, daß man sich »gegen den Sowjetstaat geäußert«, daß man »durch sein Verhalten den Bestand und die Sicherheit des Volkes und Staates gefährdet« (wie der NS-Schutzhaftbefehl lautete), o. dgl., damit, daß man nach dem freien Ermessen namenloser Polizeiorgane zum »Feind« erklärt und dadurch sozusagen aus dem Rahmen der Gesetze hinausgeworfen wird, der sowieso nur sehr relativ existiert. Es ist von einem anderen Gesichtspunkt und mit anderen Worten dieselbe Feststellung, die ich bereits (o., S. 175) vorbrachte: Daß es nämlich in einem totalitären System keine Menschen gibt, sondern nur Wesen, die das sind, wozu sie die vergottete, meistens personifizierte oberste Staatsmacht augenblicklich oder endgültig bestimmt. Dies wird vielleicht noch besser als durch die NS-Praxis durch einen scheinbaren Widerspruch in der sowjetischen Praxis bewiesen: Es gibt nämlich in der bisherigen Geschichte der sowjetkommunistischen Regierungen zahlreiche Beispiele dafür, daß hohe und höchste zivile und militärische Würdenträger ins Gefängnis oder in ein KZ verschickt wurden, um nach kürzerer oder längerer Haft wieder in Amt und Würden zu kommen[5]. Und zwar gar nicht erst in der Ära der post-stalinistischen »Rehabilitierungen«, sondern noch während des Krieges und gleich danach. Andererseits haben wir von dem sowjetischen »KZ-Rassismus« gehört (o., S. 233 f.).

Und doch ist jener Wiederaufstieg einiger seinerzeit hochgestellten Freigelassenen nicht nur kein Widerspruch dazu, sondern eine besonders deutliche Bestätigung der in einem KZ-Staatssystem herrschenden allgemeinen Rechtlosigkeit, der totalen Abhängigkeit aller von der nicht rechtsgebundenen Willkür der regierenden Parteispitze. Man wird von der Höhe der Macht und Würden in die Tiefen eines KZs und damit eines untermenschlichen Häftlingsschicksals gestürzt, man bleibt auch nach der Entlassung ein halbmenschlicher Freigelassener oder man wird sofort in eine maßgeschneiderte Generaluniform gesteckt und darf dem Lagerkommandanten ins Gesicht spucken. Alles, wie »die Partei«, in Wirklichkeit wie die regierende Parteispitze zu bestimmen beliebt.

Daß diese Auffassung von Recht, von Gesetzen und von Menschenrechten gerade in Rußland vorherrscht, kann kaum verwundern. Rußland ist nie ein Rechtsstaat gewesen. Umgekehrt, immer waren dort auch die vorhandenen und zeitweise sogar von der Regierung eingehaltenen Gesetze ein Ausdruck von deren ungebundenem Willen – in den Augen der Untertanen von dem Willen »des Zaren« bzw. »der Partei«. In jenen Augen war immer das Einhalten oder Nichteinhalten der verkündeten Normen nichts weiter als der freie gute Wille des durch jene Normen gar nicht gebundenen Herrschers.

Was die NS-Juristen, mit Carl Schmitt an der Spitze, vermeintlich erfunden haben – nämlich, daß der Wille des Führers dem Gesetz gleich ist, es ersetzen kann und ersetzt –, ist in Rußland seit Jahrhunderten die allgemeine Meinung der Untertanen, die allgemeine Praxis der großen und kleinen Machthaber. Diese letzteren, die »Kaziken«, »Lokalhäuptlinge«, bedeuteten in Rußland, wie im Nazi-Staat, und bedeuten in allen kommunistisch regierten Ländern unvergleichlich mehr als die bloßen »Bonzen«, von denen man im Westen spricht. Besonders auch wegen der Unübersichtlichkeit des riesigen Landes und der Schwerfälligkeit der bis ins Absurde zentralisierten russischen und sowjetrussischen Staatsverwaltung erlangten sie dort in beiden herrschenden Systemen Machtbefugnisse und Möglichkeiten, von denen der größte westliche »Parteibonze« nur träumen kann – besonders wenn ihm eine von der Zensur freie Presse im Nacken sitzt und wenn auf die Kritik seiner Person kein Konzentrationslager steht (vgl. o., S. 98). So ist für jenen Kleinmachthaber von Hauptmann und für alle ihm ähnlichen kleineren und größeren Vertreter der Sowjetmacht das Einhalten – fast möchte man sagen, das Gewähren – von Gesetzen nichts weiter als eine von dem Willen und der Laune der Sowjetmacht völlig abhängige Gnade.

»Dieser [westliche] Begriff des Konstitutionalismus ist der Sowjetunion fremd«, stellte 1965 Merle Fainsod fest. »... Die ›verfassungsmäßige‹ Ordnung hat nur so viel Gewicht, wie ihr das Regime zubilligt ... Die Bürger haben Pflichten; soweit sie Rechte genießen, verdanken sie diese einem jederzeit widerrufbaren Gnadenakt der Machthaber«. Fainsod meinte, einige von ihm angeführte offizielle Äußerungen – u. a. Chruschtschows – »erinnerten daran, daß selbstauferlegte Rechtsnormen, mögen sie noch so erhaben klingen, rücksichtslos beiseitegefegt werden können, wenn es dem Regime so beliebt«[6].

Anfang der vierziger Jahre stellte Antoni Ekart aufgrund direkter Erfahrung fest: »Seine eigenen Rechte zu verteidigen, und möchte sie in einem [Gesetzes-] Text ausdrücklich formuliert sein, wird in Sowjetrußland als ein den Behörden gegenüber feindlicher Akt betrachtet, und die Behörden – besonders der NKWD – identifizieren sich mit dem Staat. Wenn man auf seinen Rechten zu bestehen versucht, wird das zu einem Akt der Rebellion«[7].

1974 erklärte Iwan Kandyba in einem aus einem sowjetischem KZ herausgeschmuggelten Interview: »Geht man davon aus, daß es in der UdSSR wirklich eine Verfassung gibt, die noch dazu das Grundgesetz darstellt, sind die meisten sogenannten politischen Gefangenen ungesetzlich wegen Verfassungsbruchs verurteilt worden, und zwar einzig und allein für den Versuch, die Rechte in Anspruch zu nehmen, die die Verfassung garantiert. Genaugenommen ist es wirklich schwer, solche Menschen als Politiker zu bezeichnen. Doch es existiert noch ein Strafkodex, der die Inanspruchnahme der grundlegenden demokratischen Rechte, die in der Verfassung festgelegt sind, als Verbrechen qualifiziert, und die Menschen, die es wagen, die Verfassung in Anspruch zu nehmen, als ›besonders gefährliche Staatsverbrecher‹ verurteilt«. Das ist die Praxis. Ihr Ziel beschrieb bereits 1967 ein anderer ukrainischer Intellektueller und Häftling eines sowjetischen KZs, Walentyn Moros, in seinem (ebenfalls aus einem KZ herausgeschmuggelten) »Bericht aus dem Berija-Reservat«: »... Das letzte und wichtigste: Nachdem alle Menschen zu Schräubchen geworden sind, kann man unbesorgt jede beliebige Verfassung verabschieden, beliebige Rechte erteilen. Der ganze Zauber beruht darauf, daß das Schräubchen gar nicht auf die Idee kommt, diese Rechte auch in Anspruch zu nehmen«[8].

Mit anderen Worten: Die Praxis eines KZ-Staatssystems ist es, jede Wahrnehmung von oder jede Forderung nach den entweder nicht ausdrücklich aufgehobenen oder gar theoretisch und formell zustehenden Menschen- und Bürgerrechten mit dem KZ zu ahnden. Das Endziel eines solchen Staatssystems ist es, die Bürger so weit zu bringen, wie es Moros beschreibt (es handelt sich dabei um KZs im eigenen Lande, da in besetzten Ländern und bezüglich ihrer Bürger KZ-Staatssysteme in der bisherigen Praxis sowieso eine volle Rechtlosigkeit gelten lassen, wenn sie auch aus reinem politischem Pragmatismus diese Rechtlosigkeit verschiedentlich stufen können). Das KZ bildet den materiellen, physischen Ausdruck dieser eigentümlichen Antirechtsphilosophie des Totalitarismus. Es ist aber nicht nur ein Symptom des Zerfalls des Rechts und des Rechtsstaates, sondern bewirkt, wie bereits angedeutet (o., S. 248 f.), durch sein Vorhandensein nebst seiner antirechtlichen Umrahmung, die totale Zersprengung des Rahmens jeglicher Gesetze, die totale Vernichtung jeglicher Menschenrechte, die totale Zersetzung der rechtlichen, ja, der menschlichen Beziehungen und Verbindungen zwischen den Menschen. Das am meisten hervorstechende Merkmal dieser Zersetzung ist das Denunziantentum, das sich in allen Polizeistaaten und besonders in KZ-Staatssystemen breitmacht.

Im Dritten Reich war diese Plage bekanntlich nicht wenig verbreitet, wobei sich manchmal sogar Eltern vor ihren verbrecherisch verführten und durch die »Ideologie« verdummten Kindern fürchten mußten. Edgar Kupfer-Koberwitz erwähnt einen Haftgenossen aus dem KZ Dachau, einen »alten ... biederen Bauern, den der eigene Sohn angezeigt hatte. (Der Sohn war Nazi, der Vater Nazigegner, das Ende war, daß der Sohn dafür sorgte, daß sein Vater in ein KZ kam.)«[9] Ernst Wiechert stellt über seine Haftgenossen im Gefängnis fest: »Sie alle waren auf die dem Dritten Reich übliche Weise, durch Denunziation, zu ihrem Schicksal gekommen«[10].

Die Plage sprang dann auf die nationalsozialistisch besetzten Länder über, wo besonders im Zusammenhang mit der Deportierung und Vernichtung der Juden sich in Frankreich, in Holland, in Polen und woanders eine eigentümliche Art von Denunzianten-Fledderern bzw. -Erpressern entwickelte; also Menschen, die Juden denunzierten, um sich an der Habe der in die Vernichtungslager Deportierten zu vergreifen, oder sie mit der Drohung der Denunziation erpreßten. Bei der polnischen Widerstandsbewegung trug ihnen das grundsätzlich ein Todesurteil eines im Untergrund wirkenden polnischen Gerichts ein, und viele solche Urteile konnten auch vollstreckt werden.

Susanne Leonhard machte nach zwanzig Jahren den folgenden Vergleich: »Da war ich nun aus Hitlerdeutschland, einem Lande, in dem die Wände Ohren hatten, in die Sowjetunion geflüchtet, aber im Sommer 1936 war die Gesinnungsschnüffelei und Denunziantenfurcht zweifellos noch schlimmer, als sie 1933/34 in Berlin gewesen war. Man fürchtete sich, ein kritisches Wort zu äußern. Man erstarrte vor Schreck, wenn man sich bei einem ketzerischen Gedanken ertappte«[11]. Bereits Ende der zwanziger Jahre hatte der rumänische kommunistische Schriftsteller, Panait Istrati, beobachtet, daß in Sowjetrußland »die Denunziation politischen Ketzertums . . . ausreicht, um einen Menschen in den Tod oder ins Gefängnis zu schicken, damit man dann seinen Posten einnehmen oder seine Wohnung beziehen kann«, wobei »aus dem Angeber eine Stütze der Macht« wird[12]. Tatiana Tchernavin sah in derselben Zeit in Betrieben ausgehängte besondere Denunziationskästen[13] – denen wir einige Jahrzehnte später im kommunistischen China nebst besonderen Denunziationsformularen wiederbegegnen[14].

Diese Erscheinung ist in gewisser Hinsicht eine vollkommene Ausnahme: Die Nazis waren hier viel verlogener, die Kommunisten aller Schattierungen sind hier ungewöhnlich offenherzig. Die Nazis bedienten sich natürlich einer Unmenge von ständigen Spitzeln und auch sporadische, spontane Denunziationen jeder Art waren ihnen äußerst willkommen; sie gaben es jedoch nie offen zu. Im Gegenteil, in der NS-Literatur der dreißiger Jahre konnte man – zumindest in bezug auf Österreich, wo die Nazis ja bis 1938 eine verfolgte Opposition bildeten – den bekannten Satz Hoffmanns von Fallersleben antreffen: »Der größte Lump im ganzen Land, das ist und bleibt der Denunziant«.

Sowjetrußland hat einen solcher Lumpen zum Vorbild seiner Jugend gemacht. 1932 hat der vierzehnjährige Pawlik (= »Paulchen«) Morosow, Führer der kommunistischen Kinderorganisation »Pioniere« (deren Patron Lenin ist) im Dorf Gerassimowka, seinen eigenen Vater denunziert, der zwar selbst ein »armer Bauer« war, aber »unter den Einfluß kulakischer Verwandter geraten war«[15] (vgl. o., S. 123 ff.). Der Vater wurde erschossen, der Sohn bald darauf von einer Gruppe von Verwandten, der auch sein Onkel angehörte, umgebracht. Diese wurden sämtlich hingerichtet und Pawlik Morosow zu einem Märtyrer-Helden, zu einem leuchtenden Vorbild der sowjetischen Jugend proklamiert. »... Kurz – er wurde heiliggesprochen. Es erscheinen zahlreiche Bücher über Pawlik Morosow, die sein Heldentum und seinen Märtyrertod preisen«[16]. Nach ihm ist der Kulturpalast der Roten Pioniere in Moskau benannt. Am 2. September 1962 – zum dreißigsten Jahrestag des Todes von Pawlik Morosow – feierte die Komsomolskaja Prawda das »heilige und liebe« Pawlik-Morosow-Museum in seinem Heimatdorf: »In diesem gezimmerten Haus wurde das Gericht abgehalten, bei dem Pawlik seinen Vater entlarvte, der die Kulaken geschützt hatte. Hier sind die Reliquien, dem Herzen eines jeden Bewohners von Gerassimowka teuer«[17]. 1965 wurde im Dorf eine Statue errichtet – »als ob gezeigt werden sollte, daß die Grundsätze, nach denen er handelte, immer noch als bewunderungswürdig betrachtet werden«[18] (und daß auch das allergrößte Menschheitsverbrechen der Zwangskollektivierung von der Sowjetmacht weiterhin unbeirrt gutgeheißen wird).

Eine weitere Form der »Lagerisierung« der Gesellschaft, wie ich anfangs (s. o., S. 13) den Einfluß der KZ-Institution auf das gesamte Leben genannt habe, ist die Zersetzung der Verbindungen zwischen den KZ-Insassen und ihren nächsten Angehörigen. Aus allen drei großen KZ-Systemen hören wir, wie ein Sohn[19] bzw. eine Tochter[20] ihren inhaftierten Vater verleugnen und eine Mutter ihren Sohn[21]; wie ein Bruder einen flüchtigen KZ-Häftling ausliefert[22]; wie ein schwerkranker, aus gesundheitlichen Gründen entlassener chinesischer KZ-Häftling von seiner Familie behandelt wird: »Als er im Dorf ankam, beschimpfte ihn sein eigener Vater aufs ärgste, bezeichnete ihn als kriminelles Element und befahl ihm, auf einem Schemel in der prallen Sonne sitzen zu bleiben, bis er bei der Polizei überprüft habe, ob die Bescheinigung für die medizinische Entlassung, die er bei sich trug, auch tatsächlich Gültigkeit besaß. Nachdem er es eine Woche lang ertragen hatte, von seiner Familie kühl behandelt, von den Kindern verspottet und von den übrigen Dorfbewohnern geringschätzig angesehen zu werden, hielt er es nicht mehr aus« – und bat um Wiederaufnahme in das KZ[23].

Desto mehr galt und gilt das für Nichtverwandte, für Freunde und Bekannte. »Man meidet uns wie Aussätzige« – schrieb im Februar 1975 die Gattin des inhaftierten (im Jahr danach mit seiner Familie in den Westen abgeschobenen) Mathematikers Leonid Pljuschtsch[24]. Dasselbe geschah bereits vierzig Jahre früher in Sowjetrußland – und in Nazideutschland, wie zahlreichen Berichten zu entnehmen ist[25]. Man darf jedoch dabei nicht die ganze Schuld den betreffenden Menschen geben, denn hier – besonders in Sowjetrußland – wirkte und wirkt auch die Lagerisierung im Sinne einer eigentümlichen Erweiterung der Lager auf die Familien der Inhaftierten. Bereits Anfang der dreißiger Jahre konnte man in Sowjetrußland dafür verhaftet werden, daß man Familien von Inhaftierten half. Es wurden manchmal Dutzende von Personen verhaftet, die einer einzigen Familie zu helfen versuchten[26]. Die Vernichtung von Menschenrechten ist vor allem in der Form der Drohung mit dem KZ bei jeder möglichen Gelegenheit festzustellen. Wir sind bereits dieser Erscheinung in Sowjetrußland wie in Nazideutschland als Mittel zur Terrorisierung der Arbeiter begegnet (o., S. 96 ff.). In Sowjetrußland nahmen diese Drohungen mit der Zeit zu und werden besonders gegenüber ehemaligen Häftlingen[27] oder gar gegenüber noch nicht entlassenen KZ-Häftlingen[28] bei jedem Wort gebraucht, das irgendeinem kleinen »Mächtigen« nicht paßt – und zwar auch nach der Zeit der sog. »Destalinisierung«. Wie weitgehende Wirkungen das im gesellschaftlichen Leben haben konnte und weiterhin kann, darüber vermag sich jemand, der nie in einem KZ-Staatssystem gelebt hat, nur eine sehr unklare Vorstellung zu machen[29]. Besonders gilt das für den Bürger eines freien, demokratischen Staates, der gewöhnt ist, bei Kontakten mit Behörden ohne Furcht sein Recht zu fordern (vgl. o., S. 255 f.)

Leichter ist es, die sozial-ökonomischen Fragen zu beurteilen. Es war bestimmt richtig, was der zweite Vizepräsident der American Federation of Labour, Matthew Woll, im Frühjahr 1947 schrieb: »Es ist klar, daß die Löhne der Arbeiter außerhalb der Lager nicht dadurch nach oben gedrückt werden, daß dauernd Millionen von Zwangsarbeitern zur Verfügung stehen, die praktisch für nichts arbeiten – nämlich für eine Schaufel Erde auf ihr Grab. Die Zwangsarbeitslager sind ein Mittel für die verstärkte Ausbeutung der freien Arbeiter mit tödlich sicherer Wirkung«[30]. Ich glaube jedoch, daß der amerikanische Gewerkschafter es allzu »gewerkschaftlich« verstand, etwa wie die Probleme in Deutschland des 19. Jahrhunderts (o., S. 41 ff.) – nämlich so, als ob die Zwangsarbeiter bloße »Lohndrücker« wären. In Wirklichkeit ist die gesamte werktätige Bevölkerung in KZ-Staatssystemen durch die ständige Bedrohung mit KZ terrorisiert und ein freier Arbeitskampf nach der Art wirklicher Gewerkschaften ist dadurch völlig unmöglich gemacht. So muß man die Worte Wolls nicht aus der Perspektive des gewerkschaftlichen Arbeitskampfes verstehen, sondern so, daß das Vorhandensein der KZs und die Bedrohung durch diese es möglich machen, den gesamten Lebensstandard in die Nähe dessen der KZ-Häftlinge herabzudrücken. »Nicht einmal im Lager war ich derart ausgebeutet worden«, stellt Susanne Leonhard über ihre Arbeit in einem sowjetischen Staatsgut (Ssowchos) fest[31]. Analog sieht das Leben der Kolchosbauern viele Jahre später aus, wie wir es aus den Beobachtungen Andrej Amalriks kennenlernen[32] – und aus zahlreichen anderen Berichten. Über die Arbeiter schrieb vor dreißig Jahren aus eigener Anschauung Helmut Gollwitzer: »Einem Arbeiter in den westlichen Ländern stehen in diesem Interessenkampf die Gewerkschaft, der Betriebsrat oder andere Institutionen zur Seite; der sowjetische Arbeiter hat niemanden; denn seine Gewerkschaft[33] wird nie gegen das von der Betriebsleitung vertretene Staatsinteresse sprechen ... Heute hat die sowjetische Betriebsleitung eine Macht über die Arbeiter, wie nirgends eine Fabrikleitung im Westen«[34]. Der republikanische spanische General Valentín González formulierte dasselbe noch mehr ohne Umschweife:».. . Die Arbeiter fühlen sich erschöpft, hungrig und müde, wie wehrlose Hunde ... Die Wahrheit ist, daß sowjetische Arbeiter, wie in der Stadt so auf dem Feld, die am wildesten Ausgebeuteten in der Welt sind«[35].

Konzentrationslager werden schließlich in der Denkart der politischen Führung eines KZ-Staatssystems zu einem Allheilmittel für alle möglichen Probleme. Nach den Tagebuchnotizen Michail Woslenskis, damals eines der Westexperten des sowjetischen ZK, erklärte am 21. August 1968 ein Vertreter des sowjetischen Außenministeriums, »man sollte ein Lager in Sibirien für die Konterrevolutionäre vom Schlage eines Smrkovský schaffen«[36] (Josef Smrkovský war Präsident der tschechoslowakischen Nationalversammlung).

Unter diesen Gesichtspunkten sollte man m. E. die Konzentrationslager in allen Staaten und deren Rolle betrachten und beurteilen. Die Errichtung eines einzigen KZs in einem Lande, das Erscheinen von irgendwelchen antirechtlichen KZ-Praktiken, beweisen schon, daß das staatsrechtliche System in diesem Lande krank ist und auf dem Wege zu einem KZ-Staatssystem. Man darf es jedoch nicht dabei bewenden lassen, weder in einer historischen Beurteilung noch in einer aktuellen politischen Betrachtung. Man muß untersuchen, inwieweit sich das betreffende KZ-System entwickelt hat, wobei die Quantität ein wichtiges Zeichen für die Qualität ist. Mit anderen Worten, die Antwort auf die Frage, wie viele KZs es in dem Lande gibt und wie viele Menschen widerrechtlich inhaftiert sind, läßt uns das Ausmaß des Zerfalls des Rechtsstaates und die Fortschritte der Lagerisierung der betreffenden Gesellschaft beurteilen. Die letzteren Elemente müssen dabei gesondert untersucht werden, um das Bild möglichst zu vervollkommnen. Eine weitere wichtige Frage ist diejenige nach dem Fortschreiten der Entwicklung von Terror- zu Sklavenarbeitslagern. Und die ist kaum einfach zu beantworten.

An dieser Stelle sei noch einmal mit Nachdruck unterstrichen, daß ich weder eine Geschichte noch einen aktuellen Bericht über Konzentrationslager in der Welt bringen wollte. Und so verwahre ich mich von vornherein gegen den Vorwurf (den ich bereits aus der Entstehungsgeschichte dieses Buches kenne), ich hätte dieses oder jenes KZ, dieses oder jenes KZ-Land nicht erwähnt, nicht beschrieben, nicht verurteilt. Nur zu gut weiß ich, daß sogar im Falle der so bekannten NS-KZs vielen Menschen eine möglichst erschöpfende Aufzählung und eine möglichst eingehende Beschreibung aller Grausamkeiten und Greuel unvergleichlich wichtiger erscheinen, als eine ruhige Analyse der gesamten Erscheinung in ihrer Entwicklung, ihrer Ziele und Zwecke – als eine Suche nach ihrer Bedeutung und ihrem Ursprung.

Eine vollständige Aufzählung der KZs des 20. Jahrhunderts würde schon deshalb nicht leicht fallen, da es nur wenige Länder auf dieser Erde gibt, die sich mit Konzentrationslagern nicht besudelt haben bzw. nicht mit ihnen besudelt wurden. Die Stacheldrahtkrankheit hat sich als die Pest des zwanzigsten Jahrhunderts erwiesen, gegen die bis heute kein probates Mittel erfunden worden ist. Damit sei ein letztes Mal unterstrichen, daß die folgende knappe Übersicht keine vollständige Aufzählung ist und sein soll.

Vor dem Zweiten Weltkrieg gab es, neben den zwei großen KZ-Systemen in Sowjetrußland und Nazideutschland auch KZs – »Anhaltelager« –im faschistoiden Österreich – ein willkommenes Thema für Hitler, Goebbels, Rosenberg und dann auch für neonazistische Veröffentlichungen nach dem Krieg. Auch in den neuesten Forschungen findet man kaum etwas Näheres zu diesem Thema – nicht einmal der aus der NS-Propaganda bekannte Name des Lagers Wöllersdorf wird erwähnt[37]. Auch das sich zusehends entdemokratisierende Polen befleckte sich seit dem Sommer 1934 mit einem »Absonderungslager« in dem berüchtigten Ort Bereza Kartuska in den Pinsker Sümpfen. Durch ein verfassungswidriges (und die gesamte polnische Rechtsüberlieferung – vgl. o., S. 251 – mißachtendes) Dekret »für ein Jahr« geschaffen, durch weitere, doppelt rechtswidrige Akte bis 1939 verlängert, belastete dieses Lager vor allem die polnisch-ukrainischen Beziehungen, indem viele ukrainische Nationalisten dorthin verschickt wurden. Auch Kommunisten, viel seltener polnische oppositionelle Faschisten und einige oppositionelle Polen verschiedener Richtungen gehörten zu den Häftlingen des Lagers. In den letzten Monaten vor dem Kriege wurden dorthin auch »Spekulanten« deportiert, sowie Angehörige der deutschen Minderheit in Polen. Nach 1945 gab es in Polen neben den Lagern für Polen auch von der kommunistischen Terrorpolizei eingerichtete Durchgangslager für zu vertreibende Deutsche, von denen das Lager Lamsdorf in Oberschlesien am häufigsten genannt wird – wenn auch einige maßlose Übertreibungen in diesem Zusammenhang[38] der Klärung der Vorgänge in jenem Lager nicht dienlich waren, wie auch die Verschleierung der Tatsache, daß Lamsdorf bereits im Ersten Weltkrieg ein Kriegsgefangenenlager und im Zweiten Weltkrieg eine Art Vernichtungslager für sowjetische Kriegsgefangene war[39]. Was selbstverständlich die dort nach dem Kriege vorgekommenen Grausamkeiten der kommunistisch-polnischen Wächter in keiner Weise entschuldigen könnte. In den letzten Jahren gibt es in Polen eine Art KZ für rückfällige Kriminelle unter dem weiteren schön klingenden Namen »Zentren der sozialen Anpassung« (Ośrodki Przystosowania Społecznego). Nach dem für die Madrider Konferenz von den polnischen demokratischen Kreisen – der sog. Helsinki-Kommission in Polen – zusammengestellten Bericht sind diese Lager so schrecklich, daß Straffällige das schwerste Gefängnis vorziehen[41]. Dies wurde insofern offiziell bestätigt, als nach Berichten der kommunistischen Presse in Polen zu den Forderungen des brutal unterdrückten Sträflingsstreiks im Gefängnis von Wronki im April 1981 gerade die Abschaffung jener »Zentren« gehörte[41].

Mitte Dezember 1981, nach der Machtübernahme in Polen durch die kommunistische Militärjunta, wurden Zehntausende von polnischen Gewerkschaftlern, Intellektuellen und Studenten in neueingerichteten KZs (»Internierungslagern«) »unter unmenschlichen Bedingungen«, »nicht beheizbar bei Temperaturen um −20 Grad«, »teilweise in Zelten, ohne Heizung und ohne Waschgelegenheiten«, »ohne Trinkwasser « eingesperrt (Berichte der beiden deutschen Fernsehanstalten). »Haarsträubend sind die Zustände in den Konzentrationslagern. Die Inhaftierten wurden in provisorische Baracken oder ehemalige alte unbenutzte Gefängnisse gesperrt. Sie sind auf dem Transport geschlagen worden und müssen, in ungeheizten Räumen zusammengepfercht, in einigen Fällen auch in Zelten bei 20 Grad Kälte ausharren« (NZZ, 23. 12. 81). Es handelt sich natürlich in diesem Falle um ausgesprochene Terror-Lager.

Während des Zweiten Weltkrieges wurden u. a. Lager für über 100 000 der Illoyalität verdächtige japanische Einwohner der Vereinigten Staaten sowie für amerikanische Bürger japanischer Herkunft geschaffen[42]. Somit waren es den ersteren gegenüber Internierungs-, den letzteren gegenüber Konzentrationlager – in einem. Es scheint festzustehen, daß es in diesen zweiten amerikanischen KZs keine Mißhandlungen und Greuel gab und auch keinen Hunger; nichtsdestoweniger waren sie eine objektiv völlig unbegründete, zumindest den amerikanischen Staatsbürgern gegenüber widerrechtliche Maßnahme, die die Existenz vieler dieser Bürger sowie vieler ruhiger Einwohner der USA zerstörte und auch manches menschliche Leben verkürzte. Frankreich richtete kurz vor dem Kriege Lager für spanische Republikaner ein, dann zu Anfang des Krieges für deutsche Reichsbürger, faktisch also für deutsche Flüchtlinge aus Nazi-Deutschland. Es waren formell Internierungslager, die jedoch manche Ähnlichkeit mit KZs aufwiesen. Später gab es im »unbesetzten« Vichy-Frankreich – und auch in Spanien – KZs für Hitler-Gegner, die nach England fliehen wollten: für flüchtige alliierte Kriegsgefangene, für Polen, Tschechen u. a. m.

Nach dem Zweiten Weltkrieg wuchs die Zahl der Lager auf allen Kontinenten – m. W. außer Australien – ins Unübersehbare. Sowjetrußland richtete ohne viel Federlesens zusätzliche Lager in Buchenwald, Sachsenhausen und woanders in seiner Besatzungszone in Deutschland ein. Über »Arbeitslager« und ähnlich benannte Einrichtungen in allen nunmehr kommunistisch beherrschten Ländern wissen wir immer nur Bruchstücke. So etwa, daß sie in der Tschechoslowakei als militärische Sonderverbände getarnt wurden – als »schwere«, »mittlere« und »leichte« »technische Hilfsbataillone« (pomocné technické prápory), Verbände, die in Wirklichkeit Zwangsarbeit leisten mußten. Und zwar die »schweren« in Bergwerken, die »mittleren« an Baustellen; die »leichten« waren nur für Invaliden bestimmt. Äußerlich handelte es sich um zeitlich unbegrenzten Zwangs-Militärdienst in Uniformen mit schwarzen Achselstücken, nach denen sich die dadurch betroffenen »politisch Unzuverlässigen« mit Galgenhumor »schwarze Barone« nannten. In den Joachimsthaler Bergwerken fungierten gefangene SS-Männer als privilegierte Capos[43].

Ansonsten hören wir im laufenden Jahrzehnt – außerhalb des großen kommunistischen Lagers – von Lagern in weißen und schwarzen Staaten Afrikas, in den meisten Staaten Südamerikas, wo besonders Argentinien und Chile in dieser Hinsicht eine traurige Berühmtheit erlangten, in kommunistischen und nichtkommunistischen Staaten Asiens und lange Jahre in Griechenland. Die meist knappen Informationen reichen nicht für eine umfassende Analyse, wenn auch vieles darauf hindeutet, daß die Entwicklungstendenz von Terror- zu Sklavenarbeitslagern für die KZs auf allen Kontinenten und zu allen Zeiten bezeichnend bleibt. Für die neuesten Entwicklungen muß ich vor allem auf das bereits erwähnte, verdienstvolle Buch von Peter Koch und Reimar Oltmanns verweisen und für die sowjetischen und maoistischen Lager u. a. auf die Berichte der Amnesty International (ai). Außer Betracht muß ich hier die neueren und neuesten Formen des politischen Terrors lassen, wie vor allem die bereits berüchtigten sowjetischen psychiatrischen Kliniken und auch andere Formen des Mißbrauchs der Medizin – etwa der Kliniken für Geschlechtskrankheiten gegen politisch mißliebige Frauen in der Tschechoslowakei.

Noch immer zeichnet sich das so ersehnte Ende der Willkür, der Rechtswidrigkeit, der Folter in dieser Menschenwelt nicht ab – der Alptraum der Sklaverei dauert an. Um dennoch nicht in den heute eher modischen Trend zur Schwarzseherei und -malerei zu verfallen, muß man sich daran erinnern, daß die Frage der Menschenrechte erst seit weniger als 200 Jahren auf der Tagesordnung der Menschheit steht – und seitdem einen recht ansehnlichen Platz eingenommen hat. Man kann und muß beklagen, daß die Allgemeine Deklaration der Menschenrechte und die entsprechenden Beschlüsse von Helsinki an so vielen Stellen der Erde noch wenig mehr als leere Worte sind – man kann und muß jedoch sich freuen, daß es diese Worte gibt und auch jenes »wenig mehr«, das so viel mehr ist als nichts. Man muß sich auch vergegenwärtigen, wie schnell und stark in dem vergangenen halben Jahrhundert der moralische Widerstand gegen Unrecht, Sklaverei und Folter in der Welt zugenommen hat. Es genügt, die schwachen und lauen Proteste gegen die sowjetischen KZs um 1931 und gegen die ersten NS-KZs seit 1933 mit den heutigen Menschenrechtsbewegungen und -organisationen zu vergleichen – und mit den Stürmen, die das Niedertrampeln von Menschenrechten in verschiedenen Ländern hervorruft. Dies gilt selbst dann, wenn das Phänomen der »Einäugigkeit« in dieser Hinsicht kaum zu übersehen ist für Menschen, die zwei offene Augen besitzen. Mit diesen zwei Augen ist zu sehen, daß man viel zu oft von der »Verletzung der Menschenrechte« spricht. Denn Menschenrechte werden, mehr oder weniger oft und schwer, nur in den Staaten des kleineren, rechtsstaatlich-demokratischen Teils der Welt verletzt – wo es sie gibt. In dem größeren Teil der Welt, zu dem alle totalitären Staaten und deren Provinzen sowie verschiedene andere Despotien und Diktaturen gehören, gibt es einfach keine Menschenrechte, sondern nur die mehr oder weniger unbeschränkte Herrschaft von Terrorpolizeien.

»Auch den Tausenden Kämpfern für die Rechte und Freiheiten ihrer Völker, den Kämpfern für sozialen Fortschritt und nationale Befreiung, die ständig einem mitunter offiziell geförderten Terror ausgesetzt sind, die Morden und Folterungen zum Opfer fallen, die hinter Gefängnisgittern oder dem Stacheldraht von Konzentrationslagern aufgrund von gefälschten ›Tatsachen‹ oder überhaupt ohne Gericht und Untersuchung gefangengehalten werden, bleiben diese Errungenschaften vorläufig noch unerreichbar«.
Diese Sätze bleiben wahr und treffend, auch wenn sie von ihrem Verfasser nicht aufrichtig gemeint waren. Sie stammen von einem Dr. Konstantin Guzenko und wurden am 2. September 1977 in einer Zeitschrift in deutscher Sprache veröffentlicht, die »Sowjetunion heute« heißt. Der Titel der Zeitschrift und der zitierte Text beschreiben in einer ungewollten Selbstironie weitgehend ein und dasselbe. Und doch wäre es eine Vereinfachung, wollte man den Alptraum der Sklaverei, die den Menschen aufgesetzte Dornenkrone des Stacheldrahtes, nur den verblichenen Nazis und den lebendigen sowjetischen und chinesischen Kommunisten anhängen. Auch wenn der sowjetische und der maoistische Kommunismus allein mehr in dieser düsteren Hinsicht leisten als alle anderen Unrechtssysteme zusammen; und wenn vom Sowjetkommunismus die heute einzige wirkliche Drohung ausgeht, diese Welt in ein konzentrationäres Universum zu verwandeln.
Auch sonst ist und bliebe diese Welt voll Sklaverei, voll Stacheldraht, voll Unrecht. Und das wenigste, was freie Menschen dagegen tun können, um die seit wenigen Jahrzehnten mächtig anrollende Welle der unveräußerlichen Menschenrechte zu stärken, die eines Tages alle Wachtürme aller Konzentrationslager der Welt wegschwemmen wird, scheint mir zu sein, möglichst viel darum zu *wissen*.

Anmerkungen

VI. Staat, Archipel, Universum – Institution?

1 Ich möchte nicht die per Dekret und Erlaß im eigenen Lande, per Proklamation und Verordnung in den besetzten Ländern festgelegten willkürlichen
Ge- und Verbote eines totalitären Systems mit dem Namen »Gesetz« ehren,
die der Bevölkerung nicht bekannten Geheimbefehle nicht einmal erwähnen.

2 So ist etwa eine »illegale« Untergrundpresse keine Form der Gewalt, wenn
sie auch zur Gewalt aufrufen kann – nicht muß; wenn auch die konspirati-
ven Druckereien gegebenenfalls mit bewaffneter Gewalt verteidigt werden
können – nicht müssen; usw.

3 Polit. Gefangene i. d. SU, S. 88. Besonders angesichts der weiteren Ausführung möchte ich deutlich unterstreichen, daß es sich nur um das für mich
prägnanteste Beispiel aus zahlreichen ähnlichen Äußerungen handelt, die in
derselben Dokumentation und in anderen Berichten zu finden sind.

4 Chr. Graf v. Krockow, Der Konflikt und der Friede als politische Aufgabe,
Überlegungen zum Volkstrauertag (MS). Vgl. Ders., Reform als politisches
Prinzip, bes. Der Zauber der Gemeinschaft, S. 105 ff. Vgl. auch A. J. Ka-
miński, Vom Polizei- zum Bürgerstaat, S. 19 ff.

5 Außer der bereits oben (S. 208 f.) angeführten Beispielen vgl. etwa Livre
blanc..., S. 147.

6 M. Fainsod, Wie Rußland regiert wird, S. 393, 502.

7 A. Ekart, Echappé de Russie, S. 90. Als Illustration dazu vgl. die von L. Kopelew, Aufbewahren ...!, S. 318 ff. beschriebene Szene aus der unmittelba-
ren Nachkriegszeit.

8 Politische Gefangene i. d. SU, S. 135, 49.

9 E. Kupfer-Koberwitz, Die Mächtigen..., Bd. 2, S. 65.

10 E. Wiechert, Der Totenwald, S. 62.

11 S. Leonhard, Gestohlenes Leben, S. 714.

12 P. Istrati, Auf falscher Bahn, 16 Monate in Rußland (1930), S. 122.

13 T. Tchernavin, Escape from the Soviets (1933), S. 65.

14 Bao Ruo-wang, Gefangener bei Mao, S. 60, 73. Vgl. das., S. 123 ff., über
»Denunziations-Kampagnen« unter Häftlingen – u. a. m.

15 R. Conquest, Am Anfang..., S. 599.

16 M. Heller. Konzentrazionnyj mir..., S. 185. Die Große Sowj. Enzyklopädie,
3. Ausg., Bd. 16 (1974), Sp. 1728, führt an: P. D. Solomjejin, Pawka-
Kommunist (1968); E. Smirnow, Pawlik Morosow, in dem Sammelband
Djeti-geroi [Kinder-Helden] (1961).

17 Zit. bei R. Conquest, a.a.O.

18 R. Conquest, a.a.O. Vgl. J. Barron, KGB, S. 21. Nach der Großen Sowj. Enzyklopädie, a.a.O., hatte Pawlik Morosow Denkmäler in Moskau seit 1948,
in seinem Heimatdorf seit 1954 und in Swerdlowsk seit 1957; seinen Namen tragen mehrere Kolchosen (darunter derjenige in seinem Heimatdorf),
Schulen und Pionierverbände. Der Kulturpalast der Roten Pioniere wird
hier nicht erwähnt (nach Conquest, a.a.O., erwähnte es die 2. Ausg., Bd. 28
von 1954), und auch die besonderen Familienverhältnisse – Denunzierung
des Vaters, Tötung durch Onkel – werden verschwiegen. Es wird nur kurz
gesagt: »... Er demaskierte die feindliche Tätigkeit der Kulaken. Von Kulaken bestialisch getötet«.

19 »Du bist ein Konterrevolutionär und eine Schande für die ganze Familie.
Du hast dem Staat schweren Schaden zugefügt. Es geschieht dir ganz recht,

daß du im Gefängnis sitzt ...« usw. – erklärte ein elfjähriger chinesischer »Junger Pionier« seinem inhaftierten Vater bei einem Besuch. Bao Ruowang, Gefangener bei Mao, S. 292.

20 »Unter der Post war ein amtliches Schreiben, in dem es hieß, man möge dem Häftling Frisorger (Artikel, Frist) beiliegende Kopie des Gesuchs seiner Tochter aushändigen. Sie schrieb kurz und bündig, sie habe erkannt, daß ihr Vater ein Volksfeind sei. Deshalb wolle sie sich von ihm lossagen und bitte, die Verwandtschaft zwischen ihm und ihr als nicht existent zu betrachten«. W. Schalamow, »Artikel 58«, S. 101. Vgl. D. J. Dallin, B. I. Nicolaevsky, Forced labor ..., S. 20 f.

21 »Der Vater ist mit allen militärischen Ehren beigesetzt worden. Die Mutter will keinen Brief mehr von ihrem Sohn. Er soll ihr nicht mehr schreiben. Was die draußen sich eigentlich denken, wer wir im Lager sind?« – notierte Edgar Kupfer-Koberwitz, Die Mächtigen. Bd. 2, S. 112, am 10. Dezember 1942 in Dachau.

22 A. Dolgun, P. Watson, An American in the GULAG, S. 318.

23 Bao Ruo-wang, a. a. O., S. 300 f.

24 Politische Gefangene i. d. SU, S. 171.

25 Vgl. bei E. Kupfer-Koberwitz, Die Mächtigen ..., Bd. 1, S. 230, den Fall eines jungen Deutschen, der nach Mauthausen kam, weil er Häftlingen von Mauthausen Zigaretten gab.

26 T. Tchernavin, Escape from the Soviets, S. 92 f.

27 A. Sentaurens, Dix-sept ans ..., S. 262.

28 A. Martschenko, Meine Aussagen, S. 388 f., 397, 401.

29 Ich möchte unterstreichen, daß ich mich selbst dazu zähle, da ja die Nazi-Besetzung Polens eine besondere Situation war – wir lebten ja nicht im NS-Staat, sondern nur unter seiner Gewalt – und das kommunistisch beherrschte Polen ist nicht in den Jahren des »Stalinismus« sondern erst Ende 1981 zu einen KZ-Staatssystem geworden. So kann ich aus eigener Erfahrung nur eine kleine, aber gerade durch ihre Geringfügigkeit bezeichnende Episode anführen: Im Sommer 1945 auf dem Bahnhof von Posen rief ich einen Mann zur Ordnung, der an der Schlange vorbeiging und seine Fahrkarte außerhalb der Reihenfolge lösen wollte. Er drohte mir sofort damit, daß ich »hinfahren könnte, wohin ich nicht will«. Aber – mit der entschiedenen Haltung der ganzen Menschenmenge konfrontiert, gab er klein bei.

30 American Federationist, April 1949 – nach: Sklavenarbeit in Rußland, S. 28 f.

31 S. Leonhard, Gestohlenes Leben, S. 506. Vgl. das., S. 500, 502, 529, 585 f.

32 A. Amalrik, Unfreiwillige Reise nach Sibirien, bes. S. 136, 142, 156 f., 187.

33 Die übrigens, wie bereits den Worten Gollwitzers zu entnehmen, überhaupt keine ist, sondern nur so heißt – wie so viel im sowjetkommunistischen Staatssystem.

34 H. Gollwitzer, ... und führen wohin du nicht willst, S. 62, 218. Vgl. das., S. 282, 295 f.

35 V. González, Yo escogí ... (1977), S. 63, 191 f.

36 Der Spiegel, 21.8.1978, H. 34, S. 129.

37 H. Andics, Der Staat, den keiner wollte; F. L. Carsten, Faschismus in Österreich (1978).

38 Vgl. bes. E. Reichenberger, Europa in Trümmern, S. 347.

39 Vgl. bes. R. Höß, Kommandant in Auschwitz, S. 105 f.; Sz. Datner, Crimes against POWs, S. 232 ff.

40 Raport Madrycki ..., S. 171.

41 Polityka, Nr. 22 (1265), 30.5.1981.

42 Vgl. A. R. Bosworth, America's Concentration Camps (1967).

43 Pers. Ber. Vgl. o., S. 221.

Nachwort

Wir leben in einer Zeit, in der die Macht des Wortes, der Begriffe, der Sprache immer besser erkannt und endlich wissenschaftlich untersucht wird. Und eben deshalb wird wahrscheinlich gerade jetzt die denkbar größte Begriffsverwirrung und gezielte Verwischung der Begriffe bewußt und gezielt betrieben. Und sie wird immer noch zu oft und zu sehr widerstandslos hingenommen. Im Rahmen meines Themas gibt es ein Beispiel für jene Begriffsverwirrung, deren Bedeutung erkenntnismäßig weit über diesen Rahmen hinausreicht. Ich meine die Formulierung »faschistische Konzentrationslager«[1].

Ich war und bleibe der Ansicht, die nicht von allen Forschern geteilt wird, daß der Gebrauch des Begriffes »Faschismus« im breiteren Sinne – als Sammelbegriff für den italienischen Faschismus (Faschismus im engeren Sinne) sowie für die ihm in mancher Hinsicht ähnlichen und verwandten Staatssysteme und Parteien[2] – berechtigt und wissenschaftlich begründet ist. Selbstverständlich gilt das nicht und darf nicht gelten für die Erweiterung des Begriffes auf alle mehr oder weniger autoritären und undemokratischen Staatssysteme vor und nach dem Zweiten Weltkrieg in verschiedenen Teilen der Welt, auf jedes demokratische Staatssystem, das sich dem Kommunismus widersetzt, und schließlich auf den Kommunismus selbst, unter der Formel »roter Faschismus«. Wir sind schon so weit, daß einige Autoren allen Ernstes die Frage untersuchen, ob der jugoslawische oder der sowjetische Kommunismus eine schlimmere Form des Faschismus darstellt.

Einerseits verliert durch dieses Ersetzen des »faschistisch« anstelle von »undemokratisch, polizeistaatlich« u. a. m., oder einfach von »böse«, dieser Begriff eigentlich jede Bedeutung; er hört überhaupt auf, ein Begriff zu sein und wird zu einer bloßen emotionell gefärbten politisch-ideologischen Verurteilung. Andererseits ist das aus vielerlei Gründen, mit der Chronologie angefangen, schier unlogisch: Der Kommunismus überhaupt und das sowjetische Staatssystem im besonderen waren früher da als alle faschistischen Parteien und Staatssysteme (die von der Wissenschaft tunlichst übersehenen kausalen Zusammenhänge sind ein Problem für sich). Man müßte schon eher vom »schwarzen« bzw. »braunen Kommunismus« sprechen, wenn man den italienischen Faschismus bzw. den deutschen Nationalsozialismus meint und eine vermeintliche volle Identität mit dem Sowjetkommunismus behaupten will.

Diese Identität gibt es nicht und es hat sie nicht gegeben. Es hat aber auch weder die volle Identität zwischen den einzelnen Faschismen, noch einen absoluten Gegensatz zwischen ihnen, besonders dem Nationalsozialismus und dem Sowjetkommunismus, gegeben. Und um die bestehenden differenzierten Unterschiede bzw. Ähnlichkeiten zu verschleiern, wird der Begriff der »faschistischen Konzentrationslager« forciert. Denn gerade hier entdeckt man, wenn man sich das Wahrnehmen und Denken nicht durch gezieltes Durcheinanderbringen von Begriffen und Tatsachen trüben läßt, die Elemente einer ganz anderen Klassifizierung der politisch-ideologischen und sozialen Phänomene des 20. Jahrhunderts, als diejenige, die uns durch eine hemmungslose Propaganda seit jeher aufgedrängt wird.

Was für Kerker und Folterhöllen nämlich die anderen, außerdeutschen Faschismen auch betrieben haben oder betreiben – welche der heute bestehenden nichtkommunistischen Diktaturen faschistisch wäre, ist hier unerheblich –, Konzentrationslager der Art und des Ausmaßes, wie sie im nationalsozialistischen Dritten Reich bestanden, sind im Bereich der faschistischen Systeme eine Besonderheit des Nationalsozialismus geblieben. Seine zweite Besonderheit blieben ebenfalls die Vernichtungslager und überhaupt der Völkermord. Die dritte Besonderheit des nationalsozialistischen Dritten Reiches unter den faschistischen Systemen blieb schließlich der sog. Rassismus, besser Natiorassismus genannt, also die massenhafte Verfolgung, Diskriminierung, Versklavung und Ermordung von Menschen – in Konzentrationslagern, in Vernichtungslagern und sonstwo – nur wegen ihrer Nationalität, ihrer Abstammung oder ihres religiösen Glaubens.

Alle diese drei Besonderheiten, die den Nationalsozialismus von den anderen Faschismen unterscheiden, stellen wir bei dem Sowjetkommunismus fest. Damit wird auch – gerade in den wichtigsten Elementen der wissenschaftlichen wie der menschlich-moralischen Beurteilung – eine viel größere Nähe des Nationalsozialismus zum Sowjetkommunismus als zu den anderen Faschismen festgestellt. Was natürlich die oben festgestellte Verwandtschaft des Nationalsozialismus mit diesen nicht aufhebt.

Die enge Verwandtschaft jener beiden großen KZ-Staatssysteme – durch die Allmacht der betreffenden Partei und der betreffenden Terrorpolizei, durch den Charakter und die Entwicklung der Konzentrationslager, durch die Aggressions-, Eroberungs- und Unterjochungspolitik gegen andere Völker sowie die Massen- und Völkermorde, um nur diese wichtigsten Elemente zu nennen – wird noch weiter offenbart durch den ihnen gemeinsamen Haß gegen die europäische Kultur, gegen die Demokratie (vor allem gegen die angelsächsischen Demokratien) und gegen die menschliche Freiheit. Dieser Haß fand seinen unwiderlegbaren, tätigen Ausdruck in dem gegen die benachbarten Völker sowie gegen das ganze zivilisierte Europa gerichteten, 1939 abgeschlossenen agressiven Bündnis[3]. In diesem Bündnis blieb übrigens der Sowjetkommunismus seinem nationalsozialistischen Verbündeten und

Komplizen vorbehaltlos treu, bemühte sich, für diese Treue allerlei Beweise zu liefern, ja, stellte dafür seine eigene Existenz und die Existenz aller von ihm unterjochten Völker aufs Spiel. Diese Elemente der engen Verwandtschaft, der wirklichen Ideologie der beiden Systeme, sind erkenntnismäßig wie rein menschlich unvergleichlich wichtiger als die unleugbaren, aber erkenntnismäßig wie rein menschlich zweitrangigen Unterschiede in der jeweiligen »ideologischen« und »weltanschaulichen« Phraseologie.

Und sogar diese »Weltanschauung« selbst ist mehr ein weiteres Element der Verwandtschaft denn des Gegensatzes: Allein daß man hier wie dort eine einzig wahre Lehre mit brutalsten Mitteln aufzwingt, daß man Wissenschaft, Literatur und Kunst in eine vorgeschriebene Richtung drängt, unbotmäßige Geistesschaffende verfolgt und deren Werke verbietet oder vernichtet, macht die beiden engstirnigen Intoleranzen viel ähnlicher, als die zweitrangige Abweichung darin, wen und was jede von ihnen verfolgt, was jede unterscheidet.

Man hat zwei Arithmetiken erfunden − eine »kapitalistische« bzw. »bürgerliche«, eine »sozialistische« bzw. »marxistische« −, nach denen man Millionen ermordeter wehrloser Menschen, Frauen, Kinder, Männer und Greise, auf verschiedene Weise zusammenzählt. Es gibt Versuche, sogar in großen Enzyklopädien und in der liberalen Publizistik des Westens, solche zwei Arithmetiken anzuwenden.

Und doch kann man nicht einerseits Auschwitz und Treblinka − völlig zurecht − zu einem Ausgangspunkt jedes Denkens über den Nationalsozialismus, ja zu einem Tiefpunkt-Markstein der Geschichte der Menschheit machen, und andererseits Workuta und Kolyma mit gelehrten Floskeln abtun oder gar nicht zur Kenntnis nehmen. Prokommunistische Autoren wissen das alles längst und unternehmen Rettungs- und Verdunkelungsversuche in verschiedenen Richtungen. Sie versuchen etwa aus der politisch-moralischen Katastrophe des »Stalinismus« den angeblichen »Leninismus« zu retten, oder gar den ersteren als etwas hinzustellen, was mit dem Sowjetkommunismus nichts zu tun hatte.

So wurden von einem ausländischen Dozenten vor zwanzig Jahren in seiner Heimat, vor dreizehn in der Bundesrepublik die folgenden Sätze veröffentlicht: »Die Tatsache bleibt bestehen, daß der Stalinismus mit dem Hitlerismus und den anderen Ausformungen des Faschismus im wesentlichen identisch war ... Die Theorie des Totalitarismus neigte dazu, nicht Stalinismus und Faschismus gleichzusetzen, sondern Kommunismus und Faschismus, was falsch ist ... der Kommunismus unterscheidet sich vom Faschismus, wie sich der Leninismus (oder Bolschewismus) vom Stalinismus unterscheidet«. Indem uns der zitierte Autor wesentliche Unterschiede zwischen dem Stalinismus und dem Bolschewismus (also zwischen den leninistischen und den stalinistischen Konzentrationslagern) offenbaren will, versucht er direkt vor unseren Augen jene angebliche Identität des Nationalsozialismus mit den anderen

Faschismen vorzutäuschen, die gerade durch das Phänomen der Konzentrationslager eindeutig widerlegt wird. Gleichzeitig sieht er sich gezwungen, die wesentliche Identität des stalinistischen Sowjetkommunismus mit dem hitlerschen Nationalsozialismus zuzugeben.

Einige Jahre später veröffentliche in der Bundesrepublik ein anderer ausländischer Dozent die folgende Erkenntnis: »Unsere Epoche ist die Epoche des Todeskampfes des kapitalistischen Systems. So lange dieser Todeskampf dauern wird, werden sich die Zeichen der Barbarei, der blutigen Repression, der wachsenden Verachtung vor dem Menschenleben, mehren. In diesem Sinne ist Stalin viel mehr ein Produkt des Kapitalismus, im selben Geiste wie Hitler, wie Auschwitz, wie Hiroshima, wie unsere Welt, in der in mehr und mehr Ländern gefoltert und die Folterung als ›normales‹ Polizeimittel akzeptiert wird, als ein Produkt der Sowjetgesellschaft oder der Oktoberrevolution«. Inwieweit Lenin und Trotzki mit ihren Konzentrationslagern sowie mit ihrer folternden und mordenden Terrorpolizei ein Produkt des Kapitalismus und nicht der Oktoberrevolution und der Sowjetgesellschaft waren, ließ der zitierte Autor offen.

Indem man Stalin zusammen mit Hitler zu Produkten des Kapitalismus macht (wahrlich ein Beispiel kapitalistischer Überproduktion), um den »wahren« Sowjetkommunismus von jeder blutigen Repression und jeder Verachtung vor dem Menschenleben freizusprechen, versucht man woanders – in dem Bemühen, die Menschheitsverbrechen des Sowjetkommunismus aus der Sphäre der Forschung wegzuräumen – auch die nationalsozialistischen Menschheitsverbrechen zu bloßen Randerscheinungen zu erklären.

Vor zehn Jahren erklärte ein deutscher Dozent diese Verbrechen – »(Konzentrationslager, Genocid usw.)« – zu »Extremerscheinungen des Nationalsozialismus«, ähnlich der »brutalen Formen der Kollektivierung, Industrialisierung und Säuberung des ›Stalinismus‹«. Nach ihm waren die »Extremerscheinungen der Verfassungswirklichkeiten dieser Herrschaftssysteme« »gewiß ... entscheidend durch die Persönlichkeitsstruktur des Diktators bedingt«. Er forderte uns auf, nicht jene »Extremerscheinungen«, sondern »das positive Selbstverständnis des Sowjetkommunismus bzw. Faschismus/Nationalsozialismus« in Betracht zu ziehen.

So wird, mehr oder weniger unversehens und ungewollt, die Bestätigung dafür geliefert, daß man nicht Kolyma entschuldigen und über den Rand wissenschaftlicher Betrachtung des Staatssystems schieben kann, das es geschaffen hat, ohne dasselbe mit Auschwitz zu tun. Es wird auch zugegeben, daß zu den Ähnlichkeiten und Verwandtschaften der beiden totalitären Systeme gehört, daß sie extrem verbrecherische und psychopathologische Persönlichkeiten an die Spitze bringen. Daß sie durch solche Persönlichkeiten dann geprägt werden, erscheint mir in jeder Hinsicht weniger wichtig, als die Erkenntnis, daß der Sowjetkommunismus wie der Nationalsozialismus gerade solchen Persönlichkeiten eine totale Macht verliehen haben und daß in diesen Staatssystemen ein an Vergottung reichender Führer- (Woschd-) kult getrieben wird.

Die Konzentrations- und Vernichtungslager sind – u. a. – eine Art Opferstätten dieses Kultes.

Sollte mir die Zeit und die Kraft dazu noch gegönnt werden, hoffe ich meinen Teil zu der Forschung und Diskussion über den Totalitarismus noch beizutragen. Ich habe die beiden totalitären KZ-Staatssysteme nicht nur am Schreibtisch studiert. Ob es dazu noch kommt, oder nicht – ich möchte als letzte Sätze dieser Arbeit die ersten jener vielleicht noch zu entstehenden niederschreiben.

Es gibt zwei Grundwahrheiten, die zum Ausgangspunkt jeder Betrachtung von Staatssystemen genommen werden müssen.

Erstens: Es gibt unter den Menschen eine Vielfalt von Meinungen und Ansichten über jede denkbare Frage. Es gab nie und wird nie eine Möglichkeit geben, auch nur zwei Menschen, geschweige denn alle Menschen, zu einer vollen Übereinstimmung ihrer Meinungen und Ansichten zu bringen. Und es kann keine Instanz geben, die über die Richtigkeit der meisten Ansichten entscheiden könnte bzw. die Menschen zwingen dürfte, ihre wirklich oder vermeintlich falschen Ansichten aufzugeben.

Zweitens: Niemand ist von Gott oder von irgendwelchen Göttern, vom Schicksal oder aufgrund irgendwelcher Merkmale dazu berufen, Macht über andere Menschen auszuüben. So darf Macht über andere Menschen nur ausüben, wer von ihnen dazu in freier Entscheidung und auf Abruf berufen wird.

Wer gegen die letztere Grundwahrheit – nennen wir sie ruhig Axiom – praktisch verstößt und mit Gewalt, unter Berufung auf welche vermeintlichen Befugnisse immer, die Macht über andere Menschen an sich reißt, ist ein Usurpator.

Wer das zweite Axiom auch theoretisch nicht anerkennt, und, nachdem er die totale Macht an sich gerissen hat, das erste Axiom mit Gewalt zu widerlegen versucht, ist ein Totalitärer.

Hagen (Westf.), Mai 1977 – Dezember 1981

271

Anmerkungen

Nachwort

1 Der Titel meines Beitrages Die faschistischen Konzentrationslager als soziale und ökonomische Erscheinung in dem Sammelwerk Der deutsche Imperialismus und der Zweite Weltkrieg, Bd. 4, 1961, ist von der DDR-Redaktion willkürlich, ohne mein Wissen geändert werden. Vgl. A. J. Kamiński, Die nationalsozialistischen Konzentrationslager … etc., Internationale Hefte der Widerstandsbewegung, 1960, H. 3., sowie die Anm. 22 in A. J. Kamiński, Hitlerowskie obozy … (1964), S. 17.

2 In Portugal, Deutschland, Spanien wurden faschistische Staatssysteme errichtet; in vielen anderen Ländern sind die Faschisten – ob sie sich ausdrücklich so nannten, wie in Großbritannien, oder auch nicht, wie in Polen – gar nicht an die Macht gelangt, oder, etwa in Norwegen und Holland, nur als politisch-polizeiliche Hilfstruppe der nationalsolzialistischen Besatzungsmacht.

3 Wer behaupten würde, der nationalsozialistisch-sowjetkommunistische Vertrag von 1939 wäre kein Bündnis gewesen, der möchte sich die Bilder der gemeinsamen deutsch-sowjetischen Militärparade in Brest-Litowsk, auf gemeinsam erobertem polnischem Staatsgebiet ansehen, die am 28. September 1939 vor Generaloberst Guderian und dem sowjetischen Oberbefehlshaber der Invasionstruppen stattgefunden hat. Vgl. R. Breyer, P. E. Nasarski, J. Piekalkiewicz, Nachbarn seit tausend Jahren, S. 253. Ich kenne persönlich einen deutschen Teilnehmer jener Parade der verbündeten Sieger. – Vgl. auch Anm. 47 zum Kap. V, S. 242.

Quellen- und Literaturverzeichnis

(Aufgeführt werden nur diejenigen Quellen und Veröffentlichungen, die in den Anmerkungen zitiert sind.)

1. Archivalien

Archiv des Polnischen Justizministeriums (Główna Komisja Badania Zbrodni Hitlerowskich w Polsce [Hauptkommission zur Untersuchung der NS-Verbrechen in Polen]):
Frank, Dr. Hans, Tagebuch, 43 Bde.
Stadtarchiv Wuppertal:
O IX (14) (Elberfeld) Volksversammlungen (Bd. I) 1845–1873
O IX (15) Desgl. 1882–1887
T II (43) Anklageschrift im Prozeß der Wachmannschaft des Konzentrationslagers Kemna vor der 5. Strafkammer des Landgerichts, Wuppertal 1948
T II (44) Urteil mit Begründung, desgl.

2. Veröffentlichte Quellen, Berichte, Literatur

Adler, H. G., Theresienstadt 1941–1945. Das Antlitz einer Zwangsgemeinschaft. Geschichte, Soziologie, Psychologie. 2., verb. u. erg. Aufl. (J. C. B. Mohr, Paul Siebeck) Tübingen 1960
Aleff, Eberhard, hrsg., Das Dritte Reich. Mit Beiträgen von Walter Tormin, Eberhard Aleff, Friedrich Zipfel. (Fackelträger Verlag) Hannover 1970
Amalrik, Andrej (Alexejewitsch), Unfreiwillige Reise nach Sibirien. Aus d. Russ. übertr. v. Nonna Nielsen-Stokeby. (Christian Wagner) Hamburg 1970
Amnesty International – s.: Political Imprisonment ... Politische Gefangene in der UdSSR
Anatomie des SS-Staates, Band II: Martin Broszat, Hans-Adolf Jacobsen, Helmut Krausnick, Konzentrationslager, Kommissarbefehl, Judenverfolgung. (Walter-Verlag) Olten u. Freiburg i. Br. 1965
Andics, Hellmut, Der Staat, den keiner wollte. Österreich von der Gründung der Republik bis zur Moskauer Deklaration. (Molden-Taschenbuch-Verlag) Wien–München 1968. (Österreich 1804–1975, Dritter Band)
Arendt, Hannah, Elemente und Ursprünge totaler Herrschaft. (Büchergilde Gutenberg) Frankfurt a. M. 1962. (V. d. Verf. übertragene u. neubearb. Ausg. Titel d. amer. Ausg.: The Origins of Totalitarianism)
Aretin, Freiherr Erwin von (Hrsg.), Wittelsbacher im KZ. (Münchener Dom-Verlag) München (o. J., 1946–47)
Argall, Phyllis, Prisoner in Japan. (Geoffrey Bles) London 1945
Aron, Raymond, (Plaidoyer pour l'Europe décadente, 1977) Plädoyer für das dekadente Europa, Aus d. Frz. v. Rosalinde Sartorti, (Ullstein), Berlin – Frankfurt/M. 1978
Atholl, (Katherine) Duchess of, The Conscription of a People. (Philip Allan – Columbia Universiy Press) London-New York 1931

Autenrieth, Otto, Bismarck II. Der Roman der deutschen Zukunft. (Verlag »Heimatland«) München 1921, 1.–30. Tsd. [vergriffen]
Derselbe, Deutschland und England. Ein Fanal! (Carl August Tancré) Naumburg a. d. Saale 1921, 1.–15. Tsd. [vergriffen]
Derselbe, Die drei kommenden Kriege, Englands Auseinandersetzung mit seinen Brüdern von der Entente. Deutschlands Aufstieg in den kommenden Wirren. Eine militärisch-politische Prophezeiung. (C. A. Taneré), Naumburg a. d. S. 1919, Gesamtaufl. bis 1922: 230 Tsd. [vergriffen]
Derselbe, Heraus aus dem Sumpfe der Revolution. So müssen wir aufbauen, um wieder hochzukommen! Wie es in 10 Jahren bei uns aussehen kann. Neue Gedanken und Neue Wege. (C. A. Tancré), Naumburg a. d. S. 1919
Derselbe, Ich und die Schule. Allen Schülern und Schülerinnen ein Führer, Freund, Ratgeber und Helfer durch die Schulzeit und fürs Leben. (Otto Autenrieth) Mannheim 1924. (Neue Aufl.)
Derselbe, Der Tag des Gerichts! Eine Prophezeiung über Frankreich auf Grund tausenjähriger Geschichte, zugleich ein Trostbuch für Deutschland. Der deutschen Jugend und dem deutschen Volke gewidmet. (C. A. Tancré), Naumburg a. d. S. 1920^2, bis 1922 Gesamtaufl. 38 Tsd. [vergriffen]
Derselbe, Wenn wir Diplomaten hätten! Die Möglichkeit, aus der politischen Weltlage für Deutschland Nutzen zu ziehen. (C. A. Tancré), Naumburg a. d. S. 1920
Derselbe, Wird die deutsche Republik bestehen? 4 Aufsätze in Brieform (B. Volger) Leipzig (1921). Deutsche Schicksalsfragen, Bd. 1. u. 2. [vergriffen]
Bao Ruo-wang [eigtl. Name Jean Pasqualini], (Prisoner of Mao, 1973) Gefangener bei Mao. Hrsg. v. Rudolph Chelminski. (Übersetzt v. Charlotte Franke-Winheller). (Scherz) Bern u. München; (Fischer Taschenbuch Verlag) Frankfurt a. M. 1977
Barron, John, KGB, Arbeit und Organisation des sowjetischen Geheimdienstes in Ost und West. Mit einer ausführlichen Dokumentation und mit einem Beitrag von Alexander Solschenizyn. (Scherz) Bern und München 1974. (Einzig berechtigte Übertr. aus d. Amer. v. Wulf Bergner, Eva Eggebrecht u. Karlheinz Mahr)
Barton, Paul, L'institution concentrationnaire en Russie (1930–1957) que précède Le sens de notre combat par David Rousset [Die konzentrationäre Institution in Rußland, 1930–1957, als Einführung Der Sinn unseres Kampfes, von David Rousset, franz.], (Plon) Paris 1959
Baschanow, Boris, Ich war Stalins Sekretär (aus d. Russ. v. Josef Hahn), (Ullstein) Frankfurt a. M. – Berlin 1977
Baudis, Dieter, Renate Günther u. a., Siemens-Rüstung-Krieg-Profite, (o.O. u. J.) [DDR]
Begin, Menachem, White Nights. The Story of a Prisoner in Russia. Third English Edition. (Steimatzky's Agency Ltd.) Jerusalem, Tel Aviv, Haifa 1977, (1. Aufl. 1957)
Bettelheim, Bruno, (The Informed Heart, Autonomy in a Mass Age, 1960) Aufstand gegen die Masse, Die Chance des Individuums in der modernen Gesellschaft, (Szczesny Verlag) München 1964
Bettelheim, Charles, (Les Luttes de Classes en URSS, Première Période 1917–1923, 1974) Die Klassenkämpfe in der UdSSR, Band I., 1917–1923. (Oberbaum-Verlag für Politik und Ökonomie) Berlin 1975
(Blank, Herbert – wirkl. Name; Pseud.:) Branden, Bert, Achtung! Hier Deutschland! Der Roman der Zeit (Kampf-Verlag) Berlin 1930
Blumental, Nachman, Słowa niewinne [Harmlose Worte, poln., m. Dokumenten in dt. Sprache], (Centrala Żydowska Komisja Historyczna przy Centralnym Komitecie Żydów w Polsce, Nr. 34) [Jüdische Historische Zentralkom-

274

mission bei dem Zentralkomitee der Juden in Polen], Kraków-Łódź-Warszawa 1947

Bortoli, Georges, (Mort des Staline, 1973) Als Stalin starb, Kult und Wirklichkeit. (Aus d. Frz. v. Joachim Nehring). (Seewald) Stuttgart 1974

Bosworth, Allan R., America's Concentrations Camps. Introduction by Roger Baldwin. (W. W. Norton) New York 1967

Bracher, Karl Dietrich, Die deutsche Diktatur. Entstehung Struktur Folgen des Nationalsozialismus. (Studien-Bibliothek, Kiepenheuer & Witsch) Köln – Berlin 1969

Derselbe, Stufen der Machtergreifung, in: Bracher/Schulz/Sauer, Die nationalsozialistische Machtergreifung, Studien zur Errichtung des totalitären Herrschaftssystems in Deutschland 1933/34, I, (Ullstein) Frankfurt a. M. – Berlin – Wien 1974. (Erste Ausgaben als Bracher, Dietrich; Sauer, Wolfgang; Schulz, Gerhard, Dito, (Westdeutscher Verlag) Köln u. Opladen 1960, 1962

Brändström, Elsa, (Bland Krigsfångar i Ryssland och Sibirien, 1921) Unter Kriegsgefangenen in Rußland und Sibirien 1914–1920 (Deutsche Übertr. aus d. Schwed. v. Margarete Klante). (Deutsche Verlagsgesellschat für Politik und Geschichte) Berlin 1922

Branden, Bert (Pseud.) – s. Blank Herbert (wirkl. Name)

Brecht, Arnold, The Concentration Camp, Columbia Law Review, 1950, vol. 50, Nr. 6

Breyer, Richard, Peter E. Nasarski, Janusz Piekalkiewicz, Nachbarn seit tausend Jahren. Deutsche und Polen in Bildern und Dokumenten. Hrsg. vom Ostdeutschen Kulturrat, Bonn. M. e. Vorw. v. Gotthold Rhode. (v. Hase & Koehler Verlag) Mainz 1975

Broszat, Martin, Nationalsozialistische Konzentrationslager 1933–1945 in: Anatomie des SS-Staates, Band II

Brügel, J(ohann) W(olfgang), (Hrsg. u. Einleitung), Stalin und Hitler, Pakt gegen Europa. (Europaverlag) Wien 1973

Buber-Neumann, Margarete, Als Gefangene bei Stalin und Hitler. Eine Welt im Dunkel. (Deutsche Verlangs-Anstalt) Stuttgart 1958. (Neue Aufl. Seewald, Stuttgart 1968)

Buchenwald, Mahnung und Verpflichtung. (Kongress-Verlag) Berlin (Ost) 1960

Bujacz, Ludwik, Obóz koncentracyjny w Dachau. Napisał na podstawie własnych przeżyć ... [Das Konzentrationslager in Dachau, Aufgrund eigener Erlebnisse verfaßt von ..., poln.], Łódź 1946

Bukowskij, Wladimir (Konstantinowitsch), Der unbequeme Zeuge. (Eine Dokumentation). Hrsg. u. eingel. v. Cornelia I. Gerstenmaier. (Seewald) Stuttgart 1972

Bullock, Alan, (Hitler, A Study in Tyranny) Hitler, Eine Studie über Tyrannei (Übertr. v. W. u. M. Pferdekamp). Zahlr. Aufl., engl. seit 1952, dt. seit 1953. Hier n. d. Ausg.: (Droste Verlag) Düsseldorf 1960 (41.–47. Tsd.)

Burney, Chistopher, The Dungeon Democracy. (William Heinemann) London – Toronto 1945

Carmichael, Joel (Stalin's Masterpiece, The Consolidation of the Soviet Regieme, »Show Trials« and »Purges« in the Thirties) Säuberung, Die Konsolidierung des Sowjetregimes unter Stalin 1934/38. (Aus d. Engl. v. G. Oberländer). (Ullstein) Frankfurt a. M. – Berlin – Wien 1972

Carsten, F. L., Faschismus in Österreich. Von Schönerer zu Hitler. (Wilhelm Fink Verlag) München 1978

Christians, Ludwik, Piekło XX wieku, Zbrodnia, hart ducha i miłosierdzie [Die Hölle des XX. Jahrhunderts, Verbrechen, Seelenstärke und Barmherzigkeit, poln.], (Katolickie Tow. Wydawnicze »Rodzina Polska«) Warszawa 1946

Chronika Tjekuschtschich Sobytij [Chronik der laufenden Ereignisse] (Samisdat

– Untergrundveröffentlichung in Sowjetrußland April 1968 bis etwa Ende 1973, alle zwei Monate), hier nach der poln. Ausg.: Kronika bieżacych wydarzeń, 3 Bde. Übers. u. bearb. v. Nina Karsov u. Szymon Szechter. (Polonia Book Fund Ltd.) London 1972, 1974, 1975

Churchill, Winston S(pencer), The Second World War. Vol. IV, The Hinge of Fate. (Cassell) London – Toronto etc. 1951. – Der Zweite Weltkrieg. 4. Bd.: Schicksalswende (2. Buch) (Übertr. aus d. Engl. v. Eduard Thorsch). (Scherz) Bern – München – Wien 1953

(Claß, Heinrich – wirkl. Name; Pseud.:) Frymann, Daniel, Wenn ich der Kaiser wär'. Politische Wahrheiten und Notwendigkeiten. (Dieterich'sche Verlagsbuchhandlung, Theodor Weicher) Leipzig 1912 (3. Aufl., 11. bis 15. Tsd.; 1. Aufl. 1912; 7. u. 8. Aufl. als: Das Kaiserbuch [m. wesentl. Kürzungen], 1925, 1935)

Comellas, José Luis, Historia de España moderna y contemporanea, Tercera edición. (Ediciónes Rialp) Madrid 1975

Conquest Robert, (The Great Terror) Am Anfang starb Genosse Kirow, Säuberungen unter Stalin. (Deutsch v. Jutta u. Theodor A. Knust). (Droste) Düsseldorf 1970

Derselbe, Kolyma, The Arctic Death Camps (Macmillan) London 1978 – (Billing & Sons) Guildford, London and Worcester 1978

Derselbe, (The Nation Killers) Stalins Völkermord. Wolgadeutsche, Krimtataren, Kaukasier (Deutsch v. Peter Aschner). (Europaverlag) Wien 1974

Cyprian, Tadeusz; Jerzy Sawicki, Oskarżamy [Wir klagen an – poln. – eine Sammlung von Anklagereden], (Wyd. Przełom) Kraków 1949

Czapski, Josef, (Na nieludzkiej ziemi) Unmenschliche Erde. (Aus d. Poln. übers. v. Willy Gromek). Mit einem Vorw. v. Manès Sperber. (Kiepenheuer & Witsch) Köln – Berlin; (Büchergilde Gutenberg) Frankfurt a. M. – Wien – Zürich 1969

Daix, Pierre, Le socialisme du silence. De l'histoire de l'URSS comme secret d'Etat (1921–19...). [Der Sozialismus des Schweigens. Über die Geschichte der UdSSR als Staatsgeheimnis (1921–19...), franz.] (Editions du Seuil) Paris 1976 (Dt. Ausg.: Marxismus, Die Doktrin des Terrors, Übertr. v. U. u. G. Szyszkowicz, Verlag Stycra, Graz – Wien – Köln 1976)

Derselbe, (Ce que je sais de Soljénitsyne) Was ich über Solschenizyn weiß. (List) München 1974

Dallin, David J.; Boris I. Nicolaevsky, Forced Labor in Soviet Russia. (Yale University Press) New Haven 1947. (Deutsche Ausg.: Arbeiter oder Ausgebeutete, München 1948)

van Dam, H. G.; Ralph Giordano (Hrsg.) KZ-Verbrechen vor deutschen Gerichten, Dokumente aus den Prozessen gegen Sommer (KZ Buchenwald), Sorge, Schubert (KZ Sachsenhausen), Unkelbach (Ghetto in Czenstochau). (Europäische Verlagsanstalt) Frankfurt a. M. 1962

Damals in Sachsenhausen, Solidarität und Widerstand im Konzentrationslager Sachsenhausen. (Hrsg. vom Komitee der Antifaschistischen Widerstandskämpfer in der Deutschen Demokratischen Republik). (Kongress-Verlag) Berlin (Ost) 1961

The Dark Side of The Moon. (Foreword by Helena Sikorska). With a preface by T(homas) S(tearns) Eliot (Faber & Faber) London 1946

Datner, Szymon, Crimes against POWs. Responsibility of the Wehrmacht [Verbrechen gegen Kriegsgefangene, Verantwortlichkeit der Wehrmacht]. (Zachodnia Agencja Prasowa) Warszawa 1964

Demeter, Karl, Das deutsche Offizierskorps in Gesellschaft und Staat 1650–1945. (Bernhard u. Graefe Verlag für Wehrwesen) Frankfurt a. M. 1962

Desanti, Dominique, Les Staliniens (1944–1956), Une expérience politique [Die

Stalinisten (1944–1956), Eine politische Erfahrung, franz.]. (Fayard) Paris 1975

Des Pres, Terrence, The Survivor, An Anatomy of Life in the Death Camps. (Oxford University Press) New York 1976

Der deutsche Imperialismus und der Zweite Weltkrieg. Materialien der wissenschaftlichen Konferenz der Kommission der Historiker der DDR und der UdSSR zum Thema ... vom 14. bis 19. Dezember 1959 in Berlin. Hrsg. v. d. Kommission ... Rütten u. Loening, (5 Bde.), Berlin (Ost) 1960–1962

Dicionario Enciclopedico Latino-Americano de literatura, ciencias y artes, (Bd. 23). (Montaner y Simon) Barcelona 1898

Diels, Rudolf, Lucifer ante portas. Zwischen Severing und Heydrich. (Interverlag) Zürich (o. J.)

Doctoral Dissertations on Russia. (University Microfilms International) London 1977, 1979

Dokumente zur Rolle der IG Farbenindustrie AG im Faschismus, ... zusammengestellt von einem Kollektiv unter der Leitung von Dr. Hans Radandt. Hrsg. für die Teilnehmer der Konferenz des Instituts für Geschichte der Deutschen Akademie der Wissenschaften zu Berlin: »Die Barbarei – extremster Ausdruck der Monopolherrschaft in Deutschland«, 19. und 20. Juni 1961. (Vervielf. MS.)

Dokumenty i materiały (z czasów okupacji niemieckiej w Polsce), Tom I, Obozy. [Dokumente und Materialien (aus der Zeit der deutschen Besatzung in Polen), Bd. I, Lager]. Opracował N(achim) Blumental. Wydawnictwa Centralnej Żydowskiej Komisji Historycznej przy C. K. Żydów Polskich [Bearb. v. ... Veröffentlichungen der Jüdischen Historischen Zentralkommission bei dem Zentralkomitee der Polnischen Juden]. Łódź 1946

Dolgun, Alexander, with Patrick Watson, An American in the Gulag, Alexander Dolgun's Story. (Ballantine Books) New York 1976 (1. Ausg. Alfred A. Knopf, New York 1975)

Domarus, Max, Hitler, Reden und Proklamationen 1932–1945, kommentiert von einem deutschen Zeitgenossen. 4 Bde. (Süddeutscher Verlag) München 1965

Drewniak, Bogusław, Robotnicy sezonowi na Pomorzu Zachodnim (1890–1918) [Saisonarbeiter in Pommern ..., poln.]. (Instytut Zachodni) Poznán 1959

Eisenblätter, Gerhard, Grundlinien der Politik des Reichs gegenüber dem Generalgouvernement, 1939–1945. (Inaugural-Dissertation) Frankfurt a. M. 1969

Ekart, Antoni, Échappé de Russie (Le cauchemar des jours et des nuits) Traduction de Michel Vaudreix [aus d. Poln.] [Aus Rußland entflohen, Der Alptraum der Tage und der Nächte, franz.]. (Hachette) Paris 1949

(Endres, Franz Karl), Die Tragödie Deutschlands. Im Banne des Machtgedankens bis zum Zusammenbruch des Reiches. Von einem Deutschen. 4., erw. u. verb. Aufl. (10. bis 12. Tsd.). (Verlag von Ernst Heinrich Moritz) Stuttgart 1925

Engels, Friedrich, Kann Europa abrüsten? Separat-Abdruck aus dem »Vorwärts«. (Verlag von Wörlein und Comp.) Nürnberg 1893

Derselbe, Die Rolle der Gewalt in der Geschichte (Gewalt und Ökonomie bei der Herstellung des neuen Deutschen Reichs), in: Marx, Engels, Lenin, Stalin, Zur deutschen Geschichte, Bd. II, Das 19. Jahrhundert, 2. Halbband. (Dietz Verlag) Berlin (Ost) 1954

Fainsod, Merle, (How Russia is ruled) Wie Rußland regiert wird. Ergänzt und auf den neuesten Stand gebracht von Georg Brunner. (Aus d. Amer. v. Karl Römer). (Kiepenheuer & Witsch) Köln–Berlin 1965

Fall 9, Das Urteil im Einsatzgruppenprozeß, gefällt am 10. 4. 1948 vom Militärgerichtshof der Vereinigten Staaten von Amerika. (Rütten u. Loening) Berlin (Ost) 1963

Famine Disease in German Concentration Camps. Complications and Sequels with special reference to tuberculosis, mental disorders and social consequences [Hungerseuche in deutschen Konzentrationslagern, Verwicklungen und Folgen mit besonderer Berücksichtigung der Tuberkulose, der Geisteskrankheiten und der sozialen Folgeerscheinungen – engl. – Sammelwerk]. Acta Psychiatrica et Neurologica Scandinavica, Supplementum 83, Copenhagen 1952

FAZ – Frankfurter Allgemeine Zeitung (s. 3. PERIODIKA)

Fischer, George, Soviet Opposition to Stalin. A Case Study in World War II. (Harvard University Press) Cambridge, Mass. 1952

Foerster, Friedrich Wilhelm, (Europa und die deutsche Frage) L'Europe et la question allemande, (Plon) Paris 1937

(Frank, Hans), Das Diensttagebuch des deutschen Generalgouverneurs in Polen 1939–1945. Hrsg. v. Werner Präg u. Wolfgang Jacobmeyer. (Deutsche Verlags-Anstalt) Stuttgart 1975

Frymann, Daniel (Pseud.) – s. Claß, Heinrich (wirkl. Name)

Geigenmüller, Otto, Die politische Schutzhaft im nationalsozialistischen Deutschland. 2. Aufl. (Scheiner) Würzburg 1937

Georg, Enno, Die wirtschaftlichen Unternehmungen der SS. (Deutsche Verlags-Anstalt) Stuttgart 1963

Gerland, Brigitte, Die Hölle ist ganz anders. (Steingrüben Verlag) Stuttgart (o. J., etwa 1964)

Gerstenmaier, Cornelia I., Die Stimme der Stummen. Die demokratische Bewegung in der Sowjetunion. (Seewald) Stuttgart (3. erg. Aufl., 1972 – 1. Aufl. 1971). S. a. [Bukowskij, Wladimir]

Ginsburg, Jewgenija Semjonowna (Aksjonowa), (Krutoj marschrut, Milano 1979) Gratwanderung. Vorwort: Heinrich Böll. Nachwort: Lew Kopelew und Raisa Orlowa. (Aus d. Russ. übertr. v. Nena Schawina). (R. Piper & Co. Verlag) München–Zürich 1980 ^{2}

Dieselbe, (Krutoj marschrut, 1. Teil, Milano 1967) Marschroute eines Lebens. Deutsch v. Swetlana Geier. (Rowohlt) Reinbek b. Hamburg 1967

Görlich, Ernst Joseph, Herrenrecht und Sklavenpeitsche. Eine Geschichte der Sklaverei und Leibeigenschaft von den ältesten Zeiten bis zur Gegenwart. (Fackelverlag) Brugg – Stuttgart – Salzburg 1971

Gollwitzer, Helmut, ... und führen wohin du nicht willst. Bericht einer Gefangenschaft. (Chr. Kaiser) München 1952

(González, Valentín) »El Campesino«, Yo escogí la esclavitud [Ich wählte die Sklaverei, span.] Prólogo de José Ma(ria) Garzón. (Plaza & Janes) Barcelona 1977. – La vie et la mort en U.R.S.S. (1939–1949) [Das Leben und der Tod in der UdSSR (1939–1949), franz.] Transcription de Julian Gorkin. Traduction de Jean Talbot. Les Iles d'Or, (Librairie Plon) Paris 1950 (1951)

Großdeutschland und Mitteleuropa um das Jahr 1950. Von einem Alldeutschen [Ernst Hasse?]. Zweite, vielfach veränderte Aufl., (Druck u. Verlag von Thormann & Goetsch) Berlin 1895

Günther, Joachim, Die Stufen zum Satanismus. Umrisse einer Genealogie der KL-Idee. Deutsche Rundschau, 1950, Heft 3

Gumkowski Janusz, Tadeusz Kułakowski, Zbrodniarze hitlerowscy przed Najwyższym Trybunałem Narodowym [Nationalsozialistische Verbrecher vor dem (Poln.) Obersten Nationalen Gerichtshof, poln.]. (Wyd. Prawnicze) Warszawa 1961

Halévy, Elie, (Histoire du peuple anglais au XIX siècle) History of the English People, Epilogue, 1895–1914. Book I: Imperialism (1895–1905). Translated from the French by E. J. Watkin. (Pelican Books, Published by the Penguin Books) Harmondsworth 1939

Hardmann, Wippermann, 24 Zeugen. Dokumente des Terrors. Sacharow-Hearing Kopenhagen (J. W. Naumann) Würzburg (1976–1977?)

Hart, Kitty, I am alive (Abelard-Schuman) London – New York – Toronto 1961

Hasse, Ernst, Deutsche Politik. 1. Band: Heimatpolitik. 1. Heft: Das Deutsche Reich als Nationalstaat. (J. F. Lehmann) München 1905. S.a. Großdeutschland und Mitteleuropa...

Heller (Geller), Michail, Konzentrazionnyj mir i sowjetskaja literatura. [Die konzentrationäre Welt und die sowjetische Literatur, russ.] (Overseas Publications Interchange) London 1974. – Le Monde Concentrationnaire et la Littérature Soviétique. (Editions l'Age d'Homme) Lausanne 1974. – Stacheldraht der Revolution. Die Welt der Konzentrationslager in der sowjetischen Literatur. (Aus d. Franz. v. Joachim Nehring). (Seewald) Stuttgart 1975

Heller, H., S. E. Dicker, Somme Renal Effects of Experimental Dietary Deficiencies [Einige Folgen von experimentellen Ernährungsmängeln für die Nieren, engl.], Proceedings of the Royal Society of Medicine, Vol. XL, 1947, No. 7 – May

Herling-Grudziński, Gustaw, Inny świat, Zapiski sowieckie. [Eine andere Welt, Sowjetische Aufzeichnungen, poln.] Instytut Literacki, Paryż [Paris] 1965. – Welt ohne Erbarmen. (Deutsch v. Hansjürgen Wille). (Verlag f. Politik und Wirtschaft) Köln 1951

Hesse, Max René, Partenau. (Rütten & Loening) Frankfurt a. M. 1929. Partenau, Roman. (Hans Dulk) Hamburg 1952. – (Paul List) München 1956

Hierl, Konstantin, Im Dienst für Deutschland 1918–1945. (Kurt Vowinckel) Heidelberg 1954

Himmler, Heinrich, Geheimreden 1933 bis 1945 und andere Ansprachen. Hrsg. v. Bradley F. Smith u. Agnes F. Petersen, m. e. Einführung v. Joachim C. Fest (Propyläen-Ullstein) Frankfurt – Berlin – Wien 1974

Hingley, Ronald, (The Russian Secret Police, 1970) Die russische Geheimpolizei 1565–1970. (Hestia) Bayreuth 1970

Hitler, Adolf, Der großdeutsche Freiheitskampf, Reden ... (Hrsg. v. Philipp Bouhler). Band I u. II in einem Band (1942). III. Band, Reden ... vom 16. März 1941 bis 15. März 1942. (1943, 4. Aufl.) (Zentralverlag der NSDAP) München

Derselbe, Mein Kampf, Zwei Bände in einem Band. Ungekürzte Ausg. 464.–468. Aufl. (Zentralverlag der NSDAP, Frz. Eher Nachf.) München 1939. (1. Aufl.: Band I. – 1925, Band II – 1927). S. a. Domarus; Picker; Rauschning

Hobhouse, Emily (Report of a Visit to the Camps of Women and Children in the Cape and Orange River Colonies, London 1901) Die Zustände in den südafrikanischen Konzentrationslagern, Bericht von Miss. E. H. Hrsg. vom Deutschen Burenhilfsbund, Berlin 1902

Höß, Rudolf, Kommandant in Auschwitz. Autobiographische Aufzeichnungen. Hrsg. v. Martin Broszat. (Deutscher Taschenbuch Verlag) München 1963

Holstein, Friedrich von, Die geheimen Papiere ... Hrsg. v. Norman Rich u. M. H. Fisher. Deutsche Ausg. v. Werner Frauendienst. 4 Bde., (Musterschmidt Verlag) Göttingen – Berlin – Frankfurt a. M. 1956–1957

Ibach, Karl, Kemna, Wuppertaler Lager der SA. 1933. Hrsg. vom Vorstand der VVN, (Woerckel & Co.) Wuppertal 1948

Istrati, Panait, Drei Bücher über Sowjet-Rußland. I (Vers l'autre Flamme) Auf falscher Bahn, 16 Monate in Rußland. II (Soviet 1929) So geht es nicht! Die Sowjets heute. III (La Russie nue) Rußland nackt. (Dt. I v. Dr. Karl Stransky,

II v. Lilly Nevinny, III v. Dr. Rudolf Stephan Hoffmann). (R. Piper & Co. Verlag) München 1930

Jacobsen, Hans-Adolf, Kommisarbefehl und Massenexekutionen sowjetischer Kriegsgefangener, in: Anatomie des SS-Staates, II

Jäckel, Eberhard, Hitlers Weltanschauung. Entwurf einer Herrschaft. (Rainer Wunderlich Verlag Hermann Leins) Tübingen 1969

Jänicke, Martin, Totalitäre Herrschaft. Anatomie eines politischen Begriffes. (Duncker & Humblot) Berlin 1971

Jarman T(homas) L(eckie), The Rise and Fall of Nazi Germany. (The New American Library) New York 1961. (The Cresset Press, London 1955)

Jerusalimskij A(rkadij) S(amssonowitsch), Wnjeschnjaja politika i diplomatija germanskogo imperialisma w konze XIX wjeka. Isdanije wtoroje, dopolnjonnoje. Isdatjelstwo Akademiji Nauk SSSR, Moskwa 1951. – Jerussalimski A.S., Die Außenpolitik und die Diplomatie des deutschen Imperialismus – Ende des 19. Jahrhunderts. (Dietz Verlag) Berlin (Ost) 1954

Kaiser, Peter M., Monopolprofit und Massenmord im Faschismus. Zur ökonomischen Funktion der Konzentrations- und Vernichtungslager im faschistischen Deutschland. Blätter für deutsche und internationale Politik, 1975, H. 5

Kajzer, Adam, Za drutami śmierci. Opracował Adam Ostoja. [Hinter dem Todesdraht. Bearb. von ... – poln.] (Wyd. Łódzkie) Łódź 1962

Kamenetsky, Ihor, Secret Nazi Plans for Eastern Europe. A Study of Lebensraum Policies. (Bookman Associates) New York 1961

Kamiński, Andrzej Józef, Dookoła kolczastych drutów. Zagadnienia poznawcze, polityczne, społeczne i propagandowe hitlerowskich obozów koncentracyjnych i ośrodków masowej zagłady. [Um den Stacheldraht herum. Politische, soziale, Forschungs- und Propagandafragen der nationalsozialistischen Konzentrationslager und der Massenvernichtungsanstalten, poln.] Durfte 1967–68 im Wyd. Poznańskie, Poznań, nicht erscheinen

Derselbe, Faszyzm [Faschismus, poln.]. (Wiedza Powszechna) Warszawa 1971

Derselbe, Hitlerowskie obozy koncentracyjne i ośrodki masowej zagłady w polityce imperializmu niemieckiego. [Die nationalsozialistischen Konzentrationslager und Massenvernichtungslager in der Politik des deutschen Imperialismus, poln.] (Wyd. Poznańskie) Poznań 1964

Derselbe, Die nationalsozialistischen Konzentrationslager als soziale und ökonomische Erscheinung, Internationale Hefte der Widerstandsbewegung (Wien), 1960, H. 3; Die faschistischen Konzentrationslager als ... etc., in: Der deutsche Imperialismus und der Zweite Weltkrieg (s.), Bd. 4

Derselbe, Neohitleryzm. Ideologia, propaganda, formy działania i warunki rozwoju ruchu neohitlerowskiego. [Neonazismus. Ideologie, Propaganda, Wirkungsformen und Entwicklungsbedingungen der neonazistischen Bewegung, poln.] (Wyd. Poznańskie) Poznań 1962

Derselbe, Vom Polizei- zum Bürgerstaat. Zur Geschichte der Demokratie am Beispiel einer deutschen Stadt. (Peter Hammer Verlag) Wuppertal 1976

Kautsky, Benedikt, Teufel und Verdammte. Erfahrungen und Erkenntnisse aus sieben Jahren in deutschen Konzentrationslagern. (Büchergilde Gutenberg) Zürich 1946; (Verlag der Wiener Buchhandlung) 1961. – Devils and the damned. A true and damning exposé of Nazi concentration camps. Translated from the German by Kenneth Case. (Brown, Watson) London 1960. – Djevler og fordømte. Erfaringer of gerjennelser fra 7 ar i tyske koncentrasjonsleirer. Overs. av. Henriette Bie Lorentzen. (Gyldendal) Oslo 1949

(Kernmayr – wirkl. Name, Pseud.:) Kern, Erich, Der große Rausch. Rußlandfeldzug 1941–1945. (Thomas Verlag) Zürich 1948; (5. Aufl.) K. W. Schütz, Pr. Oldendorf (1974)

Kiedrzyńska, Wanda, Ravensbrück, kobiecy obóz koncentracyjny. [..., Frauen-konzentrationslager – poln.] (Książka i Wiedza) Warszawa 1961
Kielar, Wiesław, Anus Mundi, Fünf Jahre Auschwitz. Aus d. Poln. v. Wera Kapkajew. (Fischer) Frankfurt a. M. 1979
Klemperer, Victor, »LTI«, Die unbewältigte Sprache. Aus dem Notizbuch eines Philologen. (Deutscher Taschenbuch Verlag) München 1969
Kleßmann, Christoph, Die Selbstbehauptung einer Nation. Nationalsozialisti-sche Kulturpolitik und polnische Widerstandsbewegung im Generalgouver-nement 1939–1945. (Bertelsmann Universitätsverlag) Düsseldorf 1971
Koch, Peter, Reimar Oltmanns, Die Würde des Menschen. Folter in unserer Zeit. (Ein Stern-Buch. Hrsg. Henri Nannen. Gruner + Jahr) Hamburg 1977
Kogon, Eugen, Der SS-Staat, Das System der deutschen Konzentrationslager. (Büchergilde Gutenberg) Frankfurt a. M. 1959. (1. Ausg. Verlag der Frank-furter Hefte, Frankfurt a. M. 1946 – u. zahlr. and.)
Kolb, Eberhard, Bergen Belsen, (Geschichte des »Aufenthaltslagers« 1943–1945). (Verlag f. Literatur u. Zeitgeschichte) Hannover 1962
Kopelew, Lew, (Chranitj wjetschno, Ann Arbor, Mich. 1975) Aufbewahren für alle Zeit! Nachwort Heinrich Böll (Dt. v. Heddy Pross-Weerth u. Heinz-Dieter Mendel). (Hoffmann und Campe) Hamburg 1976
Krainz, Othmar, Wir schreien und man hört uns nicht, Rußland ohne Maske. (Dr. Fritz Bokämper) Görlitz 1936
Krasnow, N(ikolaj) N(ikolajewitsch), (The Hidden Russia) Verborgenes Ruß-land, Zehn Jahre Zwangsarbeit in sowjetischen Arbeitslagern. (Kranich-Verlag) Berlin 1962
Kravchenko, Victor, I chose Freedom. The Personal and Political Life of a So-viet Official. (1. Ausg. Charles Scribner's Sons, New York 1946). (Garden City Publishing Co.) Garden City, N.Y. (1947) – London 1947. Ich wählte die Freiheit. Das private und politische Leben eines Sowjetbeamten. (Übers. v. Albert Heß). (Drei Türme Verlag) Hamburg (o. J.)
Derselbe, I chose Justice. (Robert Hale) London 1951. (Deutsche Ausg.: Schwert und Schlange, Zürich 1951). S. a. Le Procès Kravchenko
Krawtschenko, R(ichard), Ich war Stalins Gefangener. Tatsachenbericht eines Ingenieur-Offiziers in der Sowjetunion. Übersetzt v. B. Gerde [Berta Gred-ler]. (Verlagshaus Franz Müller) Dresden (1941), 125.–175. Tsd.
Krockow, Christian Graf von, Der Konflikt und der Friede als politische Aufga-ben. Überlegungen zum Volkstrauertag. (Rede zur Gedenkstunde am Volks-trauertag, Hagen 1975, MS.)
Derselbe, Reform als politisches Prinzip (R. Piper) München 1976
Kröll, Ulrich, Die internationale Buren-Agitation 1899–1902. Haltung der Öf-fentlichkeit und Agitation zugunsten der Buren in Deutschland, Frankreich und den Niederlanden während des Burenkrieges. (Regensburg) Münster 1973
Küng, Andres, (Estland en studie i imperialism, Stockholm 1971) Estland zum Beispiel, Nationale Minderheit und Supermacht. (Seewald Verlag) Stuttgart 1973
Kulbakin, W(assilij) D(mitrijewitsch), Otscherki nowjejschej istorii Germanii [Abrisse der neueren Geschichte Deutschlands, russ.] (Isdatjelstwo ssozial-no-ekonomitscheskoj litjeratury) Moskwa 1962
Kupfer-Koberwitz, Edgar, Die Mächtigen und die Hilflosen. Als Häftling in Dachau. Bd. 1. Wie es begann. 2. Aufl. 1957. Bd. 2. Wie es endete. 1960. (Friedrich Vorwerk) Stuttgart
Kusnezow, Eduard, (Dnjewniki) Lagertagebuch. Aufzeichnungen aus dem Ar-chipel des Grauens. Deutsch v. Britta Reif-Willenthal. (List) München 1974
Kuusinen, Aino, Der Gott stürzt seine Engel. Hrsg. u. eingel. v. Wolfgang Leonhard. (Fritz Molden) Wien – München – Zürich 1972

Lagarde, Paul, Schriften für das deutsche Volk, 1. Band, Deutsche Schriften. 2. Band, Ausgewählte Schriften. (J. F. Lehmanns Verlag) München 1924, 1934, 1937, 1940
Langbein, Hermann, Der Auschwitz-Prozeß, Dokumentation. 2 Bde. (Europäische Verlagsanstalt) Frankfurt a. M. 1965
Langhoff, Wolfgang, Die Moorsoldaten. 13 Monate Konzentrationslager. (Aufbau-Verlag) Berlin 1947 (u. a.)
Lenin, (Uljanow) Wladimir Iljitsch, Werke. Ins Deutsche übertr. n. d. 4. russ. Ausg. Hrsg. v. Institut f. Marxismus-Leninismus beim ZK der SED. (Dietz Verlag) Berlin (Ost)
Leonhard, Susanne, Gestohlenes Leben. Schicksal einer politischen Emigrantin in der Sowjetunion. (Steingrüben Verlag) Stuttgart (1959). (4. Aufl. Unveränd. Neudr. der dritten, v. d. Verf. umgearb. Aufl. 1. Aufl. 1956)
Lester, Julius, To Be a Slave. (Laurel Leaf Library, Dell Publishing Co.) New York 1970
Lewytzkyj, Boris, Die rote Inquisition. Die Geschichte der sowjetischen Sicherheitsdienste. (Societäts-Verlag) Frankfurt a. M. 1967
Ley, Robert, Unser Sozialismus – der Haß der Welt. (Verlag der Deutschen Arbeitsfront) Berlin 1940, (1. bis 500. Tsd.)
Liebert, E(duard) von, Nationale Forderungen und Pflichten. (Flugschriften des Alldeutschen Verbandes, H. 20) (J. F. Lehmanns Verlag) München 1905
Lipper, Elinor, Elf Jahre in sowjetischen Gefängnissen und Lagern, (Oprecht) Zürich (1951?) (Europa Verlag, Zürich, 1950)
Livre Blanc sur les camps de concentrations soviétiques. [Weißbuch über sowj. Konzentrationslager, franz.] Commission Internationale contre le régime concentrationnaire. Editions du Pavois, (Paris 1951)
Lorenz, Richard, Sozialgeschichte der Sowjetunion I, 1917–1945. (Suhrkamp) Frankfurt a. M. 1976
Madajczyk, Czesław, Polityka III Rzeszy w okupowanej Polsce. [Die Politik des III. Reiches im besetzten Polen, poln.] (Państwowe Wydawnictwo Naukowe) Warszawa 1970, 2 Bde
Majer, Diemut, »Fremdvölkische« im Dritten Reich. Ein Beitrag zur nationalsozialistischen Rechtssetzung und Rechtspraxis in Verwaltung und Justiz unter besonderer Berücksichtigung der eingegliederten Ostgebiete und des Generalgouvernements. (Harald Boldt Verlag) Boppard am Rhein 1981
Makucewicz, Peter, I escaped from Germany. [Ich floh aus Deutschland, engl.] (MacLove Publishing Co.) London 1944
Manvell, Roger, Heinrich Fraenkel, (Doctor Goebbels, His Life an Death) Goebbels [poln. v. A. Kaska]. (Czytelnik) Warszawa 1962
Martschenko, Anatolij (Tichonowitsch), (Moi Pokasanija, London 1969) Meine Aussagen. Bericht eines sowjetischen Häftlings 1960–1966. (Aus d. Russ. v. Elisabeth Mahler). (S. Fischer) Frankfurt a. M. 1969
Les martyrs des camps de concentration en Allemagne [Die Märtyrer der Konzentrationslager in Deutschland], (Imprimerie de l'Oeuvre de Saint-Paul) Fribourg 1916
Marx, Karl, Friedrich Engels, Ausgewählte Briefe, Besorgt vom Marx-Engels-Lenin-Stalin Institut beim ZK der SED. (Dietz Verlag) Berlin (Ost) 1953
Marx, (Karl), – (Friedrich) Engels – (Wladimir Iljitsch Uljanow-) Lenin – (Josif Wissarionowitsch Dschugaschwili-) Stalin, Zur deutschen Geschichte. Aus Werken – Schriften – Briefen. In drei Bänden. Besorgt vom Marx-Engels-Lenin-Stalin-Institut beim ZK der SED. (Dietz Verlag) Berlin (Ost). Bd. I, 1953; Bd. II, Halbband 1.–2., 1954
Matussek, Paul, mit Rolf Grigat u. a. Die Konzentrationslagerhaft und ihre Folgen. (Springer) Berlin – Heidelberg – New York 1971
Maury, Louis, Aperçus sur la psychologie et le comportement des ressortissants

des diverses nationalités de déportés au camp de concentration de Neuengamme. Revue d'Histoire de la Deuxième Guerre Mondiale, 1955, Nr. 17. [Bemerkungen über die Psychologie und das Benehmen von Vertretern verschiedener Nationalitäten unter den Häftlingen des Konzentrationslagers Neuengamme, franz., Zeitschrift für Geschichte des Zweiten Weltkrieges ...]

Medwedew [eigtl. Mjedwjedjew], Roy A., (K ssudu istorii) Die Wahrheit ist unsere Stärke. Geschichte und Folgen des Stalinismus. Hrsg. v. David Joravsky u. Georges Haupt. (Deutsch v. Günther Danehl). (S. Fischer) Frankfurt a. M. 1973

Meray, Tibor, Politik ohne Gnade. (Schweizer Verlagshaus) Zürich 1965

Meyer, Henry Cord, *Mitteleuropa* in German Thought and Action 1815–1945 [... in deutschem Denken und Tun, engl.]. (Martinus Nijhoff) The Hague 1955

Michaelis, Cassie, Heinz Michaelis, W. O. Somin, Die braune Kultur. Ein Dokumentenspiegel. (Europa-Verlag) Zürich 1934

Mitscherlich, Alexander, und Fred Mielke, hrsg. u. kommentiert. Medizin ohne Menschlichkeit. Dokumente des Nürnberger Ärzteprozesses. M. e. neuen Vorwort v. Alexander Mitscherlich. (Fischer Taschenbuch Verlag) Frankfurt a. M. 1978. (1. Aufl. 1960 – frühere Aufl. m. etwas anderer Pagination)

Mora Sylvestre, Pierre Zwierniak, (Sprawiedliwość sowiecka) La justice soviétique. (Magi-Spinetti) Rome 1945

Morgan, J(ohn) H(artman), Assize of Arms. Being the Story of the Disarmament of Germany and Her Rearmament. With a Preface by G. M. W. Macdonogh. Vol. I. (Methuen & Co.) London (1944–45?)

Mullins, Claud, The Leipzig Trials. An account of the war criminals' trials and a study of German mentality. [Die Leipziger Prozesse. Ein Bericht über die Kriegsverbrecherprozesse und eine Studie der deutschen Mentalität, engl.]. With an introduction by Sir Ernest Pollock. (H. F. & G. Witherby) London 1921

Naumann, Bernd, Auschwitz, Bericht über die Strafsache gegen Mulka u. a. vor dem Schwurgericht Frankfurt. (Athenäum Verlag) Frankfurt a. M. – Bonn 1965

Nichtweiß, Johannes, Die ausländischen Saisonarbeiter in der Landwirtschaft der östlichen und mittleren Gebiete des Deutschen Reiches. Ein Beitrag zur Geschichte der preußisch-deutschen Politik von 1890 bis 1914. (Rütten u. Loening) Berlin (Ost) 1959

Nogaj, Stanisław, Gusen, Pamiętnik dziennikarza [..., Tagebuch eines Journalisten, poln.]. Katowice-Chorzów 1945

NS-Prozesse. Nach 25 Jahren Strafverfolgung: Möglichkeiten – Grenzen – Ergebnisse. Hrsg. v. Adalbert Rückerl. Mit Beiträgen v. Adalbert Rückerl, Manfred Blank, Alfred Streim, Günter Kimmel, Kurt Hinrichsen, Heinz Artzt u. e. Vorw. v. Rudolf Schieler. (C. F. Müller, Juristischer Verlag), Karlsruhe 1972

NS-Vernichtungslager im Spiegel deutscher Strafprozesse. Belzec, Sobibor, Treblinka, Chelmno. Hrsg. v. Adalbert Rückerl. M. e. Vorw. v. Martin Broszat. (Deutscher Taschenbuch Verlag) München 1977

Nueva Historia de España, (Obra realizada con la colboración de los profesores de las Universidades Autónoma y Complutense de Madrid: Miguel Aviléz Fernández, Santos Madrazo Madrazo, Emilio Mitre Fernández, Bonifacio Palacios Martin, Isabel Redondo Castro). 18 Bde. (EDARF, Ediciones-Distribuciones) Madrid 1974

NZZ – Neue Zürcher Zeitung (s. 3. PERIODIKA)

Orwell, George, Nineteen eighty-four. A novel. (1. Aufl. 1949). (Penguin Books in association with Secker & Warburg) Harmondsworth 1972

– Neunzehnhundertvierundachtzig. Roman. (Ullstein) Frankfurt a. M. – Berlin – Wien 1978; (1. Ausg. Diana Verlag, Zürich 1950)

Pares, Bernard, A History of Russia. (Jonathan Cape) London (New and Revised Edition 1947)

Payne Robert, (The Life and Death of Lenin, N.Y. 1964). Lenin, Sein Leben und sein Tod. (Aus d. Amer. v. Werner v. Grünau). (Rütten & Loening) München 1965

Picker, Dr. Henry, Hitlers Tischgespräche im Führerhauptquartier. Vollständig überarbeitete und erweiterte Neuausgabe mit bisher unbekannten Selbstzeugnissen Adolf Hitlers, Abbildungen, Augenzeugenberichten und Erläuterungen des Autors: Hitler, wie er wirklich war. (Seewald) Stuttgart 1976. (1. Ausg. 1951)

Pil(j)ar, J(urij Jewgenjewitsch), (Wsjo eto bylo!) Ludzie w pasiakach [All das ist dagewesen!, russ.; Menschen in gestreiften Kleidern, poln.] Książka i Wiedza) Warszawa 1958

Poliakov, Léon, Josef Wulf, Das Dritte Reich und die Juden. Dokumente und Aufsätze. (Verlags-GmbH) Berlin 1975

Dieselben, Das dritte Reich und seine Denker. (arani-Verlag) Berlin 1960

Political Imprisonment in the People's Republic of China. An Amnesty International Report. (Amnesty International Publications) London 1978

Politische Gefangene in der Sowjetunion. Dokumente. Hrsg. v. Winfried Baßmann u. Anna-Halja Horbatsch. M. e. Vorw. v. Jean Améry. (R. Piper) München 1976

Politische Gefangene in der UdSSR. Ihre Behandlung und ihre Haftbedingungen. amnesty international. (Fischer Taschenbuch Verlag) Frankfurt a. M. 1980

Poller, Walter, Arztschreiber in Buchenwald. Bericht des Häftlings 996 aus Block 39. (Phönix-Verlag, Christen & Co.) Hamburg 1946

Procès Kravchenko, Le, Compte rendu sténographique. 2 Bde. Collection des Grands Procès Contemporains publiée sous la direction de Maurice Garçon de l'Académie Française. (Editions Albin Michel) Paris 1949

Proces ludobójcy Amona Goetha przed Najwyższym Trybunałem Narodowym. Centralna Żydowska Komisja Historyczna przy Centralnym Komitecie Żydów w Polsce. [Der Prozeß des Völkermörders Amon Goeth vor dem (Poln.) Obersten Nationalen Gerichtshof. Jüdische Historische Zentralkommission bei dem Zentralkomitee der Juden in Polen]. Warszawa 1947

Der Prozeß gegen die Hauptkriegsverbrecher vor dem Internationalen Militärgerichtshof. Nürnberg 14. November 1945 bis 1. Oktober 1946. 42 Bde. Internationaler Militärgerichtshof, Nürnberg 1947–1949

Przeciw niewolnictwu. Głos wolnej Rosji. Dokumenty. [Gegen die Sklaverei. Die Stimme des freien Rußlands. Dokumente – poln.] Instytut literacki, Paryż (Paris) 1973

(Radziwill, Marie), Lettres de la princesse Radziwill au général de Robilant, 1889–1914. (Une grande dame d'avant guerre). [Briefe der Fürstin R. an den General de R. (Eine große Dame der Vorkriegszeit), franz.] 4 Bde. (Nicola Zanichelli) Bologna 1933–1934. – Fürstin Marie Radziwill. Briefe vom deutschen Kaiserhof 1889–1915. (Ausgew. u. übers. v. Paul Wiegler). (Ullstein) Berlin 1936

Rajewski, Ludwik, Oświęcim w systemie RSHA [Auschwitz im System des Reichssicherheitshauptamtes, poln.] (Wyd. Eugeniusza Kuthana) Warszawa–Kraków 1946

Raport madrycki o przestrzeganiu praw człowieka i obywatela w Polsce [Madrider Bericht über die Beachtung der Menschen- und Bürgerrechte in Polen, poln.] Komisja Helsińska w Polsce. Wydawnictwo im. Konstytucji 3-Maja, Warszawa 1980

Rauschning, Hermann, Gespräche mit Hitler. (Europa-Verlag) Zürich–Wien–New York 1940

Reichenberger, Emmanuel J(ohann), Europa in Trümmern, Das Ergebnis des Kreuzuges der Alliierten. (Leopold Stocker) Graz 1954 [4]. (1. Aufl. 1950)

Reimer, Josef Ludwig, Ein Pangermanisches Deutschland. Versuch über die Konsequenzen der gegenwärtigen wissenschaftlichen Rassenbetrachtung für unsere politischen und religiösen Probleme. (Friedrich Luckardt) Berlin–Leipzig 1905

Remmele, H(ermann), Die Sowjetunion. 2 Bde. 2. u. 3. Aufl., (Verlag Carl Hoym Nachf.) Hamburg–Berlin 1932

Ritter, Gerhard, Staatskunst und Kriegshandwerk. Das Problem des »Militarismus« in Deutschland. 3 Bde. (R. Oldenbourg) München 1954, 1960, 1964

Roeder, Bernhard, Der Katorgan, Traktat über die moderne Sklaverei. (Kiepenheuer & Witsch) Köln–Berlin 1956

Romaschkin (Romaszkin), P(jotr Ssemjonowitsch), (Wojennyje prestuplenija imperialisma) Zbrodnie wojenne imperialistów [Kriegsverbrechen des Imperialismus, russ.; . . . der Imperialisten, poln.] (Wyd. Min. Obrony Narodowej) Warszawa 1955

Rousset, David, Police-State Methods in the Soviet Union. Prepared by The International Commission Against Concentrationist Regimes under the direction of . . . translated [aus d. Franz.] by R. Joy, edited by Jerzy G. Gliksman. (The Beacon Press) Boston 1953

Derselbe, L'Univers concentrationnaire. (Éditions du Pavois) Paris 1946

Rozanski, Zenon, Mützen ab . . ., Eine Reportage aus der Strafkompanie des KZ Auschwitz. (Verlag »Das Andere Deutschland«, Inh. Fritz Küster) Hannover 1948

Rubinstein, E(wgenija) I(ljinitschna), Politika germanskogo imperialisma w sapadnych polskich semljach w konze XIX – natschale XX wjeka. [Die Politik des deutschen Imperialismus in den poln. Westgebieten Ende des XIX.–Anfang des XX. Jahrhunderts, russ.] Moskwa 1953

Rückerl, Adalbert – s. NS-Prozesse . . . NS-Vernichtungslager . . .

Rusiński, Władysław, Położenie robotników polskich w czasie wojny 1939–1945 na terenie Rzeszy i »Obszarów wcielonych«. Cz. I. Wyd. drugie, uzupełnione. [Die Lage der poln. Arbeiter während des Krieges 1939–1945 im Reich und in den »eingegliederten Gebieten«. I. Teil, 2., erg. Aufl. – poln.] (Instytut Zachodni) Poznań 1950

Ryszka, Franciszek, Państwo stanu wyjątkowego. Rzecz o systemie państwa i prawa Trzeciej Rzeszy. [Der Staat des Ausnahmezustandes. Über das Staats- und Rechtssystem des Dritten Reiches, poln.] Polski Instytut Spraw Międzynarodowych – Zakład Narodowy imienia Ossolińskich, Wrocław–Warszawa–Kraków (1. Aufl.) 1964

Sasuly, Richard, IG Farben. (Boni & Gaer) New York 1947

Sauer, Wolfgang, Die Mobilmachung der Gewalt. Bracher/Schulz/Sauer, Die nationalsozialistische Machtergreifung, III

Schäfer, (Werner A. M.), Konzentrationslager Oranienburg. Das Anti-Braunbuch über das erste deutsche Konzentrationslager. (Buch- u. Tiefdruck-Ges.m.b.H., Abt. Buchverlag) Berlin 1934

Schafarewitsch, Igor R., Der Todestrieb in der Geschichte, Erscheinungsformen des Sozialismus. (Aus d. Russ. v. Anton Manzella). (Verlag Ullstein) Frankfurt–Berlin–Wien 1980

Schalamow [irrtüml. »Schalanow«], Warlam (Tichonowitsch), »Artikel 58«. Die Aufzeichnungen des Häftlings Schalanow [SIC]. (Friedrich Middelhauve) Köln 1967. – Kolymskije Rasskasy. Prjedislowije Michaila Gellera. [Kolymaer Erzählungen. Vorw. v. Michel Heller]. (Overseas Publications Interchange Ltd.) London 1978

Schloß, Rolf W., Laß mein Volk ziehen. Die russischen Juden zwischen Sowjetstern und Davidstern. Eine Dokumentation. (Günter Olzog) München–Wien 1971

Schnabel, Reimund, Macht ohne Moral. Eine Dokumentation über die SS. (Röderbergverlag) Frankfurt a. M. (2., erw. Aufl.) 1958

Scholmer, Joseph, Die Toten kehren zurück. Bericht eines Arztes aus Workuta. (Kiepenheuer & Witsch) Köln–Berlin 1954

Schulz, Gerhard, Die Anfänge des totalitären Maßnahmenstaates. Bracher/ Schulz/Sauer, Die nationalsozialistische Machtergreifung, II

Ders., Faschismus–Nationalsozialismus, Versionen und theoretische Kontroversen 1922–1972. (Propyläen-Ullstein-Verlag) Frankfurt a. M.–Berlin–Wien 1974

Schulze-Berge, Franz, Die Schutzhaft, ihr Begriff und ihre rechtlichen Grundlagen. (Puttkammer u. Mühlbrecht) Berlin 1918

Seeber, Eva, Zwangsarbeiter in der faschistischen Kriegswirtschaft, Die Deportation und Ausbeutung polnischer Bürger unter besonderer Berücksichtigung der Lage der Arbeiter aus d. sogenannten Generalgouvernement (1939–1945). (VEB Deutscher Verlag der Wissenschaften) Berlin (Ost) 1964

Sehn, Jan, Konzentrationslager Oświęcim-Brzezinka (Auschwitz-Birkenau), Auf Grund von Dokumenten und Beweisquellen bearb. v. ... (Wyd. Prawnicze) Warszawa 1957

Sentaurens, Andrée, Dix sept ans dans les camps soviétiques. [Siebzehn Jahre in sowj. Lagern, franz.] (Gallimard, nrf) Paris 1963

Shifrin, Avraham, UdSSR Reiseführer durch Gefängnisse und Konzentrationslager in der Sowjetunion. (Stephanus Edition) Uhldingen/Seewis 1980

Shotwell, James T., The Long Way to Freedom [Der lange Weg zur Freiheit, amer.] (Bobbs-Merrill Co.) Indianapolis–New York 1960

Singer, Ladislaus, Sowjetimperialismus. (Seewald) Stuttgart 1970

Sklavenarbeit in Rußland. Der Amerikanische Gewerkschaftsbund (American Federation of Labor) legt den Vereinten Nationen das Ergebnis seiner Ermittlungen zu dieser Frage vor. (1949)

Skowron, St(anisław), Wspomnienia z pobytu w Dachau. Organizacja pracy »naukowej« w obozie. [Erinnerungen an einen Aufenthalt in Dachau, Organisation der »wissenschaftlichen« Arbeit im Lager, poln.]. (S. Kamiński) Kraków 1945

Słowikowski, Mieczysław, Oświęcim, Wspomnienia [Auschwitz, Erinnerungen – poln.]. (Czytelnik, Łódź–)Warszawa 1945

Solonjewitsch, B(oris Lukjanowitsch), Als Arzt im Zwangsarbeitslager. In: Und Du Siehst die Sowjets Richtig (s.)

Solonjewitsch (»Solonewitsch«), Iwan (Lukjanowitsch), (Rossija v konzlagere) Die Verlorenen. Eine Chronik namenlosen Leidens. 1. Teil: Rußland im Zwangsarbeitslager, 1933; 2. Teil: Flucht aus dem Sowjetparadies. (2. Aufl. 1937, 4. Aufl. 1938). (Essener Verlagsanstalt) Essen

Solschenizyn, A(leksandr Issajewitsch), Archipelag GULag 1918–1956. Opyt chudoschestwjennogo issledowanija. 3 Bde. (YMCA-Press) Paris 1973–1975. – Solschenizyn, Alexander, Der Archipel GULAG (1918–1956, Versuch einer künstlerischen Bewältigung). (Einzig autorisierte Übers. aus d. Russ. v. Anna Peturnig). 3 Bde. (Scherz) Bern 1974–1976

Derselbe, Ein Tag im Leben des Iwan Denissowitsch, Roman. (Aus d. Russ. Deutsche Bearb. v. Gerda Kurz u. Siglinde Summerer). (1. Aufl. 1963). (Droemer Knaur) München–Zürich 1972 (204.–223. Tsd.)

(The Soviet Union: The Fifty Years, N. Y. 1967) Die Sowjetunion, Experiment des Jahrhunderts. 21 Beschreibungen. Hrsg. v. Harrison E. Salisbury. (S. Fischer) Frankfurt a. M. 1968

Die Sowjetunion, Solschenizyn und die westliche Linke. Hrsg. v. Rudi Dutschke

u. Manfred Wilke unter Mitarbeit v. Reinhard Crusius. Mit Beiträgen von J. M. Chauvier, O. Flechtheim u. a. (Rowohlt) Reinbek b. Hamburg 1975
Specovius, Günther, Die Russen sind anders. Mensch und Gesellschaft im Sowjetstaat. (Econ) Düsseldorf–Wien 1963
Spiesser, Fritz, Das Konzentrationslager. Zentralverlag der NSDAP., (Frz. Eher Nachf.) München 1940. (Soldaten-Kameraden! Bd. 20/21)
Spohr, Werner, Das Recht der Schutzhaft. (Stilke) Berlin 1937
Derselbe, Die Schutzhaft. (Verlag Soziale Gemeinschaft) Düsseldorf 1934
SS im Einsatz, Eine Dokumentation über die Verbrechen der SS. (Kongress-Verlag) Berlin (Ost) 1960 (5. Aufl., 61.–68. Tsd.)
Štajner, Karlo, (7000 Dana u Sibiru) 7000 Tage in Sibirien. (Europa-Verlag) Wien 1975
Stenographische Berichte über die Verhandlungen des Reichstags. (Druck und Verlag der Norddeutschen Buchdruckerei und Verlagsanstalt) Berlin
Sternberger, Dolf, Gerhard Storz, W. E. Süskind, Aus dem Wörterbuch des Unmenschen. (Claassen) Hamburg 1957. (Deutscher Taschenbuch Verlag) München 1962
Stökl, Günther, Russische Geschichte von den Anfängen bis zu Gegenwart. 2., erw. Aufl. (Alfred Kröner) Stuttgart 1965
Stojanowski, Karol, Źródło hitlerowskiej doktryny [Die Quelle der nationalsozialistischen Doktrin, poln.]. Przegląd Zachodni, 1947, H. 5
Strzelewicz, Willy, Der Kampf um die Menschenrechte. (Phönix-Verlag Christen & Co) Hamburg 1947
Studien zur Geschichte der Konzentrationslager. (Deutsche Verlags-Anstalt) Stuttgart 1970
Swianiewicz, Stanisław, Forced Labour and Economic Development. An Inquiry into the Experience of Soviet Industrialization. [Zwangsarbeit und wirtschaftliche Entwicklung, Eine Untersuchung der Erfahrungen der sowjetischen Industrialisierung, engl.]. Issued under the auspices of the Royal Institute of International Affairs (Oxford University Press) London, New York, Toronto 1965
Derselbe, W cieniu Katynia. [Im Schatten von Katyn, poln.] Instytut Literacki, Paryż (Paris) 1976
Szmaglewska, Seweryna, Dymy nad Birkenau. [Rauchsäulen über Birkenau, poln.] Czytelnik, Warszawa, 5. Aufl. 1955
Tannenberg, Otto Richard (Pseud.) – s. Teistler, Hermann (wirkl. Name)
Tchernavin, Tatiana, Escape from the Soviets. Transl. from the Russian by N. Alexander. (Hamish Hamilton) London 1934, (1. Aufl. 1933)
(Teistler, Hermann – wirkl. Name; Pseud.:) Tannenberg, Otto Richard, Groß-Deutschland die Arbeit des 20. Jahrhunderts. (Bruno Volger) Leipzig 1911
Tenenbaum, Joseph, Race and Reich, The Story of an Epoch. (Twayne Publishers) New York 1956
Terrero, José, Historia de España, edición revisada por Juan Regla, José Florit. ... (Editorial Ramón Sopena) Barcelona 1972
Thomson, David, England in the Nineteenth Century (1815–1914). (Penguin Books) Harmondsworth 1960
Thyssen, Fritz, I paid Hitler. [Ich bezahlte Hitler, engl.] (Translated from the original by César Saerchinger]. Published in association with Cooperation Publishing Co., New York. (Hodder & Stoughton) London 1941
Treitschke, Heinrich von, Aufsätze, Reden und Briefe. Hrsg. v. Karl Martin Schiller. 5 Bde. (F. W. Hendel) Meersburg 1929
Trepper, Leopold, (Le Grand Jeu, Paris 1975) Die Wahrheit, Autobiographie. (Aus d. Franz. übertr. v. Emmi Heimann, Wilhelm Thaler, Gerhard Vorkamp u. Ursula v. Wiese). (Kindler) München 1975

Ulam, Adam B., (Stalin, the man and his era) Stalin, Koloss der Macht. (Aus d. Amer. v. Götz Pommer). (Bechtle) Esslingen am Neckar 1977

Und Du Siehst die Sowjets Richtig. Berichte von deutschen und ausländischen »Spezialisten« aus der Sowjet-Union. Hrsg. v. A. Laubenheimer. (Nibelungen-Verlag) 3., unver. Aufl., Berlin–Leipzig 1937

utopische Staat, Der, Morus-Utopia, Campanella-Sonnenstaat, Bacon - Neu-Atlantis. Übersetzt und mit einem Essay »Zum Verständnis der Werke«, Bibliographie und Kommentar hrsg. v. Klaus J. Heinisch. (Rowohlt Taschenbuch Verlag) Reinbek bei Hamburg 1979, (1. Aufl. 1960)

Vergangenheit warnt, Die, Dokumente über die Germanisierungs- und Austilgungspolitik der Naziokkupanten in der Tschechoslowakei. Zusammengestellt, m. Vorw. versehen v. Václáv Král. Auswahl der Dokumente: Karel Fremund u. Václáv Král. (Orbis) Prag 1960

Vermehren, Isa, Reise durch den letzten Akt, Ein Bericht (10. 2. 44 bis 29. 6. 45). (Christian Wegner) Hamburg 1948

VfZ – Vierteljahrshefte für Zeitgeschichte (s. 3. PERIODIKA)

Waldersee, Alfred Graf von, Denkwürdigkeiten des General-Feldmarschalls ... Auf Veranlassung des Genlt. Georg Grafen v. Waldersee bearb. u. hrsg. v. Heinrich Otto Meisner. 3 Bde. (Deutsche Verlags-Anstalt)Stuttgart–Berlin 1922–1923

Webb, Sidney and Beatrice, Soviet Communism: A New Civilisation? [sic] (Longmans, Green & Co.) London 1935, Vol. I

Wege der Totalitarismus-Forschung. Hrsg. v. Bruno Seidel u. Siegfried Jenker. (Wiss. Buchgesellschaft) Darmstadt 1974

Weissberg-Cybulski, Alexander (Conspiracy of Silence, engl.; The Accused, amer.) Hexensabbat. (1. Aufl. 1961 als: ..., Rußland im Schmelztiegel der Säuberungen). M. e. Vorw. v. Arthur Koestler. (Suhrkamp) Frankfurt a. M. 1977

Weltfrieden und Revolution. Neun politisch-theologische Analysen. Hrsg. von Hans-Eckehard Bahr. (Rowohlt Taschenbuch Verlag) Reinbek bei Hamburg, Mai 1968

Werk, Das, des Untersuchungsausschusses der Verfassunggebenden Deutschen Nationalversammlung und des Deutschen Reichstages 1919–1930. Verhandlungen, Gutachten, Urkunden. Im Auftrage des Reichstages, unter Mitwirkung von ... hrsg. v. d. Abgeordneten Schücking, Bell, Gradnauer, Breitscheid, Philipp. 3. Reihe: Völkerrecht im Weltkrieg. 4 Bde. (Deutsche Verlagsgesellschaft für Politik und Geschichte) Berlin

Wiechert, Ernst, Der Totenwald. Ein Bericht. (Ullstein) Frankfurt a. M.–Berlin–Wien 1972. (1. Aufl. Zürich 1946)

Wigmans, Johan (Ik was een der Miljoenen) Einer von Millionen. Zehn Jahre Rußland. (Kösel Verlag) München 1960

Wormser, Olga, Henri Michel, Tragédie de la Déportation 1940–1945. Témoignages des camps de concentration allemands, choisis et présentés par ... [Die Tragödie der Deportation 1940–1945. Zeugnisse aus deutschen Konzentrationslagern, ausgewählt und hrsg. von ...] (Hachette) Paris 1955

Wulf, Josef – s. a. Poliakov, Léon, Josef Wulf

Wulf, Josef, Aus dem Lêxikon der Mörder, »Sonderbehandlung« und verwandte Worte in nationalsozialistischen Dokumenten. (Sigbert Mohn) Gütersloh 1963

Wunderlich, Frieda, Farm Labor in Germany 1810–1945. Its Historical Development within the Farmwork of Agricultural and Social Policy. [Landwirtschaftliche Arbeiter in Deutschland 1810–1945. Die historische Entwicklung im Rahmen der landwirtschaftlichen und sozialen Politik, amer.] (Princeton University Press) Princeton, N. J. 1961

ZH – Zeszyty Historyczne (s. 3. PERIODIKA)

3. Periodika

Blätter für deutsche und internationale Politik, (mtl.), Köln
Columbia Law Review, (mtl.), New York
Deutsche Rundschau (mtl.), zuletzt Gelsenkirchen
Dokumentations- und Informationsblatt der Zentralen Forschungsstelle »Kampf der deutschen Chemiearbeiter ...«, DDR
Frankfurter Allgemeine Zeitung (tgl.)
Komet, (mtl.), Düsseldorf
Kultura (mtl., poln.), Paris
Neue Zürcher Zeitung (tgl.)
Osservatore Romano (tgl.), Cittá del Vaticano
Die Ostmark (mtl.), Berlin
Polityka (wöchentl.), Warszawa
Przegląd Zachodni (mtl., dann zweimtl.), Poznań
Quick (wöchentl.), München
Revue d'Histoire de la Deuxième Guerre Mondiale (viertelj.), Paris
Sowjetunion heute (mtl.), Bonn
Der Spiegel (wöchentl.), Hamburg
Vierteljahrshefte für Zeitgeschichte, München
Die Welt (tgl.), Hamburg
Die Zeit (wöchentl.), Hamburg
Zeszyty Historyczne (viertelj., poln.), Paris

Geschichte bei Kohlhammer

Andreas Hillgruber
**Der Zweite Weltkrieg
1939 – 1945**
Kriegsziele und Strate-
gien der großen Mächte
1982. 197 Seiten. Kart.
DM 28,–
ISBN 3-17-007459-8

Im Unterschied zu den meisten Darstellungen der
Geschichte des Zweiten Weltkriegs, in denen die militärischen Ereignisse, die Feldzüge und Entschei-
dungsschlachten im Mittelpunkt stehen, konzentriert
sich dieser Band des bekannten Kölner Historikers auf
die Darlegung und Analyse der Kriegsziele der großen
Mächte (Deutschland und Japan, Großbritannien und
USA, Sowjetunion) und auf ihre politischen und militärischen Strategien zur Durchsetzung dieser Ziele.
Damit wird erstmals in einer deutschen Publikation
eine umfassende Interpretation des Krieges als welt-
geschichtlicher Zäsur vorgelegt, die wesentlich zum
Verständnis der Nachkriegszeit bis zur Gegenwart bei-
trägt.

Verlag W. Kohlhammer
Stuttgart · Berlin · Köln · Mainz